经济与改革

厉以宁文选 1980–1999

厉以宁 著

中国大百科全书出版社

图书在版编目（CIP）数据

经济与改革：厉以宁文选（1980—1999）/ 厉以宁著 . —北京：中国大百科全书出版社，2019.1

ISBN 978-7-5202-0340-1

Ⅰ. ①经… Ⅱ. ①厉… Ⅲ. ①中国经济—经济体制改革—文集 ②中国经济—经济发展—文集 Ⅳ. ① F121-53 ② F124-53

中国版本图书馆 CIP 数据核字（2018）第 192545 号

策 划 人 郭银星
责任编辑 王 宇
封面设计 今亮后声 HOPESOUND pankouyugu@163.com
版式设计 程 然
责任印制 魏 婷
出版发行 中国大百科全书出版社
地 址 北京市阜成门北大街 17 号 邮政编码 100037
电 话 010-88390093
网 址 http://www.ecph.com.cn
印 刷 小森印刷（北京）有限公司
开 本 787 毫米 ×1092 毫米 1/16
印 张 39.5
字 数 408 千字
印 次 2019 年 1 月第 1 版 2019 年 1 月第 1 次印刷
书 号 ISBN 978-7-5202-0340-1
定 价 108.00 元

出版说明

厉以宁先生的《经济与改革》共6册。其中“文选”按年代分为《厉以宁文选（1980—1999）》《厉以宁文选（2008—2010）》《厉以宁文选（2011—2014）》《厉以宁文选（2015—2017）》4册，另有《西方经济学说读书笔记》2册，计1767千字。

厉以宁是中国经济非均衡理论创立者和中国最早提出股份制改革理论的学者，是中国经济年度人物终身成就奖、吴玉章人文社会科学终身成就奖获得者。2018年12月18日，纪念中国改革开放40周年大会在北京人民大会堂召开，厉以宁获得了中共中央、国务院授予的“改革先锋”称号。他在经济学研究领域成就卓著，著述丰厚，影响深远。数十年来，他发表了大量论文，刊载于各个时期不同的期刊、报纸上，如果不加以整理、辑录则系统性不易呈现，也难以为学界更好地使用。基于此，我们将厉以宁自中国改革开放以来所发表的主要论文及读书笔记等进行系统梳理、编辑，并在统一体例下辑录成册，向读者集中展示厉以宁多年的学术精华。所选文章基本保持原貌，在保留其大量学术成果的同时，也为研究厉以宁个人学术史提供了基础资料。

“文选”还收录了厉以宁尚未发表的分析新时代中国经济现状和展望前景的文章。《西方经济学说读书笔记》（上下册）是厉以宁20世纪80年代在北京大学讲授西方经济学理论和西方经济学史相关课程时，阅读西方经济学著作后所写的读书笔记，珍藏30余年，首次结集出版，弥足珍贵。

《经济与改革》篇目经典、学术价值重大，它的编辑与出版对于认识和研究中国经济政治改革开放的实践历程及学术理路、对中国今后的经济改革方向与发展道路等都具有重要的意义，将是一部为学界瞩目、令读者喜爱的大家之作。

2019年1月

目录

1980—1989年

1990—1999年

1980—1989年

论教育在经济增长中的作用

两年前，我在《技术教育和资本主义工业化：西欧和美国技术力量形成问题研究》一文（1978年北京大学“五四”科学讨论会上的报告，发表于《社会科学战线》1978年第4期）中，曾从经济史的角度对教育同经济增长的关系做过一些分析。在那篇文章里，我所着重考察的是：教育是培养一国技术力量的主要途径；后进国家提高经济增长率以及在经济上赶上和超过先进国家的原因之一就是重视教育、重视人才的培养。关于教育在经济增长中的作用，我在该文中归纳为以下五点：

第一，它向社会提供一支能在科学上有发现、发明，在生产技术上有创新、变革的科学研究和设计队伍。如果没有这样一支队伍，在科学技术上至多只能步别国的后尘，很难取得重大的突破。

第二，它向社会提供一支能掌握和运用先进生产方法的技术队伍。如果没有这样一支队伍，即使有了先进的生产工具和生产方法，它们也不可能充分发挥作用。

第三，它向社会提供一支适应于工业化水平的生产和技术管理人员的队伍。如果没有这样一支队伍，就会造成生产过程中人力、物力、财力的巨大浪费，就不能发挥先进生产技术的优越性。

第四，它提高全社会的科学文化水平，为新产品的推广使用，为先进科学技术知识的普及和提高准备条件，同时也为今后技术力量的成长提供广阔的基础，为源源不断的高质量的科研人员、工程技术人员、管理人员和熟练工人的供给提供保证。

第五，它使社会积累起来的科学知识和生产经验得以保存和传播，这种传播可以不受国界的限制，也不受时间的限制。累积起来的科学知识和生产经验作为人类共同财富，通过教育从一个民族传播给另一个民族，从这一代传播给下一代。

本文以两年前发表的那篇文章为基础，继续考察教育同经济增长的关系。但这两篇文章的着重点有所不同。前一篇文章分析教育在促进一国经济增长和提高经济增长率方面的重要作用，本文分析教育在保证一国经济稳定、持续增长，以及有效地解决经济增长过程中发生的或可能发生的各种问题方面的重要作用。换言之，前一篇文章考察的范围在于经济增长本身，本文考察的范围在于经济稳定、持续增长过程中的社会就业、国际收支、收入分配、财政平衡等问题。此外，前一篇文章是从西欧和美国经济史的角度进行考察的，本文则以当前我国社会主义经济作为考察的对象。

本文分为四部分，分别考察教育与社会就业、国际收支、收入分配、财政平衡之间的关系，说明教育在保证经济稳定、持续增长中的作用。

一、我国当前社会就业问题的“结构性”。这种“结构性”就业问题要依靠发展教育和调整教育结构来解决

从理论上说，任何一个国家的经济增长既可以通过增加劳动力数量来实现，也可以不通过增加劳动力数量，而通过增加对机器设备的投资，并相应地提高劳动者的技术水平和熟练程度来实现。在经济增长过程中，由于物质生产部门采用节约劳动的新技术设备，有可能减少对劳动力数量的需要。因此，在一定的人口增长率条件下，经济增长本身并不能保证充分就业。物质生产部门在增加生产量的过程中究竟能够吸收多少人就业，不仅取决于这些部门的增长速度，而且取决于这些部门采取什么样的经济增长途径。如果一国主要不是依靠增加劳动力数量，而是依靠新技术设备的采用和劳动力文化技术水平的提高来实现经济增长的话，物质生产部门本身能吸收的劳动力将是有限的。

另一方面，一国经济增长过程也是一国经济结构变化的过程。在物质生产领域内，必然有些部门或行业衰落下去，甚至被淘汰，另一些部门或行业则不断兴起、发展。物质生产领域与非物质生产领域在国民经济中的比重也会发生变化，非物质生产领

域的一些部门的发展及其在国民经济中所占比重的增大，是经济增长的不可避免的趋势。在衰落和被淘汰的部门就业的劳动者，随着国民经济结构的变化，需要另谋职业，转移工作部门。在新兴的物质生产部门中，尤其是在日益发展的非物质生产部门中，劳动力则往往是不足的。因此，一国经济增长过程之所以能够增加就业，从长期趋势来看，主要依靠新兴物质生产部门的发展和各种非物质生产部门的发展。

一国经济结构的变化不仅包括部门结构的变化，而且包括地区结构的变化。国内原来经济较不发达的地区在经济增长过程中可能以较快的速度增长，而原来经济比较发达的地区的经济增长速度则可能减缓，或者以相对较慢的速度增长。这样，经济增长率较慢的地区或者经济增长率虽高但主要依靠增加技术设备投资来实现经济增长的地区，劳动力将会过多，这些人也必须另找就业岗位。而经济增长率较高的地区，特别是原来劳动力不足的地区，则有可能吸收就业者。

从上述这些情况来分析，可以清楚地看到，一国经济增长过程中所遇到的社会就业问题，主要是“结构性”就业问题。这就是说，社会就业问题能否顺利地得到解决，要看劳动力的结构（不同技术水平的劳动力、不同工种的劳动力、不同地区的劳动力在劳动力总数中的构成）与经济增长速度是否适应，与经济结构的变化是否适应，要看劳动力本身在技术方面是否符合经济增长的要求。在劳动力结构与经济增长速度、经济结构变化不适应的情况下，在劳动者的技术水平不符合经济增长要求的情况下，经济增长过程中失业与职位空缺的并存将是不可避免的。

失业与职位空缺并存，就是说，一方面是“人找事”，另一方面是“事找人”。经济增长过程中为什么会有失业？这是因为在经济增长主要靠提高劳动生产率来实现，而人口增长率又比较高时，新达到就业年龄的劳动力很可能找不到工作。即使不考虑新达到就业年龄的劳动力，增长率相对缓慢或停滞的部门和地区也会游离出一批劳动力。特别是对发展中国家来说，情况更为显著，因为在这样的国家中，农业一直在国民经济中占有重要地位，而农业中原来的劳动生产率一直是较低的。工业化过程中，从农业中游离出来的大量劳动力在社会上找不到可以容纳他们的工作岗位。因此，失业（包括隐蔽失业）是不可能避免的。

为什么同时又出现职位空缺？这主要是因为新兴的物质生产部门以及非物质生产领域内某些需要熟练劳动力的部门在劳动力结构与经济增长速度、经济结构不适应的情况下，找不到所需要的劳动者，例如技术工人、工程技术人员、科学研究人员、管理人员等。即使是原有的物质生产部门，如果它们的经济增长主要依靠采用新技术装备来实现，那么该部门内原来就业的劳动者也很可能不适合要求。因此这些部门也是缺少劳动力的。此外，职位空缺还可能出现于新发展的地区，因为这些地区本身无法提供所需要的劳动力。这种情况在发展中国家也是很突出的，因为在这些国家中，由于历史的原因，适应于工业化要求的熟练劳动力尤其缺乏。

一般说来，国民经济中的失业人数与职位空缺额不可能恰好相符。二者之间的比率因一国经济增长率、经济结构变化情况和劳动力结构调整情况而异。但即使失业人数与职位空缺额基本上相符，它们也不可能彼此抵消，因为在现代生产技术条件下，不同技术水平和工种的劳动力往往不能替代。所以从长期趋势来看，一国经济增长过程中，失业与职位空缺并存的现象不是暂时性的，而很可能是持久性的，即旧的失业人员就业了，职位空缺现象消失了，但新的失业人员又出现了，新的职位空缺现象又产生了。失业（包括隐蔽失业）是人力资源的浪费，职位空缺是物质资源的浪费，失业与职位空缺的并存不仅不利于经济增长，而且将阻碍新技术的采用和推广，阻碍经济结构的必要的调整，使一国经济停留在长期低效率的状态。特别是失业的长期化还会成为社会不稳定的一个重要因素。

总之，经济增长过程中的社会就业问题，很大程度上可以归结为经济增长过程中失业与职位空缺之间的矛盾无法得到解决。这就是社会就业的“结构性”。

我国的社会就业问题是复杂的。当前我们面临的社会就业问题，既有属于上述一般经济增长过程中带有普遍性的问题，又有作为发展中国家在经济发展过程中遇到的共同问题，还有我国所特有的问题。这三种问题是交织在一起的。属于一般经济增长过程中的问题，主要指先进机器使用和技术装备率提高后，物质生产部门对劳动力的需求相对减少，对非熟练劳动力的需求甚至绝对减少。属于发展中国家经济发展中的共同问题，主要指在从农业社会转向工业社会的过程中，从农业中必然游离出大量非熟练劳动力，需要有就业岗位容纳他们。属于我国特有的问题，除了劳动管理体制不够完善以外，主要指十年动乱给国民经济造成了严重破坏，比例失调，使得劳动就业门路十分狭窄。加上20世纪50年代末、60年代初人口增长过速，以致20岁左右的青年人如今大批走上或即将走上工作岗位，如果就业问题不能妥善解决，对社会和经济增长都是非常不利的。与此同时，我国当前也存在熟练劳动力供给不足、在职人员劳动生产率低的问题。一方面许多待业青年没有工作岗位，另一方面不少工作岗位找不到适合的工作人员。劳动力总资源等于劳动力数量与劳动者平均技术熟练水平（劳动力质量的主要标志）的乘积。在这个意义上说，目前我国的劳动力总资源并不是十分丰富的，因为劳动力数量虽多，劳动者的平均技术熟练水平却比较低。

要使当前我国的社会就业问题得到妥善解决，归根到底有待于在经济增长过程中不断地创造出新的工作岗位。如果无法增加新的工作岗位，那么即使人口增长率很低，只要采用了新技术，对劳动力的需要仍会减少。但怎样才能增加新工作岗位呢？这里涉及社会主义制度下多种经济成分并存、社会主义公有制多种形式并存的问题，也涉及经济管理体制、技术创新类型、国民经济各部门比例关系以及经济增长速度等问题。这些方面的问题不是本文所要探讨的内容。本文所要讨论的是：假定通过所有制形式、体制、比例关系等方面的调整和改革，假定国民经济有较大幅度的增长，确实创造出相当多的新工作岗位，我国的社会就业问题能否得到解决呢？如果考虑到我国社会就业问题的“结构性”，那么可以断言，在教育事业没有相应的发展，教育结构未做相应的调整的条件下，劳动力结构与经济结构之间不相适应的情况是不会消除的。“人找事”和“事找人”的矛盾将会长期存在。教育对于解决就业问题的重要作用，正在于它有助于解决这一矛盾。

发展教育事业和增加对教育事业的支出，可以使劳动力的结构适合于经济增长对不同技术水平和不同工种的劳动力的需要。在这里，重要的问题是使教育的结构同经济增长速度、经济结构的变化相适应，根据长期经济增长的需要来调整各种类型学校的设置、各种专业的设置，以及做出各种不同学习期限的安排。从长期考察，不外乎以下两种可能性。一种可能性是：从长期看，待业人数和未来新达到就业年龄的人数之和可能小于预计的职位空缺额，那么调整的重点将放在进一步提高教育水平、提高劳动力质量上，使每一个受过教育或训练的劳动力能发挥更大的作用，从而提高劳动生产率，进一步推动新技术的采用。这样，既可以适应经济增长的需要，又可以减少职位的空缺额。另一种可能性是：从长期看，待业人数和未来新达到就业年龄的人数之和可能大于预计的职位空缺额，那么调整时应当是提高与普及并重，既为国民经济培养有较高水平的专家，又使大量待业者有一技之长，便于找到合适的工作。这时，除了有必要进一步调整经济结构，以便增加职位空缺额以外，特别应注意发展中等技术和职业教育，给待业者以就业训练。还可以适当地延长在校学生的学习期限，一方面减少准备加入就业者行列的人数，另一方面提高他们的文化技术水平，以适应今后经济增长的需要。换句话说，与其让青年人在无技术、少知识的情况下待业，不如让他们多学习些知识与技能。

在上述两种可能性中，从我国具体情况来看，可以认为在相当长的时间内后一种可能性更大，所以我国教育事业的发展和教育结构的调整不能只着眼于提高，而忽略教育在解决“结构性”社会就业问题上的作用。

在这里，还应当注意到，教育结构调整不是一劳永逸的。一方面，经济增长本身要求教育部门输送大批有一定技术文化水平的、适应经济增长需要的劳动者，否则经济增长很难稳定地、持续地进行下去；另一方面，随着经济的增长，部门结构和地区结构总是处在不断变动之中，技术构成状况也会不断发生变化，这就要求教育结构相应地与之配合。一定的国民经济发展水平是与一定的教育结构相适应的，前者变动了，后者必须随之变动。这也是我国在制定长期人力资源规划时应当考虑的一个方面。

以上是就“结构性”社会就业问题进行分析。我国当前的社会就业问题主要是“结构性”的，但并不仅仅是“结构性”的。应当承认，我国目前还存在着“个人职业选择性”的社会就业问题。在这种情况下，某些工作岗位空闲着，需要劳动者，但劳动者不是由于缺乏必要的文化和技术，而是出于个人对职业的选择，宁肯待业，而不愿去工作。这种类型的就业问题产生的原因是多方面的。但教育对于这类就业问题的解决也能起到一定的作用，因为教育的任务不仅是传授文化技术知识，政治思想教育、革命人生观教育对于我国的青年学生来说，也始终是不可缺少的。

二、对教育的投资是发展知识密集型经济的前提。逐步增加知识密集型经济的产品出口是我国经济增长过程中改善国际收支状况的战略性措施

关于发展中国家现代化过程中的技术创新类型，我已经在《论资本密集型经济和劳动密集型经济在发展中国家现代化过程中的作用》（载《世界经济》1979年第6期）一文中发表过我的一些看法。由于那篇文章的中心思想在于说明“发展中国家首先发展资本密集型经济的做法是难以奏效的”，因此可以不涉及熟练劳动与非熟练劳动的区分，不涉及劳动密集型经济的发展趋势。而本文的中心思想在于说明对教育的投资如何有利于经济增长的稳定和持续，因此有必要对技术创新类型问题再做进一步的考察，即考察知识密集型经济在经济增长过程中的作用。

从理论上说，一国为了实现经济增长，必须增加积累，筹集可供投资使用的资金。在国内资金供给不足的条件下，可以根据国际资本市场的情况，按照适当的信贷条件，吸收国外资金。利用国外资金有助于克服短期内外汇不足和资金不足的困难，有助于引进国外先进技术，但从长期来考察，必然面临着还本付息问题。如果一国不可能扩大自己的出口或其他来源的外汇收入，那

么经济增长过程中将会发生国际收支逆差增大的现象，从而经济的持续增长将遇到很大困难。

假定一国在工业化之前或工业化开始阶段是一个劳动力数量较多、工资水平相对较低的国家，它的传统出口品是劳动密集型经济的产品，这些产品在国际市场上有一定的竞争能力，出口这些产品可以使该国取得一定的外汇收入，以弥补进口技术和其他商品的需要，改善国际收支情况。但是，在该国的工业化进行到一定阶段之后，它在劳动密集型经济的产品出口方面的有利条件将会逐渐丧失，不利条件将会逐渐增多。这是因为：

第一，随着经济增长，国民收入将会逐年增长，平均每人的国民收入也会逐年增长，工人的实际工资也会有所提高。这样一来，该国的平均工资水平与其他工业发达国家的平均工资水平之间的差距有可能缩小，从而该国以前所拥有的依靠低工资水平而进入国际市场的有利性将会减少。特别应当注意的是，工业化是世界各国共同的趋势，在该国工业化进行到一定阶段之后，另一些原来未开始工业化的后进国家也会相继开始工业化，后者也力图扩大出口，吸收国外先进技术。这些更晚开始工业化的国家很可能也是劳动力数量很多、工资水平甚至还要低一些的国家。它们的出口品也可能是劳动密集型经济的产品。这些产品在国际市场上也许具有更大的竞争能力，因为它们是由工资水平相对更低的劳动力生产出来的。这样，如果该国在经济增长、国民收入增长、工人的实际工资有所提高之后继续以出口劳动密集型经济的产品为主，它在国际市场上将会遇到新的有力的竞争对手。这种情况对它显然是不利的。

第二，劳动密集型经济的产品中有相当大的一部分是初级产品。一国在进行工业化的过程中，随着经济的增长，国内对初级产品的需求可能逐步扩大（例如对矿产品的需求或对农副产品的需求，都将因新工业部门的建立、城市的发展、交通运输的发展、居民物质文化生活水平的提高而扩大）。于是，继续大量出口初级产品的做法要受到国内经济增长和国内对初级产品需求扩大的限制。如果出现了这种情况，对于该国的国际收支状况的影响将是不利的。

第三，一国劳动密集型经济的生产量虽然可以随着该国国民经济的增长而增长，但其增长率一般是较小的。劳动密集型经济的产品供给的扩大不仅要受到自然资源的限制，而且还要受到生产技术方面的限制。这是因为：在劳动密集型经济的产品的生产成本中，活劳动部分所占比重较大，物化劳动部门所占比重较小，劳动密集型经济的劳动生产率的提高也就相对地缓慢些。假定一国在经济增长过程中需要不断引进国外先进技术，并且在吸引外资一定时间之后需要还本付息，那么出口额必须相应地扩大。假定该国一直主要依靠出口劳动密集型经济的产品来取得外汇收入，那么由于这些产品生产量的增长率较小，而供给的扩大又受到限制，该国将不可能采取扩大出口劳动密集型经济的产品的方式来保持国际收支的平衡。如果它想使出口额增大，保持国际收支平衡的话，那么只有从以下三种可供选择的增加出口的方式中任择其一：增加非劳动密集型经济的产品出口，以弥补劳动密集型经济的产品供给的较缓慢增长；压缩国内对劳动密集型经济的产品的需求，抑制这种需求的增长率，以保证继续有足够的劳动密集型经济的产品用于出口；对劳动密集型经济进行生产技术改造，提高其劳动生产率，以便增加劳动密集型经济的产品的生产量，使这些产品的供给增大。在这三种增加出口的方式中，如果按第一种方式去做，它本身就意味着依靠劳动密集型经济的产品出口这一传统做法的改变；如果按第二种方式去做，则要求以压缩国内的需求、限制国内的增长率作为前提，即牺牲国内需求和增长，以扩大出口；如果按第三种方式去做，那么劳动密集型经济中的劳动密集程度将会下降，依靠劳动密集型经济的优势将会逐渐消失。这也就说明，一国在工业化进行到一定阶段之后，要想继续保持以出口劳动密集型经济的产品为主，不仅是困难的，而且也是不符合经济增长规律的。

除了上面所分析过的这些情况以外，还应当指出，即使一国在工业化进行到一定阶段之后仍然享有出口劳动密集型经济的产品的有利性（比如说，该国的工资水平仍然较低；在国际市场上暂时还未遇到有力的竞争对手；该国国内对初级产品的需求的增长还没有达到影响初级产品出口的程度；该国劳动密集型经济的产品的生产量增长率较高，从而这些产品的出口额未受影响，等等），但由于在国际市场上，非劳动密集型经济的产品与劳动密集型经济的产品的不等价交换是由国际经济中的历史和制度条件造成的，并且，这种现象不可能在短期内改变，所以，靠劳动密集型经济的产品出口去换取非劳动密集型经济的产品的进口，在交换方面是不利的。既然如此，那么一国在工业化进行到一定阶段之后，为什么一定要坚持以劳动密集型经济的产品作为自己的主要出口品呢？为什么不设法以贸易条件对自己比较有利的非劳动密集型经济的产品的出口来代替劳动密集型经济的产品的出口呢？

这一点清楚地表明：无论从哪一个角度来看，以劳动密集型经济的产品出口为主的做法虽然在一国刚开始工业化时期是必要的，但在工业化进行到一定阶段之后，这种情况应当有所改变。以劳动密集型经济的产品作为主要出口品的做法，不宜于作为一国长期不变的方针。

这样就产生了一个问题：既然一国在工业化进行到一定阶段之后很难继续以劳动密集型经济的产品出口为主，而且也不适宜以这些产品出口为主，那么该国应当如何解决经济增长过程中的国际收支逆差问题？假定该国非贸易项目的国际收入为既定的，它应当如何增加自己的出口，以应付进口增加以及清偿外债（还本付息）的需要？

它可以发展本国的资本密集型经济，出口资本密集型经济的产品，或用本国的资本密集型经济的产品替代进口的同类产品。这当然是一种可行的办法，但这也不是容易实现的。在国际经济中，某些先进的工业国家通过长期的经营和历史上已经形成的有利的贸易条件，再加上它们拥有充足的资本，从而在资本密集型经济的产品的出口方面享有一定的优势。要同这些国家的资本密集型经济的产品相竞争，并在竞争中占上风，不是一件容易的事。

因此，对于稍后开始工业化的发展中国家来说，在工业化进行到一定阶段后应当大力发展并扩大出口的，应当是另一种类型的产品——知识密集型经济的产品。

所谓知识密集型经济，是指从劳动力质量和技术创新的角度着眼的技术创新类型、产业部门与产品的一种经济类型。如前所述，一国劳动力资源的多少不仅表现为劳动力数量的多少，而且表现为劳动力质量的高低。在把国民经济按资本密集型和劳动密集型分类时，并未把劳动力质量因素包括在内。这里所说的资本密集型和劳动密集型，只是就生产中自然单位的劳动投入量与生产资料投入量之间的比例而言，而在计算自然单位的劳动投入量时，把每一个人（或每一工时）看成是等量的劳动的投入，在计算生产资料投入量时，也只是计算其价值额，而未把生产资料所体现的技术先进性同运用这些生产资料的劳动者的科学技术水平联系起来考察。但是，如果从劳动力质量的角度来分析，生产中所投入的劳动很自然地区分为熟练劳动的投入和非熟练劳动的投入，生产中所投入的生产资料也很自然地区分为体现了技术先进性并由熟练劳动者运用的生产资料的投入和未体现技术先进性并由一般劳动者运用的生产资料的投入。于是就出现对经济的另一种分类，即国民经济可以区分为熟练劳动密集型与非熟练劳动密集型两类，在熟练劳动密集型经济中，不仅所投入的劳动是熟练的劳动，而且所投入的生产资料是体现了技术先进性并由熟练劳动者所运用的。产品也可以相应地分为熟练劳动密集型经济的产品和非熟练劳动密集型经济的产品。所谓知识密集型，就是指熟练劳动密集型。

一个劳动力数量较多的国家，如果它不断提高本国劳动者的科学技术水平和熟练程度，使之具有高度的劳动生产率，能在生产技术方面不断地有所创新，能以熟练的劳动者和体现了技术先进性的生产资料进行生产，那么它所生产出来的产品就不是一般意义上的劳动密集型经济的产品，而是熟练劳动密集型或知识密集型经济的产品。这种产品中凝聚了该国的劳动者（包括工人、技术人员、科学研究人员）所拥有的最新科学技术知识和已达到的先进技术水平，反映了该国在生产技术方面的最新成就，反映了该国所达到的高度劳动生产率。如果该国以这些产品出口来换取非熟练劳动密集型经济的产品，而不是用一般意义上的劳动密集型经济的产品来换取资本密集型经济的产品，那么即使国内的实际工资水平随着经济增长而上升，它仍然能够在国际市场的竞争中保持优势，而且还能够不断开辟新的市场，扩大销路。此外，由于它改变了以往那种出口一般意义上的劳动密集型经济的产品的做法，从而也就避免了在现存国际贸易结构中的不利于劳动密集型经济产品的交换条件，避免了不等价交换制度所带来的经济上的损失。

技术创新是无止境的。劳动生产率的提高不会停止在某一个限界之内。一个发展中国家在实现现代化的过程中，只要能使熟练劳动密集型经济不断得到发展，那么它在经济增长和改善国际收支状况这两个方面都将有广阔的前景。

这样就可以清楚地看出对教育的投资在协调经济增长与国际收支二者之间的关系方面的重要作用了。没有连续的、追加的对教育的投资，就不可能普遍地、大幅度地提高劳动者的技术水平和熟练程度，就不可能培养出高质量的本国科学研究人员，就不可能使生产技术不断创新。因此，对教育的投资是发展熟练劳动密集型即知识密集型经济的前提，也是在经济增长过程中扩大出口、改善国际收支状况的前提。

总之，增加对教育的投资是经济增长过程中改善国际收支状况的战略性措施。我国是发展中的社会主义国家，什么是当前我国在国际贸易中的优势？这就是在若干劳动密集型经济的产品的出口方面，我们相对地居于有利的地位。我们应当充分利用这一有利条件，发展这一优势。但这不宜成为长期的对外贸易方针，而且我国目前享有的这一优势很可能随着经济的增长而逐渐减弱。从战略上考虑，我们应当加强每一种出口商品的熟练劳动密集程度，加强出口部门的熟练劳动密集程度。今后，如果我国输出的农产品不再是一般的劳动密集型农产品，而是体现了先进科学技术水平的农产品，即反映最新科研成果的、改良了品种的、高质量的农产品，如果我国输出的工业品不再是一般的劳动密集型加工制成品，而是体现了我国的技术创新特色、反映最新科研成果的、高质量的加工制成品，如果我们不再是出口矿砂、煤炭、原油等矿产品，而是出口利用这些矿产品作为原料进行加工，并反映我国科学技术新成就的各种优质产品，那么我国在国际市场上将能长期保持优势。我国的工业和农业越是成为具有高度劳动生产率的部门，我国在国际竞争中越能居于有利地位。如果做到了这一点，那么实际上我们拥有的就不只是劳动力数量上的优势，而且是劳动力质量上的优势。我们将以输出体现于产品和劳务上的“知识”而在国际市场上立于不败之地。

三、我国当前经济增长过程中的一个重要任务是提高广大职工的收入水平和提高经济效率。这个任务在一定程度上也可以通过对教育的投资来实现

这里所要讨论的是收入分配和经济效率之间的关系。在资本主义经济中，所谓“平等”和效率的交替有其特定的含义，因为在生产资料资本主义所有制条件下，“平等”是建立在承认资本主义雇佣劳动制度的基础之上的，效率则是资本主义竞争的产物。只要存在资本主义雇佣劳动制度，从根本上说就不可能出现真正的平等。关于这一点，不准备在本文中分析。但在我国社会主义经济中，收入分配与经济效率之间的关系倒是值得研究的重要问题。

对人的关心和培养是社会主义生产的目的。发展生产，是为了提高人民的物质和文化生活水平，使劳动者充分发挥自己的才能。但要发展生产，就必须讲究效率，必须调动职工的积极性。从理论上说，如果认真贯彻按劳分配而又正确实行社会福利的措施，那么对生产的发展和效率的提高是有利的。对于劳动者来

说，这也是保证在生产发展前提下提高收入水平的途径。然而在我国，职工平均收入水平偏低和收入分配中的平均主义的影响不可低估。收入分配中的平均主义严重阻碍经济增长，挫伤人们的积极性，从而使本来偏低的职工收入更难以提高。长时期内已经形成的平均主义的、职工平均收入偏低的收入分配格局，不是很容易改变的。要扭转这种格局需做很大的努力。

为了更好地说明这个问题，并进而说明教育在调整收入分配和经济效率之间关系方面可能起到的作用，有必要从收入分配的理论谈起。

一般经济增长过程中，可能有两种不同的收入分配方式。一种收入分配方式是，在经济增长过程中，完全根据劳动者的劳动数量和质量给予报酬。另一种收入分配方式是，在经济增长过程中，国家对收入分配采取一定的调节措施，更多地照顾低收入者，并对高收入者的收入加以某种限制或扣除。主张前一种收入分配方式的人认为，经济增长过程中的这种收入分配方式是合理的，因为这是完全按照劳动者提供的劳动数量和质量给予报酬，每个劳动者所得到的收入的多少意味着社会对每个人提供的劳动或做出的贡献的评价。据说唯有这样，才能鼓励勤劳者，惩罚懒惰者，才能促使每个人尽量发挥自己的力量和才智，为经济增长多做贡献。主张后一种收入分配方式的人认为：完全按照劳动者提供的劳动数量和质量给予报酬并不是一种合理的收入分配，因为一个劳动者提供的劳动数量和质量的多少并不仅仅取决于个人工作的勤劳与否。由于人与人之间有天赋的差别，智力与体力各不相等；各人的家庭条件和受教育的机会不同，从而获得收入的能力也不相等；特别是每个人都在一定的社会环境中工作，工作中所使用的生产资料状况不是自己所能决定的，有人有条件使用有较高生产率的设备，有人则不具备这种客观条件。因此，一个人可能已经竭尽了自己的最大力量，但他所提供的劳动数量和质量却不如一个并未使用最大力量，但天赋、家庭条件和工作环境比较有利的人提供的。这就使得完全按照劳动者提供的劳动数量和质量来给予报酬的做法具有一定的局限性，使得社会上总有一部分人的收入与他们个人工作的努力程度相比是偏低的，并使得社会上还有一部分人的收入与他们个人工作的努力程度相比是偏高的。国家采取适当的收入分配调节措施，给收入低的人某些照顾，对收入高的人的收入进行某种限制，这才是合理的。

经济增长过程中的这两种收入分配方式的主张者还从收入分配对经济增长的效应来说明实行该种收入分配方法的必要性。前一种收入分配方式的主张者认为，如果完全根据劳动者提供的劳动数量和质量给予报酬，这将调动每一个劳动者工作的积极性、主动性，并将促使每一个劳动者不断提高自己的技术水平和熟练程度，其结果将会推动国民经济的增长。反之，如果不按照劳动者提供的劳动数量和质量来给予报酬，或者人为地拉平这种报酬，那就会挫伤劳动者工作的积极性，降低效率。后一种收入分配方式的主张者则认为，如果完全根据劳动者提供的劳动数量和质量给予报酬，社会成员的收入差距有可能扩大，收入差距的扩大将在一部分社会成员的心理上引起反响，某些低收入者会产生沮丧和失望的情绪，不利于调动他们的积极性，不利于经济增长。

一般经济增长过程中的这两种收入分配方式的争论对于资本主义经济而言，并没有实际的意义，因为资本主义社会中既不可能真正按照劳动者提供的劳动数量和质量给予报酬，而其国家政权的阶级实质又决定了它不可能真正按照合理的方式来调节各阶级的收入。社会主义制度的优越性，照理说应当为合理的收入分配创造出先决条件，并且能够通过合理分配收入来最大限度地促进经济增长。然而在我国，社会主义制度在这方面的优越性并未得到充分发挥。当前我国收入分配中的平均主义和职工平均收入水平偏低的形成原因是多方面的。多年来，由于社会主义生产目的不明确，为生产而生产的情形严重，加之，在越“平均”越好的思想支配下，已经造成了这样的局面：既不能合理分配收入，又不能调动职工积极性，结果是经济增长缓慢，劳动生产率低下，职工实际收入不能提高，同时，收入分配中的问题还影响安定团结。这种情况已到了非改变不可的地步。怎样改变呢？我认为，现在要讨论我国经济增长过程中收入分配与经济效率之间关系的协调，必须从客观上已经形成的收入分配格局出发，从长时期来社会上普遍存在的平均主义和职工现阶段平均收入水平出发。历史不能倒转。我们不可能设想一个“假如现在是1949年，我们应该如何如何”的模式。这种模式的探讨固然重要，但不能解决现实中的迫切问题。这是因为，在工资和福利方面存在着“非灵活性”：既定的工资标准，提高容易下降难；既定的福利标准，增加容易减少难。

因此，在我国目前情况下，如果在收入分配上不贯彻按劳动数量和质量给予报酬，不提高平均收入水平，听任平均主义为害，这是不行的。同时，国家如果操之过急，不从承认收入分配和福利措施的现状出发，过分强调完全以劳动数量和质量为标准给予报酬，也是不行的。平均主义的消除，需要有一个较长的过程，但消除它们是势在必行之事。考虑到我国收入分配格局形成的历史条件以及收入分配现状，在发展生产的过程中逐渐提高职工收入是迫切的任务。在收入分配方面，当前，平均主义和职工平均收入水平偏低是主要矛盾所在，从而低效率问题成为经济增长的主要障碍。所以，我们应当把逐步减少平均主义和贯彻按劳分配放在首位，在提高广大职工的实际收入水平的前提下，尽可能按劳动的数量和质量给予报酬。若干年后，职工的收入水平肯定要比目前有较大的提高，但也有可能在平均收入普遍提高的基础上，某些人的收入上升得更快，从而收入分配的差距有扩大的趋势。假定收入分配差距的扩大引起了社会上一部分人的不安，那么到那时再通过国家的适当调节（如提高累进制的个人所得税税率，征收遗产税）使收入分配差距缩小，也还为时不晚。我认为，我们需要预见到这一可能出现的趋势，但不必过早地采取收入限制措施。这个问题将来是可以解决的。

经济增长过程中收入分配与经济效率的协调，不仅与长期形成的收入分配格局，过去和目前的工资和福利制度等有关，而且还涉及意识形态领域内的若干问题。比如说，劳动者的政治思想状况、社会的风尚和评价标准，人们对“平等”和“幸福”的理解，都是意识形态领域内的重要问题，它们都能在某种程度上影响收入分配与经济效率之间的协调，影响在一定收入分配格局下人们的工作热情、主动性和效率。因此，要在我国经济增长过程中既提高广大职工的收入水平，而又不至于挫伤人们的工作积极性，不至于降低效率，必须重视意识形态领域内的措施。

那么，教育事业在协调经济增长过程中收入分配与经济效率之间的关系方面能起到何种作用呢？对教育的投资是否能促进上述任务的解决呢？毫无疑问，教育能使受教育者在意识形态方面受到某种影响，从而有助于他们形成正确的人生观，产生社会责任感，建立新的评价标准。这种影响显然是不能忽视的。关于这一点，通常并没有什么争议，关键在于政治思想教育的内容和教育的方法。我在这里准备探讨的则是经济学方面的问题。我认为以下这四个问题是值得重视的：

第一，由于教育能使受教育者提高文化技术水平，从而提高未来取得收入的能力，所以要提高低收入职工的收入水平，有效措施之一就是使他们受到一定的专业教育和训练。这是因为，如果认真贯彻按劳分配，那么有专业知识和技术水平较高的人的工资收入与缺乏专业知识和技术水平较低的人的工资收入的差额，在其他条件相同的情况下，应当被看成是受一定的教育给个人所带来的收益。多受教育能增加个人取得收入的能力这一点，既适用于正规教育，也适用于业余教育。比如说，通过一定的考试制度，只要达到某一级水平的，就应当承认其学历，给予与其学历相称的报酬。另一方面，从全国范围来考察，发展教育将能提高我国的劳动力质量，使受教育者的工作效率有所提高。特别是在现代科学技术条件下，经济增长中迫切需要高质量的劳动力，质量较低的劳动力人数再多也不能替代他们。如果不发展教育，不使低收入职工受到专业训练，低收入职工的收入总是少的，他们的劳动质量也总是低的，对经济增长是不利的。这就清楚地说明发展教育事业既有利于缩小社会收入分配差距，又能普遍提高效率、促进经济增长，从而提高职工平均收入水平。

第二，劳动力缺乏流动性是不利于提高经济效率和增加收入的一个原因。我国当前劳动力缺乏流动性问题是一个相当复杂的问题。本文不准备讨论劳动力缺乏流动性的原因。这里所要考察的是：假定通过体制等方面的改革和调整，我国的劳动力流动状况有所改进了，那么就劳动力的流动而言，还存在一个重要的问题没有解决，即由于一部分人缺乏专业知识和技能，工作适应能力很差，在经济结构变动和技术不断进步的条件下，不能适应客观的需要而改变工作岗位。特别是，在经济增长过程中，即使农业生产率提高了，并且假定其他部门需要劳动力，但由于农业中大量劳动者工作适应能力差，仍然不能为其他部门所吸收。大批劳动力被继续束缚在农业中而未能得到充分利用，对社会来说是一笔相当大的效率损失。值得注意的是，在这种情况下，低效率、缺乏职业上的适应性同低收入水平三者是联系在一起的。要解决这个问题，同样需要依靠教育事业的发展，即通过教育，使这些低收入者能在需要的时候变更个人的工作岗位，取得较多的收入，同时使他们的力量和才智在新的工作岗位上充分发挥出来，以减少社会的效率损失。

第三，就一般情况而言，低收入职工的收入水平不仅影响他们这一代人，而且将影响他们的下一代。这种情况在我国社会主义条件下也仍然存在。从理论上说，社会主义社会是一个没有职业世袭制、职业歧视和排他性的社会，但由于低收入职工收入少，家庭缺少学习的条件，他们的子女受教育的机会一般比较少，接受较高等教育的机会可能更少，于是他们的子女改变职业的机会也相对地少一些，并且相对地较少有可能到有较高收入的工作岗位去就业。这主要是经济原因造成的。我认为应当承认这一点。如果把低收入家庭与有较高收入的家庭拿来比较，假定第一代人的收入已经形成了差距，那么到了第二代，除了少数家庭有可能改变原来的收入状况外，一般的情况则是收入差距的继续保持，甚至可能扩大。这是因为，就我国的实际状况而言，在四十多岁、五十多岁的一代人中，文化程度较低的职工家庭的子女较多，这些家庭的主妇参加工作的较少，从而家庭按人口平均的收入较低。这样，这些家庭将会遇到一个“受教育少→收入少……”的恶性循环。当然，用行政措施也许可以增加低收入家庭子女的受教育机会，例如规定各种不同文化程度的人的子女升入高等学校的比率。但这种做法只会带来相反的效果，因为在高等教育不发达而封建主义影响还不可忽视的环境中，这种做法只会成为某些人谋取私利的手段，它对社会造成的恶果将会更大，使国民经济的效率损失、人才损失更加严重。因此，要打破低收入家庭所遇到的低收入和受教育少之间的恶性循环，而又不至于影响经济效率和挫伤一切有才能的人的学习积极性，应当从大力发展教育事业、扩大高等教育和职业教育着手，在整个教育事业发展的基础上提高低收入家庭子女的升学率，增加他们未来取得较多收入的能力，同时不致排斥一切有才能的人有深造和发挥才能的机会，不使社会的经济效率受到损失。

第四，从整个国民经济的观点来考察，低收入者的收入水平的提高不可能只依赖于低收入者本人或家庭的努力。如果我国经济仍像史无前例的十年那样动荡和遭受破坏，如果整个经济的增长速度十分缓慢，那么无论个人怎样努力增加自己的收入或提高本人和子女未来取得较多收入的能力，仍无助于改变低收入者收入低下这一社会现象。因此，经济增长过程中收入分配问题的有效解决途径，归根结底仍在于国民经济的发展和国民生产总值的增长，在于技术的不断创新、劳动生产率的不断提高。教育在协调经济增长过程中收入分配和经济效率之间关系方面的主要作用正在于此。因为正如前面一再提到的，劳动力质量的提高是我国今后经济增长的重要条件，而任何技术创新和劳动生产率的提高都可以看成是对教育的投资的累积性的成果。

还应当说明的是，虽然我在文中有时也用了“收入较高”的个人或家庭这样的字眼，但这仅仅是就国内收入分配格局而言的，它仅仅是在国内范围内具有相对的意义。如前所述，我国广大职工和干部的收入水平偏低。假定说各国间平均收入绝对数字的比较没有什么实际意义的话，那么无论如何，消费结构的比较

（尤其是食物支出在家庭收入中所占比例的比较）、每小时工资购买力比较（尤其是每小时工资收入与耐用消费品的交换比率的比较）还是很可以说明问题的。因此，在我国经济增长过程中，除了要注意提高低收入家庭的收入水平，还应当提高全体职工、干部、劳动者的收入水平，使每个家庭的消费结构、每小时收入与耐用消费品的交换比率发生变化。这显然是一个艰巨的任务，必须采取多方面的措施才能逐步实现。在这些措施之中，发展教育事业、增加对教育的投资将是具有重要意义的措施之一。因为只有在劳动力质量较高、劳动生产率增长速度较快的前提下，才能使人们的收入普遍提高，使消费品的生产成本和价格下降，才能改变每个家庭的消费结构，才能使人们每小时的收入交换到更多的消费品。并且，所有这些变化都是联系在一起、互相促进的。家庭消费结构普遍发生变化，职工收入普遍增加，就能使社会增加更多的工作岗位，使就业问题较易于解决。

四、在我国经济发展的现阶段，较大幅度增加教育经费固然与维持财政平衡有矛盾，但从长期看，对教育的投资将有助于在经济增长过程中增加财政收入

要发展教育事业，就需要增加教育经费。增加的教育经费来自何处？很自然会遇到一个尖锐的问题：这样一来，将会加重国家的财政负担。所以，人们经常说，发展教育事业、增加教育经

费与维持财政平衡有矛盾。

在我国经济发展的现阶段，财政拨款对于发展我国的教育事业当然是重要的，但这是不是筹集教育经费的唯一途径呢？当然不是。我认为，正如在解决我国当前就业问题、广开就业门路时，不能只着眼于国家的直接投资，而忽视社会集资一样，在对待我国当前教育事业的发展、广开就学门路时，也不能只着眼于财政拨款，而忽视社会集资。但在这里，我们先把教育经费的筹集问题撇在一边，暂不讨论。我们可以暂时假定财政拨款是当前发展我国教育事业的唯一的经费来源。

如果确是如此，那么对于教育经费增加会造成财政赤字的顾虑，不是没有经济理论根据的。假定财政收入为既定，或财政收入增长率较小，而为了发展教育，用于各种投资支出和教师工资支付的款项增长率较大，那么财政赤字将不可避免。财政赤字引起货币流通量增大，其结果将引起物价上涨。再者，如果财政收入为既定，而国防、行政等开支已经压缩到不能再压缩的地步，那么对教育拨款的增加将会直接减少对物质生产部门的投资，结果可能引起物质生产部门的收益下降（或收益增长率减少）和成本增大（或成本下降率变慢），这样，物质生产部门企业收益的下降或较慢增长对国家财政收入的影响是不利的，从而也会不利于维持财政平衡，最终将引起物价上涨。

然而从较长期来考虑，我们还可以看到另一种可能性。增加教育投资不仅有利于经济增长，而且有利于在经济增长过程中维持财政的平衡。在其他条件不变的前提下，就一个企业范围而言，劳动生产率的提高超过工资成本的提高，依靠劳动生产率增长而实现的商品生产量的扩大和原材料消耗的降低，是企业收益增加的源泉。就整个国民经济而言，劳动生产率的提高以及由此实现的企业收益的增加，是增加财政收入，从而有利于维持物价稳定的可靠途径。只要从这个角度来进行分析，增加教育投资的作用就很清楚了，因为如前所述，劳动生产率的提高可以看成是教育事业发展的结果。

关于这一点，可以从以下三个方面来做进一步的考虑。

第一，对教育的投资，就其性质而言，应当被看成是一种生产性投资。对教育的投资同对物质生产部门的投资（如投资兴建一座工厂，添置一套设备）一样，其结果都将使国民收入增加。二者的区别主要在于，对物质生产部门的投资体现于物质产品数量的增加和质量的提高，对教育的投资体现于现有劳动者文化技术水平的提高，或达到一定规格和标准的劳动者人数的增加。前一种投资易于被察觉，后一种投资则很容易被忽视，以至于长期以来对教育的拨款被当成是非生产性的支出。因此，如果继续按照传统的看法，看不到教育对国民经济发展的促进作用，那么就会认为教育经费的增加是不利于财政平衡的。反之，如果把对教育的支出（人力投资）看成是生产性投资，看成是通过劳动者文化技术水平的提高，从而通过劳动生产率提高而促成经济增长的一种投资，那么，从长期看，教育经费的增加将有利于维持财政平衡。

第二，教育作为一种生产性投资，它的周期较长，甚至比某些基础结构（运输、动力系统等）的建设周期还要长一些。当然，在经济生活中，有时也可以看到对教育的投资能较快地收到经济效果，例如开办某种技术工人短训班等，但一般说来，培养有一定文化技术水平的劳动者，特别是培养达到一定规格、标准的专业人员，所需要的时间较长。这种情况很容易引起一种误解，即认为发展教育是“远水解不了近渴”。其实，如果具有战略的眼光，把教育作为一种能持久地带来收益的生产性投资，以及连续性地看待教育在经济增长中的作用，即不仅看到年复一年地对教育事业的拨款，更要看到过了一段时间之后，具有较高文化技术水平的劳动者人数年复一年地增多，我国的科学技术队伍年复一年地扩大，那么就会从根本上改变上述看法。正如对基础结构的投资一样，对教育投资的收获期较长，未来对国民经济的好处也是较大的。

第三，教育作为一项生产性投资，它的受益者是全社会。对教育投资的社会受益是指它给整个国民经济带来好处。因此，如果不从全社会和整个国民经济的角度来考察，而只着眼于某个局部地区、部门或生产单位，那就很容易忽略对教育投资的经济效果。当然，在某些场合，也可以察觉到对教育的投资给某个局部地区、部门或生产单位带来的好处，例如在本地区开办某种类型的学校，或为本部门或本生产单位培训某种技工，等等。但这是次要的。对教育投资的全社会受益要比它给个别地区、部门或生产单位带来的直接利益大得多。这一方面反映于受过一定训练和教育的劳动者通过工作岗位的变换和工作地区的转移，将分布于国民经济各个部门和各个地区，另一方面，更重要地反映于全民族科学文化水平的提高和新的发明创造的涌现。任何发明创造都是长期对教育的投资的累积的成果，它属于整个社会。社会因这些发明创造而提高了劳动生产率，推进了经济增长，改善了一般劳动者的生活条件和劳动条件，扩大了就业机会，增加了平均每人的国民收入，等等。这些都是社会的受益。总之，只要把着眼点从个别地区、部门和生产单位的受益转到全社会的受益，那就不会仅仅根据本地区、部门、生产部门用于教育方面的支出来判断这种投资的实际经济效果，也就不会用局部的教育投资收益大小来判断对教育投资的有利性了。由此可见，虽然在经济增长过程中因增加教育经费而有可能暂时扩大政府的财政支出或减少个别地区的收入，但从长期看，从整体看，对教育的投资是提高劳动生产率的重要途径，是促进一国国民收入和财政收入有保证地、持久地增长的有效方式。

发展教育从长期来说有利于维持财政平衡这一点，可能不会遭到人们的非议了。那么，我们究竟应当怎样看待短期内增加教育经费与维持财政平衡之间的矛盾呢？现在让我们回到本节开始部分进行分析时所做的两个假定上。

第一个假定是：财政拨款是当前发展我国教育事业的唯一的经费来源。实际上，不必把财政拨款当成教育经费的唯一来源，社会集资的潜力很大，这主要以政策的制定和贯彻为转移。只要我们实行容许社会办学、群众办学甚至个人办学的政策，就可以在教育方面大大节省国家的开支。社会办学、群众办学、集体所有制单位办学，是行之有效的好办法，这方面不乏典型的经验。至于个人办学，这有什么不好？有专长的医师、艺术家、会计师、翻译家等，个人或联合带一些徒弟，传授知识和技能，对国家有利，对青年人也有利。个人办职业学校、文化补习学校甚至专科学校，靠收学费来维持，替社会培养人才，不需要财政拨款，不也是利国利民的好事吗？与其让青年人闲着，上不了学，不如让他们进各类学校去学习。此外，勤工俭学、半工半读的途径也很多。那种强调“正规化”、“一个模式”的做法，结果如何呢？要么阻碍教育的发展，要么只好伸手向财政部门要经费，增加国家财政负担。

另一个假定是：假定财政收入为既定的，假定国防、行政等开支已经压缩到不能再压缩的地步，那么对教育拨款的增加将会减少对物质生产部门的投资，结果可能引起物质生产部门收益下降，不利于国家未来的财政收入。其实问题并不是如此简单。我们知道，对物质生产部门的投资只是总产值增长的一个条件，总产值增长的另一个条件是投资的经济效果的大小。如果能够提高物质生产部门投资的经济效果，让资金能周转得更快，让每一元投资能带来更大的产值，那么投资额不是不可以缩小的。长期以来，我们过分看重总产值增长的前一个条件，忽视后一个条件，似乎投资越多越好，积累率越高越好，投资经济效果却可以不计，结果浪费惊人。这方面的教训是很深刻的。为什么我们不能在既定的财政收入前提下，在加速资金周转、提高对物质生产部门的投资效果方面多做些文章呢？加速技术人员、管理人员的培养，恰恰是提高物质生产部门投资经济效果的有效途径。因此，只要我们设法提高投资的经济效果，那么在财政收入既定的条件下，为了发展教育而减少一些对物质生产部门的投资，既不至于影响总产值的增长，又不至于影响企业收益和国家未来的财政收入。

结束语

以上分别考察了对教育的投资在解决我国经济增长过程中的社会就业、国际收支、收入分配、长期财政平衡等方面所能够起到的积极作用。如果要使我国的经济稳定地、持续地增长，有计划地解决经济增长过程中出现的“结构性”就业问题和国际贸易中的优势减弱问题，协调收入分配和经济效率之间的关系，那就不能不加速发展教育事业、增加对教育的投资。从世界各国经济增长的历史可以看到，某段时间内的经济增长并不是难以实现的，难以实现的是经济稳定地、持续地增长，以及在经济增长过程中使社会经济各个方面保持协调。

在资本主义制度下，由于资本主义基本矛盾和阶级对抗关系的存在和激化，失业、通货膨胀、国际收支逆差、收入分配失调与经济增长之间的矛盾纠缠在一起。因此，即使加速发展教育事业，增加对教育的投资，至多也只能暂时缓和一下矛盾，而无法使上述这些问题真正得到解决。在那里，教育在经济增长过程中能够起到的协调社会经济各个方面的作用是有限的。但即使如此，60年代以来西方资本主义国家的经济学家仍一再强调教育在经济增长中的作用，建议本国政府把人力投资政策和人力资源计划化作为实现长期经济增长的重要措施之一。

社会主义制度是优越的。我国当前在经济方面出现的这些或那些问题，不是来自社会主义制度本身。在消灭生产资料资本主义私有制和贯彻“各尽所能，按劳分配”的基础上，我国经济增长过程中社会经济各方面的协调应当要比在资本主义制度下容易得多。教育在这些方面所能起到的作用也肯定会比在资本主义制度下大得多。但过去这些年，为什么实际上教育并未发挥这么大的作用呢？这是一个值得深思的问题。我想，除了长时期极“左”路线的干扰、林彪和“四人帮”的破坏以外，对社会主义经济建设缺少战略上的考虑，眼光过于短浅，对教育在长期经济增长中的作用认识不足，也是一个因素。在某些对教育的性质和作用缺乏认识的同志看来，教育是软任务，能挤一点就挤一点，能拖一拖就拖一拖。这种看法当然是错误的。因此，正如两年前我在写《技术教育和资本主义工业化》一文时的想法一样，我写这篇文章的目的仍是为了向国家的决策部门呼吁：必须重视教育，在动员社会集资广开就学门路的同时，较大幅度地增加国家对教育的投资，加速发展我国的教育事业。

（原载《北京大学学报（哲学社会科学版）》1980年第6期）

进口替代还是出口替代?

——我国现阶段进出口战略的探讨

一、什么是进口替代和出口替代?

封闭经济是完全内向型的经济。发展中国家的开放经济又可分为两种类型：一是基本内向型的，另一是外向型的。发展中国家的进出口战略也可以相应地分为两种：进口替代是基本内向型的开放经济的进出口战略，出口替代是外向型的开放经济的进出口战略。

什么是进口替代？进口替代是指：发展中国家过去以进口工业制成品为主，现在改为以本国工业制成品代替同类的进口商品。为此，这些国家需要在国内建立面向国内市场的本国加工工业部门，其目的在于减少本国在工业制成品方面对国外市场的依赖，为本国工业企业保留国内市场。但由于在发展进口替代的过程中，国内通常缺少制造替代进口工业品的设备和某些原料，所以这些设备和原料有赖于进口。而为了支付进口的产品，维持国际收支平衡，除了有必要通过非贸易项目取得一定的外汇收入以外，在一定时期内还需要出口初级产品，以换取外汇。在这种情况下，进口替代往往以初级产品的出口作为前提。

什么是出口替代？出口替代是指：发展中国家过去以初级产品出口为主，现在改为以本国工业制成品的出口代替初级产品的出口。为此，这些国家在国内建立面向国外市场为主的加工工业部门，这些工业部门的产品（包括半成品）在国际市场上有竞争能力。出口替代的目的不仅在于以这些工业品（包括半成品）的出口代替原来的初级产品出口，而且主要在于通过有国际市场竞争能力的工业品出口而赚取外汇，加强国际收支地位。但由于在发展出口替代的过程中，国内不可能在设备和原料方面保证充分的供应，而且国内所需要的某些工业制成品仍需要进口，所以进口总值是随着经济增长而有较大幅度的增长。然而，正因为工业品的出口总值也在增长，所以国际收支状况可以维持不变，甚至还可能有所改善。

开放经济的这两种基本的进出口战略的重点是不同的。进口替代的重点放在国内市场上，出口替代的重点放在国际市场上。进口替代实际上是一种“出口是为了进口”的战略，出口替代实际上是一种“进口是为了出口”的战略。在当前西方的经济发展理论中，不少人认为出口替代是较高级的或较发达的出口形式，进口替代则是较低级的或较不发达的出口形式，它迟早必将过渡到出口替代，而这种过渡的完成则被看成是发展中国家经济成熟的标志。怎样看待西方发展经济学家们的上述观点呢？应当承认，尽管这种观点也有部分的道理，但总的说来，它是一种片面的、脱离具体条件的分析所得出的看法，第三世界国家的一些经济学家已经指出其不适用了。我们的看法是：关于进出口战略问题的讨论，必须同特定国家的具体条件结合起来，适用于一切地区、一切时期的不变经济模式是根本不存在的。

二、两类发展中国家：大国和小国

首先遇到的一个问题，是发展中的大国和小国的区别。这里姑且不谈社会制度的不同，而仅仅从国土面积和人口多少来进行考察。发展中的大国是指那些幅员广阔、人口众多的国家，小国则指国土面积小、人口少的国家。在通常情况下，大国的自然资源是比较丰富的，资源的自给率较高，小国的自然资源比较贫乏，资源的自给率较低，或者资源品种的分配极不均匀，某些资源奇缺，而另一些资源的供给却绰绰有余。由于大国和小国在资源条件方面存在着这样的区别，因此，即使两者都属于开放经济类型，其开放程度必然是不同的。从长期发展前景来看，资源比较丰富的大国不像资源自给率较低的小国那样密切地依存于国际市场，依赖于进口和出口。

除资源条件外，还必须进一步考察发展中的大国和小国的国内市场容量问题。大国人口众多，国内市场容量大，小国人口少，国内市场容量小。国内市场容量的大小与工业的规模经济之间有着直接的关系。因为要降低工业品的生产成本，必须使工业企业达到一定的规模。如果工业企业达不到适度规模的标准，工业品的生产成本就高，这不仅会失去国际市场上的竞争能力，甚至连企业本身的存在都会成为疑问，因为它可能是亏损的、无效率的。

从规模经济的角度可以清楚地看出发展中的大国和小国的工业品销售场所的不同。小国人口少，国内市场容量小，如果它的工业以本国市场为主要销售场所，那么不少工业企业很难达到适度规模，这对于该国经济显然是不利的。大国则不然，它的国内市场容量大，如果工业以本国市场为主要销售场所，不少工业企业可以达到适度规模，从而可以盈利。因此，对规模经济的研究表明：小国如果要发展盈利的工业部门，它有必要面向国际市场，即以较少部分的产品满足容量较小的国内市场需求，而把较多部分的产品输往国外。这是一种有利于降低成本、增加盈利的做法。一国国内市场容量越大，采取这种做法的必要性就越小。

三、关于结构性失衡

经济发展中可能出现结构性失衡。结构性失衡是由于经济结构方面的原因而引起的失衡，在资本主义经济中，结构性失衡的激化就是结构性经济危机。结构性失衡和周期性失衡并没有直接的联系，它们可能并发，也可能只有前者而没有后者，或只有后者而没有前者。在非资本主义经济中，结构性失衡是经常出现的一种失衡。它表现为：生产部门之间的不协调，动力、原材料或食物供应不足；生产部门和交通运输部门之间的不协调，运输落后，货物流通受阻滞；从而某些部门开工不足，经济停滞，劳动生产率下降，财政收入减少，物价上涨等。在非资本主义经济中，结构性失衡通常是慢性的，但在一定条件下也会激化，导致生产全面下降，财政赤字急剧增加，失业人数增多，物价有较大幅度的、持续的上涨。

由于结构性失衡是由经济结构方面的原因引起的，因此它一经形成，就不是短时间内所能消除的。对此不能操之过急，否则会产生若干副作用，甚至使失衡激化。结构性失衡应通过逐步地调整结构和改变结构的方式来消除。渐进的调整和改革的措施是必要的。

研究经济发展中的结构性失衡，对于制定一国的进出口战略具有重要的意义。西方发展经济学研究者们通常所说的“以出口减少生产过剩，减少失业”的做法，主要并非针对结构性失衡而言，而是指：当国内市场需求不足的时候，可以用扩大国外市场的办法在一定程度上替过剩的产品找到出路[①]，而通过出口的扩大以及出口收入的增加，又可以进一步增加对本国产

① 这是一种经过简化的论证方式，因为暂不考虑国际间的贸易战或其他国家采取的抵制进口措施或报复措施，也不考虑世界性失衡的同步性问题。

品的需求[①]，这样，国内市场也将随着出口的扩大而转入复苏状态。

但在结构性失衡中，这种“以出口减少过剩和失业”的做法不一定有效，而且也不容易实现。一般地说，扩大国外市场并不都有助于消除结构性失衡。它也许可以使结构性失衡的某些症状稍有缓和，但也很可能加剧原来的结构性失衡，这一切取决于原来的结构性失衡的严重程度和出口品的构成及其在国民总产品中的比重大小。假定出口品的制造所需要的原料和燃料供应本来已经呈现紧张状态，或者，假定出口品的运输本来已经使国内的交通运输呈现紧张状态，那么扩大这些产品的出口固然可以增加外汇收入或国内收入[②]，但原料和燃料供应的紧张以及交通运输方面的紧张可能使结构性失衡更为严重，于是由出口增加所获得的利益还弥补不了结构性失衡的进一步加剧给国民经济带来的损失。这样的出口增长从宏观经济角度来看是得不偿失的。不但如此，这样的出口增长也很难持续下去，因为越来越尖锐的结构性失衡将会阻碍出口的扩大，甚至最终会导致出口的萎缩。

由此可见，笼统地谈什么用出口来解决国内问题，或者谈什么出口替代与进口替代相比的优越性，并不能说明问题的实质。

当然，在结构性失衡条件下，通过出口的扩大可以换取某些设备进口，以缓和国内的结构性失衡，但这通常有一个生产能力

① 这里的前提条件是：假定出口收入中有一定份额用于购买本国的产品，而并非把全部出口收入用于购买进口品或用于储蓄。

② 前面两个注释中所提到的条件，在这里也是适用的。

形成的过程。在生产能力形成以前，为扩大出口而有可能加剧的某些原材料、燃料的紧张状态，则是必须注意到的。

四、必须正视出口替代战略的缺陷

进口替代战略的优点和缺陷是研究经济发展问题的专家们经常提到的。进口替代的优点在于：它使发展中国家的经济比较稳定，较少受到国际政治经济因素的干扰。进口替代的缺陷通常被认为是：第一，它保护了本国的比较落后的工业部门，使生产技术同国外先进水平保持了一段距离；第二，它易于忽略对外贸易的经济效果，因为既然这时“出口是为了进口”，所以容易只把取得外汇作为目标，而不把盈利作为目标。加之，在一定时期内，它不得不以初级产品的出口去换取进口的生产设备，从而在国际贸易方面显然处于不利的地位，在这一点上，它不如出口替代战略那样有利。

与此相比，出口替代战略的优越性也是研究经济发展问题的专家们经常提到的。例如，它使发展中国家能利用自己的优势，发展有竞争能力的工业品生产，开拓国外市场，甚至使这些工业品进入发达国家，从而取得较多的外汇收入；又如，由于这些发展中国家的工业参加了国际市场的竞争，从而能缩小与国际先进技术水平的差距；再如，由于这时“进口是为了出口”，出口不以单纯取得外汇为目标，而必须注意盈利，因此也就会注意对外贸易的经济效果。所有这些都有一些国家的经验资料作为依据。但正如我们在前面已经指出的那样，适用于一个地区或国家的出口战略不一定适用于另一个地区或国家，出口替代战略的优点并非在任何条件下都能实现。至于出口替代战略的缺陷，通常比较容易被忽视。然而对于我们这样的发展中的社会主义国家来说，这些缺陷却是应该引起足够重视的。

出口替代战略的第一个缺陷是：它将使一国的经济过分依存于其他国家的国内市场需求，以致一旦作为其产品进口国的国家发生萧条或危机时，出口国本身的经济也会随之发生较大幅度的震荡，如出口锐减、工厂倒闭、工人失业等。

出口替代战略的第二个缺陷是：它将使一国的经济过分依存于国际市场的价格水平，以致一旦国际市场上产品（包括该国出口的产品和为制造这些产品需要进口的原材料、燃料）价格有剧烈波动时，出口国本身的经济也会随之发生较大幅度的震荡。

出口替代战略的第三个缺陷是：它将使一国的经济过分依存于其他国家的经济政策，以致一旦其他国家或国家联盟采取关税壁垒、进口限制、出口津贴、货币贬值、原料禁运等经济政策时，出口国本身的经济将会受到较大幅度的影响，甚至迫使出口国也转而采取相应的经济政策作为对抗手段。在这种情况下，出口国本身往往不由自主地参加到国际间激烈的货币战、贸易战、投资战的格局中去。

上述这三个缺陷是出口替代战略本身存在的缺陷。这些缺陷又同国家的大小、经济中失衡的性质和程度联系在一起。国家越小，这些缺陷可能表现得越明显；结构性失衡与周期性失衡相比，一国在结构性失衡条件下将更容易出现采取出口替代战略所引起的弊病；同时，一国结构性失衡越严重，出口替代战略的缺陷也就暴露得越显著。

由于进口替代在一定时期内要以初级产品出口来换取设备的进口，因此，出口替代战略所具有的诸如在较大程度上受其他国家经济萧条或危机的影响、物价波动的影响、经济政策的影响等缺陷，在采取进口替代战略时，它们也会在不同程度上存在。但如前所述，进口替代与出口替代的一个重要的区别在于：进口替代的重点放在国内市场上，“出口是为了进口”；出口替代的重点放在国际市场上，“进口是为了出口”。这样，进口替代所受到的国际政治经济因素干扰的程度相对说来要轻得多。这也是我们所不应该忽视的。

五、现阶段我国不宜采取出口替代战略

以上我们从理论方面对进口替代和出口替代这两种进出口战略进行了一般的比较。接着，让我们转而讨论与我国的经济实际情况有关的问题。我们的总的看法是：西方经济发展理论的研究者们所推崇的出口替代战略，当前对我国并不适用。

为什么得出这样的论断呢？主要根据前面已经讨论过的三点理由：

第一，我国是一个资源丰富和人口众多的大国，而不是一个小国。我国有十亿人口，随着平均每人收入的增长，我国的国内市场的容量是很大的。从规模经济的角度来看，我们的工业部门和工业企业可以在以国内市场为主要销售场所的条件下达到适度规模的要求，而不像某些较小的发展中国家缺少这样一种广阔的国内市场，而必须以国外作为主要销售场所。从资源自给率程度来看，我国的资源总的说来是比较丰富的，而不像某些较小的发展中国家那些缺少资源，非严重地依赖国际市场不可。这就是说，我国作为一个有广阔国内市场和比较丰富资源的大国，不一定非采取出口替代战略不可。

既然采取出口替代战略的必要性不大，而出口替代战略本身又具有前面所谈到的诸如在较大程度上受其他国家经济萧条或危机的影响、物价波动的影响、经济政策的影响等缺陷，那么我们为什么一定要采取出口替代战略呢？

第二，结构性失衡仍是我国经济中存在的一个严重问题。我国之所以形成结构性失衡，固然有历史遗留下来的因素的影响（例如中华人民共和国成立前我国半殖民地半封建经济中的经济结构就是极不合理的），但必须对中华人民共和国成立以后长时期内我国结构性失衡形成的原因进行较深入的分析，因为一个社会主义国家在革命胜利30年以后还存在着结构性失衡，这就不能简单地把责任推给中华人民共和国成立前的经济结构不合理了。应当承认，中华人民共和国成立以后，我们对经济发展中的结构问题并不曾予以重视。相反地，由于长时期内急于求成的冒进思想的作怪，由于生产领域中片面追求产值的做法的影响，由于对基础结构建设的意义的忽视，特别是由于社会主义生产目的未能被贯彻，这一切造成了至今继续存在的结构性失衡状态。目前和今后一段时期的调整，正是为消除这种结构性失衡。

前面已经指出，在结构性失衡条件下，一般说来，扩大国外市场不一定有助于消除结构性失衡，甚至有时还会加剧结构性失衡。这是因为：假定出口的是"短线"产品，那么已经紧张的国内供应将更加紧张；即使出口的并非"短线"产品，但为了制造这些产品，已经紧张的某些原材料和燃料的供应也会趋于更加紧张；即使生产这些产品的原材料和燃料还不至于紧张到导致国内经济结构性失衡进一步加剧的程度，那么仍然需要考虑交通运输等方面的紧张状态。因此，在结构性失衡条件下，如果实行出口替代战略，由出口增加所获得的利益并不一定能弥补结构性失衡的进一步加剧而给国民经济带来的损失。正是从这一论点出发，所以现阶段我国不宜采取出口替代战略。

第三，我国现阶段还缺乏一个能适应出口替代战略的价格和工资体系。出口替代战略不仅与一国的国内市场容量和经济结构有关，而且与价格和工资体系有关。一个发展中国家转向出口替代战略，需要有能够与出口替代战略相适应的价格和工资体系，才能使出口替代战略真正得以实现。此外，价格和工资体系所涉及的问题还很多，如劳动力管理制度、税收制度、汇率以及企业领导体制等。由于出口替代的成功与否取决于出口的工业品在国际市场上的竞争能力的大小，取决于生产这些出口品的企业对于变化中的国际市场状况的适应能力的大小，因此不使价格和工资体系与出口替代战略相适应，就不能收到出口替代的利益。

具体联系到我国的情况来看，我们将会发现，从价格和工资体系来看，我们还不能适应出口替代战略的要求。如果要采取出口替代战略的话，那么必须加以彻底的变更。然而，变更绝不是轻而易举的，必须同一系列经济和社会重要问题联系起来考察。当然，这并不意味着我们现阶段的价格和工资体系已经合理，不需要变更了。价格和工资体系的变更势在必行。但是，即使今后要变更价格和工资体系，其着眼点将是整个经济和社会的利益，而不是仅仅为了实行出口替代而变更这个体系。

六、有选择性的进出口替代兼用的战略

如果说进口替代的缺陷不容忽视，而出口替代战略现阶段又是不适用的，那么我们究竟需要什么样的进出口战略呢？闭关型的自给自足的经济当然不是我们经济的发展方向，这不仅因为那样是不利于社会主义经济建设的，而且也因为它很难实现。无论是进口贸易还是出口贸易，都需要随着我国的经济增长而增长。开放经济既是我国经济发展的必然趋势，又完全符合我国的利益。就对外贸易这方面来说，问题不在于我们是选择闭关经济还是选择开放经济，而在于我们在开放经济的条件下选择什么样的进出口战略。

由于我国有广阔的国内市场，在资源方面有较高的自给率，由于我国的结构性失衡状态至今仍继续存在，加之，由于我国还缺少一个能与出口替代战略相适应的价格和工资体系，所以当前应当把贸易的重点放在国内市场上。在不忽视进口替代的缺陷和出口替代的某些可取之处的前提下，可以设想一下，我们能否找到一种兼有进口替代和出口替代之利，避免进口替代和出口替代之弊的另一种可供选择的进出口战略？

根据我国30年来对外贸易的经验和教训，并参照世界上其他国家（包括目前的发展中国家和目前发达国家的发展阶段）的经验和教训，运用我国社会主义制度的优越条件，我们可以设想一种新的出口战略，即有选择性的进出口替代兼用的战略。

这里所说的有选择性，是指在国家的统筹安排的前提下，根据产品的具体情况，实行区别对待的办法，对经过选择的若干地区或若干工业部门的产品，或某一工业部门的若干种产品实行出口替代，而对某些地区、某些工业部门的产品，或某一工业部门的若干种产品则实行进口替代。

为了避免加剧国内的结构性失衡，对于实行出口替代的那些工业部门或企业的产品，应当在不影响国内原材料和燃料供应的前提下，面向国际市场进行生产。我国在国际经济中所具有的人力资源的优势，应当在这里充分体现出来，这样才能增加这些产品的国际市场竞争能力，为国家取得较多的外汇收入。在整个价格和工资体系还没有条件进行较大变动的现阶段，可以采取局部性的较灵活的措施，保证这些部门和企业的发展。在它们还不曾打开出口的通道或在国际市场上暂时还缺乏竞争能力时，出口津贴之类的措施仍是必不可少的。

为了保护工业品的国内市场，把它们保留给国内的企业，进口替代应结合进口限制措施来进行。为了避免保护落后的工业部门和企业，而又不让国外的工业挤垮本国的工业，应当在实行进口替代的同时，鼓励国内同类企业的技术合作和交流，并开展竞争。在国内市场上，先进的本国产品排挤落后的本国产品，先进的本国企业胜过落后的本国企业，应当是容许的。生产成本过高和亏损过大的，并且在现实条件下不可能改变这些不利处境的落后企业，应当转产或改造，这样才能真正做到保护国内市场和获取进口替代的利益。

只要我国的结构性失衡没有消除，即使采取了进出口替代兼用的战略，在进口替代与出口替代并存的情况下，以国内市场为主仍是必要的，而某些地区（如沿海省份）或某些部门，则可以实行基本外向型经济。这是适合我国国情的进出口战略。

（1981年12月在中国社会科学院世界经济研究所举办的进出口贸易发展战略座谈会上的发言）

论社会主义有效投资与合理投资

什么是有效投资？可以简单地把它归结为能够迅速形成生产能力，增加社会总产品的供给，促进经济增长的投资。什么是合理投资？可以简单地把它归结为既能促进经济增长，又能维持物价基本稳定、提供较多就业机会、提高劳动者实际收入水平的投资。投资是否有效，以它是否增加社会总产品供给为准，其有效程度则以社会总产品增长率来衡量；投资是否合理，以它是否兼顾经济增长、物价基本稳定、提供较多的就业机会、提高劳动者实际收入水平这四项目标来确定。投资的合理程度，则以它在实现这四项目标方面所取得的实际结果作为评价的尺度。有效投资可能是合理投资，但也有可能不是合理投资。社会主义投资仅仅成为有效投资还不够，应当使它们成为合理投资，而且应使其合理程度尽可能增大。

一、投资是经济增长的第一推动力量

经济活动是一个动态的过程。前一期的生产、分配、交换和消费，制约着后一期的生产、分配、交换和消费。要使后一期的生产、分配、交换和消费在更大的规模上进行，前一期的国民收入中必须有一定的数额作为投资。投资的多少，影响着经济规模的变动程度。因此，在投资效果为既定时，一定的经济增长率总是以一定的投资率（即投资在国民收入中的比例）为前提的。

在任何经济增长中，投资都表现为第一推动力量。第一推动力量是指使停滞的经济得以增长的最初的推动力。如果没有这种最初的推动力，经济就不能摆脱停滞的状态。

在经济活动过程中，由于人口的增长、居民需要的变化、外部竞争条件的变化以及其他情况的变化，供给与需求之间，即生产和消费之间可能出现不协调，各个经济部门和各个经济区域之间也可能出现不协调。这种不协调状态的加剧，将导致经济增长率下降，甚至导致零增长或负增长。为了改变这种不协调状态，保证经济增长的持续性，投资是不可缺少的。在这里，投资仍然表现为第一推动力量，它能促进经济结构的调整，使供给与需求相适应，使经济中各种比例关系相适应。

在经济活动过程中，由于生产技术的停滞、原有的生产设备或工艺的陈旧落后、对生产设备和原材料的利用不当，或由于生产中出现某些薄弱环节而未能及时予以改进，将会引起劳动生产率下降和亏损。这种情况如果迟迟未能改变，不仅经济无法增长，而且还会影响财政收入，因为企业的亏损必定导致财政收入的减少。要扭转劳动生产率下降和企业亏损的局面，除了从经营管理方面采取适当的措施以外，增加投资也是必要的。在这里，投资作为第一推动力量，将导致技术的创新、劳动生产率的提高、企业的赢利和财政收入的增加。

在所有这些场合，投资之所以成为第一推动力量，是因为投资的意义不在于投资本身所造成的需求，而在于投资在经济活动中所引起的一系列连锁反应。投资本身造成的需求毕竟是有限的，投资在经济活动中所引起的一系列连锁反应在国民经济中的作用要大得多。

增加投资能够增加收入，增加了的收入又能使投资增加，如此反复影响，就形成投资带动投资，收入带动收入的累积性过程。经济增长正是这样进行的；技术创新、劳动生产率增长正是这样实现的；企业的赢利、财政收入的增加也正是这样得到保证的。反之，没有最初的投资，也就不可能有后续的投资；没有最初的投资所带来的收入，也就不可能有此后的源源而来的收入。

因此，轻视或忽视投资作为第一推动力量的巨大作用，显然是不正确的。

当然，上述这一切是以经营管理状况既定为前提。经济中常常存在这样的情形：经营管理方面的不善使得劳动生产率处于较低的水平，并引起经济增长率低下和企业亏损，因此，可以不必增加投资，只要改善经营管理，就能使状况有所改变。

上述这一切也是以劳动者主动性、积极性既定为前提。经济中也常常存在这样的情形：劳动者缺乏主动性、积极性，或劳动者主动性、积极性未被调动和未能充分发挥，使得劳动生产率处于较低的水平，并引起经济增长率低下和企业亏损，因此，也可以不必增加投资，只要采取适当的措施，调动和充分发挥劳动者的主动性、积极性，就能使状况有所改变。

二、有效投资和无效投资

投资的有效性在于它能促进经济增长，但并非任何投资都能起到促进经济增长的作用。投资可能是无效的。无效投资是指投资所引起的是零增长或负增长。

投资的有效性和无效性都有双重含义，即微观经济的含义和宏观经济的含义。就微观经济的含义而言，如果某项投资能使该投资单位的生产增长（即该投资单位的净产值增大），它就是有效的，否则就是无效的；就宏观经济的含义而言，如果某项投资能使国民经济增长（即国民收入增多），它就是有效的，否则就是无效的。由于任何投资从开始投资到生产增长和国民收入增加，总有一个过程，所以要考虑时间因素，即从开始投资到生产增长和国民收入增加之间的时间间隔的大小。各部门的具体情况不同，这种时间间隔的大小也不一样。但无论时间间隔大小，投资的有效性和无效性都是同经济增长（正值增长、零增长或负增长）联系在一起的。

假定不考虑时间间隔的大小，那么，只有那些根本不能形成生产能力的、不能增加社会总产品的投资，才是无效投资。任何最终能形成生产能力和增加社会总产品的投资，都应被称为有效投资。这样，无效投资可能为数甚少，因为大多数投资，多多少少能在一定的时间间隔之后形成生产能力，使社会总产品有所增加，从而在经济增长中有某种程度的贡献。

如果仅仅从这样的角度来区分投资的有效性和无效性，那是远远不够的。必须考虑时间因素，即从开始投资到生产增长和国民收入增加之间的时间间隔的大小。本文在一开始就已规定了有效投资的定义，有效投资指能够迅速形成生产能力的投资，这就是说，迟迟未能形成生产能力的投资，不能称为有效投资。

这里需要讨论的是：为什么要在有效投资的定义中，加上“迅速”二字？如何理解“迅速”二字？如何根据对“迅速”的理解来区分投资的有效性和无效性？我们知道，任何投资都是在一定时期内对现有资金的占有，而投资所占有的现有资金是国民经济中新创造出来的价值的一部分。这笔现有资金在物质生产领域内可能有不同的用途，如果使用得当，它们能使社会总产品增加，使经济增长。因此，它们意味着一定数量的“可能的”或“潜在的”社会总产品增量，意味着一定程度的“可能的”或“潜在的”经济增长率。如果把这笔现有资金用来进行某种能够迅速形成生产能力的投资，那么，“可能的”或“潜在的”社会总产品增量可以转化为现实的社会总产品增量。如果这笔现有资金闲置不用，即不用于任何投资，那么就得不到这种现实的社会总产品增量。把迅速形成生产能力的投资同闲置不用的资金相比，后者显然表示一种损失，即社会总产品的损失、经济增长率的损失。

现在，假定利用这笔资金来进行某种迟迟未能形成生产能力的投资，以至于它们要比通常情形下形成生产能力所需要的时间多出一段相当长的时间。在这段多出的时间内，所占用的资金意味着它们并未发挥作用，也就是未能被用于增加社会总产品和促进经济增长，这就等于社会总产品的损失、经济增长率的损失。如果说这笔投资在经过很长的时间之后才形成生产能力，那么在它形成生产能力之前比通常情形下所多占的时间内，它应当被看成是无效投资。而且，甚至在它已经形成生产能力，并且已经开始提供社会总产品时，它还需要把前一阶段作为无效投资给国民经济造成的损失弥补起来。只有当这些损失被补偿后，这笔投资才能名副其实地被称作有效投资。

这就是在分析投资的有效性时，有必要对形成生产能力所需要的时间长短加以考察的理由。

那么，应当怎样理解“迅速形成生产能力”这一表述中的“迅速”二字呢？由于各个部门、各个具体投资项目的情况不同，所以只能用特定部门、特定投资项目形成生产能力的平均时间作为标准。凡是在平均时间以下的，都可以理解为“迅速”形成生产能力。越低于平均时间，则越“迅速”。凡是超过平均时间的，都可以理解为“迟迟未能形成生产能力”。越高于平均时间，则越是“迟缓”。

按照这一标准来判断，投资的有效性和无效性的定义可以进一步明确地表述如下：

1. 根本不能形成生产能力，不能使社会总产品有所增加的投资，是无效投资。

2. 形成生产能力所需要的时间小于为形成该种生产能力所需要的平均时间的投资，是有效投资。

3. 形成生产能力所需要的时间大于为形成该种生产能力所需要的平均时间的投资，只有在它形成生产能力，提供社会总产品，并补偿了在超过形成该种生产能力所需要的平均时间的期间造成的损失之后，才成为有效投资。在这以前，它是无效投资。

三、合理投资和不合理投资

仅从促进经济增长这一个目标对投资进行分析，是不够的：投资作为经济增长的第一推动力量，它的积极作用既在于增加社会总产品、提高经济增长率，还在于对经济中的各种比例关系起协调作用，对经济发展的各个目标起协调作用。从这个意义上说，投资实际上是经济中的一种平衡力量，或者称之为平衡的推动力量。如果投资能够起到这种平衡的推动力量的作用，那么投资是合理的。

但投资也可能表现出与此恰恰相反的作用：使得经济中的各种比例关系不相适应，使得经济发展的各个目标失调，顾此失彼，此长彼消，以致投资不仅不成为经济中的一种平衡力量，反而成为破坏平衡或加剧不平衡的力量。这样的投资是不合理的。

如果投资是不合理的，那么就短期而言，只要它是有效的投资，社会总产品的增加仍是可能的。但就较长的时期而言，由于经济中各种比例关系的不相适应和经济发展的各个目标的失调，社会总产品很可能停止增长，甚至还会下降。这样，有效投资就变成无效投资了。

由此可见，从投资的合理性和不合理性的角度来对投资进行分析，比从投资的有效性和无效性的角度来分析更为重要。合理投资和不合理投资概念，是宏观投资理论中的范畴。在谈到投资的合理性和不合理性时，投资只具有宏观经济的含义。

投资的合理与否，要根据投资对于经济增长、物价基本稳定、提供较多就业机会、提高劳动者实际收入水平这四方面的作用来判断。只要其中有一个方面的情况比投资以前恶化了，就不能称为合理投资。假定其中有一个方面的情况比投资以前好转了，而其余三个方面的情况维持与投资以前相同的水平而没有恶化，那么就可以称为合理投资。假定有较多方面的情况比投资以前好转了，较少方面的情况维持与投资以前相同的水平而没有恶化，那么投资的合理程度是增大的。

因此，可以把合理投资的定义进一步明确地表述如下：

就投资对于经济增长、物价基本稳定、提供较多就业机会、提高劳动者实际收入水平这四方面的作用而言，投资以后，至少其中有一个方面的情况比过去好转，而没有一个方面的情况比过去恶化，那么这样的投资就是合理投资。

如果在上述四个方面中，投资以后，经济增长了，但其余三个方面仍维持原状，即既没有比过去好转，也没有比过去恶化，那么在这种情况下，有效投资恰好是合理投资，或者说，有效投资与合理投资是同一回事。如果希望投资既具有有效性，又具有合理性，那么投资以后，经济的增长和其余三个方面的维持原状，就是最低限度的要求。

按照最低限度的要求来使有效投资与合理投资统一起来，只是安排投资的一个出发点。应当使得上述四个方面的情况在投资以后都有所好转。投资的合理性越大，不仅投资的有效性越能得到保证，而且还能使有效投资持续不断地进行下去。道理是很清楚的：社会总产品没有增加，物价不能维持基本稳定，国民经济中不能产生较多的就业机会，劳动者实际收入水平下降，其结果将使整个国民经济状况恶化，持续的经济增长也将成为不可能。

正如在考察投资的有效性和无效性时要把时间因素考虑在内一样，在考察投资的合理性和不合理性时，也应当考虑时间因素。这是因为：只有在投资形成生产能力之后，它们才能起到平衡经济的作用，而从开始投资到形成生产能力，将会有一段时间间隔。这段时间间隔的大小，以各个部门和各项投资的特点而定。

这里需要注意的一个问题是：物价稳定、提供较多就业机会、提高劳动者实际收入这三方面的情况是有所不同的。在开始投资与投资形成生产能力之间，由于只有资金的投入而没有社会总产品的产出，所以货币流通量是增长的，这就会对物价的稳定产生消极的影响。如果在投资形成生产能力之后，由于投资而引起的社会总产品增长率仍然小于货币流通量的增长率，那么它仍然会对物价的稳定产生消极的影响。这一点是不容忽视的。以提供就业机会来说，情况则与此不同。从开始投资之时起，投资就有可能提供一定的就业机会，因为这些投资项目本身是吸收劳动力的。投资形成生产能力后，它可能对就业发生十分不同的影响：或者它有可能扩大就业（包括这些投资项目本身增加的就业，也包括由此引起的其他部门和企业增加的就业），或者它有可能引起就业的减少（包括由于投资引起的其他部门和企业的就业的减少，以及由于投资结束而引起的投资项目本身的就业的减少）。再以劳动者实际收入水平而言，除了因投资而引起的物价变动和就业变动这两方面可能引起劳动者实际收入水平变动以外，更重要的是由于投资而引起的劳动生产率的变化，劳动者实际收入水平的变化必然要受到劳动生产率变化的制约。在投资形成生产能力之前，劳动生产率一般并不发生重要的变化，因此从投资开始到投资形成生产能力之间的这段时间内，劳动者实际收入的变动主要同投资引起的物价变动和就业变动有关，而在投资形成生产能力之后，劳动生产率的变化将对劳动者实际收入水平发生越来越有力的影响。

由此可见，投资的合理与否，固然要看投资形成生产能力之后对物价稳定、提供就业机会和提高劳动者实际收入水平等方面的影响如何，也要看开始投资之后到形成生产能力之间这段时间内，投资对物价稳定、提供就业机会和提高劳动者实际收入水平方面的影响。如果只注意到前一种影响而忽视后一种影响，那就有可能造成这种情形，即在投资形成生产能力之前，投资已经给国民经济的平衡带来消极的影响，甚至严重的消极影响，这样，即使投资以后形成了生产能力，但由于在这以前投资给国民经济平衡带来的消极影响过大，以至于妨碍了生产能力的发挥，或抵消了生产能力形成后可以在国民经济平衡方面发生的积极作用。

四、有效投资与合理投资之间的矛盾

前面已经指出，判断有效投资的标准和判断合理投资的标准是不一样的，有效投资在经济中的作用和合理投资在经济中的作用也有所不同。因此，有效投资不一定是合理投资，或者说，有效投资即使是一种合理投资，但也不一定是合理程度最大的（即最合理的）投资；另一方面，合理投资虽然必须是一种有效投资，但它不一定就是有效程度最大的（即最有效的）投资。有效投资与合理投资之间显然存在着矛盾。

例如，某一项投资或某一方面的投资，单纯从增加社会总产品供给的角度来看，它是有效投资，但它有可能在形成生产能力之前因投资额较大，占用资金的时间较长，从而影响货币流通量，对物价稳定发生不利的影响；或者，它有可能在形成生产能力之后，本身吸收的就业和由此引起的其他部门、企业的就业反而减少了；或者，即使它形成了生产能力，但由于物价变动和就业变动的影响，或由于劳动生产率的下降而导致劳动者实际收入水平降低，等等。所以，从兼顾多种目标和平衡国民经济的角度来看，它却是不合理的投资，或合理程度较小的投资。

又如，某一项投资或某一方面的投资，从兼顾多种目标和平衡国民经济的角度来看，它是合理投资，因为它能使经济增长、物价基本稳定、提供较多就业机会、提高劳动者实际收入水平这四个方面的情况中至少有一方面的情况比过去好转，而没有任何一方面的情况比过去恶化。但是，正由于它要兼顾多种目标，因此它不一定是最能促进社会总产品增加的投资（比如说它不一定建成最新的自动化工厂），而可能是为了兼顾其他目标，并非购置最新设备，但仍能在某种程度上促进社会总产品增加的投资，从而它不是有效程度最大的（或最有效的）投资。

怎样对待有效投资与合理投资之间的这种矛盾呢？这个问题可以用规范方法来分析或用实证方法来分析。

用规范方法来分析，就是把投资所要兼顾的多种目标按照轻重缓急、先后次序进行排队，然后根据客观存在的实际条件，把通过投资所要解决的问题和可能解决的手段加以通盘考虑，再决定有效投资与合理投资究竟能在何种程度上协调一致。按照上面的定义，在投资所要解决的四个方面的问题中，只要其中至少有一个方面比过去好转，其余三个方面不比过去恶化，就是合理投资了。那么，应当首先让哪一个方面比过去好转呢？当然，这里涉及的是实现目标的客观可能性问题，所以要根据条件来分析。

但这里也有一个价值判断问题，即认为什么任务更重要，什么任务较次要。用规范方法来分析，就是从价值判断的角度来评定各个目标的先后次序，然后再设法使合理投资得以实现。

用实证方法来分析，是按照既定的规范准则，或假定所有目标都同样重要，再拟定使有效投资和合理投资协调一致的途径。有效投资和合理投资之间矛盾的解决，不仅与投资的前提条件有关，而且与投资资金的筹集和运用方式有关。下面，准备从实证分析的角度，对投资的前提条件和投资资金的筹集、运用方式进行一些探讨。

五、有效投资与合理投资的资源与市场条件

无论是有效投资还是合理投资，它们的共同之处在于：二者都必须在有充足的、可利用的经济资源条件下进行，二者都必须使投资形成生产能力之后所生产的产品有市场。这就是说，资源条件和市场条件是投资有效性和投资合理性的共同前提。

经济资源包括物质资源和人力资源两大类。物质资源，也就是指生产资料，包括生产设备、原材料、燃料和动力、运输手段、仓储设备等。人力资源，包括非熟练劳动力和熟练劳动力，而熟练劳动力中，又包括技术、管理等方面的专业人员。这些资源条件是投资所不可缺少的。

以有效投资来说，既然投资的有效与否取决于它能否迅速形

成生产能力，增加社会总产品的供给，所以不言而喻，如果缺乏生产资料和人力供给的保证，要迅速形成生产能力将是困难的，甚至是不可能的，否则，即使投资项目已经建成，但由于得不到充足的生产资料（包括原材料、燃料和动力、供修理和更换用的零部件等），或者得不到适当的劳动力，或者运输和仓储等条件跟不上生产的需要，那么仍然无法增加社会总产品的供给。从这一点来看，投资作为经济增长的第一推动力量，以充足的、可以利用的经济资源的存在为前提。假定客观上存在着闲置的生产资料，又有闲置的各种劳动力可以利用，投资之后迅速形成生产能力是没有困难的。假定客观上暂时没有现成的、足够的闲置生产资料和劳动力，但只要稍加调整就可以保证生产资料和劳动力，那么投资之后也能迅速形成生产能力。或者，即使生产资料和劳动力都供应不足，但如果有足够的外汇储备，可以及时地转向国外市场去取得所缺少的经济资源，那么投资之后仍然有可能迅速形成生产能力，只不过在这种场合，情况会变得复杂些，因为这涉及外贸平衡和国际收支平衡的问题了。假定以上所说的这些条件全都不具备，投资就不可能迅速形成生产能力，它就成为无效投资。

以合理投资来说，既然投资的合理与否取决于它能否兼顾经济增长、物价基本稳定、提供较多就业机会、提高劳动者实际收入水平等多种目标，那么，投资合理性的最低限度要求就是它必须具有有效性，即能够迅速形成生产能力。由于充足的经济资源的供给是迅速形成生产能力的必要条件，所以合理投资也必须具备充足的经济资源供给这一前提，否则就无法对多种目标起到兼顾的作用。

再分析投资的市场条件。市场条件是指投资以后所生产出来的产品要适应市场的需要，要有销路。无论这些产品是供生产消费还是供个人消费，都需要有买主愿意在一定价格条件下购买它们。假定找不到买主，生产只是为某种产量指标或产值指标而生产，生产出来的产品只不过在仓库中积压起来，那就无法实现投资对经济的积极作用。这一点对合理投资来说，是完全可以理解的。因为投资之所以被称为合理的，正在于它能在增加社会总产品供给的同时，对维持物价基本稳定、增加就业机会和提高劳动者实际收入水平起作用，如果投资以后生产出来的产品没有销路，那么投资在所有这些方面本来可以起到的作用也就发挥不出来了。不仅如此，假定产品没有销路，投资对于物价和劳动者实际收入很可能发生消极的影响。这样的投资是不合理的投资。

那么，投资的市场条件这一前提对于有效投资来说是不是也适用呢？也许会有这样一种看法：由于投资的有效与否取决于它能否迅速形成生产能力，能否增加社会总产品的供给，而迅速形成生产能力与否只是同资源条件有关，与市场条件没有直接的联系，所以，只要投资之后能生产出一定数量的产品，不管这些产品是否有销路，它们都可以被称为有效投资。按照这种看法，似乎只有那些根本不形成生产能力或未能迅速形成生产能力的投资才是无效投资，能迅速形成生产能力但产品与市场需要不相适应的投资则不算是无效投资。这种看法无疑是不正确的。

这种看法的错误在于：它仅仅从字面上理解生产能力的形成，而把生产能力同市场条件割裂开来。实际上，这是对生产能力的一种误解。我们知道，如果投资建成了一座工厂，但这座工厂建成后并不从事生产，不提供产品，那么仍然不等于具有实际生产能力，因为这只是一种名义生产能力；如果这座工厂建成后生产的产品不适合市场需要，只是积压在仓库内，那么这种情形至少同该工厂不从事生产一样，因为它同样没有为社会提供可供利用的产品；不仅如此，它甚至比该工厂不从事生产更坏，因为它消耗了其他工厂所生产出来的，本来可以安排其他用途的燃料、动力、原材料等。因此，投资以后形成的生产能力应当是实际生产能力，而不是名义生产能力，应当是为社会提供适应市场需要的产品，而不是生产出没有销路的产品。如果我们从这个意义上来理解有效投资和生产能力的形成，那么就必然把市场条件看作投资有效性的前提之一。

认为投资的有效与否与市场条件没有直接联系的想法，恰恰是混淆了实际生产能力与名义生产能力的区别，误把后者当作前者，而不了解投资的有效性在于它所形成的生产能力乃是实际生产能力，而并非名义生产能力。

六、有效投资与合理投资的赢利性问题

投资赢利性问题是一个重要的理论问题。即使投资以后生产

出来的产品有销路，但如果它们只能以低于生产成本和利息费用的价格销售出去，那将会造成什么后果呢？

首先，对投资单位而言，这样的投资不仅不能回收上来，而且在投资以后，仍然需要追加一定的支出才能维持生产，否则它就连原来的生产规模也维持不下去了。这样的投资，即使形成了生产能力，并且形成的是产品有销路的实际生产能力，也只不过是一种对投资单位得不偿失的投资。一般说来，这样的投资是应当避免的。

然而，假定我们把视角由个别投资单位扩大到整个国民经济，那么我们对投资赢利性的问题可能会产生不同的看法。

国民经济是一个整体。国民经济各个部门有机地联系在一起。某些部门或某些企业，从它们本身的情况来分析，经济资源条件是具备的，产品也适应市场的需要，但由于某种原因，产品的价格只可能等于甚至低于生产成本和利息费用，从而是不赢利的。那么，是否应当在这些部门或企业进行投资呢？投资的赢利性是不是这些部门或企业的必不可少的投资前提呢？看来这个问题不可能简单地予以肯定或否定，因为这涉及投资的宏观经济效果的计量。

前面已经提到，有效投资有宏观经济的和微观经济的双重含义，合理投资则是宏观经济学范畴。从宏观经济的角度来看待投资，可能出现这样一种情况，即某些部门或某些企业的投资尽管其本身不具备赢利条件，但投资的结果却有助于其他部门或企业的生产有更大程度的增长，有助于国民经济的综合平衡，有助于协调各个目标之间的关系，那么这样的投资仍是十分必要的，这样的投资仍然可以称为有效投资和合理投资。

但投资的宏观经济效果也有可能成为替某些实际上无效的或不合理的投资进行辩护的借口，硬说这些投资项目不应当中止，否则就是缺乏宏观经济的考虑，等等。甚至可以说，任何投资都能找到“合理的”根据，因为主张进行这种投资的人总可以提出“理由”，认为该项投资对国民经济如何如何重要，即使不赢利，也是不能取消的。的确，这是一个容易引起争论的问题。假定我们只承认投资的宏观经济效果的存在及其意义，而没有判断宏观经济意义上的投资有效性和投资合理性的标准，那么这个问题就无法解决。

在这种情况下，经济计量学方法是可以采用的。经济计量学方法本身固然有局限性，但在一定的场合，在一定的前提与假定之下，对于宏观经济意义上的投资有效性和投资合理性的分析仍有用处。

首先应当重视投资的资源条件和市场条件。任何投资都需要有充足的生产资料和人力供给的保证，因为这是形成生产能力的前提。投资以后生产出来的产品，也需要与市场需求相适应，否则生产出来的产品只能堆积在仓库里，投资所形成的生产能力只不过是名义生产能力而已。在分析投资的资源条件和市场条件时，可以采取各种计量方法。一般说来，可以采取投入产出分析方法来说明资源供给状况和市场需求状况。

再看投资的赢利性条件。微观经济意义上的投资赢利性，可以采取成本—收益分析方法来计算。在这里，关系是比较简单的。在一定产量和价格条件下，考虑到生产成本和利息费用，可以了解到投资单位的赢利与亏损状况，然后根据生产的时间可以了解到投资的回收期限。投资回收期的长短通常是判断投资单位的微观经济效果的重要尺度。

至于从宏观经济角度来考察投资的赢利与否，问题要复杂得多。物质生产领域内投资的合理性以及宏观经济意义上的投资的有效性，不能离开对国民经济中各种比例关系的考察，不能回避对国民经济各个部门之间投入产出关系的分析。如果甲部门所生产出来的产品除了直接供应消费者以外，还为乙、丙、丁等部门的生产消费所必需，而乙、丙、丁等部门所生产出来的产品除了直接供应消费者以外，还为戊、己、庚、辛等部门的生产消费所必需，如此等等，那么，对甲部门追加一定的投资的效果就不仅仅从甲部门本身所增加的收入中反映出来，而且也从乙、丙、丁、戊、己、庚、辛等部门由此所增加的收入中反映出来。假定一定的收入量与一定的就业量之间存在某种比例关系，那么，对甲部门追加一定的投资的效果既反映于甲部门本身增加的就业量，也反映于其他各部门的就业量的变动。这样，如果采用反事实度量法，至少可以两种方案进行比较。一是不增加甲部门的投资时各个部门的总收入、净收入、就业等变量的大小，二是增加对甲部门的一定量的投资后各个部门的总收入、净收入、就业等变量的变动率。两种方案进行对比的结果，可以了解到投资的宏观经济意义上的赢利性。假定某项投资本身不赢利，但确实能使各个部门的总收入、净收入、就业等有所增长，而增长的结果能使国民经济的受益大于该项投资本身不赢利给予国民经济造成的损失，那么该项投资仍是有利于国民经济的。该项投资实际上仍有一个投资回收期，只不过这种投资回收期反映于国民经济之中。反之，如果两个方案对比的结果，即使某项投资本身有所赢利，但却使各个部门的总收入、净收入、就业等有所减少，或者，某项投资本身有亏损，而各个部门的总收入、净收入、就业等增加甚微，以致国民经济的受益仍小于该项投资本身亏损给予国民经济造成的损失，那么，该项投资是不利于国民经济的。如果在这种情况下仍坚持以注意宏观经济效果的名义来从事该项投资，那么这种投资就是不合理的投资和宏观经济意义上的无效投资。

七、投资资金的供给、财政与投资的关系

要使投资成为有效投资和合理投资，必须重视投资资金的供给。如果某项投资具备了资源条件和市场条件，产品又有销路，并且预计销售后还有赢利，但由于资金供给不足，以至于投资无法进行，或者使在建项目中途停顿，那样就不可能迅速形成生产能力，投资也不可能成为有效投资。不仅如此，由于已经投入但迟迟未能形成生产能力的资金是国民经济的一项损失，因此该项投资也只可能是一种不合理的投资。

另一方面，即使投资能迅速形成生产能力，但如果资金供给过度，投资也可能引起财政或货币流通方面的失调，从而对物价稳定发生不利的影响，这样，它同样不可能成为合理投资。

那么，怎样才能避免资金供给的不当，而使投资具有有效性和合理性呢？首先，让我们对投资与财政之间的关系进行一些探讨。

在社会主义条件下，增加投资所需要的资金的一个重要来源是财政拨款。一般情况下，国家的财政拨款直接影响着投资的数额和规模，影响着投资的有效程度。更重要的是，财政拨款影响着多种目标之间的关系，影响着投资的合理程度。

在协调经济增长与物价基本稳定这两个目标时，一个迫切的问题是如何防止对货币资金的需求量过大，也就是如何防止货币流通量的增长过快。通货膨胀之所以发生，其原因归根结底在于社会总产品的增长率小于货币流通量的增长率。而要防止和消除通货膨胀，或者依靠提高社会总产品的增长率，或者依靠降低货币流通量的增长率，或者双管齐下。

货币流通量之所以会有较大幅度的增长，主要是由财政赤字或银行信贷膨胀引起的。因此，在客观上已经出现较多的财政赤字时，特别是连年有财政赤字时，通过财政拨款方式来增加投资资金，是必须慎重的，否则很可能使货币流通量进一步增大。

但是，由于投资是经济增长的第一推动力量，缺乏必要的投资无法使社会总产品增加，甚至也无法扭转社会总产品增长率小于货币流通量增长率的局面。单纯地紧缩投资，既不能保证消灭财政赤字，也不能保证不发生通货膨胀。这是因为：国民经济中各个部门是有机地联系在一起的，只有不断调整部门结构和产品结构，才能使国民经济的比例关系经常保持协调。但部门结构和产品结构的调整在大多数场合需要追加一定数量的投资。如果为了消灭财政赤字和防止通货膨胀而单纯采取紧缩投资的做法，只会使国民经济的比例不协调和进一步不协调，甚至会使某些本来可以增加产量和赢利的行业或企业因此转为亏损，而无助于财政状况的好转和通货膨胀的消失。

从增加社会总产品的角度来看，技术改造和设备更新是提高劳动生产率的物质条件，而技术改造和设备更新通常需要追加一定数量的投资。如果为了消灭财政赤字和防止通货膨胀而单纯采取紧缩投资的做法，那就很难从物质条件方面着手来提高劳动生产率和增加社会总产品。不仅如此，如果缺乏必要的投资，以致设备无法更新，在其他条件不变的情况下，劳动生产率将会下降，于是某些本来可以照常生产和赢利的行业或企业也会因此转为亏损，这样就会进一步不利于财政，不利于应付通货膨胀。

可见，不能简单地把投资增长看成是财政赤字或通货膨胀的起因。有效投资和合理投资不仅不会加剧财政赤字和通货膨胀，反而是用来消除财政赤字和通货膨胀的手段。只有那种无效的投资、不合理的投资，即迟迟未能形成生产能力的投资、产品无销路的投资、虽然产品有销路但却亏损累累的投资，以及使国民经济各种比例关系不协调的投资，才应对财政赤字和通货膨胀负责。

因此，对财政部门来说，需要注意的是：必须紧缩或停止一切不具备资源条件和市场条件而又没有宏观经济效果的投资，而对于那些能够迅速形成生产能力、产品有销路、有赢利或有助于国民经济各部门总收入和净收入增长的投资，则不应当紧缩或停止。有效投资和合理投资是活跃、繁荣国民经济的推动力量，活跃、繁荣的国民经济则是财政的坚实的基础，是源源不断的财政收入的保证。其实，只要财政部门对待投资持有这种科学的态度，即不该投资的不予投资，有必要投资的给予投资，就有可能避免投资资金供给的不当。

八、投资资金筹集方式的选择

财政拨款是社会主义投资资金的重要来源，但绝不是唯一来源。在社会主义条件下，投资所需要的资金至少有四个国内来源，即财政拨款、社会集资、企业保留资金、银行信贷。银行信贷（包括短期、中期和长期信贷）可以作为不同用途的投资所需要的资金。它的优点在于能够督促投资单位加强经济核算，注意投资的微观经济效果。而银行通过对投资方案的审查和监督资金的使用，还能从增加宏观经济效果方面对投资起一定的作用。社会集资，除了指社会通过储蓄和购买债券方式聚集的资金以外，还包括群众为创办合作企业而筹集的资金、社会各界人士为发展国内建设事业而筹集的资金等。企业保留资金则指企业根据自主权原则而保留的一部分利润。企业可以按照生产的需要，利用这些资金来增添设备，进行技术改造，扩大生产规模，降低成本，增加产量。

这四个国内资金来源中，财政拨款也不是在任何情况下都成为主要的资金筹集方式。由于投资项目的不同和客观经济条件的不同，可以在这些筹集资金的方式中做出适当的选择。但无论采取哪一种筹集资金的方式，前面一再提到的投资的条件都是必须考虑的。任何情况下都应避免无效投资和不合理投资。任何时候都应力求增加投资的有效性和合理性。

很容易被人们遗忘的是，社会集资这种筹集资金的方式不仅与国家的投资之间有一种替代作用，而且还可能成为货币回笼的一种方式。社会集资与国家投资的替代作用表现于：本来社会上的某些投资项目是由财政拨款来承办的，现在改由社会集资来进行了。但投资不只是货币资金的供给，物资的供给保证是不可缺少的。社会集资所聚集起来的货币资金，需要购买生产资料。为投资所需要的生产资料，基本上是国家的生产资料供应部门提供的。如果国家的生产资料供应部门所拥有的为该项投资所需要的生产资料不足，那么这表明该项投资的资源条件还不具备。根据前面在分析投资的条件时已经说明的，不具备充足生产资料供给的投资是无效投资和不合理投资，应当中止。于是此项以社会集资方式出现的投资未能实现，它并不会对国民经济造成不利的后果。如果国家的生产资料供应部门拥有为该项投资所需要的足够数量的生产资料，那么这表明该项投资的生产资料供给条件已经具备，投资可以进行。这时，国家的生产资料供应部门供应生产资料，收回社会上的货币资金，这对于国民经济显然是有利的。否则，如果由国家拨款代替社会集资，虽然也能同样实现该项投资，但却起不到促进货币回笼的作用。

从另一个角度看，如果不进行社会集资，那么保留于社会各界手中的这些货币的出路何在呢？它们可能以储蓄方式存入银行，也可能购买消费品。假定它们存入银行，银行也会遇到如何运用它们的问题，在社会需要进行某项投资时，银行的信贷方式提供资金，其作用与社会集资进行该项投资是一样的。但假定这些货币不存入银行，而转向购买消费品，特别是购买供不应求的消费品，结果将会使市场供应更加紧张。因此，在投资条件已经具备而社会集资又有可能的时候，选择社会集资方式的投资往往是一种更为合理的投资。

（原载《财贸经济》1982年第1期和第3期）

关于城市经济学的几个问题

什么是城市经济学？国外经济学界有不同的解释。美国出版的《经济学百科全书》的解释是：城市经济学研究在人口稠密的发达地区居民、工商企业和其他机构的布局类型，这些布局类型是如何产生和变化的；它们与联邦、州和地方政府的开支、税收和调节机制是怎样相互影响的；它们又是如何影响企业和居民的经济行为的。日本京都大学教授山田浩之在1981年出版的《城市经济分析》一书中对城市经济学做了这样的解释：把城市的住宅问题、土地问题、交通问题、环境问题、财政问题等的相互联系性作为一个整体来进行研讨的经济学，就是城市经济学。他又指出：城市经济学的中心课题是分析城市经济活动在空间上的相互依存关系，亦即分析经济活动的地理条件及土地利用的结构。此外，城市经济学还要研究城市的经济政策。由于城市经济学是经济学的一门新的分支学科，它是20世纪50年代以后才兴起的，所以对城市经济学的解释不一，是一种正常的现象。根据我的看法，城市经济学是这样一门学科，它以城市的经济活动和经济作用作为自己的基本研究对象。它以政治经济学理论为基础，即依据一般经济理论进行研究。具体地说，它主要研究以下三个问题。第一，研究城市的经济发展战略，其中包含城市经济发展的目标和实现这些目标的途径。第二，研究城市经济管理体制和城市的经济作用的发挥。第三，研究城市内部的经济结构以及城市和外界的经济关系。我的解释可能引起争议，但不要紧，经济学只有在充分讨论的基础上才能有所进展。下面，我想谈谈有关城市经济学的四个问题。它们是：

一、城市经济和生产要素的重新组合。

二、城市的就业、物价和居民的收入水平。

三、城市的向心力和离心力。

四、城市经济学研究中有待于进一步探讨的几个问题。

一、城市经济和生产要素的重新组合

（一）城市的功能

让我们首先考察一下城市的定义。在西方经济学中，对城市的解释也是不一样的。但对以下几个标志，则没有什么异议。一是，城市是人口密集的定居点。二是，城市中的居民的生活来源主要是非农业收入。三是，城市中经常进行商品的交换，而不是临时性地、定期地进行商品的交换。由于这些标志，城市不同于乡村，不同于集市或庙会，也不同于城堡、要塞、关卡。

在现代经济中，城市的功能是什么？也就是说，城市在现代经济中究竟有什么作用？我们可以把城市的功能分解为以下几个方面：第一，它是工业生产基地；第二，它是商品交换中心；第三，它是智力资源的中心，即科学、技术、文化中心；第四，它是信息中心。除此以外，某些城市还具有其他两个功能：即金融中心和对外经济交流的中心。

在社会主义条件下，城市的上述功能是和社会主义商品经济联系在一起的。但长期内，由于受到苏联模式的影响，对社会主义经济是商品经济这一点认识不清，总是习惯性地把社会主义计划经济同商品经济对立，不承认生产资料是商品，不承认价值规律的调节作用，按行政区划和行政系统分配物资，人为地割裂城市与城市之间、城市与周围地区之间的经济联系，形成城市之间、地区之间相互封锁的局面，造成流通环节多、经营方式僵硬的状况，这样，城市应有的经济作用显然要受到极大的限制。此外，在城市的各种功能中，以往不少人也只注意到城市的第一个功能，即只注意城市是工业生产的基地，而忽略了城市的其他功能。这样，对城市在经济中的作用的了解，既不可能全面，又不可能深入。在中华人民共和国成立后的长时期内，还流行过这样一种片面的说法，即认为某某城市过去是消费型城市，现在应该把它变成生产型城市。对于这种流行的说法，国外有些经济学家曾经评论道：把一个城市贬为消费型城市，岂不是意味着城市中大多数居民不是生产者，而是纯消费者或寄生虫吗？过去还宣传过："我们也有两只手，不在城里吃闲饭。"这种看法也是不对的，难道城市的人是在"吃闲饭"吗？不是这样。城市生活有它自己的特点，不能用小生产的眼光来看待城市。城市成为工业生产基地，这只是城市的功能之一。其实，即使某个城市是消费型城市，这也是正常的，因为任何城市都是居民密集的地区，这正是城市与乡村最明显的区别。要知道，既然城市是居民密集的地区，所以任何城市都可以被看成是消费中心，城市当局就应该重视消费问题。至于要不要把每一个城市都变为生产型城市，那就要根据具体情况来确定了。可能有些城市只适合成为商品交换中心、智力资源中心、信息中心，甚至金融中心和对外经济交流中心，而不一定要变为工业生产基地。

（二）城市发展中的相对优势原理

在了解相对优势概念之前，先解释一下什么是绝对优势。比如说有两个城市，就以天津和呼和浩特为例。现在假定它们都生产甲、乙两种产品，假定天津在生产甲产品时，成本是低的，呼和浩特生产乙产品的成本是低的，那么，对天津来说，它在甲产品生产上就占有绝对优势，呼和浩特在乙产品生产上占有绝对优势。根据绝对优势的原理，两个城市进行分工、交换，它们可以各自利用自己拥有绝对优势的产品进行交换。那么，相对优势是指什么而言呢？还是以天津、呼和浩特两个城市为例。假定在甲乙两种产品的生产中，天津都占优势，呼和浩特都处于劣势，但对天津来说，在都占优势的甲乙两种产品中，必然有一种更具有优势，比如甲产品相对于乙产品来说，更有优势。对呼和浩特来说，尽管甲、乙两种产品都不如天津，但乙产品多少要好一些。这样，生产乙产品对呼和浩特来说，就有相对的优势。于是，天津集中力量生产甲产品，呼和浩特集中力量生产乙产品，彼此交换，对双方都有利。

从城市经济相对优势原理出发，我们可以知道，一个城市的发展应该从相对优势的角度来考虑。各个城市可以按照相对优势来进行分工，开展城市之间的合作。这个理论不仅被应用于国内的地区间的贸易，而且也被应用于国际贸易。但由于国际贸易的情况比较复杂，所以一般说来，相对优势原理更加适用于国内贸易，适用于城市经济的发展。

了解到城市的相对优势所在，城市就可以根据自己的资源相对丰裕程度来选择自己的生产和交换的主要方面，确定自己的经济发展战略。这对城市的发展是非常重要的，所以我们不能停留在绝对优势的水平上认识问题。当然，认识到绝对优势比不认识它要好些，但只认识到绝对优势而不认识到相对优势，那是远远不够的。城市经济学的研究表明：只有认识到一个城市的相对优势，才能制定正确的投资决策，才能有效地重新组合各种生产要素。

（三）城市的投资决策

前面已经谈到，要发展城市经济，就要发挥它的相对优势。相对优势取决于本城市的资源相对丰裕程度。比如说，应该考虑城市内部和城市周围地区的资源状况，以及在各种资源中哪些更具有优势。城市当局要根据这些来决定今后的发展方向和规模。但我们知道，一个城市不是凭空而起的，除非在一片荒原上新建一个城市，否则它总有原来的基础。这样，城市当局就不仅要考虑资源的相对丰裕程度，而且必须考虑原有的基础。因此，可以这么说，资源相对优势和原有基础的结合，决定着城市投资的方向。

在决定城市投资方向时，要懂得什么是机会成本。机会成本就是指：在可供选择的若干种投资机会中，只能选择其中一种，而要放弃其他的投资机会。放弃其他投资机会意味着放弃可能得到的收入。因此，机会成本等于被放弃的可能得到的收入。比如说，一个城市拥有一笔资金。这些钱可以用来兴建纺织厂，也可以用于开旅馆，或兴建轧钢厂。面临着三种投资机会，但只能选择一种。这样，一种投资所得到的收益，以放弃另外的投资收益作为代价。如果被放弃的是好几种机会，那就以收益最多的一种投资的收益作为代价。假定纺织厂的利润最低，于是暂不考虑它，那么，究竟是开旅馆还是办轧钢厂？假定决定开旅馆，那么所放弃的办轧钢厂的收入，就构成开旅馆的机会成本。城市的投资决策者要考虑到机会成本。过去在办各种事情时，往往不考虑它，没有想到如果不办这个厂，而办那个厂，所赚的钱将是更多的。

假定说，这些钱不能办轧钢厂，也不能开办纺织厂，而只能开旅馆，这是不是说就没有机会成本了呢？仍然是有的。即使把钱存入银行，也有利息收入，如果开旅馆所赚的钱，还不如利息收入多，那就是损失，是得不偿失。所以说，在城市投资决策中，必须懂得一个道理："不赚就是赔，赚得少也是赔。"综上所述，城市的投资决策要根据城市原来的基础，根据城市的资源相对优势，以及在有可供选择的投资机会时，考虑所放弃的投资机会的收入。

（四）城市的技术创新类型

一个城市要发展，必须进行技术创新。城市的技术创新类型，应当从生产要素的组合的角度来考虑，因为任何一种技术创新，都是把生产要素原来的组合比例加以变化。简单地说，技术创新就是对生产要素的比例进行调整。生产要素的组合，现在一般分成三种类型，即劳动密集型，资金密集型，知识、技术密集型。此外，还可能存在一些交叉型的生产要素组合，如既是知识密集型，又是劳动密集型；或既是知识密集型，又是资金密集型。一个具体的城市如何选择技术创新类型，要根据原来的基础和资源的相对优势来决定。

如果进一步考察，问题并不如此简单。仅仅根据原来的基础和资源的相对优势还不够，还必须考虑劳动力的长期供给问题。我们知道，每个城市实际上都是城市的现代化生产和周围地区传统方式的农业生产的结合。这与劳动力的长期供给问题有关。可以有两种假定。一是假定城市劳动力供给，今后可以从附近的农村得到充分的保证，即假定劳动力无限供给。一是假定城市的劳动力完全不能从附近的农村得到保证，即周围的农村不能向城市供给劳动力，城市的发展必须依靠城市自己内部的劳动力的供给。这两种情况下的城市产业结构和产业布局是不一样的，但这两种极端都很少见。一个城市通常不可能实现劳动力的无限供给，但也不是完全不可能从附近农村得到劳动力。一般情况下，劳动力供给到一定程度以后，附近农村就不能够再向城市供给劳动力了，如果城市继续需要劳动力，那就必须由城市内部来解决。这样，劳动力资源状况就影响到城市的技术创新。在城市发展的一定阶段，可能以劳动密集型经济为主，但最后必然走向资金密集型和知识、技术密集型经济。城市的发展要逐步实现由城市内部来供给劳动力。有些城市的发展之所以遇到困难，可能是由于它一直不能由内部供给劳动力，而必须长期从外部供给劳动力。长期从外部供给劳动力，大量地、不断地从外部流入劳动力，将会给城市带来一系列问题，加重城市的负担，如造成住房紧张，交通阻塞，电力和自来水供应不上，等等。

从长期看，怎么解决劳动力供给问题呢？有三条路可走。（1）进行技术创新，提高劳动生产率。城市提高劳动生产率除了能降低生产成本，便于同其他城市同类产品竞争以外，也是调节劳动力供求、稳定城市经济、保障城市居民生活的重要途径。

所以必须注意劳动生产率的提高问题，必须走技术创新的路。（2）及时调整城市内部的经济结构，不但不再在市区内发展劳动力消耗较多的工业部门，而且要逐步把这些部门分散到周围地区去，以便就近解决劳动力供给问题。（3）改变居民的生活方式，使居民从自给性的生活方式转变为商品性的和社会服务性的生活方式。在城市发展初期，市区和郊区居民生活中，自给性部分所占的比例相当大。他们家里有菜园，养鸡下蛋，自己做衣裳、纳鞋底，等等。随着城市的发展，自给性的生活方式必然要转向商品性的和社会服务性的，就是说，生活中所需要的产品和劳务一大部分或全部已经不再是自给的，而要从市场得到，从社会服务中得到。这一转变的结果，将使妇女劳动力成为城市的社会生产和服务的重要劳动力来源。

（五）城市经济发展中的良性循环和不良循环

一个城市或一个地区的发展，有可能处在良性循环状态，也可能处在不良循环状态。什么是不良循环？就是说，原来居民的收入水平比较低，社会集资的可能性较小，这样，技术创新的可能性也比较小，劳动生产率也就比较低，而劳动生产率低，又造成居民的收入低。在这种情况下，如果人口增加比较快（包括自然增加的、从外地迁来的），那么，城市的处境将会更加困难。但在城市经济的发展中，也有可能转入良性循环。良性循环是指：居民收入水平比较高，社会集资的可能性比较大，技术创新的可能性比较大，从而劳动生产率增长率较高，于是居民的收入水平就进一步提高。假定这时能控制人口的出生率，并能限制外地人口的盲目流入，良性循环将顺利地进行下去。所以，在研究每一个城市的发展战略时，必须了解这个城市的经济现在是处在不良循环状态，还是已经摆脱不良循环而转入了良性循环。如果刚转入良性循环，那就要考虑如何加速已经形成的良性循环。那么，假定城市经济仍然处在不良循环之中，怎样突破呢？通常认为最重要的方式是从外地甚至国外引入资金，引入技术。这是突破不良循环的很重要的一环。因此，开放不仅对国外而言，也对国内而言。就城市与城市之间的关系来说，开放的意义正在于此。一旦从城市外部引进了资金和技术，城市就可以从技术改造入手，提高劳动生产，进而提高居民的收入水平。这样，社会集资的可能性就增大了，城市有较多的资金来发展经济，不良循环也就被突破。

一个城市怎样从外部吸收资金和技术呢？这又有两种可能性。（1）对城市来说，国家是外部。依靠国家投入一笔资金，进行技术改造，城市有可能突破不良循环。但这个条件不是每个城市都具备的。而且国家的资金也有限，不可能满足每个城市的需要。所以必须由城市自己想办法。（2）一个城市要善于同外界取得联系，利用自己资源的相对优势，同外城市、外地区合作。用外界的资金和外界的技术，可以采取来料加工、补偿贸易的形式，也可以联合办企业，或者依靠外界的投资和技术帮助改造老企业，等等。要知道，与外界的联系不仅限于产品交换，而是要利用外界的资金和技术来实现生产要素的重新组合，提高劳动生产率。城市与城市之间相互封锁，各自想完全依靠自己的力量来发展，结果必定是谁也发展不起来。尤其是在我国人口众多，幅员广阔，各地情况千差万别，经济发展水平不一，资源（包括智力资源）分布很不平衡的条件下，不通过城市之间、地区之间的经济技术合作，是无法打破某些城市和地区已经形成的不良循环的。

我们可以看到，计划体制改革以后，指令性计划范围的缩小和指导性计划、市场调节范围的扩大，将为城市之间的经济技术协作提供更多的机会。即使是关系到国计民生的重要产品，企业在完成国家计划以后，超产的部分也允许企业按一定的分成议价自销。企业还可以自设门市部推销产品，可以同其他企业合营销售点。这样，跨地区、跨城市的联系会大大加强，这对于打破某些地区和城市的经济的不良循环，促进城市中生产要素的重新组合是大有好处的。

在这里还有一个重要的问题需要提出来，这就是：一个城市、一个地区经济转入良性循环的轨道与全国经济转入良性循环的轨道之间的关系。我们不能设想，在全国多数地区和城市的经济仍然处在不良循环的条件下，全国经济会进入良性循环，这是不可能的事情。如果了解了这一点，那就能对城市间、地区间经济技术协作的意义有进一步的认识。一般说来，这种经济技术协作应当是互利性的。各地在互利的基础上建立的合同，是有实现的客观可能性的。因此，经济技术协作要符合经济规律，使双方都有好处。但另一方面，由于地方经济转入良性循环有助于全国经济在良性循环轨道上运行，所以在发达的地区同不发达的地区进行经济技术协作时，即使某些项目有可能使发达地区暂时得不到多大好处，特别是从机会成本的角度来考察，甚至可能有所损失，但只要从宏观经济效益着眼，那么就会看到这种经济技术协作归根到底是有利于宏观经济的，有利于使全国经济迅速转入良性循环轨道或在良性循环轨道上更顺利地运行，从而也会有利于发达地区本身的经济的进一步发展。

二、城市的就业、物价和居民的收入水平

（一）城市的就业问题

前面在谈到城市劳动力的长期供给时，已经涉及城市就业问题了。下面再谈谈城市的就业水平。城市的就业水平是由什么来决定的？它取决于城市的生产水平，也就是取决于城市的总收入。一个城市的总产值越大，收入水平越高，在一定的劳动生产率条件下，可以容纳的就业人数就越多。但仅仅研究就业水平是不够的，还必须研究就业结构。任何一个城市都会遇到这样的问题，即待业和职业空位是并存的。就是说，一方面有人待业，一方面有职业空位。一方面是人找事，一方面是事找人。许多人没有事干，许多事没有人干。这就是就业结构的失调，也就是就业

的结构和劳动者的文化技术结构不能互相适应。有效的解决办法，是通过职业培训和教育。比如说，既然普通中学毕业生最多只有百分之十几升入大学，为什么不为另外百分之八十至九十的人的就业问题着想呢？不少在职人员不能适应工作的需要，为什么不对他们进行培训呢？所以城市一定要把就业培训、职工技术教育提到议事日程上来，解决待业与空位并存的问题。

城市发展到一定阶段以后，还会遇到另一类就业问题，即个人职业选择性就业问题。这是指，待业者不是没有本事干某种工作，而是出于个人对职业的选择，不愿意从事那种工作。如城市里的环境卫生工作，待业者宁肯闲着，也不愿意去做。城市发展到一定阶段后，这个问题会越来越严重。为什么呢？因为人均收入越高，人们对职业的选择就越苛刻。待业者的家里有钱，不靠他挣工资养家，因此，工作不如愿，就不干。这个问题之所以越来越严重，还因为城市中有独生子女的家庭所占比重越来越大，独生子女对职业的选择也是越来越苛刻的。但城市中的许多事不能没有人干，如马路不能不扫，厕所不能不淘，只要城市周围的农村还有过剩的劳动力，这些工作仍然有人来干，所以暂时还可以缓和一下矛盾。假定周围农村的劳动力也不足了，或由于各种原因的限制，不能让周围农村的劳动者来干了，那该怎么办呢？所以，城市领导者必须设法解决这个问题。通常采取以下两种办法：（1）进行职业道德和个人理想教育。要告诉人们，一切工作都是为人民服务，职业没有高低贵贱之分。这个办法不能说不起作用，但是要改变一种社会风气，是不容易的。思想教育工作需要做，但不能把它看成是万能的。（2）提高某些工作的报酬。越是没人干的行业，工资水平越高。但这个办法也有局限性。家庭收入普遍提高后，工资向上浮动一级、两级并不会起很大作用，至多只能吸收一部分人到某些行业去，并且往往在干了一段时间后就另找工作。因此，有必要寻求第三种办法，即发展“第二种工作”。这是一个有远见的想法。

什么叫“第二种工作”？我们知道，在社会主义制度下，人的兴趣、爱好是应该得到满足的。“第一种工作”是正式的职业，“第二种工作”是兴趣和爱好所在。对许多人来说，“第一种工作”和“第二种工作”是结合的。比如说，我是经济学教员，教经济学课是我的“第一种工作”，业余研究经济学是我的爱好和兴趣，所以对我来说，就不存在“第一种工作”和“第二种工作”的区分。但对另外一些人来说，二者并不能结合，这样，就必须让他们有从事“第二种工作”的机会。可以预料，随着社会的发展，将来劳动强度会逐渐减轻，人们的空闲时间将会增加，这时人们的兴趣和爱好将越来越有可能体现于“第二种工作”中。“第二种工作”可能是有收入的，也可能是没有收入的，甚至是需要自己花钱的。“第二种工作”开展后，人们对“第一种工作”的挑剔将减少。比如某个人对卖鱼不感兴趣，但他认识到这是常规收入的来源。他的兴趣在绘画方面，他就把绘画当作“第二种工作”。他把卖鱼看成是对社会的责任和常规收入的来源，业余的兴趣和爱好放在绘画上。假定出现这种情况，人们在下班以后，将各自有地方去，到文化宫或到其他某个地方去。一个人，白天是个售货员，业余则可能是个歌唱家、摄影家、画家、作家、科学研究者、无线电爱好者。这是唯一可能解决人们的职业选择的办法。只有这样，才真正有助于实现人的自由的全面的发展。

所以说，对城市的业余教育，要站在更高的角度来看，不能把它仅仅看成是补补课，拿个证书。业余教育今后将使人们有可能进一步发挥自己的才能。大家不难看出，我在这里所谈的“第二种工作”，与经济学界一般所讨论的“第二种职业”的含义不完全一样。我是从解决个人职业选择性的就业问题和充分发挥人们的兴趣、爱好、才干的角度提出这个问题的。至于城市中的职工是否可以有“第二种职业”的问题的提出，主要是从发挥职工的潜力和增加职工收入，以加速城市经济和文化事业的发展的角度出发的。我是同意职工可以有“第二种职业”的，但这里还有不少细节有待于讨论，如“第二种职业”与“第一种职业”之间的关系如何处理，对担负某些职务的人的“第二种职业”是否应有所限制，等等。而我在这里所谈的“第二种工作”，主要不是从增加个人收入的角度来考虑。我把“第二种工作”看成是“可能有收入，可能没有收入，甚至可能要支出”的一种工作，它是业余性的，它与个人兴趣、爱好直接有关。

下面再谈谈城市的就业渠道。必须广开就业门路，全民、集体、个体都要广泛吸收人们就业。当前我国的个体经济是社会主义社会中的个体经济，它不同于资本主义中的个体经济，它是同公有制相联系的，是从属于公有制的。在西方国家关于城市经济学的研究作品中，有一个十分值得注意的论点，这就是：城市的活力在于城市中的大量小企业。为什么把小企业的作用提到如此的高度？有三个基本原因：

第一，小企业为城市创造了众多的就业机会，小企业特别适合城市青年的就业。

第二，小企业提供了城市生活的多样化。如小吃店、小服务企业、小手工业生产者、日常生活用品的生产和经售者等，使城市生活丰富多彩。

第三，小企业（主要指小商店和小服务企业）的营业时间长，布局恰当，同居民之间的联系密切，以致一天24小时内，城市总是显得热热闹闹的。

西方经济学家的上述看法是有道理的。大家不妨想一下，如果一个城市中没有多少小企业，只有几家大工厂，城市尽管表面上显得井井有条，实际上冷冷清清，没什么意思了。在我们国家中，城市中一定要有大量集体经济的、个体经济的小型生产单位和商业服务业单位，以繁荣市面，解决城市就业问题。

还有一个问题，城市中要不要劳动后备军？这也是城市发展中的一个重要问题。劳动后备军是个“蓄水池”。城市结构在不断调整，这个“蓄水池”可以把劳动力不断地输送到各个产业部门去。资本主义社会中有失业大军，社会主义制度下，可以形成一种具有职业培训性的，或半学习、半劳动的“蓄水池”。这对于保证城市经济的良性循环是有利的。

（二）物价问题

首先要明确一点，就是物价的基本稳定不等于固定不变。物价不是僵硬的。为什么呢？因为在经济发展过程中，各种商品的比价将不断调整，何况现在我们的商品比价是历史遗留下来的，是不合理的比价。价格体系的改革是势在必行的。第一，如果没有一个比较合理的价格体系，产业结构、产品结构也很难做到基本合理，长线产品仍会过多，短线产品也会不足。第二，如果没有一个比较合理的价格体系，指导性计划也难以顺利地实现，因为价格杠杆是实行指导性计划过程中一种行之有效的调节手段。第三，如果没有一个合理的价格体系，企业的经济效益难以提高，企业的实际盈亏往往被不合理的价格所掩盖了，企业也缺乏积极进行技术改造、节省能源和原材料的主动性。此外，在价格不合理的条件下，国家的财政负担会越背越重。这一切都表明了价格体系改革的迫切性。当然，价格体系的改革是全国性的问题，不在城市经济学的讨论范围之内。

属于城市本身的物价问题，一般认为有两种因素使得物价不容易稳定，而且可能出现上升的趋势。一是地方性的供求因素，就是说需求是不断增大的；二是地方性的成本因素，即成本是逐渐上升的。下面先谈第一个因素。

为什么在城市发展过程中，需求会增大？这是因为：城市人口增加和居民收入增加以后，扩大了购买力，同时，许多居民从自给性的生活方式转向了商品性的生活方式，而商品的供给在一定时期内却落后了。城市居民生活水平提高以后，对以下三种商品的需求有最明显的增长。（1）对副食品的需求。城市物价最敏感的部分是副食品价格。尤其是较高档副食品的价格。这是同居民收入的增长和改善生活的要求直接有关的。（2）对住宅的需求。这也与城市人口增加和居民需求改善自己生活的迫切愿望分不开。公共住宅不易满足需求，于是私人出租的房屋的租金将越来越高。（3）对高档耐用消费品的需求。这是居民收入增加后消费结构改变的必然后果。此外，在城市发展过程中，由于生产的发展和投资的增加，某些生产资料的供求也会日益紧张。所以从需求角度看，增长了的需求有促使物价上升的可能性。

为什么从成本的角度看，物价也有上去的可能性呢？这在经济学中一直被认为是个很难的问题，因为劳动生产率提高后，成本应该是下降的。但实际上，成本还在不断提高，成本推动着物价上升。为什么会这样？应该说，主要是由于成本的结构发生了变化，某些成本是上升的。要知道，商品价格互为成本，这种商品的价格构成另一种商品的成本。这样就牵一发而动全身。所以只要某些生产要素的价格上升，就会引起一系列商品成本的上升。有些产品的成本的上升与生产条件有关，如矿井越挖越深，采掘成本越来越大。此外，土地费用由于城市和交通的发展而不断上升。比如说，城市建设初期，征用一亩地是不需要多少费用的，随着城市规模越来越大，征地的费用就越来越大。这种费用是计入成本的。

物价的上升还与心理因素有关。从经济理论的角度来考虑，心理因素仍是重要的，即使这不是根本的因素，但往往能加速物价的上升。同时，管理因素也不可忽视，物价管理不善，也会引起涨价。当然，根本性的因素仍然在于供求和成本。在供不应求的条件下，心理将起着加速作用。假定产品供应非常充足，人为的抬价、不合法的涨价就起不了作用，心理因素也起不了多大作用。如果成本因素不起作用，那么心理因素的作用也不会很大。人们往往考虑到成本已经上升，于是争相传告，认为以后一定会涨价等，于是促进了物价上升。所以解决城市物价问题主要应从解决供求矛盾和降低成本这两个方面着手。

在城市的物价问题上，副食品涨价问题较难解决，因为供求矛盾十分尖锐。至于住宅问题，尽管供求也紧张，但只要调动建筑部门和建材部门的积极性，多生产建筑材料，多建房屋，还是可以逐步解决的。今天我国城市里住房紧张，应当首先被看成是历史遗留下来的老问题。如果过去一贯重视它，今天不会这样严重。解决城市住宅问题的根本途径是：除大力发展建筑材料工业和调动建筑公司的积极性以外，必须按经济规律来经营住宅、管理住宅。住宅商品化将打破城市居民个人不能购买房产的禁锢。住宅商品化可以采取若干不同的形式，包括由建筑房屋的企业向企事业单位出售商品楼，再由后者按全价或补贴价格出售给本单位的工作人员，或由后者租给本单位的工作人员。至于租金标准，则不必求统一，由企业单位根据自己盈利情况自行决定。城市居民个人也可以直接向建筑或经营住宅的企业购买。房租要进行改革，房租中包括四个部分：（1）折旧费，（2）管理费，

（3）维修费，（4）利息。房租中还应不应该包括地租，这个问题需要进一步研究，因为它在理论上涉及社会主义社会中土地是否有价格以及土地价格如何计算的问题。但土地征用的支出和拆迁旧房的支出似乎也应单独列为一项。房租改革可以同工资改革同步进行，即一方面按上述成本要素计算房租，另一方面把国家用于住房的补贴并入工资之中。这样一来，住宅问题就可以较快解决，私人出租房屋的租金也不会急剧上升了。

相对而言，家庭耐用消费品的供应也比较容易解决。这是一些工业品，只要原材料有保证，技术过了关，增加供给是不成问题的。例如彩电，今天不易买到，但人们相信，过几年，彩电会大量投入市场，就像今天供应黑白电视机一样。通过各国城市经济发展的比较研究，发现最难解决的问题是副食品供应，居民意见最大的也是副食品涨价。这是个实际问题。世界上许多城市都未能解决。我们知道，在资本主义国家的大城市中，蔬菜是很昂贵的。蔬菜比肉食的供应要难解决得多，因为通过大力发展饲料工业，猪肉、鸡肉可以充分供应，而蔬菜的供应问题则得不到保证。为什么呢？第一，如上所述，在城市建设中，土地费用越来越高。城郊农民知道，一块土地生产蔬菜还不如盖个旅馆，用作停车场，收入也许更多，所以他们不愿种菜。第二，城市周围土地不断被占用，菜地面积越来越小。第三，蔬菜的流通渠道还不是很畅通，中间环节多，菜农得不到什么好处。这样一来，城市的蔬菜供应就成了一个长期不能解决的问题。那么能不能仿照某些发达资本主义国家那样用罐头食品来代替呢？这不适合中国人的收入水平。罐头豇豆、罐头莴笋，居民吃不起。能不能改变食物结构呢？像某些发达资本主义国家那样，主要是肉食和水果，蔬菜占的比重很小。这也不适应中国人的生活方式。何况，以水果代蔬菜，居民也吃不起。因此，目前还只能从农业方面着手，一是增产蔬菜，二是实行市场调节，允许农民自销蔬菜，听任蔬菜价格浮动。如果那样的话，蔬菜上市量将增加，即使蔬菜价格一时不可能出现下降趋势，但至少可以平稳下来。总之，我的看法是，对副食品不能采取限价方式，一限价，东西就少了或没有了，这样，价格反而会更贵。限价的方式还会破坏资源的合理配置，比如说，一块土地本来适宜种蔬菜，限价后，菜农不生产蔬菜了，土地就得不到合理利用。一定要让价值规律起作用，即使暂时价格上升，但到了一定程度，价格会自然地平稳。至于产品成本增加问题，主要通过技术进步来解决。比较复杂的是土地征用费用的上升问题应当如何解决。这里有经济问题，也有法律问题。在现阶段，应当加强行政管理，严格用地审批制度，严禁城市土地的交易和变相交易。对于土地征用的费用，也应当通过法律程序做出规定，以求妥善解决。

（三）居民的收入水平

重要问题不在物价本身，而在于城市居民的实际收入，要考察居民的收入上升幅度是不是大于物价的上涨幅度。我们的目标是：应当使城市居民收入水平提高的幅度更大。为了衡量居民的实际收入水平，我在《教育经济学》一书中曾经写道，“单位时间收入购买力”是一个有用的指标。在这里，我仍主张采取这一指标。对城市职工来说，“单位时间收入”可用“小时工资”来表示。职工的“单位时间收入购买力”就是每小时工资所能交换到的消费品，如每小时平均工资所能买到若干数量的食物（面粉、大米、猪肉、白糖等），或若干小时平均工资可以买到某一数量的耐用消费品（自行车、电视机、电冰箱等）。除了分析收入对单项消费品的交换比率以外，还可以根据居民家庭的消费结构，选择一定的消费项目，确定所包含的消费品的数量，制定综合的“消费单位”。综合的“单位时间收入购买力”就是每一“单位时间收入”同综合的“消费单位”的交换比率。居民实际收入水平的上升表现为“单位时间收入购买力”的提高，即每一单位时间的收入可以交换到较多的消费品。

在贯彻按劳分配的前提下，提高以“单位时间收入购买力”表示的居民实际收入水平，主要通过技术创新、提高劳动生产率。劳动生产率的高低是决定“单位时间收入购买力”大小的基本因素。在社会主义条件下，高劳动生产率导致高的“单位时间收入购买力”，导致消费品销售量的不断增大。当然，居民收入的增长率要低于劳动生产率的增长率。二者之比如何确定，学术界没有定论。经济发展的国际比较表明，劳动生产率增加1%，工资可以增长0.5%—0.6%，这样不会对经济发生不利影响。

如果进一步考察包括非在职人员在内的全体城市人口的平均实际收入水平，那么减少每个劳动者即在职人员的抚养系数，具有重要的意义。家庭中参加工作的人多了，家庭子女的数目减少了，抚养系数就降低了。把所有的非在职人员都计算在内，要提高居民收入水平，提高劳动生产率仍是根本性的，但降低抚养系数也能起一定作用。

与抚养系数有联系的一个问题是：有子女的妇女，究竟是参加工作好，还是不参加工作好？有两种意见。一种意见是：有孩子的妇女以参加工作为好。另一种意见是：她们不参加工作为好。两种看法各有理由。

认为有孩子的妇女不工作的理由主要是：双职工的家庭中，夫妇两人过分劳累，家务开支并不能节省，而且往往要增加。例如，需要请一个人照顾孩子。另外，对子女的教育是不利的。双职工的小孩，有的脖子上挂个钥匙，往往没有人照料。加之，有孩子的妇女占了一定的工作岗位，使得待业青年闲着没事干。这样就不如把双职工的工资并入一个人，即提高男方的工资，女方主持家务，从事子女教育。所以持这种观点的同志认为，妇女生孩子以后，一般地就不要工作了，要仿照西方国家现在的情况。

不同意这种观点的同志，是从另外的角度来考虑的。他们认为这涉及妇女的地位问题。妇女工作是妇女解放的标志。而且，妇女是很重要的人力资源，妇女不工作，就是人力资源没有得到充分的利用。

下面谈谈我个人的看法。我认为，有子女的妇女参加工作，利大于弊。有子女的妇女应该参加工作。为什么？因为培养一个人参加工作，是需要智力投资的，是社会培养了人。当然，个人也出学费，但更多的是社会的投资。社会投资培养一个人，假定她不能以工作来补偿社会对她的培养的话，对国家来说，是智力投资的浪费，而这部分妇女，在受过教育进入工作岗位后不久就不工作了，对我们这个智力资源还不丰富的国家来说，是很大的损失。一般说，一个人工作的黄金时代，不是二十几岁，而是在比较成熟以后，也就是30岁到45岁这个阶段。妇女在这个阶段不工作，从全社会智力资源这个角度来看，损失是巨大的。至于子女教育、节省家务开支以及夫妇太累的问题，可以采取两个补救的办法。一是延长妇女的产假，另外给予独生子女生育假，幼龄子女抚养假。在这个阶段，可以让妇女得到充分的休息。二是在城市中广泛发展服务事业。今天许多双职工是在社会服务事业没有发展的条件下，才感到过度劳累的。假定社会服务事业不发展，即使妇女不工作了，回去带孩子、操持家务，她同样会感到十分劳累。所以，社会服务事业的发展是重要的。提高居民收入主要靠提高劳动生产率，使每一个工作者的收入都能够提高，而不能够将两个人的工资给一个人，让另一个人回家去。至于说有子女的妇女占了待业青年工作岗位的问题，我认为不能这样看。只要发展第三产业，将会吸收大批待业青年。此外，应考虑是否可以对一些妇女采用现在国外有些企业已经实行的弹性工作时间。弹性工作时间是根据每个人的具体情况而实行的机动的工作时间。

最后要说明的是，如果家庭收入多了，妇女自愿回去，那是另外一回事，但不能把“妇女不工作”作为一种口号来宣传，更不能把这作为政策来推行。要考虑到我国社会上重男轻女的意识一直很浓厚，在这种情况下，如果采取“妇女生孩子以后就不工作”这样的措施，对整个社会来说是不利的。

在这个问题的最后部分，让我们来讨论一下城市人口老龄化与居民实际收入变动之间的关系问题。我们知道，人口老龄化对居民实际收入的变动可能有两方面的影响。一方面，城市居民家庭中的没有收入的老年人是靠有收入的家庭成员抚养的。另一方面，也就是更重要的方面，从社会的角度来考察，人口趋于老龄化这一事实将使得平均每个工作年龄的人口所负担的老龄人口增大，社会所承担的抚养老年人的任务（包括退休金、医疗费、生活服务、救济等）增大。而这部分支出在国民收入中所占的比重如果增大，国民收入中可以用于扩大再生产和改善非老龄人口生活水平的支出就会受到影响，从而影响居民实际收入的增长。因此，城市经济学的研究者应当注意到这一点，应当强调把更大幅度地提高每个工作年龄人口的净产值作为应付人口老龄化的基本对策。

三、城市的向心力和离心力

城市生活为什么有时吸引人，有时又不吸引人？过去曾有这么一句话，叫“小乱居城，大乱居乡”。在社会不安定的情况下，如果发生比较小的动乱，人就往城里跑，叫“小乱居城”，因为小乱时，城里毕竟有兵把守，比较安全。“大乱居乡”：如果发生大的动乱了，城市是兵家必争之地，就不安全。以往，社会总是不断地从小乱到大乱，从大乱到小乱，这样，一段时期内城市人口增加，一段时期内城市人口减少。这当然不是今天城市经济学所要研究的主要问题。今天我们应当从经济发展的角度来研究。

（一）城市为什么有吸引力

城市吸引人，主要是由于社会学方面的原因。具体说来，第一，城市的公共服务设施比较好，医疗条件比较好。第二，城市的商品品种齐全，供应充足。可以打一个比喻，城市跟一个星球一样，有它的吸引力。星球的引力大小与它的质量有关，它的质量越大，引力越大。城市的引力则与市场有关。市场引力的大小，主要取决于商品供应的齐全程度，商品的花色、质量、价格，商业服务质量当然也有一定关系。如上海能吸引全国的消费者，主要原因是它的商品最齐备，花色最多，质量也高。南京就不如上海。南京能够吸引马鞍山市的人，就是它的商品相对比马鞍山要齐全。而马鞍山市又比当涂县好。总之，城市供应的商品品种越齐全，城市的吸引力越大。第三，城市的文化教育设施比较好，学术环境比较好。第四，一般认为城市里的职业比较合乎人们对职业的评价标准。这就是说，人们向往的职业是城市中的职业。假定职业有理想的、半理想的和不理想的之分，那么理想的职业多半在城市中。这是城市吸引人的一个很重要的原因。第五，城市中的社交活动比较多，在城市中可以充分利用一个人的业余时间。如晚上，在城市中就可以得到利用，农村就不如城市。一般地说，城市之所以有吸引力，共有这样五个原因。从中国具体情况看，为什么人们不愿离开城市，特别是大城市，还有第六个原因，这个原因在城市经济学中是不讨论的，它就是：城市里落实政策比较好。这是中国的特殊情况。城市越大，政策掌握得越好。如对知识分子的政策、侨务政策、工商业者政策的落实，大城市一般比小城市好，当然，也不见得都是这样。以上这些因素构成了城市的向心力。

（二）为什么人们不愿住在城市中

这就是关于城市的离心力的研究。从城市同乡村的比较来看，人们不愿住在城市中，有自然方面的原因，也有社会方面的原因。关于自然方面的原因，一般认为农村生活的自然环境比城市好，但这要以农村的生态环境没有被破坏、农村空气和水源没有被污染为前提。关于社会方面的原因，第一，城市的生活费用比较高，相对农村来说，城市中完全是商品性的生活方式。并且由于受到环境的影响，城市居民向往着较高的生活标准、较高的消费，从而开支较大。第二，城市的住房条件紧张，城市容易给人造成在工作上、生活上、交通上紧张的感觉。第三，在由农村生活向城市生活转变的过程中，原来居住在农村的人到了城市以后，会有一种冷漠的感觉。比如说，从农村刚进入城市的人，会感到城里人瞧不起人。在农村，周围亲戚朋友多，而在城市里，虽然都住在一幢大楼里，互不相识。这也在某种程度上造成对城市的离心力。这种心理需要经过一代人才能消失，因为小孩子都在一起长大，一起读书，他们一般不会产生孤独感。

（三）城市发展取决于向心力和离心力两种力量的作用

城市今后怎样发展呢？城市的发展就是向心力和离心力两种力量同时起作用的结果。城市的发展很明显地经历三个阶段。第一个阶级是人口向城市中心集中的阶段。随着城市的发展、工业和各行业的发展，人口向城市中心集中，城市人口的增加是迅速的。第二个阶段是人口由城市中心向郊区的扩散，好比墨水滴在宣纸上，向四周扩散延伸。城市范围是扩大了，但是城市中心的人口并未显著增加，而城市的近郊却迅速发展起来了。这时，很可能形成两种人口流动的趋势，一是外地的人向城市的中心部位移动，另一是城市中心的人向郊区流动。第三个阶段是城市周围的小城镇的发展。小城镇和农村更为接近。这时，城市人口的增加将达到一定的限度，不再继续扩大，而小城镇将逐渐成为人口聚集的点。在中国，同样会经历这三个阶段。现在我们仍处在第一和第二个阶段。每一个城市都可以考虑一下，自己是处在哪个阶段?

在西方关于城市经济学的研究作品中，出现一个概念，即

“非城市化”。“非城市化”是与“城市化”对立的。它们把上述的城市发展的第三个阶段叫作“非城市化”阶段，并认为“城市化”最后必定走向“非城市化”。我认为“非城市化”这个概念是含糊不清的。城市发展的第三个阶段的特征是小城镇的发展，而大城市不再继续扩大，甚至大城市的人口数有所减少，但这并不等于大城市衰落了，大城市不再在经济中起着各种“中心”的作用了，更不意味着小城镇将普遍地取代大城市的地位。从严格的意义上说，“大城市”、“中小城市”、“小城镇”这三者的区别是按城市规模来确定的，而城市规模又以城市人口的数量作为标志。从人口数量方面看，我们可以人为地在“中小城市”与“小城镇”之间画一条界线，但处于分界线附近的“城市”与“城镇”的区别有时就不会那么显著。很难说“小城镇”不是“城市”，只不过它们是更小的“城市”而已。所以小城镇的发展并不等于城市化过程的终止，更不等于“非城市化”，而表明城市化进入一个新的阶段。小城镇既然属于小的“城市”的范畴，那么它们必然也要具有城市的某些功能（当然不可能具备大城市的所有功能，但至少也会具备一些功能，如较小范围的商品交换中心、较小范围的信息中心等），只是在程度上和影响所及的范围上要比“大城市”和“中小城市”小。与此同时，大城市即使规模不再扩大，甚至人口数有所下降，但大城市的功能不会消失。因此，我认为在今后相当长的时间内，不会出现真正的“非城市化”。城乡经济的协调发展、小城镇的发展与“城市”依然实现它自己的功能这一点，是不矛盾的。

（四）卫星城的作用

卫星城的问题，是有待于讨论的。有人认为，大城市的四周可以建立卫星城，把一部分居民疏散到卫星城去。也有人认为，这是划不来的。卫星城大多是工人的居住区，而已建成的工厂是不易搬迁的。于是产生了一个新问题，即交通运输问题。假定职工迁入卫星城，但仍在原来的工厂上班，不管用什么交通工具，总得把人拉到城里来。如果这些人住在市中心，只需要把主副食品从城外拉进来。一个人重一百多斤，一天吃的主副食品不过几斤，究竟拉什么更划得来？从能源上看，就不合算。另外一个问题是，卫星城的文化教育设施不如市中心。有人会说，孩子在市中心有重点中学可上，而卫星城没有重点中学，孩子上不了重点中学，将来考不上大学，那么宁肯在市中心住，住房紧一点也不愿去卫星城。所以说，卫星城并不一定是解决市中心人口拥挤的好办法。

那么究竟应当如何看待卫星城的建设呢？我个人的看法是，在大城市（尤其是特大城市）的周围建设卫星城的主张是可取的，这主要是为了避免已经规模庞大的大城市再进一步扩大规模。卫星城的作用应主要从控制大城市的规模和改善市中心的居民生活条件着眼。但在卫星城的建设中，要从实际出发，不要不切实际地从市区向外迁移工厂和职工家庭。在近期内把市区人口疏散到卫星城的做法，不但不会收到良好的效果，反而会带来新的困难。可以在卫星城中发展的，是新建的企业和事业单位。卫星城在截留外地迁入城市人口方面可以起较大的作用。即使卫星城中的企业只是新建企业，卫星城的人口中有不少是被截留下来的人口，卫星城的住宅、通讯、运输、生活服务、文教卫生方面的设施也要跟上去。对于从市中心迁入卫星城的居民户，要实行一定的优惠政策。

（五）生活质量和“福利与发展指标体系”

在城市发展过程中，第二阶段向第三阶段的过渡可能是缓慢的。在这里，要认真注意生活质量问题。人不仅要生存，而且要讲究生活的质量，包括空气要新鲜，水源没有污染，通讯和交通设备要好，住房条件要宽敞、要朝阳的。还要考虑买东西远不远，小孩上学要走几里路，等等。生活质量问题现在各国都在研究，还找不出一个综合指标，能把各种生活质量的指标合成一个综合指标。假定能从统计上设计出一个综合指标，把每一项都折算成百分比，然后算出哪个地区的生活质量高，哪个地区的生活质量低，那就好了。1980年，我曾就衡量社会主义生产目的实现程度的指标发表了看法。当时我写道：“我们能不能设想出一种衡量社会主义社会中对人的关心和培养程度的‘福利与发展指标体系’呢？当然，这是一个困难和复杂的统计学问题。但我想，不妨在这里做一些尝试。”

“福利与发展指标体系”可以由以下指标组成：

1. 流量指标（期间发生额）

（1）平均每人实际收入（职工工资和奖金，农民收入，个体经营的收入，居民得到的各种津贴与补助）。

（2）平均每人的教育经费（各级政府的教育经费，各企业用于职工教育的支出）。

（3）平均每人的卫生保健经费（各级政府的卫生保健经费，各企业用于职工卫生保健的支出）。

（4）平均每人的文化经费（各级政府的文化事业支出，各企业用于职工文化生活的支出）。

（5）平均每人的住宅建设投资（各级政府和各企业用于职工住宅建设的支出）。

（6）平均每人的公用设施和环境改善的投资（各级政府和企业用于公用设施和环境改善的支出）。

（7）平均每人的商业和服务业网点建设投资（各级政府用于建设商业和服务网点的投资，各企业用于职工生活服务设施的支出）。

（8）平均每人的休假日折合的货币价值（按日货币工资率折算）。

2. 存量指标（期末数字）

（9）平均每人拥有的主要耐用消费品的价值。

（10）平均每人居住面积数。

（11）平均每人的医院和疗养所的床位数。

（12）平均每人的城市公共交通车辆马力数。

（13）正规大学和各种业余大学的在校学生总数及其在人口

中所占百分比。

（14）城镇待业人口数字及其在城镇就业与待业人数之和中的百分比。

……

流量指标一般可以以一年的发生额来表示。存量指标可以作为参考指标。但究竟如何把环境的美化、生活条件的安静和舒适考虑进去，仍是比较困难的。比如说，城市中平均每人的草地面积、平均每人的树木数应如何计算到综合指标之中去，城市中的噪音和空气污染程度又如何计算到综合指标中去，这些问题还没有定论。可以肯定的是，生活质量必然是影响城市今后发展的一个很重要的因素。随着科学技术的发展，假定乡村和小城镇生活质量的综合指标能够大于城市，城市周围地区的发展才真正成为现实。现在讲城市有污染，城市生活环境没有农村生活环境好，这是不能说服人的。有些农村的饮水源的污染相当厉害，苍蝇、蚊子、老鼠比城里多得多。即使一般农村中没有空气污染，这也只是生活质量综合指标中的一项指标。但可以设想，将来交通方便了，通信设备好了，电视的覆盖率高了，农村和小城镇医疗保健等各种设备都齐全了，农村公共卫生设施改善了，农村和小城镇的生活的确会比大城市好。那时，拥有个人的现代化交通工具的家庭就会搬出城市。所以现在西方发达国家的有钱人一般不是居住在城中心，而那些低收入者却搬进去，以便寻找工作。

（六）关于小城镇的建设

要考虑我国城市今后的发展，必须从中国农村的变化谈起。根据现在农村发展的情况来看，农村发展的速度远远出乎意料。我们相信，党的十二届三中全会公报发表以后，我国广大农村今后发展的速度将会更快。要研究农业产前和产后两个阶段的变化。产前包括种子、化肥供应、灌溉、运输等各个方面。产后包括饲料工业、农村建筑业、农产品加工、农村道路建设、农村文化服务设施等。土地转包以后，农村中劳动生产率的提高将使大量剩余劳动力向产前和产后两个阶段集中。这时小城镇将成为农村建筑的中心，农村文化、教育、生活服务的中心，饲料工业的中心，农产品加工的基地，种子供应和化肥供应的中心，等等。小城镇发展的趋势必然是这样的。

小城镇的发展是需要投资的。关于社会集资问题，下面我会专门论述。这里只提一下与小城镇建设有关的资金来源问题。建设小城镇要修路，要盖房子，办小城镇工商企业也要投资。如果仅仅依靠小城镇企业自身的积累，那是远远不够的。为此，必须设法吸收农民的资金，使之投入城镇建设之中。例如办工商企业，就可以由农民集体或个人筹集资金。此外，大城市也可以参加小城镇的建设，如出技术、出资金、出设备等。小城镇自己则可以收取一定比例的管理费，以便加快公共设施的建设。

在小城镇普遍兴起、大城市人口向附近有某种程度的疏散之后，个人交通问题便突出了。到那时，中国要走普遍使用家庭小汽车的道路。这必定从农村开始，因为城市涉及旧建筑的改造问题、道路的改造以及人口向郊区迁移的问题。否则，交通会拥挤不堪，停车房的建设也会远远跟不上需要。所以在2000年以前，只有农村才有可能发展家庭汽车，而且主要是轻型载货汽车，前面可以坐人，后面载货，一吨的、一吨半的、两吨的。既可以做生产资料，又可以作为耐用消费品，到了休息日，带上家属上城里溜一圈。专业户将首先使用它们。这样的话，农村人口将逐步向小城镇迁移。我们也就可以避免重走西方发达国家农村人口大批涌入城市的旧路。

将来在我国，城市家庭小汽车也一定会发展。理由很简单，既然农民能够买小汽车，为什么工人不能买小汽车，知识分子不能买小汽车？将来人人都要学会开小汽车，这是一项很重要的智力投资。人人会开汽车、会修理汽车，是全民族文化教育水平大提高的表现。可以预料，将来各种汽车驾驶学校也会像雨后春笋般地出现。从这一点来看，钢材的需要量将是大幅度上升的，在相当长的时间内，中国决不会出现钢铁生产过剩的情况。

有些同志问道：小城镇的发展与卫星城的建设是不是一回事？看来，二者之间有某种关系，但不是一回事。卫星城的作用上面已经提到了，它是为了解决大城市规模过于庞大而采取的一种措施，它可以容纳新建企业，以解决大城市的工业用地不足；它可以截留外地人口，使他们不进入大城市。此外，它还可以在改造旧城市方面发挥作用。卫星城的建设可以利用原来的小城镇作为基础，也可以从头建设。但卫星城既然是“卫星”，它必定同“母城”保持密切的联系。而且它的规模也不宜过小，如果规模过小，就起不到它应有的作用了。小城镇与此不同，它并不是某一个“母城”的“卫星”。小城镇是在农村经济繁荣和农民生活水平提高的条件下兴起的，它以农村的发展作为自己的生存和发展的基础，在城市和农村之间起着联系作用。小城镇的规模显然要小于卫星城。

在这里，还应当指出，即使新的工业生产基地不在原来的城市中，而在新的地区建立，但城市的商品交换中心作用仍将长期保存，它的信息中心、文化科技中心的作用也将长期存在。高等教育机构将集中在较大的城市中，因为大城市能吸引好的教师，大城市的学术环境较好。那种认为农学院必须搬入农村之类的看法是不对的。

最后，在这里还有必要说明这样一点，即我在上面所谈的这些问题中，是把大城市（包括特大城市）、中等城市放在一起来论述的。但实际上，如果要较深入地研究的话，大城市（尤其是少数几个特大城市）应当同中等城市区分开来考察。二者有相似之处，但差别也不小。中等城市的特点在于规模适中，并且能更好地同周围地区保持密切的经济、文化、技术联系。中等城市固然也受到向心力和离心力两种力量的作用，但一方面，它要避免规模过于扩大，避免人口膨胀过快，否则大城市所遇到的各种困难都会在这里出现，另一方面，中等城市在发展中比起大城市而言，仍有较大的余地，所以某些中等城市仍有继续扩大的可能性和必要性。使中等城市在现阶段适当地扩大，对加速地区经济的发展仍是有利的。

四、城市经济学研究中有待于进一步探讨的几个问题

（一）跨学科的研究

城市经济学是经济学的分支学科，但城市经济学又是跨学科的，是一门边缘的学科，城市经济学至少跟以下五门学科有关系：

一是经济学；二是地理学；三是建筑学；四是社会学；五是一门新的学科，叫行政管理学。到现在为止，在我国，行政管理学是最落后的一门学科。为什么呢？我们知道，政治学在中华人民共和国成立后就取消了。当时提出的一个简单的道理是，政治学是阶级斗争的科学，于是就同法律并到一起去了，或者就研究科学社会主义，研究党史。当然，科学社会主义理论研究和党史研究都是很重要的，但政治学的一个重要组成部分应当是行政管理学。经济管理学和企业管理学，是管理学的一部分，它们都不能代替行政管理学。城市的行政管理是一门学问。中国要建立自己的行政管理学。市委书记、市长们都得学习行政管理学，懂得如何管理一个城市。

总之，在我看来，城市经济学可以被看成是经济学、地理

学、建筑学、社会学和行政管理学之间的边缘学科。实际上，研究与城市经济有关问题的，不只是这样五个学科。更广泛地说，还应当包括城市工程方面的学科、交通运输方面的学科、应用数学等，甚至还包括历史学、考古学和心理学在内。不管怎样，城市经济学的研究范围是远远超出某一个学科的研究范围以外的，这也是现阶段科学发展的共同点，即综合学科和交叉科学的兴起是必然的。但城市经济学归根到底是经济学的一个分支，所以经济学是上述这些学科中最重要的一个学科。这正如城市社会学是社会学的一个分支，社会学是研究城市社会问题的各个有关学科中最重要的一个学科，或城市地理学是地理学的一个分支，地理学是研究城市地理问题的各个有关学科中最重要的一个学科一样。

无论就世界范围而言，还是针对我国的具体情况而言，今后城市经济学的发展前途是远大的。希望有更多的人来从事这方面的研究，下面提一些有关我国城市经济研究中的问题，供大家讨论。

（二）一个城市是不是一定要生产门类齐全

对这个问题，以往有人认为，既然是城市，就应当使生产部门门类齐全，能生产各种各样的产品。当然，如果从工业企业的布局的角度来看，集中地建设工厂区，可以缩短厂际之间的运输线路，可以使基础设施的费用降低，还可以节约用地。但城市中较集中地建设工厂区，并不意味着一个城市一定要建设各种各样的工厂。有专业协作关系的工厂可以建在一个工厂区中，但不能为了建成工厂区，就迁入一些或新建一些不同行业的工厂。要求生产部门门类齐全的想法，实际上是把城市当作封闭型城市来看待，而没有从开放型城市的角度来考虑，特别是没有从城市发展中的资源相对优势原理来考虑。如上所述，假定从相对优势原理来考虑，那么城市中的生产部门就应该根据资源的相对优势来决定，并不需要门类齐全，也不一定要求一个城市建立多种工业企业，而是要求各个城市之间的合作更加紧密，各个城市之间形成一种经济的协作网。城市作为生产基地，应当朝专业化和协作化方面发展。城市的相对资源优势是什么，就集中发展什么。这决不等于城市经济的畸形化或城市生产的片面化。但是，在生活服务方面则应该力求门类齐全，适应城市居民的多层次的、多方面的需要。需要着重指出的是：我在这里指的是城市中的生活服务门类要齐全，而不是指每一个企事业单位中的生活服务部门要门类齐全。我们应当懂得，企事业单位（如工厂、学校）是各有自己的主要任务的，如果由它们自己来承办各种生活服务事业，如医院、托儿所、食堂、商店、澡堂等，会降低工厂的经济效益，会使工厂和学校的领导者分散精力。这一类公共服务事业，应当由全社会的生活服务部门来办，由后者向企事业单位提供周到的服务。这就是说，要把企事业单位从自己办生活服务的负担中解脱出来。这样，对这些单位更为有利。过去，在“左”倾思想的影响下，在城市建设中，往往忽略生活，只重视生产。城市虽小，生产部门样样都得有，不然就认为不能“自力更生”。而在生活服务、商品供应方面，恰恰是缺胳膊短腿的，所以这个问题需要研究。但究竟什么是一个城市的合理的经济结构呢？看来问题并未因此而解决。这里有一个确定合理性的标准问题。适合于甲城市的，不一定适用于乙城市。每个城市应根据自己的具体情况进行考虑。这是今后有待于深入研究的问题。

在城市经济学研究中，有一个概念不是十分明确的，即什么是“城市经济效益”？有些学者在谈到“城市经济效益”时，实际上是谈城市中的工业部门的经济效益。还有把人均工业总产值或人均工农业总产值的多少作为不同城市的经济效益高低的标志。另有一些文章认为“城市经济效益”是城市的综合经济效益，即除了工农业的经济效益以外，再加上城市公共设施和公共服务的经济效益（如文教卫生部门、环境保护部门、社会福利部门的经济效益）。我认为这个问题是迄今尚未解决的研究课题之一。比如，城市中的卫生部门的经济效益就很难计算，文教部门的情况同样如此。而工农业产值或人均工农业产值也不能表示城市本身的投资经济效益。我在这里只想提出一个问题，假定“城市经济效益”等于城市中的部门经济效益的综合，那么问题首先与一个城市的经济结构合理性有关。也就是说，首先必须对城市经济结构的合理程度进行探讨，但这又是一个难以回答的问题。至于具体计算效益的方法，其困难性也不可忽视。所以在这里，我希望对这个问题感兴趣的同志做进一步的探讨。

（三）城市的工业如何向农村扩散

这种扩散是必要的，它有利于城市控制人口，有利于城乡经济协作，使农村经济维持繁荣，可以充分利用农村的过剩劳动力，促进农村各种经营，加速社队工业的发展，增加农村人均收入，而农村的繁荣又会增加对城市工业品的需要，有利于城市的繁荣。这种扩散如果能够同生产的合理布局结合起来考虑，那么还可以减少商品流通环节，按经济合理流向组织商品流通，克服迂回运输、相向运输的状况。另外，这种扩散有利于城市产品的升级换代。城市只有把一些工业部门扩散到农村去，才更有力量来实现工业品的升级换代。这是因为，工业技术的进步体现在新产品的开发上，城市的工业应当利用自己的技术力量和资金主要在这方面下功夫。此外，城市的工业企业只有集中力量增产名牌产品，提高它们的质量，降低其生产成本，才能在竞争中获胜。所以城市把一些工业部门扩散到农村去，对城市的经济发展来说，是有战略意义的转移。

但这里有两个问题需要研究，一是城市工业的扩散不能成为污染源的扩散。这一点很重要。假定污染源在城市中，这还比较容易管理，污染源扩散到农村以后，管理就麻烦了。现在有些地方把电镀工业转移到农村，电镀工业污染是严重的，农村条件本来就差，加上不重视，单纯地为了赚钱，污染造成的后果不可忽视。这就像那些发达国家把有污染的工业转移到第三世界国家一样。二是城市工业扩散后能否不切断城市的原料来源。工业往农村扩散，有些原料供应就中断了，城市工业得不到原料供应的保证。这对提高乡镇的产值当然有好处，可是要注意到社会经济效益。城市产品质量是高的，对国家的贡献是大的。假定乡镇工业发展后，切断了城市的原料来源，城市的工业企业必然停工待料。乡镇的同类企业技术较落后，产品质量较差，这就是社会经济效益的损失。所以要研究什么样的工业应该扩散，什么样的工业不应该向农村里扩散，哪些原料要保证供应城市。需要用产销合同的方式来保证城市中工业的原料供应，同时，又能使乡镇的工业得到发展。

（四）应当建立什么样的城市经济管理体制

对城市经济改革，党的十二届三中全会做出了方向性的规定，阐明了城市经济改革的原则。在改革中，不可避免地要涉及的是：市政府的主要作用是什么？市政府跟企业之间是什么关系？长期以来，我们没有把企业真正作为一个企业来看待，政府直接管理企业，还把这当作社会主义制度的优越性。事实上，这是不对的。企业作为商品生产和经营者，应该有充分的活力，市政府不应当直接管企业。市政府主要从事这样一些工作，如城市规划，市政建设，促进企业之间的协作，协助企业进行技术改造，组织城市的商品流通，负责城市的文教卫生、社会福利、公共服务卫生，抓好精神文明的建设，社会治安，等等。前面曾经提到，一个城市的发展应当从资源的相对优势原理出发，以确定本城市的经济发展战略。这样，市政府的各种任务中，一个最重要的任务就是如何根据资源的相对优势制定本城市的经济发展战略，制定本城市的中长期发展规则，如何把资源的相对优势转化为经济的相对优势。这种转化是同市政府的下述工作分不开的，例如查清本城市的资源状况（包括物质资源和人力资源），判明资源相对优势之所在，了解本城市同外界的经济联系的主要方面，对本城市的生产进行合理的布局，确定本城市的产业结构和生产规模，对市场前景以及本城市同外界经济和技术协作的前景进行预测，等等。一个城市只要能编制出经得起实践检验的、有充分科学依据的中长期规划，并使之对本城市的经济建设发挥指导作用，那就一定能够把潜在的优势（资源的相对优势）转化为现实的优势（经济的相对优势）。可见，市政府要做的事情实在太多了，仅仅是制定本城市经济发展战略这一项工作，就是够繁重的任务了，市政府哪有那么多的精力和时间去直接管理企业呢？而且这种直接管理是不必要的，也是妨碍企业发挥经营自主权的。企业的事情由企业自己去管。企业是法人，它在法律规定的范围内，照章纳税，遵守工商管理条例，自负盈亏。企业对本身的产品生产、原料供应、产品销售、人员调配、财务收支等方面的支配权，是应当得到法律承认的。企业可以用自己的名义同外界发生经济联系，并直接承担经济责任。企业可以自己经营和自行销售国家计划以外的产品，等等。现在一些城市正进行综合改革试点，要总结它们的经验。这就需要城市经济学的研究者从事这方面的工作。但还有不少问题没有解决，或者还没有成熟的经验。

比如，一些城市中正在组建或已经建立了贸易中心。但贸易中心究竟是不是经济实体呢？如果贸易中心成了经济实体，那么与现有的批发企业又有什么区别？如果贸易中心不是经济实体，而主要是服务型的，主要负责商业的协调和信息的沟通，自营业务仅仅是附带性的，那么它同现有的批发企业之间究竟存在什么样的关系？这些问题都是要研究的。但无论怎样，组建贸易中心的目的是为了使贸易渠道畅通，以便货畅其流。如果仅仅用贸易中心取代现有的批发企业，甚至用一两个贸易中心就取代了若干个批发企业，那么贸易渠道不会变得畅通些，而很可能更为堵塞了。

又如，经济区究竟意味着什么？经济区和行政区之间究竟存在着什么样的关系？经济区是不是自然形成的，是不是随着区域经济和城市经济的变化而不断改变其范围？我的想法是：经济区是随着经济的发展而自然地形成的，它以专业化和协作化为基础，并且经济区的范围是可变的。人为地规定经济区的疆界不是一种明智的办法。如果是这种情况的话，那么经济区内的城市（不同的行政区所管辖的城市）之间如何保持联系？它们如何在自愿互利的原则下进行协作？城市如何对待跨省跨市的联合企业？这些问题也都需要研究和总结经验。总的原则应当是：城市必须开放市场，搞活商品流通和资金流动，实行人才交流。城市应当鼓励外地的，包括农村的经济单位和个人进城办企事业、经商、发挥所长。这就是发展经济的横向联系。这种横向联系越发展，城市的经济就越兴旺，城市对自己周围地区的吸引力也就越大。那种害怕竞争、唯恐外地的厂家和个人抢走了本地的生意的做法，以及那种限制本地厂家和个人闯出去的做法，都是不足取的。

（五）城市经济发展中如何利用社会资金

社会集资是个很重要的问题。一个城市要善于组织本地的甚至外地的资金，使之为本城市的发展服务。社会集资的主要作用是为了充分利用本地的资源，实现本地企业的技术改造，发展本地的第三产业，加速本地各种产品的升级换代。此外，还有一个很重要的方面，就是把城市的居民由单纯的消费者和单纯的生产者转化成投资者和创业者。现代化城市中应当涌现更多的投资者和创业者。

社会集资需要一些机构来进行。有些地方建立了投资公司或投资信托公司，通过各种途径，如发股票、发债券来筹集资金。

除了上述途径以外，还可以成立社会保险公司，现在人们之所以愿意到国营企业去，总感到集体经济特别是个体经济没有一种安全感，没有一种生活保障感。社会保险公司的建立将会逐步改变人们这种心理状态。每月交纳一定的保险金，到退休时，可以从社会保险公司得到一笔养老金，如果按月交一定的医疗保险，生病时，保险公司就会付给一定比例的医疗费。保险事业是社会集资的重要的机构，今后需要大大发展。

职工入股的方式也应提倡。有些企业，为了技术改造需要钱，就采取职工入股的方式。职工根据能力大小入股，到时参加分红。要在理论上弄清楚，这不是剥削。这同凭银行存款取利息是一样的。个人入股的结果，将形成一种新型的混合经济。如果企业发行股票，那么其他企业能不能购买股票呢？我认为是可以的。这将促进跨行业经营。将来的发展趋势是：一个钢铁厂，可能名义上仍是钢铁厂，实际上投资的范围远远超出了钢铁生产和经营。中国式的社会主义财团，可能由此形成。比如说，某某钢铁公司是一个公司财团。它投资于其他一些部门和企业，它通过参与制来经营这一系列企业，形成母公司——子公司——孙公司系统。这并不影响公有制的性质。生产资料仍是公有的，只是管理的方式不一样了。我们的思路应开阔一点。社会主义的公司财团是完全有可能出现的。

再说，银行为什么不能投资呢？我认为，银行是可以从事投资活动的。银行利润的来源，难道仅仅是存款与放款之间利息的差额么？不是。银行除放款以外，可以从事投资。只要看准了，就可以投资。银行为什么不能自己创办企业？在公有制的基础上，未尝不可以提出一些大胆的设想。在我国，社会集资的道路是宽广的。我们应该把眼光看远一点。生产越发展，劳动生产率越高，收入水平越高，社会集资的可能性就越大，这将成为一个良性循环。我们已经从理论上知道了，从不良循环转入良性循环，关键在于资金的筹集，在于技术的引进。具体如何去做，要根据每个城市的特点来研究。

城市经济学这门学科要探讨的问题很多，我今天之所以说这些，主要是供大家做进一步研究。我特别希望那些负责城市行政管理的同志，从行政管理学的角度来研究城市经济学问题，加入到城市经济学的研究队伍中来。

（原载《经济研究资料》1985年第1期）

试论我国现阶段金融手段对宏观经济的调节作用

本文的中心论点是：我国现阶段，在运用金融手段对宏观经济进行调节时，利息率的作用是不大的。这既有体制方面的原因，也与当前条件下利息率与投资、储蓄、消费三者之间的关系的特点紧密相连。本文不准备讨论体制方面的原因，而专就利息率与投资、储蓄、消费的关系做一些分析。

一

在现代凯恩斯主义的某些代表人物有关宏观经济调节的理论中，假定投资有较大的利息弹性，而消费（连同储蓄）则缺乏利息弹性或只有低的利息弹性。这些假定在一定程度上符合现代资本主义国家的情况。现代资本主义国家通过中央银行调整利息率对经济的调节，也往往以这些假定作为制定具体措施的出发点。然而在当前我国社会主义经济中，却很可能与此相反，即投资缺乏利息弹性或只有低的利息弹性，而消费（连同储蓄）却有较大的利息弹性。如果投资缺乏利息弹性或投资的利息弹性较低，那么银行提高对生产单位放款的利息率，就不大可能起到紧缩投资，从而使总需求减少的作用；或者，想要通过利息率的调整来调整投资额，就要使利息率有较大幅度的升降。利息率升降的幅度与投资调整的幅度是不相称的。如果消费（连同储蓄）有较大的利息弹性，那么银行想要通过利息率的调整来刺激总需求或压缩总需求的话，就可以通过居民储蓄存款利息率的升降来做到这一点。因此，很有必要对我国投资缺乏利息弹性（或投资只有低利息弹性）和消费（连同储蓄）有较大利息弹性的主要原因进行探讨。

投资之所以缺乏利息弹性，无疑有经济体制方面的原因。假定企业并未真正成为独立的经济实体，企业不是自主经营、自负盈亏的社会主义商品生产者和经营者，那么利息率的调整和企业的利息费用的变动不可能成为调节企业投资额的重要因素。但我在这里不准备就体制方面的问题展开论述。我想要探讨的是体制以外的原因。比如说，如果实行体制改革以后全民所有制企业成了自主经营、自负盈亏的商品生产者和经营者，投资是否不再缺乏利息弹性或投资的利息弹性就会立即变得较大了呢？看来未必如此。这是因为，在一个可供信贷的资金总量有限，而企业又几乎普遍地迫切需要增加投资，以改造旧技术、旧设备，购买新技术、新设备的环境中，对企业来说，首先考虑的是能不能取得银行的贷款。至于需要为这些贷款支付多少利息，以及由此而付出的利息费用是否会成为企业过重的负担等，则是次要的问题。假定企业认识到利息率的上升会使企业成本增大，从而会影响企业产品的销售的话，那么企业很可能主要采取这样的对策，即加速企业资金的周转，降低生产资源的消耗，改进产品的质量，增加产品的花色品种等；但企业是不愿放弃可以取得信贷的机会，而减少投资的。这种情形在集体所有制企业、个体工商业户、农村专业户等自负盈亏的单位对待银行贷款和利息率的态度上，则反映得比较明显。所以说，在我国现阶段，即使通过体制改革，使全民所有制企业成为自主经营、自负盈亏的商品生产者和经营者，全民所有制企业的投资仍然可能缺乏利息弹性或只有较低的利息弹性。没有理由认为投资的利息弹性会发生重大的变化。当然，这是把全民所有制企业作为一个整体来看待的，并不排斥这一现象的存在，即少数全民所有制企业会把利息率的变动当作企业投资决策中的首要因素，或比较重视企业的利息费用的增减。

根据以上的分析，可以得出这样的看法：

第一，如果企业迫切需要增加投资，而投资资金的供给总量却是有限的，那么企业认为更为重要的是资金的筹集，而不在于取得资金的代价。因此，投资将缺乏利息弹性或只有低利息弹性。

第二，如果企业在降低生产成本和提高经济效益方面存在着较大的潜力，而只要增加投资就能够使这种潜力发挥出来，使降低生产成本和提高经济效益由可能变为现实，那么企业认为更为重要的是投资以后的实际收益，而不在于取得资金的代价，因为前者将大大超过后者。这种情况也会使投资缺乏利息弹性或只有较低的利息弹性。

正由于上述情况在我国现阶段确实存在，而且短期内不会消失，所以如果我们想通过利息率调整来调整社会的投资总量，效果并不会如某些同志原来预料的那样显著。经济体制改革之后，情况可能稍好一些，但仍不宜寄以较大的希望。

这是不是意味着我们不必注意发挥利息率调节投资的作用呢？不是这样。对不同类别的工商贷款实行差别利息率政策是必要的，加收逾期贷款利息和对挤占挪用银行贷款实行罚息的做法也会起一定的作用。但它们的主要作用在于促进企业加强经济核算，提高经济效益，而不在于调节社会的投资总量。这就是说，在我国现阶段，对生产单位的贷款的利息率调整，主要的作用表现于微观经济领域内，然后通过生产经营单位经济效益的提高而间接地影响宏观经济，而不是直接表现于宏观经济领域内对投资总量的调节，并通过对投资总量的调节而影响总需求。我认为，这是我国在利息率与投资之间的关系方面不同于现代资本主义国家的一个不容忽视的特点。对这一特点的认识是有政策意义的。

那么，我国的中央银行主要应当采取什么方式来影响投资总量的变动以控制投资总量呢？我的看法是：就现阶段而言，在投资缺乏利息弹性或者只有低利息弹性的情况下，中央银行应把直接控制投资信贷额及其增长率作为调节投资总量的主要金融手段。下一阶段，随着经济的发展和上述有利于发挥利息率调整在影响投资总量变动方面的作用的条件的形成，也就是随着投资的利息弹性的逐渐增大，中央银行可以把直接控制投资信贷额及其增长率和调整利息率二者并重，使它们共同成为控制投资总量的有效手段。再下一个阶段，投资的利息弹性更大一些了，我们才有可能把利息率调整作为控制投资总量的主要手段。在讨论中央银行对投资总量的影响及其措施时，应当考虑上述的阶段性。这一点正是从我国经济的实际情况出发的。

需要说明的是：为什么中央银行用直接控制投资信贷额及其增长率的方式来影响投资总量的变动，是现阶段可供选择的较好方式呢？这是因为，在投资缺乏利息弹性或投资低利息弹性的情况下，对投资信贷额增长率的直接控制与利息率调整方式相比，不仅在影响投资总量的变动方面有它的优点，而且在影响部门、地区、企业之间的投资分配比例方面，投资信贷额及其增长部分的分配比例的直接规定也将会优于差别利息率政策。再将投资信贷额增长率的控制与货币供应量增长率的控制进行比较，尽管前者涉及的是流量分析，后者涉及的是存量分析，后者可能是一个比前者更能广泛地反映国民经济状况的指标，但前者却明显地具有以下两个优点：

第一，投资信贷额及其增长部分定义比较清晰，计算起来比较简便，而货币供应量及其增长部分在定义上还不是十分明确，例如对社会主义条件下货币的不同含义（M1，M2，M3……）还需要探讨；相应地，货币供应量的计算也比较复杂，因为这也涉及货币的不同含义问题，不宜简单地套用西方经济学中关于M1，M2，M3……的解释和计算方法。

第二，由于这里所论述的是对投资总量的调节，也就是通过对投资总量的调节而对总需求进行调节，所以对投资信贷额增长率的控制要比货币供应量增长率的控制更能收到这方面的效果。当然，这并不意味着在任何场合下投资信贷额增长率的控制都比货币供应量增长率的控制有效。关于这一点，下面在分析对居民可支配收入总量的调节时，将会加以阐释。

二

让我们接着考察我国现阶段利息率与储蓄、消费之间的关系。

消费（连同储蓄）之所以有较大的利息弹性，是与我国现阶段消费和储蓄的特点有关的。我们不妨先对储蓄进行分析。要知道，假定居民的储蓄存款是准备用于养老、生活保障、子女未来受教育等方面的，那么这一部分储蓄存款对于利息率变动的反应是不敏感的。因为储蓄者在这种情况下一般不会由于利息率的上升或下降而立即相应地改变自己储蓄的目的和变更储蓄存款的数量。另一方面，假定居民的消费习惯已经形成，消费结构已经定型，或者居民对生活需要的一些耐用消费品的持有量已经接近于饱和状态，而把手头的货币作为消费后的真正余额而存入银行，并不因利息率的变动而在消费与储蓄之间重新做出选择，那么这一部分储蓄存款也是缺乏利息弹性或只有较低的利息弹性的。此外，还应当考虑到这样一种情况，即假定储蓄存款的持有人或现金的持有人对经济失去信心或对吸收储蓄存款的银行不再具有信任感，那么在这种极端的条件下，利息率的变动也不可能使储蓄存款的持有人继续保持其储蓄存款，也不可能使现金持有人将手头的现金存入银行。尽管上述这些只是纯理论的考察，但对我国现阶段利息率与储蓄、消费之间关系的分析仍是有用的。目前我国居民的储蓄，不论是来自劳动的收入、继承性的收入还是其他收入（利息、股息、房租收入等），其中确有一部分是准备用于养老、生活保障、子女未来受教育等方面的。利息率变动对这一部分储蓄存款调整的作用不会很大，对这一点，我们应当有所了解。但主要问题不在这里，而在于这部分以外的储蓄存款的预定用途，在于居民的消费现状。正如上面已经指出的，作为消费后的真正余额的货币存入银行后可能不受利息率变动的影响或只有较低的利息弹性。那么，并非作为消费后的真正余额，而只不过是作为消费的暂时替代形式的储蓄存款，对于利息率的变动又将有什么样的反应呢？这一部分储蓄存款显然会有较大的利息弹性。特别是在我国当前的情况下，这一点尤为突出。这是因为，随着近几年来经济的增长和居民平均收入的上升，随着商品经济的发展和经济开放程度的提高，居民的消费结构正处于变动的过程中，居民的旧的消费习惯正在逐渐让位于新的消费习惯，而居民所爱好的、愿意购买的耐用消费品仍然供应不足，居民对这些耐用消费品的持有量远没有接近饱和。因此，作为储蓄存款的货币中有相当一部分并不是消费后的真正余额，而只是一种对未能及时满足的消费的暂时的替代。对储蓄存款者来说，这种性质的储蓄存款就是一种暂时被延期的消费支出。即使我们也可以把准备用于养老、生活保障、子女受教育费用等方面的储蓄存款看成是一种延期的消费，但它们是正常的延期消费，而上述性质的延期的消费则是暂时的，只要利息率有所变动，这种储蓄存款就会相应地发生变动。

暂时延期的消费或者转化为储蓄存款，或者变为现期消费，或者以现金的形式保存在居民手中。它们究竟以哪一种形式出现，取决于以下三个因素：

第一，居民对经济的信心和对吸收储蓄存款的银行的信任程度。这种信心或信任程度将使居民决定是否把手头的现金转化为储蓄存款或变为商品，是否把储蓄存款变为商品或现金。这里所说的对经济的信心实际上包括了对价格的预期、对市场上商品供给数量的预期、对个人持久性收入的预期等。这里所说的对银行的信任程度，除了也包括对价格的预期而外，还包括对银行储蓄和利率政策的预期等。如果居民缺乏信心或信任程度不足，那么他们必然减少储蓄存款，甚至减少手头的现金，而增加对商品（包括暂时不需要的或并非称心如意的商品）的购买。

第二，市场上受消费者欢迎并且与消费者的支付能力相称的消费品（尤其是耐用消费品，包括商品化的住宅）供给数量的增长率。如果这些消费品的供给迅速增长，那么居民将在手头保存较大数额的现金，准备随时购买；反之，如果其增长率较小，居民则倾向于把手头的现金转化为储蓄存款，也就是把现期消费变为暂时延期的消费。但只要居民认为这些消费品供给数量是会持续增长的，而且认为它们的价格不会出现较大幅度的上升，那么居民手头的现金持有与储蓄存款二者之间的转化将依市场上消费品供给数量的增长情况而定。

第三，储蓄存款的利息率。储蓄存款利息率能否起到调节社会消费支出的作用，与上面提到的两个因素有密切的关系。如果居民对经济失去信心，对银行缺乏信任，或市场上受消费者欢迎的消费品供给数量迅速增长，那么储蓄存款利息率在现金持有与储蓄存款之间的转化、现金持有与消费支出之间的转化中所起的作用就会减弱；反之，如果居民对经济有信心，对银行有信任，而市场上受消费者欢迎的消费品的供给数量虽然在持续增长，但增长率较小，那么居民仍会把手头的现金转化为储蓄存款，这时，储蓄存款利息率就能在这一转化中起到较明显的作用。不仅如此，由于储蓄存款和取款需要现金持有者和储蓄者付出一些时间和精力，所以在我国目前的实际情况下，储蓄存款利息率必须保持一定的水平，才能吸收居民的储蓄存款。如果储蓄存款利息率低于这一水平，它就起不到这方面的作用了。

通过以上的分析，我们可以看出，在调节社会的消费支出方面，储蓄存款利息率的调整是可以起作用的。如果在储蓄存款方面实行差别利息率政策，那么这一作用还可以得到进一步的发挥。但即使没有利息率的差别，只要在居民手头的现金持有额较大时提高储蓄存款利息率，仍然可以促使居民把手头的现金转化为储蓄存款，即把现期的消费转化为暂时延期的消费，其主要原因就在于消费（连同储蓄）有较大的利息弹性。

三

关于利息率与消费和储蓄之间的关系，还有必要做进一步的分析。根据上面所谈到的，储蓄存款利息率的升降可以调节现期的社会消费支出。但这里仍然有一个问题没有得到回答，这就是：通过储蓄存款利息率的调整而对消费支出的调节，不等于对居民可支配收入总量的调节。居民可支配收入总量增长过快，是宏观经济不协调的显著标志。如果要改变这种情形，利息率的调整究竟能起多大作用呢？

要知道，居民可支配收入总量可以分解为居民的消费支出、居民的储蓄存款和居民手头的现金持有额三大部分。上面所谈的通过储蓄存款利息率的升降而进行的调节，是指对于居民可支配收入总量内部三个组成部分（即消费、储蓄存款、现金持有额）之间的比例关系的调节。这种调节虽然是宏观经济调节的一个方面，但它不等于对这三个组成部分的总和（即居民可支配收入总量）的调节。而对其总和的调节应当被认为更加重要，因为宏观经济中的消费基金失控，首先指的是居民可支配收入总量的失控。在居民可支配收入总量为既定的前提下，我们才有必要去调节居民可支配收入总量内部各个组成部分的比例关系。所以现在要探讨的问题是：利息率能否调节居民可支配收入总量？如果能起作用的话，那么它将在多大程度上起作用？

我的看法是：就我国现阶段的实际情况而言，利息率调整可以影响居民可支配收入总量，但这种影响是有限的。为什么这么说？我们知道，居民可支配收入中确有一部分来自居民的储蓄存款利息收入。储蓄存款利息率的升降可以使居民的利息收入增减，从而可以影响居民可支配收入的总量。但利息收入在居民可支配收入总量中所占比例是很小的。居民可支配收入中还有一部分来自居民的经营收入，例如个体工商户、专业户等的经营收入。其中有一些经营者从银行得到贷款，如果银行调整对他们的放款的利息率，可以影响他们的经营收入，从而也可以影响居民可支配收入的总量。不过，这方面的影响也有限。至于在居民可支配收入中占相当大比重的工资和奖金、退休金和其他社会福利性的收入等，则很难认为与利息率的调整有直接的或明显的联系，因此也就难以运用调整利息率的方式来调节。

正如对社会的投资总量的调节既可采取财政手段，也可采取金融手段一样，对居民可支配收入总量的调节同样可以采取财政与金融两种手段。就金融手段而言，前面在分析对投资总量的调节时已经提到，直接控制投资信贷额及其增长率应是现阶段的主要手段，利息率的调整是次要的。只有随着投资的利息弹性的逐渐增长，利息率的调整才会变得日益重要。我认为，在调节居民可支配收入总量时，除了运用财政手段以外，就金融手段而言，现阶段的有效手段是控制货币供应量的增长率。虽然对货币供应量增长率的控制也可以影响投资总量，但我在这里所要强调的是它对居民可支配收入总量的影响。

对货币供应量增长率的控制，以国民产品的净增长率为依据。把货币供应量增长与国民产品净增长直接联系在一起，并由后者来决定前者，可以使货币供应量的变动有一个可靠的物质基础。尽管在现实经济生活中，这二者的增长并不十分一致，存在着货币供应量变动的滞后问题，但只要事前考虑到这种滞后性，并且不一定按照长期不变的固定比率来确定国民产品净增长基础上的货币供应量的增长，而是根据国民产品的不同构成情况来确定国民产品净增长率与货币供应量增长率之间的不同比率，那么货币供应量增长率的控制仍然是有根据的，而不是随意性的。

为了使职工工资和奖金收入的增长不至于过度，从宏观经济的角度来看，除了需要运用财政手段而外，对货币供应量增长率的控制将发挥其作用。这就是说，职工工资和奖金收入的增长必须以国民产品的净增长为先决条件，而且必须被严格限制在国民产品净增长水平以下。如果职工工资和奖金收入的增长超出了这一预定的范围，那就意味着超出了货币供应量增长所容许的限界，从而国民经济中就会出现货币供应不足的情况。即使国民经济中货币供应的不足并不直接影响发放职工工资和奖金的生产单位关于增加工资和奖金的决策，但就整个经济来说，由于货币供应量的增长受到了限制，经济趋于紧缩，这就有可能阻止消费基金的继续增长、继续给予市场压力。反之，如果不实行以国民产品净增长为基础的对货币供应量增长率的控制，那么一旦职工工资和奖金收入的增长超出了上述国民产品净增长的限界，消费基金的失控将会加剧，由此造成的需求膨胀也必将引起通货膨胀。这正是控制货币供应量增长率这一调节方式的优点。

控制货币供应量增长率在国民经济运行过程中的作用并不到此为止。由于对货币供应量增长率的控制是以国民产品净增长率为依据的，所以在职工工资和奖金收入的增长超出国民产品净增长所容许的限界之后，货币供应不足将不可避免。国民经济中的货币供应不足不仅会增加产品实现的困难，而且还会影响投资信贷额及其增长，这些情况都有可能促使生产单位对生产、销售和成本进行调整和重新安排，至少可以防止经济中继续发生职工工资和奖金收入超出国民产品净增长所容许的限界的现象。换言之，只要企业真正成为自主经营、自负盈亏的社会主义商品生产者和经营者，只要企业之间的竞争真正给予企业以压力，那么每一个使本单位职工工资和奖金过度增长的企业都会感受到国民经济中货币供应不足条件下自己的相对不利的处境。而在需求膨胀和通货膨胀的环境中，企业却不易察觉这一点，或者，即使能察觉，它们也很有可能利用需求膨胀和通货膨胀的客观形势来摆脱职工工资和奖金收入过度增长所带来的成本提高等困难。

按照国民产品增长率控制货币供应增长率，在居民可支配收入总量的其他组成部分不变的前提下，职工工资和奖金收入的过度增长，就会因国民经济中货币供应的不足而受到一定程度的抑制。这种收入过度增长的现象逐渐消失后，假定其他条件不变，以国民产品净增长为基础的货币供应量的增长也将使国民经济中货币供应不足的状态不再存在。利息率的变动是起不到这种作用的。

四

可以把现阶段我国宏观经济调节中的有效的金融手段归结如下：

第一，鉴于投资缺乏利息弹性或只有较低的利息弹性，应当把直接控制投资信贷额及其增长率作为投资总量调节的主要金融手段。

第二，鉴于消费基金的失控主要来自居民可支配收入中工资和奖金部分的增长超出了国民产品净增长所容许的限界，在金融方面应当采取的主要措施是参照国民产品净增长率来控制货币供应量增长率。

第三，鉴于消费（连同储蓄）有较大的利息弹性，可以采取调整储蓄存款利息率的方式来调节居民可支配收入中各个部分（消费支出、储蓄存款、现金持有）之间的比例。这表明存款利息率的调整是可以起到某种作用的。但应该注意到，这仅仅指影响消费支出、储蓄存款、现金持有之间的比例。它还不可能直接影响居民可支配收入总量的增长，从而也不可能直接影响消费基金总量的增长。这一点又表明了利息率在宏观调节方面的作用的局限性。

总之，我的看法是：在现阶段我国宏观经济的调节中，就金融调节而言，对投资信贷额及其增长率的控制，以及对货币供应量增长率的控制，将是比较有效的手段。对前者应当主要控制投资总量。

（原载《中国社会科学》1985年第4期）

教育经济中的几个问题

教育经济学是研究教育和经济之间相互关系的一个边缘学科。它研究教育在经济增长和经济发展中的作用，以及教育投资的经济效益等问题。这个学科的历史并不长，在国外，是从20世纪50年代末、60年代初开始形成的。在国内，近几年才开始研究。

那么，教育经济学是怎样发展起来的呢？这就必须从第二次世界大战以后，西方的经济理论进展情况谈起。第二次世界大战前的西方经济学，主要从事静态分析。静态分析不涉及经济增长问题。现代西方经济增长理论是20世纪30年代末产生的。在有关经济增长的研究过程中，人们最初主要注意的是总投资、总消费和总储蓄之间的关系。当时的概念似乎是，只要总投资增加了，一国的经济就能增长。但50年代初的实践表明，情况不是这样。一些国家增加了总投资，但经济并没有相应增长。这就使人们感到奇怪，是不是在总投资以外，还有其他的重要因素在起作用呢？不然的话，增加了总投资，为什么经济没有相应地增长呢？

于是，经济学界开始对影响经济增长的因素进行分析。

我们知道，在西方经济学中，过去所谈的资本是指物质资本，或以生产资料形式体现的资本。所谓增加投资，就是指增加这方面的投资。50年代里，对这个问题分析后，一些西方经济学家认为，资本可以分解为两部分：一部分体现在生产资料上，另一部分体现在劳动者身上。体现在生产资料之上的资本，可以称为物质资本；体现在劳动者身上的就是所谓人力资本，它是人的体力和智力的总和。这两部分资本都对经济增长起作用。所以说，增加投资，除了指增加对物质资本的投资以外，还指增加对人力资本的投资。从某种意义上说，人力资本概念的出现，是经济增长研究中的一个突破。

人力资本包括广泛的内容。人体的健康、人的受教育程度和文化技术水平，等等，都包括在内。这样就至少产生两个新的学科：一是主要研究人的受教育程度和文化水平对经济增长的作用以及智力投资经济效益的学科，就是教育经济学；另一是主要研究人体健康对经济增长的作用以及保健支出的经济效益的学科，就是卫生经济学。因此，卫生经济学和教育经济学都是在研究经济增长过程中出现的新学科。

教育经济学研究从50年代末、60年代初到现在已有二十多年的历史了。现在我们认识到，教育经济学的研究可以分为三个层次：第一层次研究教育投资行为本身的经济效益；第二层次研究教育体制和经济体制之间的关系，即把问题提到了体制研究的高度；第三层次更高一级，它研究教育目标与经济发展目标之间的关系。今天，我这个报告就按这三个层次分为三个部分来谈。

一、教育投资的经济效益

（一）什么是教育投资的经济效益

教育投资的经济效益可以分为第一级效益和第二级效益。第一级效益是指教育投资本身的效益，通常又叫作教育投资的经济效果，或者叫教育投资的资金利用效率。简单地说，它就是投入与产出之比。比如说，办一个学校投入的是教育经费，产出的就是这些教育经费最后形成的成果，或者是培养了多少学生，或者是培养了多少合格的人员等，这就是教育投资本身的经济效益。

第二级效益是指教育投资所带来的社会效益，或者称作教育投资的综合经济效益。这种效益不仅表现于培养出多少人，而且在于人才培养过程中会给社会带来多大好处，以及培养出来的这些人到社会上工作以后会给社会带来多大的好处。先举林业为例。投资1000万元办一个马鞍山林场，一年能植多少树，能有多少立方米的成材量。这是属于第一级的效益，就是投入与产出之比。第二级效益是指：植树成林以后，马鞍山的气候发生了什么样的变化，对水土保持有什么影响，对环境净化起了什么作用，由此而产生的对农业的好处，对河流运输的好处，对市民的健康和生活质量的改善等，都包括在内。这些就是发展林业所带来的社会经济效益。教育的社会经济效益的含义与林业有相似之处，所以教育的第二级效益类似于教育投资在经济中引起的一系列连锁反应的综合。

教育经济学研究迄今为止，能够回答的或比较成熟的只限于第一级效益。比如说，马鞍山一年有多少教育投资，培养出来多少学生，这就可以算出。第二级效益，尽管国内外有一些经济学家进行了研究，但研究结果并未得到社会的承认。这个问题很复杂，很难，主要的困难是不可能把教育投资在经济中带来的连锁反应精确地计算出来。

是不是可以用这样一种方法来计算，比如说，假如教育投资为x元时，产值是m元。教育投资增加到（x+y）元以后，产值增加到（m+n）元，这样，所增加的那一部分产值不就是增加的教育投资的结果吗？这增加的n元不就可以归功于教育投资y元吗？其实，这种算法是很不科学的，因为它忽略了整个经济增长过程中多种因素的综合作用。比如说，有个钢厂，停电时的钢产量是零，有了一定的电力以后，产量是50万吨。能把这50万吨钢产量全部归功于电力吗？显然不能如此。如再增加电力供应，钢产量增加到60万吨，能把这增加的10万吨钢产量归功于所增加的电力吗？这也归功不了，因为经济增长是多种因素综合起作用的。

那么经济增长的因素能不能一一分解？能不能算出每一种因素的贡献有多大？在这里，投入的劳动力、数量和资本的数量都是可以计算出来的，它们对产量增长的作用根据一定的公式也可以算出来。但教育所起的作用怎么算，卫生支出所起的作用怎么算，人的精神状态变化所起的作用又怎么算，这些都是难以计算的。至于教育投资的连锁反应如何计算，那就更难了。比如说，某年增加了一批大学毕业生，这些人到工作岗位以后，能对经济增长起多大的作用，他们对社会风气、社会治安、社会文化的变化有多大影响，全都是算不出来的。

所以说，经济学在这方面的问题还没有解决。到目前为止，我们所谈到的效益是指第一级效益。对于第二级效益的研究和计算，即使还不科学、不可信，但不要去反驳他们，他们是出于好意，因为我们这个社会过去不重视教育，而他们的目的是呼吁人们重视教育。这些人是好意，他们的不科学的计算在客观上也能起到让社会重视教育的作用，不要挫伤这些人的研究积极性。对这个问题，可以暂时不做定论，因为无论在理论上还是在方法上，都还没有解决。

（二）教育部门的特点和教育投资的特点

这是一个有争论的领域。根据我的看法，教育部门是非物质生产部门，它生产的产品不是有形产品，它提供给社会的是有一定教育水平的、能掌握一定知识技能的劳动者。但劳动者本身不是教育部门提供的。教育所提供的是受教育者的知识增量。劳动者的文化知识不能说受教育前完全没有，也不是自学校毕业后就到此为止。在学校这个阶段，给受教育者一个知识增量，这就是教育部门的产品的特点。

尽管教育部门是非物质生产部门，但教育投资具有生产性。劳动者知识的增加能够促使国民收入增加。但这种结果是和劳动者本人结合在一起的。这里有一个前提：培养出来的人必须参加劳动，教育的成果才能发挥出来。假定教育者受教育后，不参加劳动，那么智力投资的成果就没有办法表现出来。

教育投资作为生产性投资，有一个开花结果的时间间隔。教育投资的周期较长。假定从幼儿园开始受教育，一直到他成为有一定文化技术水平的劳动者，往往需要十几年。这也是教育投资的一个特点。

也许有人要问：教育是不是生产力？我的看法是：教育是潜在的生产力。教育这个潜在的生产力，要在劳动者把学到的知识用于生产时才成为现实的生产力。

（三）学校的主要任务是什么

这是由教育投资问题所派生的一个问题。假定先把德育、体育撇开不谈，仅从智育角度来考察，可以明显地看出，学校的任务是给受教育者以知识增量。学校应该让每个受教育者在尽可能短的时间内得到更多的知识。假定投入量是一定的，产出量越大越好；或者产出量一定，投入量越小越好。这是经济学的基本常识。

那么，学校的产出量是什么呢？刚才说了，人不是教育部门生产的，学校的产出量就是平均每个学生一定时期的知识增量。这个概念非常重要，因为衡量教育投资有无效果涉及知识增量问题。假定有两个学校，投入的教育经费和毕业生一样多，单凭这一点看不出哪个学校办得好。如果从知识增量角度来考察，看法就不一样了。假定两个学校都是学四年，一个学校的毕业生在学校里的知识增量不是很多，而另一个学校毕业生知识增量却很多。学生知识增量多的学校办学效果超过学生知识增量少的学校。再举一个例子，假定有两个大学，一个是重点大学，另一个是非重点大学。两个大学的入学标准是不一样的，一个是500分以上录取，一个是400分录取。两个学校每年投入的经费一样多（事实上重点大学的经费比非重点大学多），毕业生一样多，同样学四年。假定他们毕业以后达到的是同样的知识水平或工作能力，那么，重点大学办得不好。因为学生进校时的知识较多，而学校给予的知识增量却较少。用知识增量计算是科学的，用毕业生人数计算，不科学，因为没有计算学校给予的知识增量。一切重点班、尖子班，都应该用这个方法来考察办学效果。

知识增量怎么计算？到目前为止，教育经济学界还未能从理论上解决这个问题。也许可以采用个知识标准分的概念。假定刚进幼儿园时知识标准分是零（这个假定是简单化的，父母可能给孩子某种学前教育），他在此后每年接受教育的过程中，知识标准分会不断增加，一直到他参加工作的时候。这一阶段累积的知识标准分可以计算出来。学校办得好坏应该以投入与产出之比来衡量，就是说，用同样的教育经费应当使受教育者获得更多的知识标准分增量。下面，要指出两个不正确的指标：

一是学校经费自给率。学校经费自给率不是学校办得好坏的标准。为什么呢？因为学校的任务不是赚钱。假定学校经费自给，而给学生的知识增量却很少，这能说明问题吗？这不能说明问题。经费自给率只能在同样的知识增量条件下再来考虑。何况经费自给率又是因情况而异的。凡是属于基础科学而不是应用科学的教育单位，经费是很难自给的。甚至我们可举一个极端的例子。假定有两个学校：一个是公立学校，一个是私立学校。公立学校经费自给率低，私立学校经费自给率较高。你能由此得出结论：私立学校的办学效果一定比公立学校好吗？如果这样的话，似乎收学费越高，办学效果就越好。世界各国的经验证明：国家、社会都必须向教育投资。没有一个国家的教育发展是主要靠收学费的。

另一个不正确的指标是升学率。升学率表现为小学毕业生能有多少上中学，中学毕业生能有多少上大学，等等。用这样的指标是不能衡量教育投资经济效果好坏的。为什么呢？因为这种升学率不能精确反映教育单位给受教育者的知识增量。而且，升学率还同以往未升学的毕业生人数有关，同某个地区原来的教育发展程度、人们对升学本身的看法等有关。

（四）对教育投资的产出量的进一步考察

以上的考察只限于学校任务在于给予受教育者以知识增量，

但这种考察是初步的。要进一步研究这个问题，需要涉及以下三个问题：

一是“知识转化的滞后”。我们知道，一个学校的毕业生走上工作岗位后，并不能马上把他的知识用于实际工作之中。需要有一个知识转化阶段，少则几个月，多则几年。在同样的教育经费投入和同样的知识增量条件下，学生知识转化滞后程度可能不一样；有的人到工作岗位上很快就能用得上，有的则需隔较长一段时间才能用上。为什么会出现这样的情况呢？这与学校的教学内容、课程的结构，以及教学中是否注意理论联系实际有密切关系。假定两个学校的毕业生知识转化滞后的程度不一样，那又如何衡量学校成绩的好坏呢？那就必须加一个条件——知识转化的追加投资。假定工作单位对新来的学生进行一定的业务训练，让他们很快适应工作，这是需要投资的。这就是说，投入总量实际上是增加的，不过这部分教育费用不是由教育部门给的，而是由实际工作部门给的，但总投入量仍比以前增加了。在其他条件相等的情况下，需要追加的投资越少，表明学校培养出来的学生的质量越高。

二是“毕业生的发展潜力”。同样知识增量的毕业生的发展潜力很可能不一样。毕业之后十年、十五年，毕业生的后劲就表现出来了。一个学校办得好，也表现于它的毕业生有较大的发展潜力，将来能在新的领域内或其他方面做出贡献。如果一个学校不能给学生一个坚实的知识基础，缺乏基本技能的训练和开阔的视野，它的毕业生的发展潜力是有限的。关于毕业生在工作单位的情况调查，很能说明问题。什么样的学生后劲很大，什么样的学生缺乏后劲，工作单位比较了解。学校给学生的不仅仅是知识增量，而且还给一把钥匙，让学生今后自己去打开知识宝库的大门，在原来的基础上可以自学，接受新的东西。这就是学生的发展潜力。为什么有的学校的学生发展潜力大，有的学校的学生发展潜力小？学生发展潜力大的学校一般是重视基础科学和基本技能的训练的。毕业生走上工作岗位后，工作岗位为了增大他们的发展潜力，需要追加投资，使他们接受某些训练。这样，也可以通过追加投资来比较不同学校的办学成绩。

三是“知识的废旧率”。学生在学校中学到的知识，在毕业后较短的时间内还能够适用，但不能适应长远的需要，他们的知识会渐渐老化。这需要工作单位不断为他们追加知识更新费用。但有的学校培养的学生的知识废旧率较低，知识在短期内不怎么老化，有的学校学生在校期间学到的知识很快就变成无用的了。这样，同样可以用追加投资的多少来比较不同学校的办学成绩。

关于教育投资经济效益问题，我们从以上几个方面做了考察。尽管这些考察是纯理论的，但对实际工作可能有所启发。

二、教育体制和经济体制的关系

（一）教育和收入分配之间的关系

到目前为止，教育经济学并没有很好地解决这个问题。我们还找不到一个合理的收入分配标准。理论上说，社会主义制度下的收入分配就是按劳分配。但进一步问：究竟最高工资与最低工资的差别以多大为合理，各种等级的劳动者的收入等级怎样确定才是合理的，等等，我们无法加以回答。这个问题很复杂。最低工资与最高工资的差距，熟练劳动和非熟练劳动、不同级的熟练劳动与不同级的非熟练劳动的工资等级应该怎么定，往往只好参照历史因素，参照其他国家的情况。当然，劳动者的成果的大小也是需要考虑的，但客观上有时难以测定。按劳分配中的“劳”是指什么？这里就有争论。什么叫作“等量劳动”？这也不容易从数量上确定。不仅复杂劳动和简单劳动的量的差别不易确定，两者报酬的级差大小更难确定。我们只能在原则上做一些探讨。原则上，复杂劳动和简单劳动之间有倍数关系。这是两种劳动成果之间差别的倍数关系。因此，两种劳动报酬之间的差别当然也要有倍数关系。不过，后一种倍数应该小于前一种倍数。为什么？这涉及教育的问题。一个复杂劳动者能有这样高的劳动生产率，不仅仅取决于本人的努力（当然，有本人的努力和本人所花的费用在内），也有社会的培养。前面说了，国家、社会投资办教育，这部分投资是由人民负担的。因此，一方面，复杂劳动者的报酬应该高于简单劳动者的报酬，另一方面，报酬的倍数应当小于劳动成果的倍数。教育经济学的讨论目前只限于提出原则性的意见。至于报酬的倍数究竟应当多大，理论上说不清楚。

但是，我们也应该看到，个人在受教育过程中有收入减少和支出加大的问题。首先，一个人受教育，就要有好几个方面的收入减少和支出加大：一是直接的费用，诸如学费、书籍及文具费之类。这部分费用是可以计算出来的，也是通常被人们所了解的。二是受教育后，一生中取得收入的时间是缩短了。比如说，假定人人都是60岁退休，一个人18岁就参加工作，那他一生中取得收入的时间是42年；另一个人是22岁大学毕业参加工作，他参加工作的时间是38年，就少了四年取得收入的时间。三是放弃了一部分收入。假定一个农民，他从15岁就可在家里帮忙干活，现在他上高中、大学，到22岁毕业，这7年时间就放弃了他本来可以取得的收入。一个人到18岁高中毕业了，面临两种可能性：一种可能性是升学，一种可能性是就业。升学就放弃了就业，而在这几年内就业所取得的收入就是上学所放弃的收入。不管你承认不承认，每个家庭都会考虑到这种决策：让子女就业还是升学？四是受教育就减少了闲暇时间。为什么？因为晚上还得利用。这一切都是在确定受教育者的报酬时应该考虑进去的。

人的天赋在收入分配中究竟起什么作用？天赋能够使人们增加收入，但必须经过中间环节，就是教育和劳动。假定有两个人，第一个人很聪明，第二个人不那么聪明；假定两个人都没有受过教育，都是文盲。那么第一个人的聪明就没有办法表现出来，最后也不能使他增加收入。教育程度越高，天赋对收入的影响就越大，因天赋而增加的个人收入是和个人受教育程度成正比的。劳动也起着类似的作用。在社会主义条件下，收入来自劳动。如果不劳动，一个人天赋再高也不会使他增加收入。所以，在制定报酬时应该考虑到这一点。

另一个问题是：怎么样突破低收入和低教育的循环？按劳分配条件下，受教育程度越低，将来取得的劳动报酬就越少。低收入、低教育的家庭可能影响下一代的收入和教育。这涉及教育制度和分配制度问题。但到目前为止，我们只能说考试是现在可能做到的公平办法。为什么现在必须进行高考？这是经过比较研究而得出的看法。从自荐、推荐到各种选拔，结果都不如考试公平。在没有其他办法比考试更公平的情况下，目前只能采取这个办法。实际上，高考也不怎么公平，因为现在各地的具体条件不一样，各地的取分标准也不一样，这就是缺点。全靠推荐为什么不行？除了可能出现关系户以外，还有一个问题，这就是推荐者的看法不一样。对同样的一个人，从不同的角度出发，评价标准不会一样。究竟怎样才是真正公平，能不能因为低收入家庭的下一代受高等教育的机会较少，所以对收入高家庭的孩子升学名额或比例做某种限制呢？这样做，只能造成更大的混乱，效率损失就会更大。这是绝对行不通的。总之，解决低收入和低教育的循环，是个十分复杂的课题，需要进一步研究。

（二）教育和财政之间的关系

这涉及政府的教育投资占国民生产总值的合理比例问题。首先我们应当说明，这是一个复杂的问题，因为各国教育投资进行对比，口径不统一。例如教员宿舍投资，只有中国才计算入教育经费中，西方国家是不列入的。他们提高教员工资，把教员应付的房租算进去了。再如，学生的一些生活服务支出，在西方也不列入教育经费之中，所以不容易对比。但对世界各国根据经济发展程度进行比较，大体上呈现一个规律性现象：教育经费在国民生产总值中的比重大小是随着人均国民生产总值的增加而增加的。这就是说，在一个平面坐标图上，横坐标是人均国民生产总值，纵坐标是教育投资在国民生产总值中的比重。教育投资曲线是向右上方上升的。人均国民生产总值越高，越有可能投入更多的经费在教育上。我国的人均国民生产总值是低的，所以我们不能简单地说："日本教育经费在国民生产总值中占这么大的比重，美国占这么大的比重，我们只占这么一点点，所以我国要向日本和美国看齐。"这种看法不科学。其实，日本和美国在处于很低的人均国民生产总值水平的时候，它们的教育经费也是不多的。当然我们也不能因此说现在我国的教育经费够多了。为什么呢？假定按这个标准，我们低于印度。我们不要求同美国、日本看齐，但我们总不应当低于印度吧！

我们的教育经费要增加，但短期内要大幅度增加仍有困难。我们想想：已经上马的重点建设必须继续完成，行政费、国防费这些固定开支的机动余地不太大，只有从每年增加的财政收入中使教育经费有较大的增加。也就是说，财政对教育的拨款的增长率要大于财政经常收入的增长率。但我们也应当看到，即使增加教育经费，很多是还过去的欠账，如给教师盖宿舍和增加教师工资，真正用于教学的并不多。怎么办呢？我想，提高教育经费的使用效率有着重要意义。除此以外，还涉及教育体制问题。这就是要走社会集资、多方办学的道路。这在目前情况下，是有可能办到的。比如说，随着农村经济情况的好转，农民自己会增加教育开支的。但这不能硬性规定，那样就把负担加到农民身上去了。我觉得应当强调：要发展教育，仍然主要靠国家投资。

（三）教育投资中的要素替代问题

这里所说的要素包括人力要素和物力要素。在工厂中，人力跟机器是可以互相替代的：多用人可少用机器，工厂自动化可以节省人力。教育领域内能不能像工厂那样实现这种要素替代？一般说是可以的，但有一定的限度。这是教育领域的特点，电化教育、广播教育都可以替代人力，但绝对不能把教育看成和工业一样。为什么呢？因为教育是给人灌输知识。我在这里讲课与放我的录音带，效果就不一样。先进的教学设备可以减轻教员的劳动，可以在一定条件下增加学校的招生人数，但不能完全替代教员。光靠闭路电视进行教学，是不行的。即使是函授、广播教学，有辅导和无辅导也不一样。学生和教员互相切磋，有感情交流的问题。应该承认不可能做到完全用自动化设备代替人的教学。否则，教学效果会下降的。特别是小学，这种要素替代更有局限性。让小学生都去听广播教学，不会有好的效果。到了研究生阶段，替代可能性也有限，甚至需要导师的个别辅导。所以，教育的要素替代可能是这么一个规律：一开始很小，到了高中、大学阶段时慢慢加大，到了大学高年级写论文和研究生阶段又变小了。有人认为：随着教学设备的自动化，教员将被自动的教学设备所替代。我认为这是不可能的。

在这里还应当谈一个问题，这就是教员和职员的分工问题。学校中的许多教育行政方面的工作，应当让职员去做。教员去搞一些本来可以由教学行政人员、教学辅助人员干的工作，不但分散了精力，而且在智力投资上，是一种浪费。教员今后主要搞教学，包括政治思想教育，不应当兼教学行政工作，更不必搞教学辅助工作。

（四）学校的合理布局问题

学校究竟应当怎样布局，这不仅是教育学的问题，同时也是个经济学的问题。看来，中小学以就近入学为原则，因为中小学生就近入学可以解决交通和住宿问题。一般说来，办中小学不涉及教师流动问题，多少可以就近取得师资。高等学校的布局则是另外一个情况：高等学校最难解决的问题不是校舍，也不是学生的来源，而是师资。大学教师有很多社会方面的要求。譬如，要求有个比较好的学术环境、进修条件、信息交流渠道、学术交流的气氛。另外，在生活方面也可能有特殊的要求。因此，学校布局中很重要的一条就是必须考虑人才的存量。工业生产基地有工厂和科研单位，工科院校可以办在那里。但应该看到：一个大学孤零零地办在某个工业基地里，仍然不容易把好的教员留住。过去有过失败的教训。例如，把农业院校办到山沟里去，那完全是失败的，因为没有一个好的办学条件。大学最好办在人才比较集中的地方，附近有一些高等院校，这样才能吸引人。简单地说，大学应设在信息中心、文化中心、学术中心。高等学校的布局，原则上应当相对集中，设在大城市中。至于大学毕业生则可以输送到各地去，到边疆、农村去。有人说，英国的剑桥大学和牛津大学就不设在伦敦或大城市。要知道，这是几百年来的历史所遗留下来的特殊情况，在当地已经形成一种较好的学术气氛和环境了。可是，中国的现实条件不是这样。从中国的实际出发，大学最好设在大城市中。

（五）大学生的转学问题

在目前的条件下，能不能让大学生自由转系？我在清华大学做报告时，学生递条子问我。应当怎样看待这问题？我的回答是：原则上应当允许学生转系，因为这样更能发挥学生的学习积极性和主动性，有利于提高学生知识与技能的增量。但目前，或短期内，在我国还不可能普遍推行。为什么呢？这也是从保证教学秩序、人才的培养和教育质量出发的。我们知道，同样一个学校，在学生看来，各系之间是有差别的。比如一些人不愿学农田水利，而想改学电子计算机，因此他们想转系。我们不要回避这一事实。目前，高中毕业生只有百分之几能够上大学。当初录取某某人到这个系的时候，他是填了志愿的，表明愿意学这个专业，如果不填这个志愿就不会被录取。但填了志愿被录取了，就占了一个名额。同未被录取的学生相比，可能就差几分，甚至只差一分，实际上从中看不出水平的高低。如果进校后就要求转系，这个名额就空了。当然，某某人当初如不填这个志愿，学校可以录取比他低几分但有志学习这个专业的人。因此，进校后自由转系，对那些未被录取的人来说，是不公平的。

另外，在目前的情况下，学生进校后就要求转系，如果允许这样做的话，就会影响学校的教学秩序，影响其他同学学习的积极性。再说，学校的每一个专业都是按计划招生的，自由转学的结果不利于人才的有计划培养。我的看法，目前，必须有充足理由，并且经过审核，必要时还要再经过考试，才允许转系。将来情况改变了，转系可以放宽。

（六）连续培养和非连续培养的问题

这又是一个与体制有关的问题。有一种看法认为，非连续培养有好处，连续培养不好。比如说，在连续培养下，入校学生的年龄越来越小，毕业生的年龄也越来越小，可能对某些专业来说是不适合的。一般地说，这是有道理的。可以允许学生工作一段时间后再入学，但不要排除高中毕业后直接上大学，也不要排除大学毕业后直接当研究生，更不要规定有多少年工龄才能上大学，这在历史上是有过教训的。现代科学发展与18、19世纪不一样。比如说，当过瓦工的学建筑，不一定比没有当过瓦工的更适合。实际上，一个瓦工的建筑学知识是很有限的，只是狭隘地知道瓦工的操作，而现在的建筑学要求的是学习建筑理论、设计。过去当瓦工的那点知识，对培养一个建筑学专业毕业生来说，是远远不够的。同样一个道理，当过会计，就一定比没有当过会计的更能学好经济学吗？那不一定，因为在经济学系给学生传授的是经济学的系统知识。

现在，再从教育经济学的角度来考察。假定一个人18岁高中毕业，规定要有5年工龄才能上大学，那么他23岁才上大学，27岁毕业；假定另一个人没有工龄，18岁上大学，22岁毕业，他到27岁也有5年工龄了。这时，我们把这两个人比较一下：第一个人是有5年工龄上大学的，这5年对他来讲有一定的重要性，但后来他在大学所学的，远远超过他在这5年工作中所取得的狭隘经验；而第二个人的5年工作实践，是在系统的理论学习之后的实际经验。两个人究竟谁强？假定其他条件都一样，应该说，有系统的理论指导下的实践，超过没有系统理论指导的实践。

所以，在体制上的正确做法是不要用“一定的工龄”作为入学资格。既允许有工龄的人报考，也允许没有工龄的人报考。有人不同意我的看法，认为有工龄再上学，可能学得更好。这也有一部分道理，但我想，学了系统的理论以后再参加实践，更有可能在实践中做出成绩。

（七）教员的考核制度

我的体会是：教员的工作时间是有弹性的，教员坐班制不是好办法。教员的工作有特点，他晚上还要工作呢！我个人的看法是：不要死卡工作量。教学质量有高有低，课程有难有易，同样一门课，教学的深浅度不一样。所以，用一种机械的方法计算教员的工作时数，或乘以听课的人数，是不科学的方法。能不能用教学效果的评价作为教师工作的考核依据呢？

从教育经济学的角度来看，教学的目的在于给学生以知识增量。教学效果的评价中很可能遇到这样一个问题：听某教员的课，觉得讲得津津有味，可是回来一想，又觉得没有什么东西；有的教员口才并不好，但提出的问题有深度，给人以启发。怎么衡量两个教员的教学效果呢？这需要由学生和同行二者来评论，不能偏听一方。当然，这还要有一套组织工作，这就涉及教育管理的内容了。教育经济学不去讨论这么细的问题。

教员应当实行聘任制，谁能教好课，就聘谁任教。聘任制可以促进人才合理分布，促进人才合理流动。当然，不聘某人在某校做教员，还得替他找去向，自己去找也可以，这是个社会问题。教员不必担心“失业”和“生活没有着落”的问题。

最后，我再补充一点。一个大学办得好坏，关键在于是否多出人才、多出成果。能够增加一点收入更好，但决不是把注意力放在这儿，要用战略的眼光看待这个问题。大学可以为实际工作部门做咨询，可以有偿转让科学技术，在社会上办培训班等，这些都是好现象。但大学的主要任务是：国家把这些学生交给学校，学校就要给他们更多的知识与技能的增量，使学生毕业后为国家多做贡献。

三、培养目标与经济目标的关系

（一）培养什么样的人

这个问题已经超出了教育经济学研究的范围，它涉及学校究竟培养什么样的人的问题。我们知道，西方国家一般进入了所谓后工业社会，就是工业高度发达的社会，主要表现为人均国民生产总值很高。但我们衡量一个社会，不能以经济增长作为唯一的标志，国民生产总值指标有很大的局限性。比如说，国民生产总值指标不能告诉我们：生产出来的是什么样的产品，为什么要生产这些产品，为此付出了多大的代价，等等。人均国民生产总值是个抽象的平均数，不能真实地反映收入与分配问题。

西方经济学界中有一些人发觉，经济高速发展后，社会上出现了一些新问题，比如造成了环境的破坏，人与人之间的关系变得淡薄了。他们甚至说，假定有机会重新开始现代化的话，将会选择另一条道路。反正不能单纯以产值为目标，不能只顾经济增长而不顾其他。

经济学不研究物的关系，它研究的是人与人的关系，人如何利用生产出来的财富为人类造福的问题。所以，经济发展过程中人与人之间的关系，是衡量一个社会好坏的关键。经济学不要单纯研究“是”或“不是”的问题，也要研究“应该是什么”“不应该是什么”，“什么是值得追求的”“什么是不值得追求的”这样一些问题。衡量社会的标准，是不是可以从另外一个角度重新加以考虑。比如说，社会是平等的社会，还是人剥削人的社会；是不是能够满足人民的基本生活需要的社会；是不是让每个人都能充分发展自己、满足精神方面要求的社会；是不是使人们有社会安全感和保障感的社会；是不是人与人之间相互信赖，有个良好道德风尚的社会。

大家都知道，我们的社会不是人剥削人的社会。我们在满足人民基本生活需要方面，取得了很大的成绩，这是外国人都承认的。我们这里没有饥民，人们的平均寿命延长了，而且婴儿的死亡率又较低，这在发展中国家是少有的。当然，这离我们的理想还差得很远。

我们的社会最后将朝什么方向走？假定一个社会，虽然物质产品丰富，但人与人之间关系变得很冷淡，老年人有孤独感，这样的社会不是我们要实现的目标。这就涉及我们要培养什么人的问题。社会主义是没有剥削，没有贫困，没有愚昧的社会。建立了公有制，就消灭了剥削制度。但公有制仅仅是为消灭贫困和愚昧创造前提，建立公有制本身并不等于贫困和愚昧的消灭。我们的目的是既消灭剥削，又消灭愚昧和贫困，这才是一个文明的社会。从这样的一个角度看，我们要培养的社会主义建设者，必须肩负这样一个任务，即建设高度物质文明和精神文明相结合的社会。这就涉及教育经济学中的一个理论问题，智力投资是有效的，还是无效的？

什么是有效的智力投资？就是说所培养出来的人，第一，必须具有为社会所需要的科学文化知识，否则，这个投资是无效的。第二，他要把学到的知识用到生产上，使之转化为直接的生产力、物化的生产力。假定他没有一个健全的身体，那么智力投资仍然是无效果的。第三，假定培养出来的人到工作岗位上以后，在政治上、道德上不符合标准，这样的智力投资也是无效的投资。可见，对智力投资有效性的考察，要比单纯知识与技能的增量更深入、更广泛，必须提到德智体全面发展的高度来看。三者之间缺一项，就是无效的智力投资。从这个意义上讲，教员必须做到既教书又育人，教员必须关心学生的全面发展。

如果我们再进一步考察，那就要涉及个人行为与社会规范的协调的问题。个人行为跟经济规范之间不一定协调，但应当趋于协调。每个人既是生产者，又是消费者。个人向社会提供产品或劳务，个人生活在群体之中。正因为社会是群体组成的，个人的行为如何与社会的规范、群体的利益保持适应呢？举一个简单的例子。譬如说，某人有个爱好，每天晚上11点以后听音乐，录音机的声音开得很大，这是个人的行为。但这个行为和周围的社会生活是不协调的，它妨碍了邻居的睡眠。可以有两个解决方案，一是劝说这个人改变深更半夜放录音机的爱好，或者让他把声音开得很小。二是大家聚在一起，订一个公约，禁止深更半夜大声放录音机的行为。劝说无效，就进行约束。但这是道义上的约束，因为个人在家里大声放录音机的行为并不违法。可见，生活中实际上有两个评价标准：个人的评价标准与社会的评价标准。个人的评价标准与社会的评价标准冲突时，怎样取得一致？这是一个道德教育问题。在人与人的关系中，应当使人们从小培养遵守社会规范的行为准则。一个人应当和群体相适应，否则，物质产品丰富了，个人却同群体越来越不协调，这不是应有的趋势。

（二）能力的培养比知识的传授重要得多

对教育目标和经济目标的考察还不能停留在这个水平上。我们知道，科学是不会停留在现在的水平上的。科学不断发展。一个学生，如果他的知识增量仅仅是从教员那里得到的，那么他就不能为科学的创新做出贡献。这既不符合教育目标的要求，也不符合经济目标的要求。为什么要这么说呢？我们培养出来的人，必须有创新能力。能力的培养比知识的传授重要得多，教师必须在这个方面努力。一切在科学上有所贡献的人，新的知识是从哪里来的？是靠自学得到的。在大学阶段，教师把你引进了知识的大门，使你有一把钥匙，你要自己打开大门，探索前进。否则，科学就永远停留在现有水平上，不能满足经济发展的需要和经济目标的要求。所以，能力的培养问题需要我们教育界加以注意。我曾对学生讲过，你们可以跟我学三个东西：第一，我可以给你们一些知识，但我的知识是有限的。第二，你可以跟我学习一些研究方法。假定你能从单纯学知识，进而学习研究方法，你就会感到自己的认识提高了。第三，你应该学习的是“视野”。能否在科学上有所创新，与“视野”是否开阔有密切关系。有一个开阔的“视野”，就能站得较高，看得更远。如果这样，可能对学生一辈子有益。

下面谈谈另一个问题，就是教师本人的知识结构问题。讲起来，每个教员都可能有这样的感觉，即教员是不同的时代培养出来的，他们当时学的就是那么一些课程。是不是说知识结构不完整的教员就没有资格去教学生呢？回答是否定的。知识结构不完整的教员的集体，可以培养出知识结构比较完整的学生。一个学生向许多教师学习，要善于综合，然后形成自己的知识结构体系——适用于今天的知识体系。过若干年以后，80年代毕业的学生的知识结构又不完整了，因为科学在发展啊！什么叫“青出于蓝而胜于蓝”？也可以从这个意义上来理解。所以说，我们每个教员都不要回避自己在知识结构上的弱点。这并没有什么可隐瞒之处。但不要紧，我们作为一个集体，完全可以胜任时代赋予我们的教学工作。

最后，谈谈教育经济学的研究今后应该向何处去。我们看到，今天各门学科之间处在相互渗透、相互交叉的状态，不断地有边缘学科出现。教育经济学今后必定和城市经济学、消费经济学一样，朝跨学科的方面发展。教育经济中的许多问题，不是某个单独学科的研究成果所能解决的。

教育经济学研究本身，今后会朝精密化方向发展，需要有定量分析。我们过去长期不重视数学在经济科学中的应用，这是令人遗憾的。

另一方面，教育经济学也将朝“非精密化”的方向发展。太精确等于不精确，经济学家不是预言家。经济学是根据已知的条件，以一定的理论指导来推测未来可能发生的趋势。因此，有时并不需要太精确，实际上，太精确也是做不到的。“精密化”和“非精密化”可以结合在一起，但不能互相取代。

（原载《经济研究参考》1986年第2期）

论社会主义经济中货币供应量的控制

对货币供应量增长率的控制，是指以社会总产品或国民收入的增长率为依据，把货币供应量增长同社会总产品或国民收入的增长联系在一起，使它们保持某种比率，从而使货币供应量的变动有一个比较可靠的物质基础。控制货币供应量增长率作为一种经济调节手段，有助于促进商品市场、资金市场之间的协调。

市场不均衡条件下对货币供应量增长率的控制

在市场供不应求条件下，按照社会总产品或国民收入增长率来控制货币供应量增长率，首先，有助于抑制职工工资和奖金收入的过度增长，从而有助于抑制消费品市场供不应求状况的尖锐化。这是因为，在职工工资和奖金收入增长超过社会总产品或国民收入增长所容许的范围时，按照社会总产品或国民收入增长所确定的货币供应量将呈现供给不足，这时，如果控制货币供应量增长率，企业会感到市场竞争的压力增大，从而使每一个本单位职工工资和奖金过度增长的企业，都会感受到自己的相对不利的处境。反之，如果不控制货币供应量增长率，那么在需求膨胀和通货膨胀的环境中，企业或者感受不到市场竞争的压力，或者易于利用需求膨胀和通货膨胀的客观形势，来使自己摆脱职工工资和奖金过度增长所带来的成本提高等困难。

其次，按照社会总产品或国民收入增长率来控制货币供应量增长率，有助于抑制生产资料市场供不应求状况的尖锐化。这是因为，在企业自筹投资超过社会总产品或国民收入增长率所容许的范围时，按照社会总产品或国民收入增长所确定的货币供应量将呈现供给不足，这时，如果控制货币供应量增长率，那么经济中货币供给的不足将迫使每一个自筹投资的企业重新考虑预期的相对利润率，重新考虑企业资金的筹集代价和使用方向，它会感到未来市场上竞争压力的增大和资金筹集代价的上升，从而缩小自筹投资建设的规模。

当市场上出现供给大于需求时，应当使货币供应量的增长同社会总产品或国民收入的增长相适应，以避免出现流通中货币数量过少的情况。只要流通中有足够数量的货币，那么在市场竞争压力下，为改进技术、降低成本、提高产品质量、开发新产品而力求筹集资金的企业就能够由于货币供给的适当而实现自己的愿望，这就为开辟新的产品市场和扩大产品销路准备了条件。由此可见，使货币供应量的增长同社会总产品或国民收入的增长相适应的结果，是促使企业通过资金供给的增加而增强自身改造和发展能力，增强自身适应供大于求条件下的市场竞争的能力，以应付产品实现的困难。在这里，控制货币供应量增长率的作用与市场竞争可以有效地结合起来。这正是供大于求条件下政府调节和市场机制共同起作用的表现。

对货币供应量增长率的控制与商品市场、资金市场的协调

经济中有可能出现以下两种情况：一种是投资规模过大，造成生产资料短缺，从而引起商品市场、资金市场的不协调；另一种是消费基金增长过快，造成消费品短缺，从而引起商品市场、资金市场的不协调。

如果是前一种情况，市场关系将发生如下的变化：

（1）生产资料价格上升引起消费品价格上升。在个人消费水平不可逆和个人消费品实际存量不变的条件下，消费者的个人储蓄可能减少，从而资金供给量可能随之减少。

（2）生产资料价格和消费品价格的上升可能使企业调整自己的实际存货数量，即以增加生产资料储备来应付新的经济形势。不仅如此，由生产资料价格上升引起的消费品价格上升可能给企业这样一种感觉，即认为消费品也是短缺的，从而生产消费品的企业也力求扩大生产规模，需要追加投资。这样，在资金供给量可能减少的同时，对资金的需求量却有可能增大，资金供不

应求的矛盾也就尖锐起来了。

（3）假定消费品原来的供求是比较正常的，但由于消费品价格上升而引起消费品生产规模扩大，结果有可能使得增产的消费品滞销，迫使消费品生产者收缩生产规模。同时，还可能受到资源条件的约束，在某些生产资料供给紧张的情况下，一些从事消费品生产的企业将因生产资料得不到充分供应而被迫降低开工率。

这一切表明，即使消费品供求和资金供求原来比较正常，但由于投资规模过大而造成了生产资料短缺，就可能引起消费品生产的不稳定，引起资金市场的动荡。

在这种情况下，如果货币供应量的增长被控制在同社会总产品或国民收入的增长相适应的水平，那么在投资规模过大而引起生产资料短缺、资金供不应求的矛盾尖锐化、消费品价格上升之后，由于货币供给的不足，那些扩大投资规模的企业，将会重新考虑自己的投资决策的可行性，至少可以促使它们推迟扩大投资计划的执行。不仅如此，某些已被执行的扩大生产能力的投资项目，也会由于资金持续供给的困难而不得不被企业重新审议（特别是对需要追加投资的项目而言）。这样就可以缓和生产资料供求的矛盾，并避免消费品供求和资金供求继续向非正常状态的转化。

如果是后一种情况，即消费基金增长过快而造成的消费品短缺，市场关系将发生如下的变化：

（1）消费品价格上升引起从事消费品生产的企业扩大生产

规模，增加对生产资料的需求，从而引起生产资料供应紧张和生产资料价格上升，于是从事生产资料生产的企业也将随之扩大生产规模，需要追加投资。

（2）在个人消费水平不可逆和个人消费品实际存量不变的条件下，消费者的个人储蓄可能减少，从而资金供给量可能随之减少，但消费品和生产资料价格上升却促使企业增加实际存货，以应付新的经济形势，因此企业对资金的需求量将增大。这样，资金供不应求的矛盾将尖锐起来。

（3）假定生产资料原来的供求是比较正常的，但由于生产资料价格上升而引起的生产资料生产规模扩大，以及由于受到资源条件的约束，结果使得一些扩大了生产规模的企业又因某些生产资料供应不足而被迫降低开工率。

这一切表明，即使生产资料供求和资金供求原来比较正常，但由于消费基金增长过快而造成了消费品短缺，就可能引起生产资料生产的不稳定，引起资金市场的动荡。

在这种情况下，如果货币供应量的增长被控制在同社会总产品或国民收入的增长相适应的水平，那么在消费基金增长过快而引起消费品短缺、资金供不应求的矛盾尖锐化、生产资料价格上升之后，由于货币供给的不足，企业普遍会感到资金持续供给的困难，感到成本的增大和本单位职工工资和奖金增长过快而使自己所处的相对不利地位。这样也就有可能促使企业重新考虑消费基金的增长率，缓和消费品供求矛盾，并避免生产资料供求和资金供求继续向非正常状态的转化。

货币供应量调节的性质

按照社会总产品或国民收入的增长来控制货币供应量的增长的措施，究竟属于“紧”的调节手段，还是属于“松”的调节手段？

从纯理论的角度来看，这一调节手段是“中性的”。只有把货币供应量增长率限制在小于同社会总产品或国民收入增长率相适应所要求的比率之下，才具有“紧”的性质；也只有容许货币供应量的增长大于同社会总产品或国民收入增长相适应的限度，才具有“松”的性质。

然而从现实经济的角度来分析，货币供应量的调节却可以被看成是“紧”的调节手段中的一项。这是因为，在社会主义经济运行过程中，一旦企业被赋予活力而拥有自筹投资建设的自主权，固定资产投资规模过大是比较常见的。同时，一旦企业被赋予自行处置按规定留成的奖励基金的权力，在原来职工收入水平较低的基础上使消费基金有较大幅度的增长，也是可以理解的。不仅如此，即使把企业职工的工资和奖金收入同企业的净产值或利润的增长联系在一起，但由于企业所增产的是各种各样的产品和劳务，而由职工工资和奖金收入所转化的消费支出却主要集中在一定品种的消费品的购买上，所以从产品结构来看，总会出现一定品种的消费品的供不应求，从而会使社会经常感到消费基金增长较快的压力。因此，在现实经济生活中，限制固定资产投资规模和限制消费基金的增长率不仅成为政府调节的经常任务，而且是政府调节的重点。政府在这些情况下采取控制货币供应量增长率的做法，是为了不让货币供应量的增长超过它同社会总产品或国民收入的增长相适应的限度，这显然属于“紧”的调节手段之列。

对货币供应量增长率的控制在社会主义调节手段体系中的地位

在社会主义经济调节手段体系中，对货币供应量增长率的控制同价格、税收、利息率等调节手段有一个明显的区别：价格、税收、利息率等是可变的调节手段或机动的调节手段，而控制货币供应量增长率则是不变的调节手段或固定的调节手段。这就是说，在运用前者时，必须根据当时的具体情况和每一种调节手段本身的特点，相机确定变动的方向和变动的幅度（例如在运用利息率这一调节手段时，应相机确定是提高还是降低利息率，提高或降低的幅度究竟有多大）；在运用后者时，只需要按照社会总产品或国民收入的增长率来确定货币供应量的增长率，保持二者之间稳定的比例关系。因此，控制货币供应量增长率的做法，又被认为是一种简便可行的调节手段。

问题在于：假定不运用其他调节手段，仅仅控制货币供应量增长率，能否达到政府调节的预期目的？看来，控制货币供应量增长率这一调节手段的单独使用，具有下述三个局限性：

（1）这只是一种总量调节方式，而不是结构调节方式。价格比例变动，差别税率、差别利息率的运用，则能直接促进产业结构和产品结构的调整，它们在这方面各有自己的适用性。

（2）控制货币供应量增长率的做法在经济调节中的作用的强弱，与市场的完善程度有着密切的关系。市场越是完善，企业对市场竞争的压力越是敏感，企业改善自身在市场竞争中的地位的要求越是迫切，对货币供应量增长率的控制作为一种经济调节手段就越能收效。假定市场不够完善，那么控制货币供应量增长率所能发挥的作用将会受到限制。

（3）在现实经济生活中，社会总产品或国民收入的结构不是固定不变的，结构的变化会使货币供应量同社会总产品或国民收入之间的比例关系有某种变化。因此，使货币供应量增长率稳定不变的调节方式往往偏于简单，难以应付复杂的、不断变化的客观形势。为了使货币供应量的增长真正适应社会总产品或国民收入的增长，有必要根据实际情况定期调整货币供应量增长率同社会总产品或国民收入增长率之间的比例关系，否则控制货币供应量增长率所能发挥的作用也会受到限制。

由此得出结论：按照社会总产品或国民收入增长率来控制货币供应量增长率的做法，作为社会主义经济调节手段体系中的一种调节手段，无疑是有用的。但考虑到它的上述局限性（尤其是第一点和第二点），为了更好地达到政府调节的预定目的，应当参照具体情况，与其他调节手段配合使用，而不宜把它当作唯一的调节手段。

（原载《人民日报》1986年2月21日）

试论社会主义社会中利益与动力之间的关系

一

经济分析中一个传统的假设是动力来自所得到的物质利益：物质利益增加，动力也增加；物质利益减少，动力也减少；如果丧失了物质利益，那么动力也就消失了。无论是对国家、企业经济活动的分析还是对个人经济行为的分析，这个传统假设一直被认为是十分有用的，否则有关成本、收益、盈亏、规模、福利、经济调节等基本的经济学概念也就会变得含糊不清。

在社会主义经济分析中，我们仍然需要保留这个假设。这就是说，我们仍然需要承认动力来自物质利益。这里所说的动力是指从事生产经营的主动性、积极性，包括个人提供生产要素的主动性、积极性；这里所说的物质利益是因从事生产经营活动而实际得到的收入的增加，包括个人因提供生产要素而实际得到的收入的增加。动力来自物质利益是指：从所从事的经济活动中实际得到的收入越大，主动性、积极性就越大；反之，所得到的收入下降将导致主动性、积极性的减退。

如此，建立在公有制基础上的社会主义有计划的商品经济必须自觉依据和运用价值规律；作为相对独立的经济实体的社会主义企业是自主经营、自负盈亏的；以承包为主的多种形式的经济责任制应当以责、权、利相结合作为原则；社会主义按劳分配原则将随着多种形式的经济责任制的建立而进一步被贯彻落实。这样，动力来自物质利益的假设在现实经济生活中得到了检验。在市场机制起作用的条件下，正由于供给和需求的动力来自供给一方和需求一方的物质利益，所以市场本身有一种使供求趋于基本平衡的力量。在市场机制的作用受到限制而政府调节发挥作用的场合，政府也正是根据动力来自物质利益的假设，运用价格、财政、信贷等经济调节手段来维持国民经济基本平衡，以及根据资源配置价格和社会边际收益的变动来促使资源配置趋向合理。

再从国民经济运行、企业经济活动之间的关系来看，企业的进货和销货按照自身的物质利益原则进行，企业根据价格预期来调整存货水平，这一动力就是来自企业对自身物质利益的考虑。如果国家感到企业存货调整所引起的市场商品可供量的变动会影响到社会总需求与社会总供给之间的基本平衡，从而采取经济调节手段来促使企业改变进货和销货，那么这也是从企业物质利益变动会影响企业的动力这一假设出发的。

同样的道理，个人在同企业或国家发生经济上的联系的时候，不仅个人要考虑到自己的收入状况，而且企业或国家也都要考虑到个人的收入状况。假定没有动力来自物质利益的假设，那么有关个人资产形式的选择，个人现金持有额和消费品存量的调整等论述也就会失去意义。

二

然而，现实经济生活是复杂的。动力来自物质利益的假设虽然也适用于社会主义经济运行的分析，但却不可避免地有着自己的局限性。在复杂的现实经济生活中，仅仅依据这样一个假设，显然是不够的。

关于动力来自物质利益假设的局限性，可以从以下两个方面来进行分析：

（一）动力来自物质利益的假设偏于简单。这是因为，在社会主义经济运行过程中的三个层次的代表者中，国家需要考察和掌握全局，而不可能仅仅把自己局限于物质利益或经济利益方面；企业的利益除了企业自身的物质利益或经济利益以外，还有相似于国家利益的一面。企业的相似于国家利益的那种利益，也不仅仅是物质利益或经济利益；至于劳动者个人利益，同样不以物质利益或经济利益为限，劳动者是一个“社会的人”，他的利益要比单纯的物质利益或经济利益广泛。

（二）在对社会主义经济运行过程进行分析时，会遇到这样一个问题，即物质利益或经济利益的作用可能是递减的。如果动力来自物质利益或经济利益，那么随着物质利益或经济利益的作用可能的递减，岂不是动力也有可能递减？但动力递减的论点不一定符合社会主义经济运行过程的实际。因此，我们必须认识到动力来自物质利益或经济利益的假设的局限性，而要从更广泛的角度来探讨社会主义社会中的动力的源泉。这就是说，只有跳出动力来自物质利益或经济利益这一较简单的传统假设的范围，才能说明社会主义社会中持久的生产经营活动的主动性、积极性问题。

为了从更广泛的角度考察利益与动力之间的关系，可以首先假定利益不限于物质利益，利益所包含的内容比物质利益广泛。我们可以把这种利益称作广义利益，以区别于狭义利益即物质利益。于是动力来自利益的假设等于动力来自广义利益的假设。其次，假定动力不仅来自狭义利益，而且来自广义利益，甚至越来越大的部分来自广义利益，这样，即使狭义利益的作用是递减的，而广义利益的作用却不一定递减。于是就可以在动力来自广义利益的假设前提下探讨社会主义社会中的动力是否递减？如果它不递减，原因何在？

现对广义利益做一些分析。前面已提到，广义利益既包括物质利益，又包括非物质利益在内。这里所说的非物质利益，也是一种利益，只不过它不以货币收入增加的形式表现出来，而可能表现为精神上的鼓励、社会的荣誉等。虽然精神上的鼓励和社会的荣誉有时也能一并带来物质利益，但这不是必然的，而且精神上的鼓励和社会的荣誉同物质利益毕竟是两回事，有必要把它们区分开。

根据对广义利益的解释，社会主义经济运行中每一个层次的代表者之所以会有经济活动的主动性、积极性，是由于认识到这种经济活动能够使自己增加广义利益，能够使自己通过这种经济活动而得到广义利益。例如，国家通过自己的经济活动而能得到社会的安定、国际政治地位的提高等；企业和个人通过自己的经济活动能够得到的，不仅是货币收入的增加，而且是精神上的鼓励和社会的荣誉的增加等。应当承认，在现实经济生活中，可以发现不少这样的事例。

三

动力递减是指经济运行中每一个层次的代表者从事一定的经济活动时，随着经济活动的进行和时间的推移，其主动性、积极性将会逐渐减退。在动力来自物质利益的假设前提下，动力递减是可能的。这是因为，物质利益以货币收入来表示，但当货币收入达到一定水平后，货币收入的继续增加将不再具有过去那样大的激励作用。这里涉及的是货币收入与为了取得货币收入而付出的努力之间的替代关系。例如，对个人来说，当个人的货币收入达到一定水平后，个人将考虑是否值得继续投入同过去一样多的努力去取得一定的货币收入，时间和精力对他也许更为重要些。对企业来说，情况有相似之处，即当企业货币收入达到一定水平后，企业也会考虑自己是否值得再像过去那样地去努力获得追加的货币收入。这样就形成了货币收入的激励作用的递减，从而形成了来自物质利益的动力的递减。

然而，如果我们把狭义利益扩大为广义利益，即假定动力来自广义利益，对这个问题也许会有另外一种理解。这就是，在广义利益的两个组成部分中，物质利益同非物质利益各自所占的比例不是不变的。当货币收入达到一定水平后，物质利益在广义利益中所占的比例将会下降，非物质利益或非经济利益在广义利益中所占的比例将会上升。即使物质利益的作用出现递减的趋势，非物质利益的作用却不一定是递减的，甚至还可能有增长的趋势。如果是这种情形的话，那么非物质利益增大的作用也许可以弥补物质利益作用的递减，至少可以部分地抵消物质利益的作用的递减。这样，作为动力源泉的广义利益的作用就不一定是递减的，至少不会像作为动力源泉的狭义利益的作用那样递减。看来，对利益的这种理解以及对利益作用递减的这种理解，有助于对社会主义社会中的动力问题的认识。

四

在以上的论述中，无论是狭义利益还是广义利益，都是指经济运行过程中每一个层次的代表者在经济活动中所得到的好处。如果再深入分析一步，就会遇到这样一个问题：社会主义经济运行中某个层次的代表者从事经济活动的主动性、积极性，是否有可能并非全部来自利益呢？动力并非全部来自利益的假设正是这样被提出来的。

国家作为社会主义经济运行的国民经济这一层次的代表者，从全局的角度来观察问题。国家所着眼的是劳动者的根本利益、长远利益，是全部劳动者的利益。国家必须以劳动者的根本利益、长远利益作为自己的一切经济活动的准则，否则就与社会主义国家的性质不符。因此，动力并非全部来自利益的假设对国家这一层次而言，是不适用的。

企业作为社会主义经济运行的中间层次的代表者，既要考虑到企业自身的利益，又要考虑到国家的利益和本单位职工的个人利益。但无论从哪一个角度来看，企业的经济活动都是以利益（包括狭义利益和广义利益）作为准则的，否则企业的经济活动就无法持续地进行下去。当然，企业与国家有所不同，企业在某些情况下也可能以眼前利益代替长远利益，以部分劳动者的利益代替全体劳动者的利益。但即使如此，企业仍以利益作为动力的源泉，所以动力并非全部来自利益的假设对企业这一层次而言，也是不适用的。

于是问题集中到社会主义经济运行中的劳动者个人这一层次上。个人作为生产要素的供给者或作为消费者，显然都要受个人利益的影响。个人在从事经济活动中所得到的物质利益和非物质利益，成为个人从事经济活动的主动性、积极性的源泉这一点，是没有什么疑问的。虽然如前面已经指出的，在个人货币收入达到一定水平后，物质利益对个人主动性、积极性的激励作用会有所减退，但只要精神上的鼓励和社会的荣誉所起的作用有所增长或继续存在，那么动力来自利益的假设仍然是可以成立的。但另一方面，我们还应当认识到，就个人这个层次而言，他很可能从利益以外的角度（即货币收入、精神上的鼓励、社会的荣誉等以外的角度）来考虑问题，而且他在经济活动中的主动性、积极性的一部分或较大部分也可能由此而来。

对这个问题可以有这样一种理解，即当个人不以个人所得到的利益作为动力，而以国家利益、集体利益作为动力时，他会产生社会责任感或对国家利益、集体利益的责任感，从而会激发出主动性、积极性。对这些个人而言，他们所认识到的利益和追求的利益不是个人利益，而是国家利益和集体利益，从而不能假设理解为动力来自个人利益，而要理解为动力来自个人对国家利益和集体利益的认识和维护。如果这些个人的动力源泉在于此，那么这已经超出了前面所提出的动力来自本人得到的利益这一假设了，于是就需要提出动力并非全部来自所得到的利益，或动力一部分来自个人的社会责任感的假设。

对这个问题还可以有另一种理解，即当个人不以个人所得到的利益作为动力，而以个人的兴趣、爱好或其他某种心理因素作为动力时，他也会激发出主动性、积极性。对这些个人而言，他们提供自己的劳动（包括追加的劳动）的目的，既不是为了增加个人货币收入，得到精神上的鼓励或社会的荣誉，也不是出于对国家利益和集体利益的认识和维护，而是由于自己有这方面的兴趣、爱好，或受到其他某种心理因素的影响。对这些个人而言，他们在用自己的收入进行消费时，也不从利益的大小来考虑，而是由于自己有这方面的兴趣、爱好，或受到其他某种心理因素的影响。在现实经济生活中，这些情况是存在的。虽然不能认为每一个人的动力都有一部分来自利益以外的因素，但随着个人货币收入水平的提高，或由于经济增长过程中个人的价值观念的某种变化，人们对于同货币收入、精神上的鼓励或社会的荣誉没有直接关系的个人兴趣、爱好或其他某种心理因素的重视程度是会逐渐增大的，他们可能出于这些方面的考虑而有经济活动的主动性、积极性，而且在这种情况下，这种主动性、积极性是不会随着货币收入的增加而减退的。这就是动力并非全部来自利益的假设的依据。

为什么在这里要考察这个问题？因为只有说明了这个问题，才能进而探讨社会主义社会中的行为准则，也才能寻求协调社会规范与个人行为的有效途径。

五

社会主义经济生活中的行为准则，是指在社会主义经济运行的各个层次的代表者用以指导自己的经济行为的原则，它表明“应该做什么”和“应该如何去做”。由于国民经济运行、企业经济活动、个人经济行为这三个层次在社会主义经济中所处的地位不同，因此各自的行为准则也并不完全一样。对国家而言，国家的经济活动的准则就是国家利益或全体劳动者的利益。这就是国家的行为准则。对企业而言，不管是全民所有制企业还是集体所有制企业，都是建立在公有制基础之上的。因此，它们的经济活动的准则应当是国家利益和集体利益。这是企业的行为准则。为了使问题简化，可以把国家利益和集体利益合称为公共利益，从而可以把根据公共利益而进行经济活动的国家和企业的行为准则称为公共利益原则。尽管前面已指出，国家的行为准则与企业的行为准则是有区别的，但采用公共利益原则这一概念，仍然可以把国家的行为准则与企业的行为准则统一到一起。

个人的经济行为与国家、企业有所不同。在动力来自物质利益的假设的前提下，个人的经济行为是受物质利益支配的，并且这里所说的物质利益是指个人在经济活动中所得到的收入的增加。在动力来自广义利益的假设的前提下，个人的经济行为受物质利益和非物质利益的支配，而且随着个人货币收入水平的提高，非物质利益在广义利益中所占的比例将逐渐增大。在动力并非全部来自利益的假设的前提下，个人的经济行为要部分地受到利益以外的因素（如个人的社会责任感，或个人兴趣、爱好以及其他某种心理因素）的影响，这些因素的影响也有增长的趋势。因此，如果问到个人的经济行为是受什么支配的，那么只能得出这样的看法：它要受两类因素支配。一类是个人因素（包括个人得到的货币收入，个人得到的精神上的鼓励和社会的荣誉，个人的兴趣、爱好或受其他某种心理因素的影响等）；另一类是公共因素（如个人的社会责任感，即个人对国家利益、集体利益的认识和维护）。这样，对个人来说，实际上就有一种存在于个人因素和公共因素共同影响之下的行为准则。这正是个人经济行为和国家、企业的经济行为的区别。

尽管个人行为准则要受到个人因素和公共因素的共同影响，但对其中的个人因素究竟应该如何理解？能不能认为个人利益是没有任何限界或不需要任何限界的？这样，我们就接触到社会主义的社会规范这一重要的问题。

社会规范是指社会主义社会的各个成员在一切行动和生活中都应当遵守的原则。个人根据自己的兴趣、爱好或出于自己的追求利益的动机，可以有各种不同的行为和生活方式，但这些行为和生活方式需要符合于社会规范，否则对社会是不利的，归根到底对个人也是不利的。比如说，个人为了增加货币收入，可以多提供劳动的数量和质量，可以选择自己认为合适的资产形式，包括从事直接的生产经营。又如，个人为了满足自己的兴趣和爱好，可以自行安排消费支出，可以自行支配闲暇，等等。但社会是由无数个个人组成的，所以具有重要意义的是，一个人的个人利益或个人目标的实现是不是以损害其他人的利益或其他人的目标的实现为条件。如果确实其间存在着损害的问题，那就要探讨个人目标及其实现方式的合理性了。对某一个人说来是合理的，并不一定对社会上的其他人也是合理的。在这里，判断个人行为的合理性的标准只能是社会规范，即人人都应当遵守的原则。如果个人行为不符合社会规范，或者说，如果个人目标及其实现方式违背了人人都应当遵守的原则，那么它们就应当受到约束。因此社会规范也就成了对社会上某些人的经济行为（包括消费行为和投资行为）的一种实际的限制。

六

前面已经说明：对国家和企业的经济行为的评价标准是，某种行为是否符合公共利益。现在要考察的是个人经济行为的评价标准的含义。

个人经济行为的评价标准并不是指在对个人经济行为评价时要采用两套标准，即一套是公共利益标准，一套是个人利益标准。这种看法是不对的。个人经济行为评价标准是指：在社会主义社会中，在个人利益、个人兴趣与爱好之上，存在着一种代表着社会的意志与要求的东西，即社会上人人应当遵守的原则，它就是社会规范。社会规范是公共利益的体现。受公共因素影响的个人经济行为准则固然要用社会规范来衡量，受个人因素影响的个人经济行为准则也应当受到社会规范的限制。因此，个人经济行为评价标准是指：在符合社会规范的前提下，个人可以根据自己的利益从事经济活动，也可以从个人兴趣和爱好出发来安排收入、支出、闲暇，等等。不同的社会成员之间在个人经济行为方面存在着差异，是正常的现象。只要不违背社会规范，它们都是合理的，从而完全有理由存在。

那么，个人经济行为是否符合于社会规范这一点，能否得到检验？如果检验问题不能得到解决，那么就无法用社会规范作为对个人经济行为的一种实际的限制，以至于任何个人都有可能把自己的任何经济行为说成是符合社会规范的，这样，或者把个人利益或个人目标作为唯一判断标准，或者形成两套彼此独立、互不发生关系的评价标准，即某些行为由个人利益或个人目标来衡量，另一些行为则由公共利益或公共目标来衡量。那样一来，社会主义社会中的个人经济行为评价标准也就失去了意义。

个人经济行为评价标准的检验问题从理论上说是可以解决的。关键在于首先确定社会规范的内容，并判明所确定的社会规范是代表社会上大多数成员的意志和要求的。其次，衡量个人因素影响下的个人经济行为（包括消费行为和投资行为）是否符合所确定的社会规范，如果符合的话，那就表明个人经济行为是合理的，如果不符合，则表明了个人经济行为的不合理。

但理论上可以解决并不等于实际检验中不会遇到困难。主要困难有：

第一，社会规范内容不易确定，这是因为社会规范应当代表大多数成员的意志和要求，而在每一些具体的领域内，要判明社会规范是否真的代表了大多数成员的意志和要求，却是一个难题。例如，收入分配以及个人收入之间的差距问题就是一个例子。这方面的社会规范内容确定中明显地存在着困难。

第二，用确定的社会规范来衡量个人经济行为与之是否相符，也不是没有困难的。即使在社会规范的内容已被确定之后，但在一些具体的领域内，由于个人经济行为的后果可能是立即反映出来的，也可能需要有较大的时间间隔才能得到反映，或者，个人经济行为对社会的直接影响和对社会的间接影响之间存在着某种不一致，那么究竟怎样检验个人经济行为与确定的社会规范之间相符还是不相符呢？看来，只有把个人经济行为的短期效应和长期效应结合起来考察，只有区别这一行为对社会的直接影响和间接影响并把二者统一在一起，才能在检验这种个人经济行为与确定的社会规范之间的相符程度方面有所进展。

第三，个人经济行为评价标准的检验中还存在一个困难，这就是：即使确定了社会规范的内容，即使把个人经济行为的短期效应与长期效应、对社会的直接影响与对社会的间接影响结合起来考察，并能用以判断个人经济行为与社会规范之间是否相符，但如果个人经济行为与社会规范并不是符合的，那么能不能检验其中不符合的程度呢？个人经济行为与社会规范之间不符合程度的确定之所以是难题，困难在于个人经济行为与社会规范之间的不符合程度至今仍难以通过某种指标体系的设置而以数量形式表现出来。这是一个继续有待于研究的项目。

七

可以把本文的论点做一小结：

（一）在社会主义社会中，动力来自物质利益的假设是偏于简单的。从更广泛的角度来考察：动力不仅来自物质利益，而且来自非物质利益；动力不仅来自利益，而且来自利益以外的因素。

（二）国家利益和集体利益合称为公共利益。社会主义国家和企业的经济活动以公共利益作为准则。这一行为准则表明国家和企业在经济活动中“应该做什么”或“应该如何去做”。

（三）社会主义社会中个人的行为准则是个人因素和公共因素共同影响下的行为准则。这是社会主义社会中个人行为准则的特殊性的表现。

（四）社会规范是指社会主义社会的各个成员在一切行动和生活中都应当遵守的原则，是公共利益的体现。判断个人行为的合理性的标准只能是社会规范。如果个人目标及其实现方式违背了社会规范，它们就应当受到限制。

（五）社会主义社会中对个人经济行为的评价标准是指：第一，个人经济行为要用社会规范来确定是否合理；第二，在符合于社会规范的前提下，个人的受个人因素影响的行为是合理的，不同的社会成员之间在个人经济行为方面存在着差异，是正常的。

（六）如何检验个人经济行为与社会规范的符合与否以及相符程度，是一个难题，有待于我们去继续探讨。

（原载《经济研究参考资料》1986年2月26日）

从微观经济对宏观经济的影响看社会主义经济失衡的原因

一

社会主义经济中，微观经济活动可能对宏观经济运行产生下述五方面影响：

1. 企业存货调整将影响市场商品可供量。

2. 企业资金筹集与运用将影响资金的货币形态向实物形态的转化。

3. 个人消费品存量调整将影响资金的实物形态向货币形态的转化。

4. 个人现金持有额调整将影响国民经济中的货币量。

5. 个人资产形式调整将影响社会物质产品的供求关系和社会资金的供求关系。

这五个方面的影响说明：国民经济、企业和个人这三个层次的经济活动必须在五个方面相适应，否则就有可能造成国民经济总量的失衡。然而，作为分散的微观经济单位，企业和个人将按照各自的利益和意图决策，它们的经济活动不可能自发地与国民经济运行保持完全一致，如果这种不一致发展到妨碍宏观经济正常运行的程度，便会通过五方面的影响作用造成国民经济总量失衡。所以，对于社会主义来说便产生了微观经济与宏观经济如何协调的问题。

经济中总量失衡的一种表现是总供给相对于总需求的过剩，因而经济停滞；另一种则相反，表现为总供给相对于总需求的不足，因而通货膨胀。

判断经济停滞的指标是社会总产品和国民收入增长率（经济增长率），经济停滞的标志是经济增长率为零或一个很小的数量，甚至是负数。当然，经济停滞除了在经济增长率的变动率上得到反映而外，也可能反映于就业水平和企业实际存货水平的变动上。例如在社会总供给过剩和社会总需求不足的情况下，社会对劳动力的需求会减少，就业水平会下降。又如，在同样的情况下，企业的产品会遇到销售困难，于是实际存货水平会上升。如果那些销售困难而实际存货水平上升的企业减少了进货量，那么向它们供货的企业的实际存货水平又会上升。所以就业水平和企业实际存货水平也能在某种程度上反映经济的停滞与否。但要知道，无论是就业水平还是企业实际存货水平，作为反映经济停滞与否的指标，在当前我国经济中都有其不可忽视的局限性。这是因为，当前不仅在全民所有制企业中，甚至在集体所有制企业中，劳动力的录用或辞退还不是灵活的，社会总供给的过剩不可能充分、及时地反映于就业水平的变动上。加之，我国农业人口占全国人口的绝大多数，而农业就业水平的变动难以测定，这也限制了就业水平这个指标反映经济停滞与否的有效程度。至于说到企业实际存货水平，那么只要企业有权选择灵活多样的经营方式和安排自己的产供销活动，在价格预期和利息率预期的影响下，企业就有可能修改自己的目标存货水平或把实际存货提高到目标存货水平之上。一旦出现这种情况，企业实际存货水平这一指标对于反映经济停滞与否也就会产生局限性。由此可见，作为反映经济停滞与否的指标，就业水平的变动率和企业实际存货水平的变动率不如经济增长率的变动率准确。

通货膨胀作为总量失衡的表现，是指流通中的实际货币量相对于流通中的货币需要量过多而言。

在非限制性市场条件下，流通中的货币量过多，将反映为物价上涨。但在限制性市场条件下，流通中的货币量过多并不直接反映为物价的上涨，而可能首先反映于货币流通速度的减慢，商品脱销或供应紧张，货币净投放量（即货币投放量减去同一时期的货币回笼量得到的余额）的增长等方面。在价格受限制的条件下，货币流通速度减慢意味着：流通中的货币量增加过多，所以平均每一个货币单位的周转次数就减少了；商品脱销或供应紧张意味着：由于价格是受限制的，流通中过多的货币追求价格不变的商品，于是商品供不应求；货币净投放量的增长意味着：由于流通中的货币量过多，商品脱销或供应紧张，结果使得过多的货币量滞留于企业和个人手中而不能回笼。

可以把非限制性市场物价上涨所反映的通货膨胀称为典型的或公开的通货膨胀；把限制性市场上商品脱销或供应紧张等所反映的通货膨胀称为非典型的或隐蔽的通货膨胀。但即使是在限制性市场上，如果流通中的货币量继续增大，商品继续脱销或供应紧张，同时价格受到限制，又存在着在非限制性市场物价上涨的影响，那么，生产限制性市场的商品的企业将终因亏损过大而不得不收缩生产规模，或者不得不依赖国家的补贴，甚至还可能出现黑市或变相提高价格的情况，这一切最终将迫使限制性市场上的价格突破原来的限制而有所上涨（尽管很可能是一种有限的上涨）。从这个意义上说，隐蔽的通货膨胀与公开的通货膨胀之间并没有不可逾越的界线。所以可以把物价上涨视为一切通货膨胀的标志，只是非限制市场上的物价上涨一般是较迅速和不受限制的，限制性市场上的物价上涨一般是滞后的和有限的而已。

二

若国民经济失衡表现为经济停滞，根据上述微观经济对宏观经济的五方面影响加以具体分析，则导致这种后果的原因应是下列五个方面：

1. 较多的企业根据自己的价格预期、利息率预期或对市场供求状况的预期，或由于生产技术方面的重大变革，从而降低目标存货水平和实际存货水平，减少进货量。或者，较多的企业由于前一阶段的存货调整而使自己的实际存货水平已经超过了目标存货水平，从而在此后一段时间内停止进货或减少进货量。

2. 较多的企业根据自己的价格预期、利息率预期或对市场供求状况的预期，减少资金借入量，如减少银行贷款，减少社会集资，从而使企业资金的实际供给量小于国内可能供给企业的资金量，企业投资所需要的消费品和生产资料小于消费品与生产资料供给量在扣除国家、企业、劳动者个人三者各自需要的消费品之后的余额。

3. 较多的个人根据自己的价格预期、利息率预期或对市场供求状况的预期，或者由于消费偏好有某种较大的变动，从而降低自己的消费品目标存量和实际存量，减少购买量，或者较多的个人由于前一阶段的消费品存量调整而使自己的实际存量已经超过了目标存量，从而在此后一段时间内停止购买或减少购买量。

4. 较多的个人根据自己的价格预期、利息率预期或对市场供求状况的预期，或者由于消费偏好有某种较大的变动，在现金持有和消费支出的关系方面，提高自己的现金持有额目标水平和实际水平，减少购买量。或者，较多的个人由于前一阶段的现金持有额目标水平已经超过实际水平，从而在此后一段时间内继续提高现金持有额实际水平和减少购买量。

5. 较多的个人根据自己的价格预期、利息率预期或对市场供求状况的预期，或者由于个人资产形式选择中某些经济因素和非经济因素的影响，减少了直接生产经营活动、对房产的投资和对保值商品的购买。

以上五种现象往往是相互联系的。虽然这五种现象一开始并不一定同时发生，但如果发生了其中某些现象，另一些现象或迟或早也会随之出现。结果，它们将导致市场存货量增大，形成超正常的市场存货，进而使产品滞销的企业缩减产量，于是社会总产品和国民收入的增长率下降，使社会处于经济停滞状态。

当然，与上述五种现象一一相反的现象也完全可能发生，那么，国民经济失衡便表现为通货膨胀。

一旦发生了通货膨胀，在非限制市场上，物价将上涨，在限制性市场上，商品将供应紧张甚至脱销。这一切会促使企业和个人加紧购买预期价格仍会继续上涨的商品或预期供给量短期内不可能较大增加的商品。此时，假定商品在一个时期内仍供给不足，则通货膨胀将继续。

三

结构性失衡的表现和总量失衡的表现相似，可以有两种不同情况下的两种不同表现：经济停滞或通货膨胀。当社会总供给与社会总需要之间平衡或基本平衡，但某些关键性产品的供给过剩或需求不足时，社会将处于经济停滞状态。当社会总供给与社会总需求之间平衡或基本平衡，但某些关键性产品的供给不足或需求过大时，社会将处于通货膨胀状态。

那么，究竟什么样的产品应当被列为关键性产品呢？在经济学中并没有固定的划分方法，只能根据一定时期社会的投入产出关系做出相应的回答。但是，可以把问题简化，大致地认为以下六大类产品（包括生产性劳务）在国民经济中居于重要的位置，从而可以把它们称为关键性产品。这六大类产品（包括生产性劳务）是：

（1）交通运输和通讯部门所提供的劳务；（2）燃料和动力；（3）重要的原材料和建筑材料；（4）重要的加工设备和运输设备，生产燃料和提供动力的设备，与重要的原材料、建筑材料生产有关的设备；（5）粮食；（6）开放经济条件下的主要出口商品。

对于结构性失衡及其两种表现，考察的根据仍是上述微观经济对宏观经济的五个方面影响。同时，只需将“一般产品”换成“关键性产品”，即可进行与总量失衡大致相同的具体分析，并得到相似的结论。

总量失衡与结构性失衡尽管是两种不同的失衡，但它们并非不可能同时发生。总量失衡与结构失衡并发的原因，仍应当从国民经济运行、企业经济活动、个人经济行为这三个层次之间的不协调来进行解释。

具体地说，经济中有可能同时发生下述这样一些现象，例如：

（一）一方面，较多的企业改变一般的目标存货水平和实际存货水平，改变进货量，另一方面，较多的企业主要是改变某些关键性产品的目标存货水平和实际存货水平，改变这些关键性产品的进货量；

（二）一方面，较多的企业改变资金借入量，从而改变企业投资所需要的一般产品数量，另一方面，较多的企业在运用所筹集到的资金时，主要是改变企业投资所需要的某些关键性产品的数量；

（三）一方面，较多的个人改变自己的一般消费品的目标存量和实际存量，改变购买量，另一方面，较多的个人主要是改变某些用于生活消费的关键性产品的目标存量和实际存量，改变这些产品的购买量；

（四）一方面，较多的个人改变自己的现金持有额目标水平和实际水平，改变购买量，另一方面，较多的个人在改变现金持有额目标水平和实际水平的同时，主要改变某些用于生活消费的关键性产品的购买量；

（五）一方面，较多的个人在个人资产形式选择方面调整了直接生产经营活动、房资投资和对保值商品的购买量，另一方面，较多的个人在个人资产形式选择方面所调整的主要是以某些关键性产品作为生产资料的直接生产经营活动、房产投资和保值商品的购买量。

这些现象所引起的结果如果严重到足以妨碍国民经济正常运行的地步，那就表明经济中总量失衡与结构性失衡的并发。

四

前面已经指出，总量失衡与结构性失衡在不同的情况下有两种不同的表现，一种表现是经济停滞，另一种表现是通货膨胀。如果总量失衡与结构性失衡同时发生，那么就可能有下述四种不同的表现：

第一，总量方面的原因导致经济停滞，同时，结构方面的原因也导致经济停滞；

第二，总量方面的原因导致通货膨胀，而同时结构方面的原因导致通货膨胀；

第三，总量方面的原因导致经济停滞，而同时结构方面的原因导致通货膨胀；

第四，总量方面的原因导致通货膨胀，同时，结构方面的原因导致经济停滞。

在这四种不同的表现中，第一种表现和第二种表现是比较简单的，因为两种失衡并发所表现的或者只是经济停滞，或者只是通货膨胀。第三种表现和第四种表现却比较复杂，因为两种失衡并发所表现出来的，是经济停滞与通货膨胀的交互作用，一方面经济处于停滞状态，另一方面却是物价上涨，商品供应紧张。如果经济停滞是由总量方面的原因所引起，即经济停滞的原因在于社会总供给大于社会总需求，那么通货膨胀则由结构方面的原因所引起，即通货膨胀的原因在于某些关键性产品的供给不足。反之，如果通货膨胀是由总量方面的原因所引起，即通货膨胀的原因在于社会总需求大于社会总供给，那么经济停滞则由结构方面的原因所引起，即经济停滞的原因在于某些关键性产品供给过剩。

应当承认，经济中有一种自行调节的机制，即市场机制。如果说市场机制在调节社会总供给和社会总需求之间的关系时，或在调节个别产品的供给和需求之间的关系时，有着种种局限性，但它仍然起着一定的作用的话，那么，对于经济停滞和通货膨胀并发的情况，市场机制的局限性就更加突出。甚至可以认为，市场机制对此已无能为力，因为市场机制本身不可能在促进总需求的同时又抑制总需求，或在促进对某一产品的需求的同时又抑制对该种产品的需求。

由此得出一个重要的结论：

在社会主义经济中，为了防止经济停滞的发生和消除已经发生的经济停滞，或者，为了防止通货膨胀的发生和消除已经发生的通货膨胀，鉴于市场机制的局限性，政府应当采取经济调节措施来协调宏、微观经济之间的关系，以保证国民经济的正常运行；为了防止经济停滞和通货膨胀的并发，以及为了消除已经发生的经济停滞和通货膨胀并发，鉴于市场机制对此已无能为力，政府的调节将是在这种情况下使宏、微观经济协调的唯一途径。

（原载《当代经济》1986年第2期）

社会主义资源配置机制的探讨

资源配置是指经济中的各种资源（包括人力、物力、财力）在各种不同的使用方向之间的分配。研究资源配置的目的在于：第一，从数量的角度来分析，如何合理地把经济中的各种资源分配于各种不同的用途，以便用等量的投入取得最大的产出，或者以尽可能少的投入取得等量的产出；第二，从结构的角度来分析，如何有效地把经济中的各种资源分配于各种不同的用途，以便用有限的资源产出更多的为社会所需要的产品和劳务，而避免生产出为社会所不需要的产品和劳务。

任何社会，包括社会主义社会在内，只有做到了人尽其才、物尽其用、地尽其利，才能被认为做到了资源的合理配置。如果社会上人力、物力、财力，有被闲置而未能得到充分利用，或者有被浪费而未能充分发挥作用，这都是资源配置方面的问题。研究资源配置正是为了解决这些问题，使资源配置趋向合理。

一

在社会主义经济中，资源配置通过由市场机制和政府调节作用有机地组成的二元机制进行。这是社会主义资源配置的特点。

在市场机制起作用的条件下，在非限制性市场上，资源将自发地朝着最有利的部门和地区流动，市场供求比例的变化以及由此引起的价格的升降，将把各种资源分配到适当的位置上。但与此同时，资源配置中也会遇到这样两种限制：第一，在市场机制起作用，资源在部门间、地区间转移的过程中，将产生局部的或结构性的资源闲置或浪费现象。尽管这些闲置或浪费现象往往是不可避免的，但它们毕竟是国民经济中的损失。第二，通过市场机制的作用以及资源在部门间、地区间的转移，经常需要一个相当长的过程才能做到资源的比较合理的分配，而在这个相当长的过程中，国民经济中可能已经受到了较大的损失。

在限制性市场上，市场机制虽然也能对资源配置发生有力的作用，但由于价格的升降是受限制的，资源在部门间、地区间的转移也受到限制。所以资源的配置不可能像在非限制性市场上那样由市场供求比例的变化来自发地进行调整。对于这种情况，不能简单地用资源能否自由转移来判断其利弊得失，而必须从宏观经济与微观经济之间的关系以及限制资源自由转移对于宏观经济的影响来做出判断。这是因为，在限制性市场上，微观经济的活力确实受到了限制，但微观经济活动的自发性也同样受到了限制。因此，对限制性市场上市场机制作用的受限制状况及其后果，只有结合具体部门、具体地区、具体企业和具体产品，从宏观经济与微观经济协调的角度进行分析，才能做出符合实际的判断。

政府调节对社会主义经济而言是不可缺少的，政府应当在社会主义资源配置方面起到重要的作用。在资源由市场机制自行调节而未能按照经济和社会发展目标在各部门和各地区配置的场合，或者，在市场机制对资源的配置可能引起资源的闲置或浪费的场合，政府可以通过多种方式来影响微观经济单位的资源利用状况，从而使资源的配置符合经济和社会发展的要求。

二

政府调节对资源配置的主要作用反映在政府对价格（包括产品和劳务的价格、生产要素的价格）的影响上。政府固然在必要时可以直接把某些资源分配于各种不同的用途，以实现政府所认定的资源合理配置，但如果不考虑价格因素，政府如何才能判断资源配置的合理与否或资源配置的合理程度？因此，无论是市场机制的作用还是政府调节的作用，都是通过价格变动来进行资源配置的，也都是通过价格这面镜子来反映资源配置的合理程度的。

社会主义经济中的资源配置价格是指能够反映社会主义经济中资源投入的效果的指标，也就是指那种能够反映资源配置评价的指标。要知道，为了生产一定的产品和劳务，必须投入一定的资源。投入的资源不止是一种，仅仅投入一种资源形成不了产品和劳务。在生产一定的产品和劳务时，可以假定在其他资源投入量不变的条件下，一种资源的投入量的变化会影响边际产量的变化，或边际收益的变化。在这里，收益与卖价的含义是相同的。因此，资源配置价格就等于在其他资源投入不变的条件下，每增加一单位的某种资源投入所带来的收益增量或边际收益。

正因为资源配置价格是反映资源投入的效果的指标，因此可以认为，投入效果差的资源的配置价格是低的，甚至是零或负值。投入效果好的资源的配置价格是高的。企业或社会当然都希望把资源投入边际收益大的生产中，因为这样对它们有利。

资源配置价格不是固定不变的，而是可变的。资源投入后的效果的变动，使资源配置价格或升或降。资源投入的效果下降，资源配置价格也趋于下降；资源投入的效果提高，资源配置价格也趋于上升。换言之，影响资源投入对边际产量或边际收益的变动的条件就是影响资源配置价格的变动的条件。

可以认为，在社会主义资源配置中价格问题的研究方面，有以下两条途径。

一条途径是：以劳动价值论的基本原理为出发点，研究作为价值的货币表现的价格是怎样围绕着价值而波动的，研究价格与价值的背离状况，即不仅研究如何才能避免价格与价值之间的过分背离，研究价格与价值之间的过分背离对社会主义资源配置的不利影响，而且还要研究在何种情况下可以利用价格与价值之间一定程度的背离来促使社会主义资源配置有利于达到经济与社会发展的预定目标。这是一条有意义的研究途径。但通过这条途径进行研究不是没有困难的，困难主要在于价值量不容易被准确地计算出来，从而价格与价值之间的背离也不容易被准确地算出。这就是说，只有找到了可以同现实中存在的价格相比的价值，才能把价格与价值之间的背离状况作为资源配置的依据。

另一条途径是：在研究中不直接涉及价值问题，从而也不直接涉及价格与价值之间的背离状况，而是研究资源投入的效果对于资源配置的影响，进而研究如何更好地利用有限的资源，使资源配置有利于经济与社会发展的预定目标。在进行这条途径的研究时，所要论述的是单位资源投入的边际收益，即资源配置价格，然后把资源配置价格的大小及其变动趋势作为资源配置的依据。由于资源配置价格以资源投入的边际收益来表示，而边际收益所涉及的是现实中存在的价格，这样，资源配置价格与价值之间的关系是一种间接的关系，即价值是价格的基础，资源配置价格同现实中存在的价格相联系，并通过后者而同价值相联系。

资源配置价格与价值之间的间接关系表明了这样两点：

第一，由于定义为单位资源投入边际收益的资源配置价格不直接涉及价值问题，从而也就不存在“以价格分析代替价值分析”或否定劳动价值论之类的问题。这里虽然存在着双轨的资源配置中的价格研究，即存在着有关资源配置中价格研究的两条途径，但它们实际上都以劳动价值论基本原理为出发点：第一条途径探讨的是价值与价格背离问题，第二条途径探讨的是围绕价值而变动的现实中存在的价格与单位资源投入边际收益之间的关系。

第二，由于定义为单位资源投入边际收益的资源配置价格不直接涉及价值问题，从而也就不直接涉及“未经劳动加工的资源是否具有价值”，以及“商品生产中投入的各种资源是否都创造价值”之类的问题。第二条研究途径所要探讨的是：在商品生产中，投入未经劳动加工的每一单位资源会带来多少边际收益，以及投入的每一单位物质资源会带来多少边际收益。边际收益就是边际产量。在这里，不管投入的资源是否经过劳动加工，也不管投入的资源是不是物质资源，只要有投入，就会有边际产量（即使是零或负值），这是没有疑义的。在计算边际产量的货币表现（即边际收益）时，只涉及现实中存在的价格，而不直接涉及价值（或价格与价值之间的背离），因此也就谈不到与劳动价值论基本原理不一致的问题。

因此可见，在社会主义经济中，有关资源配置中价格问题的第二条研究途径是可行的。它与第一条途径一样具有重要意义。

三

前面已经对资源配置合理化做了初步表述，即资源配置合理化是指经济中的各种资源（人力、物力、财力）既没有被闲置，也没有浪费的现象。这种表述是正确的，但它仍然比较笼统。在这里，有必要对这个问题做进一步的阐释。

我们知道，内部经济与不经济是指一个生产单位在规模扩大时从自身内部所引起的生产成本的下降或上升，从而引起收益的增加或减少；外部经济与不经济是指由于整个部门的规模、全社会的生产规模扩大而引起个别生产单位成本的下降或上升，从而引起收益的增加或减少。因此，对于社会主义经济而言，要使资源的配置趋向于合理，就应当使单位资源的投入增加内部经济和外部经济，减少内部不经济和外部不经济。这是因为，单位资源的投入既意味着一个生产单位的规模的扩大，也意味着整个部门的规模、全社会的生产规模的扩大，这种规模的扩大不是引起内部经济的增加（或减少），就是引起内部不经济的增加（或减少），不是引起外部经济的增加（或减少），就是引起外部不经济的增加（或减少），从而规模的扩大将导致资源配置趋向于合理还是趋向于不合理这样两种不同的后果。

资源配置趋向于合理还是趋向于不合理都是相对于现有的资源配置而言的。在资源配置方面，没有一个尽善尽美的境界。我们不能认为什么样的资源配置已经合理到无法再前进一步的程度，只能认为单位资源的投入可以使新的资源配置比现有的资源配置要合理一些，因为通过这种投入，内部经济和外部经济增加了，内部不经济和外部不经济减少了。由此得出的结论是：资源配置合理化是指通过单位资源的投入而使得内部经济和外部经济增加，内部不经济和外部不经济减少的一个过程。下面分别予以论述：

（一）资源配置与内部经济的变动

一个生产单位规模的变动以平均成本达到最低点为界限。从资源配置的角度来看，在一个生产单位中，单位资源的投入能否带来边际收益（即追加的收益），要考虑边际成本和平均成本之间的关系。只要边际成本小于平均成本，那么资源投入后每增加一个单位产量的成本是下降的，并且这减少的成本要由全部产量均摊，所以平均成本是下降的。反之，如果边际成本大于平均成本，那么，资源投入后每增加一个单位产量的成本是上升的，并且这增加的成本要由全部产量均摊，所以平均成本是上升的。这样，对一个生产单位来说，应当根据平均成本的上升和下降情况，即边际成本与平均成本的变动情况来决定资源投入的限度。

但在这里，不仅要考虑平均成本，还要考虑边际目标收益。边际目标收益是指总目标收益增量与产出量增量之比，企业决定产量的原则就是边际收益等于边际目标收益。如果边际收益不仅大于边际成本，而且还大于边际目标收益，那么，企业追加资源投入，扩大生产规模是有利的。反之，即使边际收益大于边际成本，但只要它小于边际目标收益，那就表明资源投入已经过多，从而得不偿失了。由此可以对边际目标收益与内部经济或不经济之间的关系做如下的表述：在决定一个生产单位的资源投入限度时，既要看资源投入后每增加一个单位产量的边际成本究竟是大于平均成本还是小于平均成本，更要看资源投入后每增加一个单位产量的边际收益是否不仅大于边际成本，而且还大于边际目标收益。换言之，对一个生产单位来说，应当根据平均成本的大小，边际收益的大小（即边际收益与边际目标收益的变动情况）来决定资源投入的限度。

由于资源配置合理化是指通过单位资源的投入而使得内部经济增加和内部不经济减少的过程，所以通过单位资源投入而力求使平均成本下降，并力求使边际收益不仅大于边际成本，而且还大于边际目标收益，将促进资源配置的合理化。

（二）资源配置与外部经济的变动

一个生产单位的生产经营活动会受到整个部门的规模、全社会的生产规模的变动的影响，并由此产生外部经济或不经济。外部对一个生产单位的有利或不利影响，通过这个生产单位内部的平均成本变动和边际收益变动反映出来。因此，在分析资源配置问题时，需要考察的是：对于一个生产单位而言，本部门或全社会每增加一个单位的资源投入，将使这个生产单位的平均成本上升还是下降，以及将使这个生产单位的边际收益减少还是增加。由此可以对一个部门或全社会的资源投入限度做如下的理论的表述：一个部门有若干个生产单位，全社会有若干个部门；当一个部门增加资源的投入以后，会对本部门的不同生产单位的平均成本和边际收益的变动有不同的影响；当全社会增加资源的投入以后，会对全社会的不同部门发生作用，从而会对每个部门的不同生产单位的平均成本和边际收益的变动有不同的影响；如果资源投入后，使多数生产单位（或其产量之和在总产量中占多数的生产单位）的边际成本大于平均成本，边际收益小于边际目标收益，那么这样的追加资源投入将导致社会的资源配置趋向于不合理。换言之，对一个部门或全社会来说，应当根据多数生产单位（或其产量之和在总产量中占多数的生产单位）的平均成本的大小、边际收益的大小，即边际收益与边际目标收益的变动情况来决定资源投入的限度。

由于资源配置合理化是指单位资源的投入而使得外部经济增加和外部不经济减少的过程，所以通过单位资源投入而力求使多数生产单位（或其产量之和在总产量中占多数的生产单位）的平均成本下降，并力求使其边际收益不仅大于边际成本，而且还大于边际目标收益，将促进资源配置的合理化。

四

以上从“内部经济与不经济”和“外部经济与不经济”的角度对资源配置的合理化问题做了进一步表述。这些都是从微观经济方面对资源配置的解释。微观经济是宏观经济的基础，不了解每个微观经济单位的资源投入如何影响自身的边际收益的变动情况，以及不了解它们相互之间如何通过资源投入而影响边际收益的升降，显然无法说明什么样的资源投入是合理的，什么样的资源投入是不合理的。但对资源配置合理化的论述不能停留在这个水平上，还需要再从宏观经济来解释社会的资源配置的合理化。

社会上的任何资源投入，总体现为某一个或某些生产单位的资源投入量的增加，体现为某一个或某些生产单位的规模的扩大。如果某一个或某些生产单位增加了的资源投入不能使本生产单位或社会上多数生产单位增加边际收益，那么这种资源投入对微观经济是不可取的。但对宏观经济是否也同样不可取呢？这可能会引起争议。再说，如果某一个或某些生产单位增加了的资源投入能够使本生产单位或社会上多数生产单位增加边际收益，难道这种资源投入对宏观经济就一定可取吗？对这一点，也可能引起争议。问题在于：假定资源无限供给，那么对微观经济说来是可取的资源投入，对宏观经济也是可取的。但在分析时，不能从资源无限供给这一前提出发，我们必须假定经济中的任何资源供给都是有限的。于是就需要探讨如何把供给有限的资源合理地分配到每一种用途上，以便用有限的资源生产出更多的为社会所需要的产品和劳务。

在社会的资源有限供给的前提下，除了要分析资源投入后某一个或某些生产单位边际收益的大小以外，还必须分析资源投入的社会边际收益的大小。资源投入的社会边际收益是指：在社会有限的资源供给和社会有多种资源投入方向的前提下，社会每增加一个单位的资源投入于社会上的某一种产品和劳务的生产，由此所引起的社会总产品增量的货币表现。

由于社会的资源供给有限而社会的资源投入去向却多种多样，所以社会在把一个单位资源投入这一种产品和劳务的生产时，必定无法同时把它投入另一些产品和劳务的生产。这样，客观上存在着资源投入的多种方向之间的社会边际收益大小的比较。即使资源投入后任何一个被投入资源的生产单位的边际收益都不仅大于边际成本，而且还大于边际目标收益，但从宏观经济的角度来看，不能认为资源投入于任何一个生产单位都是合理的。当社会增加一个单位的资源投入后，只有根据资源投入不同方向所能带来的社会边际收益大小的比较，才能确定资源投入于何种产品和劳务生产可以取得尽可能大的社会边际收益，从而才能确定资源配置的合理化。

通过上述分析，可以这样来认识宏观经济中的资源配置是否合理的问题：

一方面，单位资源投入后，即使微观经济单位的边际收益较大，但如果相对于其他资源投入而言，社会边际收益较小，那么从宏观经济的角度来看，这样的资源配置就不能认为是合理的。

另一方面，单位资源投入后，即使微观经济单位的边际收益较小，甚至边际收益是零或负值，但只要相对于其他资源投入而言，社会边际收益较大，那么从宏观经济的角度来看，这样的资源配置就不能认为是不合理的。

五

对一个生产单位而言，如果它的生产经营活动是在除资源供给有限以外不受其他任何限制的环境中进行的，那么，当它有一定的资源可供使用时，它必须考虑单位资源投入后的边际收益的大小，这里既包括单位资源投入后边际收益的绝对水平，也包括各种可供选择的资源投入条件下边际收益的相对水平。它所选择的将是资源配置价格较高的资源投入方向，即边际收益较大的资源投入方向。假定各个生产单位都处在相同的环境中，并且假定资源可以自由流动和转移，那么资源配置价格的差别就成为自行调节它们各自的资源投入方向和投入量的机制。

前面已经指出，边际收益是边际产量的货币表现。一个生产单位所生产出来的单位产品和劳务的价格同该生产单位的收益联系在一起。因此，市场机制起着这样的作用：如果某一种产品和劳务生产的资源投入的边际收益过低，投入其中的资源过少，从而该种产品和劳务的价格将会上升，而价格上升后，资源投入的边际收益可能增大，这样也就会吸引资源的投入；反之，如果某一种产品和劳务生产的资源投入的边际收益较大，投入其中的资源偏多，从而该种产品和劳务的价格将会下降，而价格下降后，资源投入的边际收益可能减少，这样不但不能吸引资源投入，而且会促使已投入的资源转移出去。这就是市场机制起作用条件下资源配置价格变动对资源配置的影响。

鉴于市场机制起作用条件下资源配置的结果并不一定符合经济与社会发展预定目标的要求，或至少不能较迅速地符合这一要求，于是政府有必要通过经济调节手段来影响资源配置，使之趋向于合理。政府的各种调节手段（包括价格、财政、信贷等调节手段）或者可以影响某个部门、某类地区、某种企业的需求，或者可以影响它们的供给，也就是说，或者影响它们对资源的需求，或者影响它们的资源投入，这些都对资源配置发生作用。这里需要说明的是：政府如何运用资源配置价格这一手段来改变现有的资源配置格局，使资源的投入符合经济与社会发展的预定目标。

政府是从宏观经济的角度来考虑资源配置问题的，因此资源投入的社会边际收益的大小成为政府应当参照的指标。在社会资源供给有限和社会有多种资源投入方向时，政府应当使得资源投入带来尽可能多的社会边际收益。为此，政府就应当事前了解到单位资源投入的可供选择的各种方向，并把单位资源投入以后可能带来的各种社会边际收益进行比较，然后再决定选择何种资源的投入方向。

在政府选择了资源投入的去向后，政府通过财政支出总量和财政支出结构的调整，固然有助于实现自己的这一决策，但在大多数情况下，政府需要先影响生产单位的决策，并通过企业的资源投入调整和资源转移来改变现有的资源配置格局。如上所述，对一个生产单位而言，某种产品和劳务生产的资源配置价格越高，对资源投入的吸引力越大；资源配置价格越低，对资源投入越缺少吸引力。因此，政府的调节就在于从各方面影响资源配置价格，使之或升或降，从而改变资源投入量和资源投入方向。

总之，可以得出这样的结论：社会主义经济中的资源配置将在市场机制和政府调节机制共同起作用的条件下进行。资源配置价格是影响资源投入量和资源投入方向的有力手段。

（原载《江海学刊》（经济社会版）1986年第2期）

论外汇平衡与社会总需求—社会总供给平衡的关系

一、外汇平衡与社会总需求—社会总供给平衡之间的矛盾

在开放条件下，净出口、净资金流入、净侨汇收入、净入境者支出，可以列入总需求一方。它们如果是正值，表明社会总需求增加。从收入流量的角度来分析，如果国内需求和国内供给已经处于平衡状态，那么只要存在着正值的净出口、净资金流入、净侨汇收入、净入境者支出，在同一时期内，国内供给并不因此而增大，但对消费品的需求和对生产资料的需求却会增大，其结果必定是社会总需求大于社会总供给。

假定一国经济的初始状态是社会总需求大于社会总供给，以及外汇支出大于外汇收入，于是政府便面临着国民经济管理中的两项任务，一是设法抑制社会总需求，使之与社会总供给保持平衡，二是设法增加外汇收入，使外汇收支保持平衡。然而，这

两项任务却是矛盾的。如果要平衡外汇收支，那就要设法增加净出口，或者增加净资金流入、净侨汇收入、净入境者支出（比如说，使来自国外的旅游者人数增加，平均每人多支出一些），但无论哪一种做法，都会使社会总需求增大，从而与抑制社会总需求的愿望不符。反过来说也一样，如果要抑制社会总需求，那么只能抑制国内对消费品和生产资料的需求，而不能抑制出口，也不能抑制资金流入、侨汇收入、入境者支出所体现的对消费品和生产资料的需求，否则外汇支出大于外汇收入的现象只会加剧，而不会缓和。

在实际的国民经济管理中，如何解决外汇收支平衡与社会总需求—社会总供给平衡之间的上述矛盾呢?

对这个问题，让我们首先从以下三个不同的方面来进行探讨：

（一）政府调节的重点

政府调节需要根据客观政治经济形势和外汇收支不平衡、社会总需求与社会总供给不平衡的程度来确定重点，这样才能找到适当的对策。在两者都不平衡的情况下，需要权衡轻重。这就是说，如果社会总需求大于社会总供给的严重程度超过了外汇收支不平衡的严重程度，那就应当把抑制社会总需求放在首要的地位，而在外汇收支不平衡变得更为严重时，则以增加外汇收入为当务之急。

（二）政府调节的有效范围

从政府调节的有效范围或政府调节的可能收效程度来看，抑制社会总需求要比增加外汇收入的难度小一些。要知道，抑制社会总需求可以只限于国内经济部分，而增加外汇收入则涉及国际经济环境。一般说来，如果政府决心要抑制社会总需求，即使在较低水平上保持社会总需求和社会总供给之间的平衡也在所不计，即使抑制社会总需求的做法可能对今后的国内经济有较大不利影响也暂不考虑，那么，政府是有较大的可能实现这一点的。至于增加外汇收入，则问题远为复杂。与此有关的外界条件（如国际商品市场上的竞争、其他国家可能采取的限制进口的政策、其他国家的外汇储备状况、国际资金的动向、各国之间投资的相对利润率水平，等等），并非本国政府单方面所能掌握。也就是说，本国政府单方面采取扩大出口的措施，不一定就能收效，或只靠本国政府采取吸引资金流入的优惠办法，资金流入量也不一定会如预料中那样增长。因此，在外汇收支和社会总需求—社会总供给二者都不平衡的条件下，假定政府首先要平衡其中的一项，那么通过政府的调节，社会总需求—社会总供给的恢复平衡可能较容易一些，而外汇收支平衡的恢复可能较难一些。

（三）关于经济中存在的“自身制约性”

从经济中存在的“自身制约性”来看，社会总需求—社会总供给的“自身制约性”和外汇收支的“自身制约性”之间存在着一定的差别。先就外汇收支的“自身制约性”而言，假定不考虑原有的外汇储备量，也不考虑汇率的自由浮动，那么可以认为，如果客观上出现了外汇支出大于外汇收入的情况，就自然形成了下一时期外汇支出的限制。不妨以进出口为例。如果上一年度进口大于出口，造成外贸逆差，那么本年度的进口将受到限制；如果本年度进口仍然大于出口，再次有外贸逆差，那么下一年度的进口将会受到更大的限制……直到最终不得不把进口减少到最低限度为止。这就是外汇收支中的“自身制约性”。社会总需求—社会总供给的“自身制约性”与此不同。这里并不存在“必须用外汇才能向国外支付”的问题。如果上一年度出现了社会总需求大于社会总供给的情况，本年度社会总需求不会因此受到限制，如果本年度继续存在社会总需求大于社会总供给，下一年度的社会总需求也不会因此受到限制。也就是说，社会总需求仍有可能继续扩大，而不会像外汇收支那样受到外汇数量方面的制约。当然，社会总需求的过分膨胀迟早也会受到某种限制，这主要是来自市场供求的制约作用，即在社会总需求膨胀而引起物价上涨的情况下，如果资源条件的约束较少，那么社会总供给会相应增加，从而缓和供不应求；或者，如果消费行为的约束较少，那么物价上涨会使得社会总需求的继续扩大受到制约，从而供不应求的情况也会有所缓和。这就说明了市场本身仍然存在着一种可以制约社会总需求过分膨胀的力量，只是需要依据市场机制是否受到人为的限制，以及资源约束和消费行为约束是否阻碍着市场机制作用的发挥，才能确定市场对社会总需求过分膨胀的制约力量究竟能大到何种程度。

我们还可以从最坏的方面来考虑。外汇收支的不平衡发展到极点时，可能转化为一场国际债务危机，而严重的国际债务危机有可能使一国单纯为支付外债利息就已经超过了全部外汇收入（假定国际债务危机条件下不再有新的资金流入）。这样，外汇收支中的“自身制约性”实际上也就不存在了。至于社会总需求大于社会总供给的情况，如果发展到极点，也可能转化为一场社会政治动荡，而严重的社会政治动荡有可能使一国的社会总供给不但不因社会总需求的膨胀而受到刺激，反而会急剧下降（假定社会政治动荡条件下生产遭受了很大的破坏）。这样，社会总需求—社会总供给的“自身制约性”实际上也就不存在了。但这些都是极端的例子。在给定经济体制前提下的社会主义经济中，可以把它们排除在外。

（四）政府调节的“先后顺序”排列

根据以上所述，在同时发生社会总需求大于社会总供给和外汇支出大于外汇收入的条件下，只要不是外汇收支的不平衡更为严重，从而必须把增加外汇收入作为当务之急，那么，从政府调节的有效性和外汇收支“自身制约性”的特点来看，政府调节可按这样的顺序进行：即把抑制社会总需求作为自己的首要任务，在平衡社会总需求与社会总供给之后，再着手解决外汇收支不平衡问题。

至此，尽管我们已经就外汇平衡与社会总需求—社会总供给之间的矛盾以及可供选择的先后顺序提出了初步看法。但这只是先后次序的讨论，我们还没有找到可以解决这一矛盾的途径。现在，让我们转到另一个角度，对这个问题采取另一种分析方法。

二、从增加供给着手来解决这一矛盾

如果外汇支出大于外汇收入，我们除了可以采取增加外汇收入（如增加出口、资金流入、侨汇收入、入境者支出）的办法以外，还可以设法减少外汇支出（如减少进口、资金流出、出境者支出）。但考虑进口在许多情况下是必要的，资金流出和出境者支出在许多情况下又是不可压缩的，因此能够做到的主要是减少不必要的进口和可以压缩的资金流出和出境者支出。尽管如此，这仍然有助于缓和外汇收支的不平衡。假定外汇支出的减少超过了上述限界，比如说，把必要的进口减少了，那就会影响社会总供给，从而同样不利于社会总需求与社会总供给之间的平衡的实现。

再考察社会总需求大于社会总供给的情况下可以采取的对策。增加供给可能是既有利于实现社会总需求与社会总供给之间的平衡，又有利于实现外汇收支平衡的一条途径。问题在于：在这种情况下，应当增加的是什么样的供给？如何增加这种供给？

增加这种供给之后会不会产生与原来意图不一致的后果？现分别论述如下。

（一）增加什么样的供给？

假定同时发生社会总需求大于社会总供给和外汇支出大于外汇收入的情况，作为一种对策，增加较少依赖进口品和有较大可能输往国外的物质产品和劳务供给是可行的。这就是说，在这种情况下，并非增加任何一种供给都能够符合预定的平衡目的，应当增加的只是上述这种供给。

那么，能不能把较多依赖进口品但同时又有较大可能输往国外的物质产品和劳务供给的增加也列入这一类供给？比如说，采取“外向”的生产经营方式，主要进口国外的原材料和零部件，进行加工，制成产品出口，等等。如果是这种情况的话，那就必须具体计算这一业务本身的外汇支出与外汇收入的对比。假定外汇收入大于外汇支出，显然也是可行的。

由此可见，无论是增加较少依赖进口品还是较多依赖进口品的物质产品和劳务供给，只要外汇收入能大于外汇支出，那么都可以认为是既有利于实现社会总需求与社会总供给之间的平衡，又有利于促进外汇平衡的对策。但接着要探讨的是：如何增加这种供给？

（二）如何增加这种供给？

一般而言，要增加供给，需要有人力投入和物质投入，而人力投入和物质投入既以实物形式表现（即表现为具体的劳动者和具体的生产资料），也以价值形式表现（即表现为支付给劳动者的报酬和购买生产资料的费用）。假定在实物形式上没有满足增加供给的需要，即缺乏必要的人力和物质资源，供给不可能增加。假定在价值形式上没有满足增加供给的需要，即缺乏必要的资金，供给也不可能增加。这样，要增加供给，势必会使经济中原来就存在的社会总需求大于社会总供给的缺口加大，即导致供给不足情况更为严重。

因此，即使所要增加的是可以促进外汇平衡的供给，但一定要设法避免使供给的增加加剧经济中原来已经存在的供给不足。在这里，如果我们不仅仅从总量上看问题，而且从结构上看问题，那么这个问题仍有解决的可能，这就是：在增加供给时，应当充分利用经济中闲置的人力资源（包括在提高劳动生产率方面仍有潜力的人力资源）和物质资源（包括原来利用率不高的物质资源），而尽可能少利用经济中原来就已相当短缺的物质产品和劳务，尽可能不增加新的人力投入。

需要进一步考察的是，即使所要增加的是导致外汇收入大于外汇支出的供给，并且是采取充分利用经济中闲置的人力和物力的方式增加这种供给，那么，这种供给增加之后，究竟会不会产生一些与原来的意图（指既有利于实现社会总需求与社会总供给之间的平衡，又有利实现外汇收支平衡）不一致的后果？

关于有利于实现外汇收支平衡这一点，是比较清楚的。这是因为，在增加什么样的供给这一问题的探讨时，已经限定了所采取的措施的性质，即这种供给的增加要符合外汇收入大于外汇支出的条件。

现在要说明的是，增加这种供给以及采取上述方式增加供给，对社会总需求的影响究竟如何？这是否有可能不利于社会总需求与社会总供给之间的平衡的实现？

（三）增加了的供给会不会立即全部转化为需求？

要知道，任何程度的社会总供给的增加都表明生产劳动者收入（v）的增加和生产劳动者创造的剩余（m）的增加，即社会净产值（或国民收入）的增加。即使利用的是闲置的人力资源和物质资源，但只要物质产品和劳务被提供出来，那么v和m就会增加。因此，在社会总需求和社会总供给平衡公式的社会总供给一方，以价值形式表示的数值就会增大。而生产劳动者收入和剩余是会转化为对消费品的需求和对生产资料的需求的。这就是说，在社会总供给增加以后，社会总需求不可能仍然维持原状，后者会因v和m的增加而有所增加。可见，在这里，必须从实物形式和价值形式两个方面来考察社会总供给的增加：

1. 从实物形式上看，社会总供给的增加意味着以实物形式向社会提供的物质产品和劳务增加了，也就是实物形式的消费品供给或生产资料供给增加了。

2. 从价值形式上看，社会总供给的增加意味着以价值形式表现的国民收入（v+m）增加了，也就是生产劳动者收入（v）和剩余（m）增加了。这就不能不使由增加了的v和增加了的m所转化的社会总需求也有所增加。

于是就会出现这样一个问题：假定增加了的国民收入（v+m）全部转化为对消费品的需求和对生产资料的需求，岂不是不可能符合原定的缩小社会总需求与社会总供给之间的差距、平衡社会总需求与社会总供给之间的意图?

对于这个问题，可以先从下述两个方面进行分析：

（1）从总量的角度进行分析

增加供给之后所增加了的v并不一定立即转化为需求。从时间上说，这种转化可能有一个滞后的过程，或一定的时间间隔。不仅如此，v的增加表现为个人收入的增加，而增加了的个人收入中可能有一部分作为个人储蓄或个人手头持有的现金，而暂时不进入消费领域。

增加供给之后所增加了的m也不一定立即转化为需求。滞后的过程是同样存在的，特别是m中的一部分将进入财政或信贷部门，财政或信贷部门可以根据社会中已经出现的社会总需求大于社会总供给的程度而暂时减少其进入消费和投资领域的数额。

这样，增加了的（v+m）是有可能并不全都转化（至少并不立即全部转化）为需求的。

（2）从结构的角度进行分析

如上所述，从实物形式来考察，增加了的供给表现为不同实物形式的消费品和生产资料。从价值形式来考察，增加了的供给表现为可能转化为需求的（v+m）的增加。但增加了的（v+m）所转化的需求，能否与增加了的不同形式的消费品和生产资料供给相一致呢？这就是一个结构性的问题。它并不是那么容易解决的。只要在结构上存在着不协调，那么增加了的（v+m）也就有可能并不全部转化为需求。

让我们由此再回到前面给定的具体条件上去。前面已提到，在社会总需求大于社会总供给以及外汇支出大于外汇收入的环境中，所增加的供给是可以使外汇收入大于外汇支出的输往国外的出口品，所采取的增加供给的方式是充分利用闲置的人力和物力，尽可能少地利用短缺的物质资源和避免投入新的人力。那么，在这样一些给定的具体条件之下，即使增加了（v+m），但在增加（v+m）的过程中需要追加的投资的数额是有限的（当然，不可能完全不增加投资）；增加（v+m）之后，m之中转化为投资需求的部分也可以受到控制，财政或信贷部门并不一定把进入本部门的m立即或全都转化为需求。同样的道理，在这样一些给定的具体条件之下，即使增加了（v+m），但在增加（v+m）的过程中需要追加的消费的数额也是有限的（当然，即使避免投入新的人力，消费也不可能完全不增加）。增加（v+m）之后，v之中会有一部分转化为消费需求，然而v不一定立即或全部转化为消费需求。

（四）用外汇盈余额的一部分换取进口品的做法

在这种情况下，可以分两个步骤来解决外汇不平衡和社会总需求—社会总供给平衡问题。由于增加了的供给是出口品，有助于使外汇收入增加，所以首先解决的是外汇不平衡问题。对于国内需求和国内供给之间的平衡来说，从实物形式的角度看，似乎这样并没有直接缓和国内需求大于国内供给的状况，而从价值形式的角度看，如上所述，投资需求和消费需求仍然可能有所增大。那么我们不禁要问：国内需求和国内供给之间的矛盾又将如何解决呢？按照上面所给定的增加供给途径，这将是第二步措施所要解决的问题。具体地说，可以采取如下的做法：

假定通过增加供给而使外汇收入超过外汇支出之后有某个盈余额，那么可以利用这一外汇收支盈余额的一部分，换取一些满足国内需求的商品进口。这样，与采取上述增加供给的措施以前相比，无论是外汇平衡状况还是社会总需求—社会总供给平衡状况都会有所好转。

假定上述增加供给的做法不是一次性的，而是连续性的，那么外汇平衡状况和社会总需求—社会总供给平衡状况将有可能越来越好。

由此看来，经济中同时存在社会总需求大于社会总供给以及外汇支出大于外汇收入这一难题，通过以上两个步骤，仍是可以解决或接近于解决的。

三、“出口带动增长”问题的探讨

增加供给就是增加社会总产值、社会净产值（国民收入），也就是实现了经济的增长。以上所讨论的，实际上就是“出口带动增长”问题。但由于给定的条件的限制，可以认为，以上所讨论的还只是“出口带动增长”的一种类型，即外汇支出大于外汇收入和社会总需求大于社会总供给条件下的“出口带动增长”。

为了进一步说明外汇平衡与社会总需求—社会总供给平衡之间的关系，下面转入对另外三种类型的“出口带动增长”的分析。

（一）外汇支出大于外汇收入，但社会总需求小于社会总供给条件下的“出口带动增长”

前面已经说明，一个完整的社会总需求与社会总供给平衡公式，是把净出口列入社会总需求一方的。正值的净出口，对外贸易收支而言，就意味着收入大于支出。因此，在社会总需求小于社会总供给的情况下，正值的净出口的存在本身就是减少社会总供给或扩大社会总需求的一个不可忽视的因素。这就是说，如果社会总供给大于社会总需求，而外汇支出却大于外汇收入，那就应当设法利用多余的供给来平衡外汇收支，比如说，增加出口，或减少进口，或同时兼用这两种方式。

这里要讨论的是带动经济增长的问题。社会总供给大于社会总需求对于进一步增加供给是一个障碍，而这个障碍的存在则是不利于经济增长的，至少经济增长率会下降。假定预定的经济增长率作为目标是近期或中期所要实现的，那么用减少进口的方式来解决外汇平衡和社会总需求—社会总供给平衡的做法就与预定的经济增长目标不一致。在这种情况下，所要采取的，应是“出口带动增长”模式。由于增加出口既可以增加外汇收入，又可以使社会总供给大于社会总需求的现象有所缓和，还可以保证经济增长的实现，所以这是一种一举三得的措施。

当然，社会总供给大于社会总需求并不意味着可供出口的物质产品和劳务的供给必定大于这类物质产品和劳务的需求。这仍然是一个结构性的问题。在“出口带动增长”的过程中，可以采取的做法是：利用增加了的外汇收入的一部分进口必要的生产资料，以促进国内的产品结构的调整。这样，总的说来，不仅外汇收支有可能好转，而且也有助于国内的供给和需求方面的平衡的实现。

（二）外汇收入大于外汇支出，但社会总供给小于社会总需求条件下的“出口带动增长”

在这种情况下，通常可以采取的做法是利用外汇收支的盈余额来进口商品，以弥补社会总供给的不足，使社会总供给与社会总需求保持平衡。只要国际市场有为国内所需要的商品可以买进，那么外汇平衡与社会总需求—社会总供给平衡的同时实现，就纯理论的角度来看，是没有什么困难的。

但现在要探讨的是这种情况下的“出口带动增长”问题。从静态分析，似乎这里适用的是“进口带动增长”的模式，而不是“出口带动增长”的模式。然而从动态分析，不难发现，即使利用已有的外汇收支盈余额来进口商品，使社会总需求得以满足，但在国内供给连续小于国内需求的情况下，一旦外汇收支盈余额因进口增加而减少并最终消失时，以进口来弥补社会供给不足的做法就难以继续实行下去。可见，如果没有持续的出超收入作为持续的外汇收支盈余额，“进口带动增长”是不可能持久的。从这个意义上说，持续的“进口带动增长”的基础依然是“出口带动增长”。换言之，在这种情况下适用的仍是这样一种模式：出超→进口→经济增长。

（三）外汇收入大于外汇支出和社会总供给大于社会总需求条件下的“出口带动增长”

这是一种比较复杂的情况，要知道，外汇收入大于外汇支出，表明有可能增加进口。但增加进口却意味着社会总供给的增长，从而使得本来已经存在供给过多或需求不足的情况更加严重了。假定要消除社会总需求和社会总供给之间的不平衡，这时应当扩大需求或减少供给，而要扩大需求，则应当增加出口；如果要减少供给，则应当减少进口。两者的结果都会使外汇收入超过外汇支出的数额更大。

这里暂不涉及究竟应该如何看待外汇收支的盈余。如果我们限于以平衡作为所要达到的境界，而不考虑外汇收支的盈余问题，那么在外汇收入大于外汇支出和社会总供给大于社会总需求的条件下，可供选择的将是如下的措施：

一方面，利用多余的供给作为出口，另一方面，利用已有的外汇收支盈余和出口所得到的外汇收入换取进口品。由于多余的供给转化为出口，社会总需求与社会总供给之间的关系与原来的情况相比，会朝着有助于平衡的方面变化；同时，由于已有的外汇收支盈余和出口所得的外汇收入转化为进口，外汇收入与支出之间的关系与原来的情况相比，也会朝着有助于平衡的方面变化。这样，总的说来，两种平衡状况都有可能好转。问题在于：增加了的进口对于下一轮的经济运行会有什么样的影响？会不会使下一轮的社会总供给同社会总需求之间依然保持那样大的差距，即多余的供给是否依然存在？

在这里很重要的一点是：进口的商品应该是可以导致追加需求的商品。这就是说，如果进口的商品可以起到把个人手头持有的现金和个人储蓄动员出来，使之转化为追加的消费支出，或者可以起到动员企业追加投资的作用，那么与原来的情况相比，下一轮的社会总供给超过社会总需求的余额将会真正有所减少，从而两种平衡状况才会真正有所好转。

一旦多余的供给在下一轮的经济运行中减少了，经济增长率就会提高。如果持续采取这种方式来组织进口和出口，经济增长也就会持续下去。这就是同时发生外汇收入大于外汇支出和社会总供给大于社会总需求条件下的“出口带动增长”的模式。

四、合理外汇储备的调整

以上在考察外汇收支平衡与社会总需求—社会总供给平衡的关系时，一直把外汇收支平衡作为所要达到的境界。实际上，在处理这两种平衡之间的关系时，还可以把调整外汇储备作为所要达到的境界。

外汇储备的增减来自外汇收支的变动和外汇净收入流量的正值或负值。在经济增长过程中保持合理的外汇储备，可以应付外汇收支中的逆差，可以作为一般性的外汇调剂，还可以应付特殊的需要。合理外汇储备的数量，按照国际惯例，通常相当于本国2—3个月的进口额。然而进口额并不是一个固定的量，在经济增长过程中，由于社会总产值增长，进口额也是增长的。至于进口额增长幅度与社会总产值增长幅度之比，则又取决于本国的社会总产值的构成、社会总产值增量的构成，以及进口的构成、进口增量的构成。但不管怎样，只要进口额随社会总产值的增长而增长，合理的外汇储备数量也就应当随之增加。因此，让外汇收入大于外汇支出而有一定的盈余，对于保持新形势下的合理外汇储备数量而言，是必要的。如果单纯为了保持流量意义上的外汇收支平衡，就无法满足增加合理外汇储备数量（外汇存量）的需要。

在经济增长过程中增加合理外汇数量的必要性清楚地告诉我们，在经济中出现外汇收支不平衡和社会总需求—社会总供给之间不平衡时，通过增加供给和增加出口而取得的外汇盈余额中，应当保留一部分外汇作为外汇储备，以满足增加合理外汇数量的需要；相应地，可以用来换取进口品的外汇盈余额就比前面在以外汇收支平衡作为要达到的境界时所提到的能换取进口品的外汇盈余额减少一些。这一点是完全可以理解的。但保留一部分外汇作为外汇储备的做法，并不与以上所论述的“出口带动增长”和实现社会总需求—社会总供给平衡的方式和步骤相矛盾，只是调整过程需要适当地延长并使经济增长率适当降低而已。这正是为了在经济增长中保持合理外汇储备数量所必需的调整。

当然，这里提到的是合理外汇储备数量，而不是“最优外汇储备数量”。“最优外汇储备数量”这个概念是不明确的，而且在实际经济生活中也很难计算出来。即使是合理外汇储备数量，也仍然有某种伸缩余地。前面已谈到，按照国际惯例，合理外汇储备数量通常相当于本国2—3个月的进口额。但这也是可以调整的。如果国际上通货膨胀率较高，合理外汇储备的数量可以少一些；国际上通货膨胀率较低，合理外汇储备的数量可以多一些。预计到今后一段时期内由于国内技术进步和产业结构调整而需要有较多的进口，可以多保留一些外汇作为储备，预计到今后一段时期内外汇收入可能增加，那么也可以少保留一些外汇作为储备。总之，合理外汇储备数量本身并不是目的，它起的是“蓄水池”的作用。在调节外汇收支平衡和社会总需求—社会总供给平衡时，这一“蓄水池”的作用是不可低估的。

（原载《社会科学战线》1986年第3期）

工资攀比及其解决途径

一

在资源合理配置过程中，工资攀比是一个不可忽视的障碍。工资攀比是指：劳动生产率高低不同和实际利润率高低不同的各个企业职工，在工资支付标准（包括工资附加部分的支付标准）上相互攀比，要求向高的支付标准看齐，结果就使得劳动生产率较低和实际利润率较低的企业的职工工资和工资附加上升到与本企业劳动生产率和实际利润率不相适应的高度。对国民经济而言，这势必形成以下的局面：

第一，平均工资和工资附加水平的增长大于平均劳动生产率水平的增长，将使得消费支出的增长过快，对国民经济十分不利。这是因为，社会总供给是与劳动生产率的变动直接联系在一起的，社会总需求则与职工工资和工资附加所转化的消费支出的数量有关，一旦消费支出增长率大于平均劳动生产率增长率，社会总需求也就不可避免地大于社会总供给，于是社会总需求大于社会总供给所导致的物价上涨、商品短缺等现象也将出现。

第二，平均工资和工资附加水平的增长大于实际利润率的增长，不仅意味着国民收入中v和m之间的比例发生变化，使m在国民收入（v+m）中所占的比重下降，从而对经济的发展不利，而且对某些劳动生产率较低的企业来说，由于那里的职工的工资和工资附加水平在向另一些劳动生产率较高企业看齐，它们的实际利润率是下降的，实际利润数额是减少的（甚至可能变为负值），于是这些深受工资攀比之害的企业不得不减少生产发展基金，国家由此所得到的税金也会减少。

第三，工资攀比是违背按劳分配原则的，它是平均主义分配原则影响下的产物，如果让工资攀比成为事实，那么平均主义对国民经济的种种不利后果（如挫伤劳动者的生产和学习的积极性，挫伤企业改善经营管理的积极性等）都将产生。

以上列举的这三点，仍是就工资攀比对国民经济的直接影响而言的，下面让我们转入资源配置问题的研究，分析工资攀比将如何妨碍资源配置的合理化。

二

市场本身有一种促使资源趋向于合理配置的作用，然而由于资源投入的个别边际收益与社会边际收益的不一致，市场完全有可能使资源的实际配置状况不符合预定的经济和社会发展目标的要求，这样，政府对资源配置的调节就是必不可少的。

假定经济中不存在工资攀比，那么对于每一个企业来说，在人力资源的投入以及在人力资源和物质资源的替代方面，可以按照个别边际收益的大小来考虑资源投入的方向和数量。企业会节约使用经济中比较稀缺，从而资源配置价格对企业本身比较不利的生产要素。企业在经营管理中也会力求遵守“增加内部经济，减少内部不经济”的原则。这是发挥每一个企业的主动性、积极性，使企业具有充分活力的条件。

假定经济中不存在工资攀比，那么在资源配置方面，政府可以根据资源投入的个别边际收益与社会边际收益的不一致，采取财政、信贷、价格等调节手段，使投入资源于社会边际收益较大、个别边际收益较小的部门的企业得到补偿，并使投入资源于社会边际收益较小、个别边际收益较大的部门的企业承担这种补偿。这样，资源配置就有可能趋向合理化，社会经济各部门也有可能得到协调的发展。

现在要分析的是：假定经济中存在着工资攀比，即劳动生产率低和实际利润率低的企业使自己的职工工资和工资附加向劳动生产率高和实际利润率高的企业看齐，那么对人力资源配置会有什么样的影响？

从企业这方面来看，为了减少经济上的损失，物质资源对人力资源的替代可能加速进行，而不问这种替代是否合理。这是因为，多使用物质资源，工资攀比的影响就会相对地弱一点；使用人力越多，企业受工资攀比的影响就越大。因此，即使企业原来并不需要这样高的资金密集程度或技术密集程度，但在工资攀比的压力之下，却不得不这样做。这种情况，对于一个人力资源相对充裕，而某些物质资源相对不足的社会主义经济来说，不是资源合理配置的反映。

从全国范围来看，问题将更加突出。工资攀比意味着在劳动生产率不变条件下的工资率上升，也就是意味着在社会总供给不变条件下的工资率上升。在这种情况之下，一些企业被迫少利用人力的结果，将引起社会上人力资源的闲置：社会上将出现就业不足。这是由于工作岗位不足而造成的就业问题。就业不足显然是资源未能得到合理配置的证明。它的解决途径是：增加社会供给，然后在社会总产值或国民收入增长过程中增加工作岗位。但由于工资攀比的结果使劳动生产率不变，甚至会使劳动生产率下降，因此通过增加社会供给来增加工作岗位这条途径实际上是不存在的。假定不能增加社会供给，从而不能增加工作岗位，那么要解决就业问题，就只有降低工资率，以便在工作岗位总数不变的情况下容纳较多的就业者。然而，工资攀比又使得降低工资率没有现实性。这样，不消除工资的攀比，社会人力资源闲置的情形也就找不到有效的解决途径。

以上是就人力资源配置问题而言的。再考察物质资源的配置所受到的影响。

在工资攀比的情况下，企业为了减少经济上的损失，可能加速利用物质资源来替代人力资源。生产要素的这种替代本身并没有什么可以非议之处，企业在生产决策中完全可以根据自身的经济利益来重新组合生产要素以及确定生产要素替代的程度。从某种意义上说，工资攀比所引起的工资率上升推动着企业进行节约活劳动的技术改造，这对于提高原来劳动生产率较低的企业的劳动生产率是有积极意义的。问题在于：对社会而言，对物质资源的这种利用是否一定符合资源合理配置的原则？是否会造成某种程度的资源浪费？

物质资源是多种多样的。它们的稀缺程度不一。假定经济中不存在工资攀比，企业在物质资源投入时，会根据自己的经济利益来确定投入的资源的类别和投入的数量。但一旦工资攀比引起工资率的上升，那么企业将重新考虑资源投入问题。于是经济中本来比较稀缺的物质资源就会更加稀缺。在这种情况下所造成的对稀缺资源的过度使用，不仅对国民经济是不利的，而且归根到底，对企业自身也是不利的。这是因为，当各个企业竞相投入经济中本来比较稀缺的物质资源时，物质资源价格将上升，或者价格虽不上升但供给减少，企业将因此受到“外部不经济”的损失。

可以再做进一步的分析。物质资源对人力资源的替代并不是不需要追加投资的。当一些企业为了减少经济上的损失，竭力想减少人力的利用时，它们就会设法筹集以物质资源代替人力资源所需要的追加资源，而这笔追加的投资可能大于企业在工资攀比情况下所需要多付出的工资和工资附加的数额。但企业往往是宁肯采取以物质资源代替人力资源的做法的，因为在这方面多支出一些，长期说来对企业有利，而工资攀比情况下多付出的工资和工资附加的数额，无论从近期或长期说来，对企业都是不利的。然而，假定不从个别企业的立场来考察这种生产要素替代，而从全国范围来考察它，那就必须涉及这样一个问题：在这种情况下以物质资源代替人力资源所需要的追加投资，是不是对于数量有限的资源的合理利用？

资源的合理配置包括了对人力、物力、财力的合理利用。人力使用不当和物力使用不当，都会给国民经济带来损失。对财力的使用，也就是对有限的资金的使用，同样必须符合有利于实现预定经济和社会发展目标的原则。企业所需要的，对国民经济而言，可能是合理的，也可能是不合理的。即使是合理的，也有轻重缓急之分，有一个先后顺序的排列问题。因此，如果不消除工资攀比，那就难以避免不合理的追加投资对有限的资金的挤占。这同样是一种资源不合理配置的表现。

三

工资攀比问题能否得到解决？有哪些措施可供选择？在社会主义经济研究中，这是一个新的课题。

首先应当弄清楚，在社会主义经济中，为什么会出现工资的攀比？可以从以下两方面来寻找工资攀比的原因。一是由于心理因素的作用，即在劳动生产率较低和实际利润率较低的企业中工作的职工，看到同行业、同地区的其他某些企业的职工得到了较多的工资和工资附加，从而在心理上有一种自认为处于不平等地位的感觉，于是要求在工资支付标准上向后者看齐。二是由于经济体制方面的原因。工资攀比的想法之所以出现，以及工资攀比之所以能在一些企业中成为事实，与经济体制是有一定关系的。比如说，职工同是在全民所有制企业中工作，但由于不同的企业的技术装备情况不一样和其他生产条件不一样（姑且不谈价格不合理所引起的差异），尽管职工投入的劳动时间和劳动强度一样，但职工得到的收入却有高有低，这就很自然地会引起某企业的职工在工资方面进行攀比。又比如说，如果企业不能按照本企业的经济利益录用职工和辞退职工，而职工又不能按照本人的意愿转移工作岗位，那么某些企业中的职工就可能在工资方面相互攀比？这些企业也不得不答应职工因工资攀比而提出的提高工资和工资附加支付标准的要求。

从工资攀比出现的上述两个原因可以了解到，要消除或减少工资攀比，除了要从思想教育方面着手以外，还应当在经济体制方面寻找解决这一问题的途径。例如，应当把《中央关于经济体制改革的决定》中有关企业“有权自行决定用工办法和工资奖励方式”的规定付诸实施，把决定中有关“企业职工奖金由企业根据经营状况自行决定，国家只对企业适当征收超限额奖金税”的规定付诸实施，等等。在劳动力的合理流动方面，也有必要采取比较开放的措施。劳动力越有可能朝合理的方向流动，以及企业越有可能录用或辞退自己所需要或不需要的职工，那么工资攀比即使还不能完全消失，但至少可以逐渐减少。这就再一次说明了深化经济体制改革的必要性。

从经济运行过程中的调节机制方面来看，假定在经济中确实能够做到企业的自主经营、自负盈亏，并且企业产品成本的增高和利润率的下降会使企业敏锐地察觉到自己在竞争性的市场中处于不利地位，那么企业将会抵制职工方面所提出的不合理的增加工资和工资附加的要求，否则企业就有面临亏损、倒闭、破产的危险。那时，企业也许连职工基本工资都不易支付，哪里还有可能支付向上攀比后的增发的工资呢？可以这样认为，企业的自主经营、自负盈亏和市场竞争的环境，将形成一道无形阻止工资攀比的闸门，使得来自职工方面的工资攀比要求不易实现。

在这里，政府的调节起着以下三方面的作用。

第一，对那些并非由于企业自己的努力而得到不合理的过多的盈利，从而使本企业职工的工资和工资附加增长得过快，以致引起其他企业的职工前来攀比的企业，要实行适当的税收调节。如果通过政府的调节能够做到这一点，那就可以消除诱发工资攀比的源头。

第二，对那些仍然不顾本企业的劳动生产率水平和实际利润率水平，答允职工的工资攀比要求，从而使得工资和工资附加有不合理的增长的企业，除实行税收调节以外，还可以采取信贷方面的限制。

第三，从国民经济的范围看，为了避免企业因工资攀比的存在而不合理地调整生产要素比例，从而造成就业不足（人力资源闲置）和物力、财力紧张（过度使用稀缺的物质资源，或在资金有限供给条件下不适当地追加投资）等现象的发生，政府应当从资源合理配置的角度着眼，根据实际情况，综合运用财政、信贷、价格等手段来控制节约活劳动的技术改造的规模和进度。

（1986年3月5日在北京大学经济学院研究生会举办的“改革讨论会”上的发言）

经济改革的基本思路

我国经济体制改革已经进行好几年了，下一步经济体制改革应当怎样进行，我想谈一点个人的看法，共七个问题，二十八点。其中有些看法可能引起争论。这是一件好事，没有争鸣，经济学就不可能繁荣。

一、所有制改革是改革的关键

1. 经济改革的失败可能是由于价格改革的失败，但经济改革的成功并不取决于价格改革，而取决于所有制的改革，也就是企业体制的改革。这是因为：价格改革主要是为经济改革创造一个适宜于商品经济发展的环境，而所有制的改革或企业体制改革才真正涉及利益、责任、刺激、动力问题。

2. 所有制改革的目的是建立真正自负盈亏的全民所有制企

业。“真正自负盈亏”主要是指：第一，企业必须负担亏损带来的一切后果。第二，盈亏必须是对称的。这里的“对称”，既对企业而言，也对企业负责人而言。所有制改革中最要紧的，就是真正使全民所有制企业自负盈亏，特别是要解决企业亏损后怎么办的问题。盈亏的对称性是指：盈利的好处归企业，亏损也应由企业承担，不能像现在这样，亏损归国家。这将成为改善企业经营的动力。有些集资兴办的企业之所以有活力，有动力，有压力，与盈亏的对称性有关。盈了归自己，亏也由自己负责，直到最后倾家荡产。目前在我国的全民所有制经济中，企业亏了以后，负责人只是换个工作或受降级的行政处分，这是不管用的。盈亏必须对称。因此，经营不善的企业，该破产的就破产，破产后就清理。要有破产法，还要有社会保障的规定，对工人的就业等问题要认真处理。

3. 集体所有制企业是可以实行股份制的。全民所有制企业体制改革的可行措施之一也是实行股份制、控股制，建立社会主义的公司财团（企业财团）。

这里所说的股份制，主要不是指把股票卖给职工或个人所有（当然也可卖点给职工、个人），主要指公有者之间按股取利。公股持有者是多种多样的：国营企业财产评估以后，这一部分股权归国家，等于国家投资在这里。地方增加投资，是地方的股权。企业扩大再生产部分的投资，是企业的股权。其他全民所有制企业进来投资，是其他全民所有制企业的股权。这样，根据股权的多少，在董事会中有适当的安排。建立董事会后，由董事会来决定这个股份制企业的大政方针。这样，才能真正解决政企职责分开的问题。不然，政企分开的问题总是不好解决的。必须建立董事会，由股东大会成立董事会。股东都是公方。假定股票可以卖点给私人，那么比重也不会很大。实行控股制也是全民所有制可以采取的措施。控股制是可行的：既然实行股份制，公司企业的股票可以让大家认购，就可以实行控股制；西方国家中某个大股东掌握公司不到51%的股票，也有可能控制这个企业，使之成为子公司。我们也可以这样做。可以假定：实行控股制后，一个强有力的社会主义大企业，通过层层控股，成为社会主义的公司财团。这个公司财团将能改变企业行为，使企业从只注意短期经营，变为也注意长期经营，因为它具有战略眼光。这时，它能根据今后公司的长期发展，制定决策。作为一个公司财团，要有全盘考虑。比如说，西北的石油开发，可以由公司财团出面搞，它注意到若干年后西北地区石油工业将兴起，就会考虑用一部分利润到西北投资。它可以跨部门、跨地区经营，自己内部可以取得一个平均利润。这样可以大大加速西北的开发。我们将来对西部的开发，不能像现在这样零敲碎打，而可以由社会主义的公司财团来开发、经营。

4. 所有制改革要因行业、地区、企业规模而异。对于企业，我们可以把各个企业按其在国民经济中的重要性，按其所需资源的稀缺程度，分成若干个行业。然后看看哪些行业应该发展？主要发展什么样的企业，是全民的、集体的，还是个体的？因地区而异，是指要按各个地区的特点来发展。因企业规模而异，是指企业要按不同大小来分类。假定这样的话，全民所有制企业将保留在重要的行业内，保留在一些地区。它们是较大规模的企业。其他的企业，该租赁的租赁，该承包的承包，有些还可卖给集体或个体。这样，把大部分小企业摆脱，国家则把一些全民所有制的骨干企业保留下来，让它们发育为社会主义的公司财团，让它们具有竞争能力，让它们成为中国的跨国公司，打入国际市场。它们仍是全民所有制企业。实现这样一种设想将是我们改革成功的关键。它将给企业带来动力、责任、刺激、利益。还有些中小企业要出卖股权，谁买？卖给谁？要看行业而定。集体、个人都可以买。这就可以形成一种新型的经济联合体：混合企业。这样，我们才能实行真正的多种所有制、多种经营形式。这绝不影响全民所有制的主导地位和公有制的统治地位。

二、我们需要一个比较完善的市场机制

5. 市场本身有一种自行调节的功能，它可以使需求和供给趋向平衡；它又有各种局限性，因此有必要进行政府调节。但绝不能反过来讲：政府能够包办一切，只是由于目前力量不足，才需要由市场来拾遗补缺。我们认为，政府调节与市场调节之间的关系是这样的：首先肯定市场本身有一种机制，能够使经济自动调节，能使供求趋向平衡；但因为它有各种局限性，如资源的有限供给、经济信息系统不健全等，所以需要政府调节。改革的基本

思路是：社会主义经济首先是商品经济，然后才是有计划发展的商品经济。

6. 市场调节与政府调节是并存的、互补的，一方不能替代另一方。这就是二元机制。但二元机制绝不是板块结合。它的含义是：政府调节必须以市场调节作为出发点，它是为弥补市场调节的种种局限性而存在的。所以，计划价格必须以市场上形成的各种价格为依据。市场价格是多种多样的，只有在完全竞争的条件下才有自由价格，在其他条件下，将会形成不完全竞争的价格。而每一种市场都有自由价格与不完全竞争价格之分，计划价格必须以市场中的各种价格为依据。同时，计划价格与市场价格可以有上下出入。上下出入的原因，在于政府调节，但必须以市场价格作为出发点。

7. 比较完善的市场机制不是靠引进的，而是自然发育的。过去，它之所以没有发育或发育不足，是由于缺乏发育的环境，缺乏社会主义商品经济的环境。只要发展社会主义商品经济，市场机制会自行趋于完善。我在这里使用了“比较完善”这四个字。市场不可能在现有条件下形成完全竞争的市场。应充分认识到我们的经济是资源供给有限的经济，而且还要考虑到政府调节的必要性。但我们可以使之“比较完善”。

8. 社会主义的市场体系应包括四大市场：（1）商品市场。包括消费品市场、生产资料市场。房产市场也应包括在内，因为住宅商品化是我们经济发展的必然趋势。（2）资金市场。包括证券市场在内。企业实行股份制后，假定允许企业买卖股票，假定允许个人购买股票，就应有一个证券市场来进行这样的交易。不然，这种证券将缺乏灵活性。但证券市场可以加以调节。或者存在专门的证券市场；在条件不成熟的情况下，也可以由银行代理发行股票、买卖股票，充当股票经纪人和实行股票的抵押、贴现。（3）技术市场。是指科技成果有偿转让的市场。（4）劳动力非商品化条件下的劳动力市场，简称为劳务市场。考虑到劳动力市场从来不是完全竞争的市场，因而它是分层次的、因地而异的。由于人员的水平流动和垂直流动方面的局限性，它只可能逐渐趋向于完善。我们应该有一个统一的商品市场。这就是说，商品不管是消费品还是生产资料，可以在全国范围内流通。假定它不能流通，那仅仅是因为经济上的原因（如成本太高、收益太低），而绝不是由于经济以外的因素的干扰。资金市场也是指全国范围的资金市场。假定资金不能做到全国范围的融通，这仅仅是由于经济原因，而不是由于人为的、非经济因素的干扰。

三、提高政府部门的效率

9. 一个有高度效率的政府部门，表现为有效的经济决策、有效的政策执行、有效的经济监督。无法可依，有法不依，执法不严，以权代法，是政府无效率或低效率的标志。一个没有效率的政府部门，加上一个不完善的市场机制，那么即使我们的经济改革方案再好，也不能实行。所以在改革的思路中，一个重要的方面是：必须提高政府部门的效率。

10. 经济调节比采取行政手段要求有更高的管理水平，间接控制比直接控制要求有更高的管理水平，指导性计划比指令性计划要求有更高的管理水平。应该认识到：改革以后，管理经济不是容易了，而是更难了。目前，我们经济管理干部的水平，大大落后于需要。所以要加速培养经济管理干部，提高干部素质。这是提高政府部门效率很重要的一个方面。

11. 与其是主观主义的、不科学的计划管理，不如不要计划管理；与其是无效率、瞎指挥的经济调节，不如不要经济调节。在这种情况下，不如索性让市场调节与商品经济来发挥作用。所以在二元机制中，与市场机制并存的那种政府调节，是指科学的、有高度效率的政府调节。二元机制不是简单地说市场机制与政府调节都要有。政府调节以具有科学性与高效率为前提。假定我们不要瞎指挥的政府调节，只要市场调节，那么至少可以使经济在波动中增长。而瞎指挥的政府调节的加入，就有可能使经济停滞、倒退，1958年的事例就很典型。应充分认识到这一点：对政府调节要有区别，看它是不是科学的。科学的政府调节是好事，它可以弥补市场的不足；不科学的政府调节，会使市场调节原有的优越性消失掉。因为市场机制大体上可以使供求趋于平衡，虽然时间和过程要长一些，波动要大一点，但经济还可以增长。所以，把二元机制提到这样的一个高度来认识，我们的思想就打开了。

12. 为了提高政府部门的效率，行政改革势在必行。干部选拔、任命制度必须改革。对干部应实行“任期目标责任制”，以便加以考核。干部“只上不下”，当然不对。干部“能上能下”的提法，也不一定妥当。应该是干部“有上有下”。该上就上，该下就下。应该是：干部当得好的，就上，当不好，就下。在干部任免上，没有照顾的问题。只有这样，我们的政府部门才会确实提高效率，从而加速体制改革的进程。

四、企业家精神与社会主义企业家

13. 中国需要一大批社会主义企业家，需要企业家精神。企业家应该有战略眼光，有创新与实干精神，有组织能力与经营管理能力。在经济改革中，要保护社会主义企业家，让他们充分施展才能。没有企业家，没有企业家精神，即使改革了所有制，建立了股份制的企业，建立了公司财团，建立了新型的公有制企业，经济仍然缺乏生机。如前所述，所有制改革是关键。现在的问题是：谁来主持这个新型的公有制企业？谁来施展才能，发挥企业的活力？那就是企业家。没有企业家，仅仅改革了所有制是不够的。所有制改革的内在的东西，就是企业家精神。我们在改革中要认识到企业家与企业家精神的重要性。

14. 社会主义企业家不是靠自上而下地指定产生的，也不是靠“温室”培养出来的。他们的命运与社会主义商品经济的发展联系在一起，与企业经济活动联系在一起。他们是在竞争的环境中拼搏出来的。我们要特别注意原来条件不好的企业，包括乡镇企业，那里是容易产生社会主义企业家的场所。要找社会主义的企业家，就应该到那些地方（中小企业、乡镇企业）去寻找。因为，那里条件差。能够从中拼杀出来的人，一定具有企业家精神。“社会主义企业家是环境逼出来的”，这句话对我们很有现实意义。这样产生的企业家，才能给企业带来竞争力。

15. 要认识到企业家与企业家精神是商品经济的产物。社会主义商品经济越发展，企业家将越多，企业家精神也越能发挥影响。因此，社会主义商品经济的发展，能培养出越来越多的企业家。这将胜过创办多少期厂长训练班、经理培训班。没有商品经济的环境，是培养不出社会主义企业家的。同样，大学里的经济系，可以使学生增长一些基本经济知识，但不一定能培养出企业家。

16. 企业必须新陈代谢。办得不好的企业，该停产的停产，该关闭的关闭，该淘汰的淘汰，该清理的清理。社会主义经济中每年有百分之几的企业破产，不是坏事，而是好事。社会主义经济活动的大舞台，应该留给那些新兴的、有生命力的、有竞争能力的企业大显身手。市场竞争是一场旋风。它吹垮了那些落后的、没有效益的企业，保住了一批有竞争力的企业，但更重要的是：它清理了场地，让更多的企业能够生长。这就是创新。这样才能有社会主义的财团，才能有打入国际市场的社会主义跨国公司。这样才能使我们的经济既有压力，更有活力。

五、符合社会主义伦理原则的经济行为规范

17. 社会不平等引起社会不安定，但社会不安定不一定来自社会不平等。收入分配的差距会增加效率，但效率不一定来自收入分配的差距。在一个客观上平等的社会中，假定说人们的生活水平先上升，后下降，上升大，下降小，由于消费、收入、工资的不可逆性，也可能造成社会的不安定。这是由于人们的心理造成的。另一种情况是：在一个客观上平等的社会中，有些人会自认为不平等。比如有人多劳多得，有人少劳少得，少劳少得的人不看自己少劳，只看少得，感觉自己吃亏了，这也会带来社会的不安定。如果收入分配的差距超过了一定限度，有可能影响效率，使一些人自暴自弃、消极怠工。所以在社会主义经济中必须处理好平等与效率的关系。我们所理解的平等，一是生产者成为生产资料的主人，二是机会的均等，三是现有生产力水平上的按劳分配。我们所理解的效率是在生产资料公有制基础上的效率，机会均等下的效率，符合按劳分配原则的效率。只有从这个角度来理解，我们才能妥善处理好平等与效率的关系。

18. 从经济上看，市场调节虽然有局限性，但它毕竟能使经济在波动中增长。从社会协调方面看，市场调节的局限性却要大得多。市场本身不能实现社会发展的协调。我们不是为增长而增长，经济发展与社会协调是统一的。我们之所以需要政府调节，是因为有效率的政府调节既表现在经济方面，也表现在社会方

面。它表现在社会方面，是指在保证经济增长的前提下进行收入分配的调节。这种调节是另外一种意义的调节，与调节供求平衡不同，它是从社会意义上讲的。这种调节是符合社会主义的整个发展目标即社会经济发展目标的。因为，在经济改革中应注意到，累进制的所得税和调节税以及对低收入家庭生活的补助，一方面要有适当的限度，另一方面也是不可缺少的。它们既保证了经济增长，又保证了社会协调。我们整个改革要沿着这样一种方向前进。

19. 社会主义精神文明建设的重要内容之一是建立新的价值观念。比如说。什么是“公平”？什么是“就业”？怎样看待“一部分人先富起来”？这一切值得我们重新思考。通过思考，我们可以明辨经济改革中的对与错、是与非，了解到什么是我们要争取的，什么是我们应该抛弃的。人们往往把不值得留恋的东西拼命地抱住不放，这就涉及价值观念的转变。没有价值观念的转变，就不可能对经济改革做出正确的判断。

20. 传统东方文化的价值观念的核心是家族观念和小生产者的平均主义，近代西方文化的价值观念的核心是个人主义，二者是相冲突的。在传统东方文化基础上实行现代化的发展中国家，时时处处都会遇到两种价值观念的冲突。我们正在进行的是社会主义现代化，我们面临的问题不是在传统东方文化的价值观念和近代西方文化的价值观念之间做出选择，而是探索如何在两者之外，建立符合社会主义伦理原则的新价值观念。这是一个难题，但我们必须设法解决。从这种意义上说，价值观念的转变是比经济体制改革更深刻的一场革命。这不是一代人所能完成的。我们必须充分认识这个问题的艰巨性。

六、近期需要认真注意的问题

21. 扩大经济中的横向联系是近期改革的重要措施。只有扩大横向经济联系，才能使我们的商品市场趋于统一，使我们的资金市场逐步形成，才能打破条块分割。这一点非常重要。假定不搞企业的横向经济联系，不让企业之间在资金、人力、技术等方面互相协作交流，不让企业的产品打到对方的市场上去，那么，我们的市场机制是建立不了的，我们的条块分割是打不破的。这正是我们近期改革的重要内容。我们正在巩固已有的改革成果中前进，其中最重要的一条，就是扩大经济中的横向联系：这是改革在继续进行的证明。

22. 我国经济当前的首要问题仍然是基本建设投资过大，消费基金增长过快相比之下是次要的。这不是说消费基金不需要调节，而是说不能把这一点提到最突出的地位。要知道，我国消费者手中之所以有货币，是由于他们提供了物质产品和劳务。收入是与供给相联系的。如果对消费基金有过多的限制，往往在抑制需求的同时也抑制了供给，从而给将来的经济发展造成后遗症。经济调节中，既要调节需求，也要调节供给。绝不能在压低需求的同时把供给也压下去了。我们认为，消费早熟需要避免，但不能认为我国目前已进入早熟型消费阶段。我们应该吸取其他发展中国家的经验，防止早熟型消费的出现。早熟型消费有两个标志：一个是积累率过低，而我们的积累率保持在30%左右，是高水平的；另一个标志是稀缺生产资源中的大部分被新的消费方式所占用，比如石油，生活用油过多就会影响生产。我们没有出现这种情况，所以我们目前没有消费早熟。

23. 平衡是一种分析方法，是分析的出发点，平衡本身不是目的。我们的目的是实现四个现代化。社会主义经济在运动过程中，总是围绕着平衡点摆动，在一定范围的摆动中前进。从这一点来讲，我们不是为平衡而平衡。假定经济上不去，财政平衡是无意义的，信贷平衡也是无意义的。我们要认识到，同样是平衡，有低水平与高水平之分。做到低水平平衡并不难，只需采取紧缩政策。如果我们不单纯抑制需求，而设法刺激供给，那是高水平的平衡。何况，经济总是在围绕着一个平衡点上下波动中不断前进的，“需求略大于供给”和“供给略大于需求”，都是基本平衡。按我国目前的情况看，“需求略大于供给”更具有现实性，而“供给略大于需求”是做不到的。所以我们当前必须学会如何适应这样的形势，学会在这样一种形势下进行经济建设。

24. 政策要保持稳定性和连续性。要让人们感到放心，让从事经济改革的人感到放心。政策的多变只会促使政策效力递减。经济中的重大振荡，往往发生于企业和个人估计到政策将会有显著的变化而纷纷采取预防性措施的时候。因此，使企业和个人对经济环境产生一种稳定感和对政策保持足够的信任，不仅可以在相当大的程度上减轻经济改革中可能发生的震荡，而且有利于保持一个促进经济改革的良好的社会环境。

七、我国经济前景的设想

25. 全民所有制经济在国民经济中的主导地位，不仅不依据全民所有制企业数目在全国企业数目中的比重，甚至也不依据产值所占的比重，而是依据它是否掌握着作为国民经济命脉的部门，是否在若干种关键商品产量中占有较大的比重。从长远来看，全民所有制企业不一定很多。大量的企业可能是混合经济的或者是集体的。而且，即使是全民所有制企业，也不是我们现在所认识的、传统意义上的全民所有制企业，而是一种新型的、股份制的、实行控股制的、属于某一个企业财团的以全民所有制为主的企业。

26. 从较长远的角度来看，指令性计划不是不可以取消的，指导性计划可以成为我国唯一的计划形式。当然，这要看我们的条件是否已经成熟。条件成熟的主要标志是某些资源已不像现在这样稀缺了，供求紧张程度已有所缓和。此外，还要考虑到国家在某些方面是否具有足够的经济管理能力，这是因为：实行指导性计划比指令性计划更难。

27. 在财政、金融、价格、工资四种调节手段中，今后，工资的调节下放到基层、企业；中央对经济的调节主要运用财政、金融两种手段，地方的调节也主要运用这两种手段。除非在十分必要的情况下，应尽量少采取价格调节手段。这就是我们长远的宏观经济调节政策。国家计委主要管制定中长期计划。

28. 将来中国经济面貌的最明显的变化，可能反映在农村经济面貌的变化上。土地向耕作能手集中，家庭承包的农场规模扩大，劳动生产率提高，多余的劳动力主要进入乡镇企业，小城镇将普遍兴起，大城市、小城镇和农村形成多层次的经济网络。小城镇将成为生活服务、文化教育、文娱和商业中心。中国人民生活水平提高的标志，不是看现期的货币收入，而是看家庭财产存量的不断增加。

（1986年4月25日在北京大学“五四”科学讨论会上的报告）

“平等”与“效率”

——对“收入攀比”问题的认识

一、“平等”与“效率”一个公认的难题

在研究宏观经济与微观经济之间的协调问题时，处理“平等”与“效率”之间的关系被经济学界看成是一个难题。在西方经济学家看来，“平等”还是“不平等”，主要是指社会成员的收入分配而言：收入均等化被认为是“平等”，收入有差距则被视作“不平等”。而所谓“平等”与“效率”之间的关系的含义在于：如果社会上有人提供的效率较高，他们的收入必定较多，有人提供的效率较低，他们的收入必定较低，这就形成了人与人之间的“不平等”；如果社会要消除人们之间的这种“不平等”，那就需要缩小收入分配的差距，但那样一来，社会的效率肯定会下降。因此，要“平等”，就不可能有“效率”，要“效率”，就不可能有“平等”。“平等”与“效率”此起彼落，此

长彼消。

在社会主义经济中，这个问题同样是存在的。尽管我们不能把平均主义性质的收入分配理解为平等，而认为真正的平等是指阶级的消灭、剥削制度的消灭，但我们同样不能认为社会主义经济中已经不再存在“平等”与“效率”之间的关系这样的问题。这个问题不仅存在，而且如果处理得不好，社会主义经济中的效率也会受到影响。

然而，到目前为止，社会主义经济学界对于社会主义经济中的“平等”与“效率”之间关系的研究是非常不够的。因此，我们有必要在这方面做深入一层的探讨。

二、社会不安定不一定来自社会不平等

根据“平等就是消灭阶级、消灭剥削制度”的定义，我们可以认识到，社会主义社会中的“平等”不仅不是“效率”提高的障碍，而且恰恰由于阶级的消灭、剥削制度的消灭而调动了广大劳动者的积极性，解放了生产力，从而有助于提高“效率”。从这个意义上说，社会主义的平等是效率的源泉。

但应当看到，社会不平等固然会导致社会不安定，但社会不安定却不一定来自社会不平等。在社会主义公有制和按劳分配的基础上，社会不是一个不平等的社会。但这不等于说每一个社会成员都能从社会性质的角度来认识平等的含义和平等的实际存

在。在社会上，总会有一些人感觉到自己所得到的收入同别人相比是较少的，也会感觉到某些人所得到的收入不应当比自己的收入多。在现实生活中，一些社会成员有上述这种“不平等”的感觉，并不奇怪。如果有这些感觉的社会成员人数较少，那么还不至于引起社会的不安定；但如果有这些感觉的人多了，那就有可能发展为社会不安定。因此可以认为，社会不安定不一定来自社会不平等，它也可能来自一部分社会成员对“平等”的错误理解，来自他们自认为处于“不平等地位”的一种感觉，来自他们同别人收入的攀比，以及未能实现收入增加的失望与不满。

由此引起的社会不安定是不利于“效率”的提高的。这就是说，在社会主义经济中可能出现这样一种情况：尽管事实上平等，但某些人自我感觉的“不平等”，却有碍于提高“效率”。

三、效率不一定来自收入分配差距

在贯彻按劳分配的条件下，劳动者之间在收入分配方面保持一定的差距，将促使劳动者尽可能发挥自己的主动性、积极性，以增加个人收入，从而使效率得以提高。关于这一点，一般并不产生疑问。

然而社会主义经济中的劳动者主动性、积极性的发挥，并不一定来自收入分配的差距。劳动者的非物质利益动机，包括劳动者对自己工作性质的认识和责任感等，同样会激励劳动者积极工作，由此所产生的效率，就不能简单地用收入分配差距来进行解释。

问题不止于此。正如前面已经指出的，社会不安定可能来自一些人的自我“不平等”的感觉，而这种“不平等”的感觉又是由于收入分配差距和相互攀比所引起的，于是就有可能得出下述论点：社会上收入分配差距过大反而会阻碍效率的提高。比如说，在人们关于“平等”含义的错误理解的基础上，当收入分配差距过大时，这些人可能开始时是相互攀比收入，如果攀比得以实现，另一些人的积极性将受到挫折，而这些人的积极性却不一定增加。结果，平均效率下降。如果攀比未能实现，这些人会感觉失望，社会不安定因素会增大，从而对效率的提高也是不利的。最后，如果收入分配差距扩大到使社会上有相当一部分人感觉自己难以改变自己的收入偏低的状况时，他们有可能自暴自弃，而不去设法提高自己增加收入的能力。这样也就谈不到效率的提高了。

可见，这里存在两个相反的命题：一是收入分配差距的存在有助于提高效率，一是收入分配差距过大阻碍效率的提高。我们不能简单地认为这两个命题中必有一个是错误的。二者实际上都有道理。在社会主义现实经济中，它们是互相补充的。

四、所谓“平等与效率的最优交替”并不是解决这一问题的主要方式

西方经济学家在讨论“平等”与“效率”之间的关系时，曾经提出这样的解决方式，即认为在“平等”与“效率”两个目标同等重要，分不出二者“先后次序”的前提下，可以用“最优交替”的方式来处理二者之间的关系。“最优交替”是指：以“最小的不平等”换取“最大的效率”，或以“最小的效率损失”换取“最大的平等”。具体的措施包括增加国家对教育的支出（旨在增加低收入者的收入）、修订福利措施（旨在减少有劳动能力的人对国家的依赖）、修订税收规则（旨在避免挫伤劳动者和投资者的积极性，以及避免收入分配差距过大）、增加劳动者的地区流动性（旨在创造“机会平等”的条件）等。

这些具体的措施并不是不起作用的。通过这些措施，可以在不同程度上既有助于提高效率，又不至于扩大收入分配的差距。即使在社会主义经济中，这样一些具体的措施也可以成为协调“平等”与“效率”之间关系的办法。但问题在于：上述有关“最优交替”的前提仍是把收入分配的均等化作为“平等”的含义的，因此不可能被看作解决社会主义经济中“平等”与“效率”之间关系的主要措施。

前面已经提到，在社会主义经济中，由于人们在收入方面的相互攀比，以及由此引起的一些人自认为处于“不平等”地位的感觉，是影响效率的一项重要因素。上述的“最优交替”并未涉

及这种相互收入攀比问题。至于增加教育支出、修订福利措施、修订税收规则、增加劳动者地区流动性等办法，固然能够达到一定的作用，但也同样解决不了因收入攀比而导致的社会不安定。为此，我们必须设法从防止和消除收入攀比方面着手，并以此作为现实条件下处理“平等”与“效率”之间关系的主要方式。

五、收入攀比的防止和消除是一件长期的、艰巨的工作

只要人们存在着收入攀比的心理，他们就会产生自认为处于“不平等”地位的感觉，社会主义经济中的“平等”与“效率”之间的关系就难以协调。这确实是一个不易解决的困难。那么，我们应该怎么办呢?

假定采取迁就收入攀比的做法，那就会破坏社会主义的按劳分配原则，使平均主义滋长起来，而平均主义并非平等，平均主义只会给经济带来更大的损失，使效率下降，这已经被历史所证实了。不仅如此，收入攀比还会使收入增长超过劳动生产率增长，使消费基金增长过快，使宏观经济失衡，对社会主义建设是十分有害的。

因此，我们必须在坚持按劳分配的前提下，处理收入攀比而引起的“平等”与“效率”的关系问题。一项重要的工作是正确宣传社会主义社会中“平等”的含义，使人们了解“平等”与平均主义的区别，以便使他们认识到现实生活中所存在的收入水平

不同并不意味着社会的不平等。社会上正确地理解“平等”的人越多，越有助于维护社会的安定和提高效率。

如果进一步考察，我们将会发现，产生人们在收入方面相互攀比的原因之一可能与按劳分配实施中的困难有关，或与现行工资、奖金制度中确实存在不合理的成分有关。按劳分配在实施中所遇到的困难，主要是“等量劳动”中的“等量”难以确定，而现行工资、奖金制度中存在的不合理的成分则又与历史遗留下来的问题或现实中不得不采取某种妥协态度联系在一起。这样，在实际工作中就需要尽可能消除工资、奖金制度中的不合理之处，尽可能用劳动成果作为计算劳动报酬的尺度，并且在遇到历史遗留问题或现实中不得不采取某种妥协态度的场合，尽量多做解释工作，使具体问题有具体的解决方式。

在社会主义经济中，采取一定的收入调节方式始终是必要的。收入调节包括给低收入者以补助和向高收入者征收适当的个人所得税的办法。收入调节的依据是：在社会主义经济中，由于按劳分配收入中还保留着某些非劳动收入的因素，或者由于社会还允许某些非按劳分配收入的存在，因此需要通过对收入的调节来协调收入分配的差距。这种调节有助于社会的安定，为效率的提高创造较好的环境。但这并不意味着向收入攀比迁就。对收入攀比的迁就只会阻碍效率的提高，而且也无法达成真正的社会安定。何况收入攀比是无止境的，对一次收入攀比的迁就会引起一系列新的收入攀比。

在社会主义经济中，要防止和消除人们在收入方面的相互攀比，是一件长期的、艰巨的工作。我们可以在宣传教育上下功夫，引导人们正确地看待“平等”和收入分配的差距。我们可以使收入分配的体制和具体方式尽量合理些，避免由此导致一些人对收入分配的不满。我们还可以运用收入调节措施，使社会的收入分配趋于协调。但我们不应当不切实际地设想收入攀比现象会在短期内消失。这就是说，在相当长的历史时期内，社会主义经济中的“平等”与“效率”之间的关系将一直是我们需要认真对待的问题。

（原载《中国企业家》1986年第4期）

经济学的争鸣和经济学的繁荣

发展马克思主义经济学说和宣传发展了的马克思主义经济学，都需要有勇气

经济学同任何一门科学一样，它的生命在于创新。在社会主义经济学研究中，创新是指马克思主义的普遍真理同社会主义国家的具体实际相结合，研究新情况，解决新问题，提出新论点。马克思主义经济学说是科学的理论，是不断结合新的实际而发展的理论。以经院式的态度对待经典作家的著作，把马克思主义经典著作中的个别公式和结论奉为永远不变甚至不容怀疑、不容补充和修改的教条，这不是维护马克思主义，而是对马克思主义的曲解。

马克思主义的社会主义经济理论产生于社会主义实践，由实践赋予它活力，并由实践来检验。实际生活是不断向前发展的，只有以马克思主义为指导，根据理论与实践相结合的原则研究经

济中的新问题，才能促进社会主义经济理论的发展。不能设想，我们能够脱离经济生活的实际而把经济理论研究提高到新的水平。

我们需要学习、研究马克思主义经典著作，但我们决不能认为唯有对马克思主义经典著作的注释和解说才是马克思主义经济学说研究者的研究课题。要发展马克思主义经济学说，研究者应当面对现实，深入实际，在实际生活中发现研究课题，并以此作为自己的主攻方面。

本着对社会主义革命和建设负责，对科学负责，从而也是对马克思主义经济学说本身负责的精神，马克思主义经典著作中没有阐释过的问题，我们可以提出来讨论，提出自己的看法；马克思主义经典著作中已经阐释过的问题，如果我们感到需要结合新的情况而重新研究，也可以提出自己的看法；马克思主义经典著作中不曾出现过的新的术语、新的范畴，经典著作中不曾采用过的新的方法、新的计量技术，如果它们有一定的科学性，我们同样可以采用。这一切完全是正常的情况，因为我们不应当把自己限制在经院式的研究中，我们也不想把自己变为这样的研究者。

发展马克思主义经济学说和宣传发展了的马克思主义经济学说，都是需要勇气的。在这个过程中，可能有不被别人所理解之处。但如果我们具有强烈的社会责任感，意识到马克思主义经济学说只有向前发展才富于生命力，意识到只有依靠发展了的马克思主义经济学说来解决中国社会主义实际问题，才能使社会主义建设事业前进，我们就会产生这样的勇气。当前，我们正在进行全面经济体制改革，更需要有大胆探索的勇气。

对于一个经济理论工作者来说，难道还有比发展马克思主义经济学说，比解决社会主义建设中的实际问题，更值得去从事的么？

经济学的创新与经济学的争鸣是联系在一起的。创新是集体智慧的成果，是永无止境的

社会主义经济学研究领域内的创新并不仅仅是个别人的任务，也不是个别人所能够完成的。社会主义经济学作为紧密结合实际的理论科学和应用科学，依靠集体智慧的积累而不断发展。任何个人的研究总离不开前人的研究工作及其取得的成果，也离不开同时代人在各方面对他直接和间接的启发、影响和帮助。当然，我们并不否认某些专家在经济学的创新中做出了自己的突出贡献。

经济学的创新需要一个良好的学术环境，创新和争鸣是不可分的。只有在争鸣的学术环境中，集体的智慧才能得到充分的发挥。中共十一届三中全会以来有关一系列经济学问题的讨论，最清楚地说明了这一点。我们谁也不要轻视这些年来在经济理论界围绕着社会主义生产目的、社会主义所有制、社会主义商品经济与价值规律、社会主义计划与市场之间的关系等问题而展开的学术讨论和争论，它们对经济学的创新起到了有益的作用。就像万里长江一样，它的源头可能是无数细小的溪流，从发源地开始，

直到注入大海之前，它容纳了多少条大河；每一条大河又是由数不尽的小的支流汇成的，而任何一条支流的源头，也都来自细小的溪泉。经济学的创新过程不正是这样么？

回顾一下近几年来的情况，在经济理论界有过多少回讨论，多少篇文章，多少种建议和意见，多少次批评和自我批评，这些汇集到一起，最后才逐渐使某些经济学问题条理化、理论化、规范化，才使人们对某些经济学问题的认识达到比较新的境界。这个创新过程，离不开争鸣，离不开学术观点的交锋，离不开批评和自我批评。但经济学的创新过程同江河入海不一样。江河以入海为尽头，而经济学的创新则是无止境的。创新无止境，也就要求争鸣的学术环境永远存在。

近几年来，我们不都在报章杂志上发表过长短不一的文章么？我们不都参加过“六五”计划、“七五”计划的学习和讨论么？我们不都参加过城乡社会经济调查，写过工作报告、调查材料、政策建议么？更普遍的是，我们不都在各自的工作部门和单位就当前的经济问题谈过自己的心得、体会和意见么？总的来讲，这几年来经济理论界在某些重大理论问题上开展了一些必要的、有益的讨论，对经济建设起了很好的推动作用。但就整个学术理论界来说，还是远远不够的。只有更好地实行双百方针，排除一切阻力和干扰，才有利于经济学的繁荣和创新。

在社会主义经济学研究中出现的不同学派，将为经济学的进一步发展共同做出努力

随着经济体制改革的深入和社会主义经济的不断发展，社会主义经济学领域内若干重大理论问题和应用问题还需要继续大胆探索。在研究过程中，在马克思主义的理论指导下，将会出现持有不同学术观点的各个社会主义经济学的学派。学派的划分不仅是分析方法的区别，并且主要不是分析方法的区别。学派的划分首先要依据理论观点的不一致。理论观点的不一致，分析方法的不一致，从而在政策主张上不一致，三者是统一的。但理论观点的不一致最为重要。

需要指出的是，这里所说的各个学派的理论观点的不一致，并不涉及它们对社会主义制度本身的态度和对马克思主义经济学说的态度。各个学派在这些方面是没有分歧的。理论观点的不一致主要是指对社会主义经济运行过程有不同的解释，对影响社会主义经济的各个有关因素的作用有不同的看法，以及对若干经济现象和经济问题的产生原因和演变趋势有不同的见解等。

这里所说的各个学派的分析方法的不一致，主要是指它们在研究社会主义经济运行和社会主义经济发展时，侧重于这一种具体的分析方法还是那一种具体的分析方法。比如说，怎样看待数量分析方法，是否采取经济计量模型，是否重视社会心理分析、历史因素分析、经济伦理分析，等等。

这里所说的各个学派的政策主张的不一致，主要是指各个学

派在研究政府对社会主义经济和社会的调节时，主张采取哪一种调节措施，在研究社会主义的经济和社会发展战略时，主张实行什么样的发展战略。比如说，是财政调节更重要呢，还是金融调节更重要？价格改革的步子大一些呢，还是小一些？资金市场的开放以何种程度为宜，劳动力的合理流动又以何种程度为宜？在一定的经济形势下，以紧缩政策为主，还是不需要采取紧缩政策？等等。

由此可见，社会主义经济学研究领域内所出现的各个学派之间的争论，不是什么“以无产阶级为一方，以资产阶级为另一方”，或“马克思主义为一家，反马克思主义为另一家”之争，而是大家都在为社会主义建设事业投入劳动，付出心血。经济学的争鸣是经济学繁荣的必由之路。社会主义经济学研究中出现的各个学派将在讨论中充分交换意见，互相取长补短。这种学术气氛将为社会主义经济学的进一步发展，为社会主义建设的新成就做出应有的贡献。

意识形态的主管部门应当努力创造良好的学术讨论的环境，使经济学工作者增强信心

经济学工作者不能忘记社会主义建设事业所赋予自己的使命，不能丢掉自己的社会责任感。因此，当某个作品、某种观点受到别人批评的时候，当别人指出了其中的错误，指出其中有经不起实践检验之处的时候，应当有勇气承认，并修正自己的不正确之处。在讨论中，难免有一些不实事求是的批评，经济学工作

者也应当正确对待。气馁和抱怨都无助于进一步钻研。

对于意识形态的主管部门来说，有必要在学术讨论的环境方面为经济学的争鸣创造条件。有关部门的领导人，以学术研究者的身份平等地参加讨论和争鸣，有助于学术讨论的深入，并且为学术讨论创造良好的气氛，这是应当欢迎和提倡的。如果采用行政手段，对学术争论横加干涉，甚至进行粗暴的批判，就会给学术研究和讨论造成不好的影响。对于正在讨论的社会主义经济学问题，谁最有资格来评判？归根到底，不是某个权威，也不是以往著作中曾经有过的解释，而是社会主义经济建设的实践。实践的检验将做出公正的判断。然而，对于经济学争论的实践检验，往往是需要一定时间间隔的。这称作“经济学验证的滞后”。不了解“经济学验证的滞后”，而以权威自居，匆匆做出结论，对经济建设和对经济学发展本身都没有什么好处。即使是那些被实践证明了的错误观点，也应当通过学术讨论，通过批评和自我批评来解决。

我们要注意到这样一种情况：在工作中，经常有些人什么工作也不干，什么主意也不出，而一旦他们认为工作中出现某些错误时，这些人却成为最有发言权、最有资格去指责别人的人。这当然是不正常的。在经济学研究中，也会产生同样的现象：平时，有些人不研究现实问题，不对现实问题提出自己的看法，但却成为最有资格去批评研究现实的人的“正确观点的代表”。这难道是正常的吗？我们不能让这种现象再出现了。

（原载《人民日报》1986年5月19日）

我国所有制改革的几个问题

一、两种改革思路的比较

下一步经济体制改革究竟怎么走，到目前为止，在经济学界基本上有两种不同的思路。一种思路是主张价格放开，价格改革“走大步”，以便理顺价格。这就是把价格改革看成是经济体制改革的关键。另一种思路是以所有制改革作为经济体制改革的关键，不同意价格改革“走大步”。可以把这两种不同的改革思路的区别归纳为以下十点：

1. 价格改革给人们以负的心理效应。人们一听到价格改革，首先就会想到“我在改革中会失去什么，丢掉什么”。他们对价格改革可能引起的物价波动感到不安。因此，价格改革的心理效应是负的。而所有制改革给人们带来的是正的心理效应。人们听到所有制改革，就会想到“我在改革中会得到什么，增加什么”。这样，他们对所有制改革就持愿意参加、愿意试点的态度。

2. 价格改革是不能试点的，全国必须同时展开。比如说，不能上海先搞，北京后搞。全国要在一夜之间进行价格的全面调整，不能找某个地方先试点。这就表明，一步迈出之后，就不以人的意志为转移，不能倒退，不能逆转。价格改革中会出现什么问题，如果事先没有预料到的话，事后的纠正是比较困难的。所有制改革则不同，它是可以试点的。它可以从点到面，取得经验，逐步推广。如果在改革中发现什么问题和不够完善的地方，可以加以弥补、纠正。那些愿意试点的单位，一开始就会认真去做，总结出经验来，这对以后进行所有制改革的单位有着示范作用。

3. 企业是被迫卷入价格改革的。不管企业是否同意，都得接受价格改革。有的企业尽管认为价格改革对自己没有好处，但不得不接受。一部分企业感到价格改革对自己并无好处或好处不大，因此就采取不配合的态度。它会想："你有政策，我有对策"，于是把物价上涨的损失转嫁给消费者，或者采取偷工减料、降低质量的做法，以自己能够混过价格改革这一关为目的。但企业却是自愿加入所有制改革的。既然所有制改革要试点，那么，哪一个企业愿意试点，并认为自己的条件已经成熟，就可以试点。如果认为条件不成熟，那就暂时不要试点，条件什么时候成熟，就什么时候试点。试点是自愿的，企业就会积极配合；而且越是试点单位，越想做出成绩来。

4. 地方政府对价格改革顾虑重重。因为价格改革以后，马上会遇到一个现实问题：人们的工资水平能不能相应增长？人们的实际收入是否下降了？假定老百姓对价格改革不理解，或感到实际收入下降，他们会有不满情绪。因此，地方政府感到价格改革后，如果收入未及时调整，自己要受到压力。地方政府认为，对于所有制改革，是可以采取积极配合的态度的。因为所有制改革要试点，就需要同地方政府商量，以便批准哪些企业、行业试点。地方政府对此感到有把握。如果说所有制改革后人们的情绪也有波动的话，那主要是顾虑某些企业破产后工人的救济和就业问题不好解决。但与价格改革后的情况相比，人们情绪上的波动会小得多。所以，地方政府的顾虑较少。

5. 价格改革的结果是不确定的。不要迷信价格计量模型，因为对社会变动的预测与对自然界的预测不一样。如果预测北京明天会下雨，预测对了，说明资料正确，方法对头；预测错了，说明资料错了，或方法错了。而价格预测就不一样。价格变动是受人的行为影响的。每人都有自己的心理活动。人的心理活动是复杂的，很难预料。比如说，预计北京的鸡蛋下月会涨到1. 8元一斤，预测结果一公布，可能会涨到每斤2元以上。因为，你也买，我也买，大家都去买，价格上涨幅度就超出了原来的预计。所以价格改革一步迈出之后，后果怎么样，并不清楚。数学公式只能供参考，而人的行为是变化的。所有制改革与此不同，其结果大体上可以知道。这一步怎么走，将来怎么走，大体上有把握，因为可以预料改革后的企业经济效益会提高；正因为提高了经济效益，企业才愿意试点。

6. 价格改革就算改得好，不出大问题，充其量也只是为商品经济的发展创造了一个良好的环境。价格改革本身并不给企业本身以动力。企业究竟有没有动力，能不能利用价格改革后的好形势，那是另外一个问题。所以说，价格改革只是解决商品经济发展环境问题的一种改革，不是带有根本性的经济体制改革。所有制改革与此不同，它解决的是企业的利益、责任、动力、刺激等问题，目的在于使企业内有动力，外有压力。因此，所有制改革是带有根本性质的经济体制改革。

7. 价格改革很难同其他经济改革配套。假定价格放开，物价会有较大波动，于是就要求其他战线暂时稳住。比如说，金融改革就不能大动，如果货币供应量再增加的话，市场承受的压力就太大了。此外，劳动制度改革的进度也有可能放慢，因为社会在价格问题上承受的压力增大的同时，如果劳动制度改革进度加快，就会加剧社会的不安。所有制改革与此不同。在进行所有制改革时，价格水平可以暂时稳定，或者只进行个别项目的调整，走小步。但金融改革将大大加快，实现资金市场开放，股票流通、转让，并使各种金融实体相继出现。这时，货币供应增加一些，关系不大。劳动制度的改革、社会保障制度的改革也可以加快，同所有制改革配套。这样，整个改革就配套了。

8. 在改革中，要考虑改革的经济成本。所有制改革实际上不需要经济成本，或者成本非常小。价格改革则不一样。价格改革中，财政补贴可能增大，这就是一项很大的经济成本。要使新调整的价格不再上涨，还必须有一整套控制价格的措施。这需要有一大批人去检查物价，还要有一套机构来管制调整后的物价，这也就增加了经济成本。

9. 价格改革实际上可以不涉及政治体制的改革，因为价格改革只是创造一个商品经济发展的环境而已。而我们现在看得很清楚，假定不进行政治体制的改革，经济体制改革的下一步工作是非常难展开的。政治体制改革与经济体制改革实际上结合在一起了。所有制改革必然涉及政治体制的改革问题。在进行所有制改革时，政治体制改革必须加快进行。为什么呢？因为这涉及一系列问题，如改革以后企业党委的作用问题，各部、厅、局的管理权限问题，国家资产由谁管理的问题，政府董事由谁派遣的问题。这些问题无一不与政治体制改革结合在一起。所以，所有制的改革能够促进政治体制的改革。

10. 价格改革是较低层次的改革。就算改革了价格，难道说商品的比价就达到合理程度了？关于价格体系，我们只能希望它合理，但实际上是做不到的。在经济发展和劳动生产率不断变化的过程中，比价不断调整，很难说达到合理的地步。所有制改革不一样，它旨在解决经济中的根本问题。要知道，经济学研究的最高层次是人在社会中的地位。社会主义生产究竟是为了什么，是为了人的幸福、人的全面发展。所有制改革必须有利于人的全面发展。人不再是名义上的生产资料的主人，而要成为真正的主人。人不仅被当作一个劳动力看待，而且要作为社会生活的主人来看待，要参与经营管理的决策。这些只有通过所有制的改革才能实现。所有制改革的方向很明确，就是朝着“自由人联合体”

的方向走。而“自由人联合体”正是我们社会主义所有制将来要发展的方向。当然，这并不是说通过现在的所有制改革立刻就会形成“自由人联合体”。这只是说，通过所有制改革，我们将朝着这个目标前进。

从以上这十个方面的比较看来，很清楚，假定需要选择，究竟把价格改革还是把所有制改革作为体制改革的关键？经济改革中有难有易，是选择难的，还是选择容易的？我曾说过，经济体制改革的失败，可能是由于价格改革的失败；但经济体制改革的成功，一定是取决于所有制改革的成功。有人说，中国经济现在有个“百慕大三角”，即“价格、工资、财政赤字”这个三角。价格放开，工资上升，财政赤字增加，又导致价格上升，形成恶性循环。如何摆脱这种恶性循环？看来，中国非走所有制改革这条路不可。企业改好了，企业有效益了，价格改革才有效。

所有制改革就是把传统的公有制改成新型的公有制。农业改革之所以取得成就，就是因为改革了所有制。农业改革不是改革生产管理形式。单纯改革管理形式，不能产生这么大的动力。把农业中“三级所有，队为基础”、“政社合一”的传统公有制改为公有土地基础上的家庭联产承包责任制，这就是所有制的改革。农业中的所有制改革的成功，给我们以启发。城市改革，也必须从所有制改革着手。

二、股份制的步骤和措施

（一）企业分类

所有制怎么改？第一步要对企业进行分类。我们先把中外合营、外资独营的企业撇开不谈，这个问题可以另外讨论。很明显，所有制改革主要改革全民所有制。我们把全民所有制企业分为三个部分。

1. 小企业。包括各行各业的小工厂、小商店。对这些全民所有制的小企业，国家就不用再管了，可以把这些小企业租赁、承包、出卖，或改为集体经营和个体经营。这些小企业中有许多是赔钱的，是压在国家背上的包袱，通过租赁、承包等改革，就可以把包袱变为税源。

2. 国民经济命脉部门的大企业，如铁路、银行、发电厂、邮政、电报、电话公司等。这些企业目前可以从改善经营管理着手，按企业化方式来管理。但国民经济命脉部门中新成立的公司可以股份化。例如，新修的电厂，可以是电力股份有限公司，新成立的银行也可以采用股份银行形式。

3. 一般行业的大中型企业。对这些企业，可以实行股份制。这里要弄清两个概念，一是资金增量股份化（增量就是新增加的资金），另一是资金存量股份化。下面分别论述。

（二）企业资金增量股份化

凡是新建的企业，一律采取股份制形式，即以股份公司形式来建立。现有企业在扩大生产规模时，新增加的资金也可以用发行股票的方式来筹集。

假定现有企业扩大再生产时用发行股票的形式来筹集资金，马上就涉及原有企业资产和现有企业资产之间的利润分配问题和管理问题，这是比较复杂的，目前只能采取临时的过渡性办法。

首先谈谈利润分配。我们知道，股票和银行存款是不一样的，买股票的风险比银行存款大，而且股票的灵活性也比银行存款小（不能把股票退回原企业，假定有股票交易所，就只能拿到股票交易所去卖）。因此股息和分红数额要比银行存款得到的利息高，新创办的企业可以既发股息又分红。原有企业扩大再生产的部分，发行股票以后，只有采取过渡办法，即只给较高的股息，不予分红。假定某一个企业原有资金1000万元，增加200万资金后，在创造出来的企业利润中，有多少利润是原有资金创造的，又有多少利润是新增资金创造的，这是很难说清楚的。有些情况下，原有资产（包括物质资产和无形资产；无形资产包括工厂的信誉、地位、商标）的贡献要大一些。另一些情况下，可能恰恰相反，原来的企业资产起不了多大作用，因为它们尽是些老厂房、旧机器，新增加的利润是靠新增股金购置的新厂房、新机器创造的。究竟怎么分配利润？一个简单的办法是按照资产比例分配，但这并不是科学的方法。另一种办法就是干脆不分红，只发给较高的股息。这也是可行的。

那么，怎么管理呢？新创办的企业易于管理。可以按照股权的多少选举董事，由董事会决定企业大政方针。原有企业扩大规模后是否要建立董事会呢？这个问题也比较复杂，因为它原来还有资金。过渡性办法就是：这类企业暂不建立董事会，但允许新入股的人推选代表，对企业起监督作用。

（三）企业资金存量股份化

有人问：原有的大企业怎样实行股份制？我们的回答是：可以分以下几个步骤：

第一步，核定这个企业历年来国家投资的累计额。这是有账可查的。令它为A。

第二步，核定近年来（例如从十一届三中全会以后或实行利改税以后算起）企业利用保留利润再投资的累计额。这也是可以计算出来的。令它为B。如果这几年的利润统统上交，而需要的投资是国家下拨的，那怎么办呢？于是要有第三步。

第三步，按照企业保留利润再投资在企业上交利润中的比例，推算这几年应该留给企业作为再投资的虚拟投资额，令之为C。

第四步，可以算出A+B+C。

A/（A+B+C）是实行股份制后政府股权比例。

（B+C）/（A+B+C）是企业股权比例。

第五步，企业现有净资产的核定，即核定企业究竟有多少家底。这可以算出来。把净资产核定后，按照第四步中核定的企业股权和政府股权的比例，对净资产的股权进行分配。这样，至少有两个大股东：企业和国家。净资产的核定是个非常复杂的问题。净资产的核定中，有一种内在的制约因素：假定净资产估值偏高，这对企业是不利的，因为估值偏离后不利于增加新股，人们认为企业的资产值是浮夸的，不愿入股；另外，政府还可以根据各行各业的情况，在价格体系还没有完全调整好时，对企业资产征收资产调节税。如果净资产估值偏高，征税时企业就要吃亏。假定净资产估值偏低，对新来的股东有利，企业是不会这么干的。所以内在的制约因素的存在，大体上可以使企业净资产的估值既不偏高，也不偏低。这样，企业净资产估定后，就可以建立新的股权机构——董事会。

（四）减少政府股份

在资金存量股份化以后，可以减少政府的股份。这是什么意思？就是说，我们要没法建立社会主义国家的参与制。资金存量股份化以后，可以按行业、企业的特点确定不同企业的政府控股指导线（或称控股标准线）。按理说，政府控股至少要有51%才能控制企业。但或许只要控股2/5，也许只要1/3，甚至更少些，就可以控制企业了。那么多余的股份怎么办呢？多了，就出卖，不要控制那么多股份。对某些企业，政府不一定要控股，因为政府不控股，仍是企业控股，这不仍是公有经济控股吗？政府可以分批分期出售多余的政府股票。例如某某钢铁厂，政府现在控股70%，如果认为只要控股40%就够了，可以出卖30%，逐步出卖。谁来买？集体企业，其他股份企业，职工及其他个人都可以买。卖股票得到的钱，归入国库，作为特殊基金。这笔钱不能用来弥补财政赤字，应该留给政府作为创办新企业用。

我们知道，资金力量的大小，不是看资金本身实际数额的多少，而是看它所支配的资金有多少。所支配的资金越多，力量也就越大。因此，实行股份制以后，不是公有制削弱，而是公有制扩大。要把观念改变过来。要善于减少政府股份，用资金去创办新企业，办好后，卖出一部分多余的股票，再创办新企业，公有制就这样不断地扩大。

整个股份化进程，可以分为三个步骤，以15年为期。到2000年基本完成中国的所有制改革。第一个阶段，也就是七五计划（1986—1990年）时期。要使大批小企业转为租赁、承包经营。另外，选择一些企业，经过审核、批准，进行股份制试点。第二个阶段是八五计划时期（1990—1995年）。着重进行原有企业资金存量的股份化，并且试点推行减少政府股份的措施，即按照指导线（或标准线）来减少政府股份。第三个阶段（1996—2000年），着重推行减少政府股份的工作。到那时，政府控股将是适当的。

（五）国有股份资产管理局

要成立国有股份资产管理局，包括中央、省、市各级的，任务是管理政府股份。股份制实行以后，企业都是法人，是完全的商品生产者，必须遵纪守法、照章纳税，政府不直接干涉企业活动，但可以在两个方面影响企业。第一，宏观经济调节。宏观经济调节不是去直接调节企业的经济活动，而是调节社会总需求与社会总供给的关系，调节商品市场和资金市场。市场发出信息，企业接受信号，根据信号改变自己的经济行为。所以宏观经济调节不是把企业管死。第二，假定政府控股了，对企业就有一种内在的影响，即政府派出董事，在内部影响企业决策。

国有股份资产管理局建立后，各个行业的部、厅、局就不用管企业了。它们主要管本行业的发展战略、发展规划。这才真正做到了政企分开。中央、省、市各级都有自己的国有股份资产管理局，由它们派出政府董事，负责管理政府股份。各级国有股份资产管理局没有纵向关系。中央的股份资产管理局直属国务院，省、市的分属省、市政府，以免又形成一个垂直的管理系统。

还可以设想：不成立国有股份资产管理局，而成立国家投资公司或国家持股公司。中央有中央的公司，省、市也有自己的公司。它们的任务是控股、持股。它们之间同样没有垂直的领导与被领导的关系。

三、中国的二元经济模式

企业实行股份制以后，允许相互入股，允许跨地区、跨部门经营，于是形成控股制。控股制就是参与制。这个企业掌握那个企业的一定比例的股份以后，就把那个企业变成子公司，那个企业又掌握另一个企业的一定比例的股份，就是孙公司。在这个基础上，将形成中国式的社会主义的公司财团。二元经济模式是指：中国经济分成两个大的部分，一部分是若干个强有力的社会主义公司财团，它控制一些大企业，有母公司、子公司、孙公司系统；另一部分是几十万家，甚至几百万家小企业，包括乡镇企业、合作企业以及各种混合所有制企业。小企业的任务主要是提高农民的收入，进行农产品加工，吸收农村多余劳动力，加速小城镇的建设，为当地居民生活服务等。发展小城镇和乡镇企业，方向是对的。但不能理解为中国企业发展方向在于中小企业化或乡镇企业化或走农村工业化道路。中国经济的方向、中国技术进步的方向，在于几十家、几百家最大的企业的发展。它们代表中国经济的方向。这些就是中国的财团、中国的跨国公司。

到现在为止，我国西部开发、边疆开发为什么这么慢？原因是我们没有找到合适的所有制形式。美国西部的开发有过两次高潮，都同所有制有关。第一次高潮，农民迁移，建立小农场，使西部农业发展起来。第二次高潮是20世纪以后，东部的大公司在西部建立子公司，资本和技术转移到西部来，西部的开发加快了。我们呢，中华人民共和国成立以来没有找到合适的形式。农民的迁移当然不行，因为公社化了，而且西部的土地也不适于小农作业。生产建设兵团这种形式，看来只是一种特殊的形式。知识青年下乡，又回来了。地方政府的联合主要是行政性的联合，没有持久的热情，没有长远效益。怎么办呢？真正开发西部，必须建立在大公司发展的基础上，因为大公司有它自己的发展战略，它会考虑长远利益。比如说，某一大公司，它在东部有自己的利益，当它看到西北某地的石油资源的时候，看到西南某地的稀有金属资源的时候，它就会考虑到资金的逐步转移，在一段时期内取得平均利润，将来这边的利润递减，那边的利润增加了。只有靠大公司与当地企业的经济联合，才能加快边疆开发。今天我们要发展横向经济联合，就是这个意思。

中国的尖端技术、应用技术也将首先应用在大公司、大财团里面，因为它们力量雄厚。科学院主要搞基础研究，也可以跟企业合作搞应用研究。尖端技术的应用应该在大公司中进行，因为它与生产联系。它有能力，它有眼光，能看准生产方向。这样一来，中国的技术进步会大大加快。

大公司实行政企分开。它建立董事会，实行董事会领导下的厂长负责制。董事会领导下的厂长负责制同党委领导下的厂长负责制有什么区别呢？党委下面有支部，有党员。党委可以摆脱厂长，直接给支部下达命令。董事会下面没有支部。董事会就那么十来个人，它不经常开会，它决定企业的大政方针。大政方针制定后，就委托给厂长。厂长按董事会制定的大政方针去办。厂长工作出色，继续聘用；不称职的，解聘。政企分开，企业遵纪守法就行了。企业活动有个大框框，这就是法律。国家可以通过股权来影响企业行为。

有些人不同意股份制，理由是股份制未必能调动企业职工的积极性，因为大企业中每个职工的股份只有几万分之一、几十万分之一，能调动什么积极性呢？看起来的确如此，这么一点点股份怎么能与职工积极性联系呢？但我们也可以问：照这么说，合作社也不能调动积极性了，因为合作社也有好多社员，一个人的股金也不过是几百分之一。实际上，根据现在已经得到的材料，企业实行股份制后，职工积极性提高了，目前找不到实行股份制以后职工积极性下降的例证。有人说，实行股份制职工积极性可能更差。积极性怎么会更差呢？据说："没有实行股份制之前，职工知道自己是为国家干的。实行股份制以后，比如说，某人只持有一股，别人持有三股，他就认为自己在替别人干活，所以积极性会降低。"这种说法究竟有多大根据？我不敢说，但至少目前还没有证据来说明实行股份制以后职工积极性会下降。

要知道，实行股份制以后，职工入股，成为生产资料主人，这多多少少可以增加职工积极性，但这不是主要的。企业实行股份制之所以能调动职工积极性，主要不在于职工本人有小额股票，而在于股票价格的升降。这怎么理解？在西方经济学中有"接管"这个词，就是说：资本主义企业在市场上都是互相盯着的；凭某个企业的生产能力，假定可以获得40%的利润，但实际上只有10%的利润。这究竟是什么原因呢？可能有两个原因：（1）这个资本家"心好"，不想赚取那么多，10%的利润率就够了。（2）管理不善，不会用人，组织混乱，经营方针错误。无论由于哪个原因，当企业能取得40%的利润而只达到10%的时候，其他企业就准备“接管”。这时在市场上，这个企业的股票价格是不高的，因为只有10%的利润。准备“接管”的人想办法抬高股票价格。假定股票原来是100元一股，就以100元一股收进。收到一定程度后，收不进来了，再以每股105元、110元的价格收进，直到收集到大批股票，可以改组董事会为止。改组董事会后按新的方针办，改善管理，使利润达到40%，这样，股票的价格也就上升了，原来以每股100、105、110元收进的股票，就赚了。这表明，在企业破产之前的很长时间内，企业就已经感到有压力。只要利润率下降或者没有达到理想的利润额，企业就有被别人“接管”的可能性。所以企业必须兢兢业业，必须搞好企业内部职工的关系，必须同市场适应，不然，企业就会被“接管”。企业必须充分发挥每个职工的特长，坚定每个人的信心。企业合并，企业破产，对社会主义是好事，而不是坏事，这是生产要素重新组合的开始。原来没有那么高的效率，重新组合，就可以提高效率，发展生产。实行股份制以后，职工积极性之所以提高，不仅仅因为他们掌握了千分之一、万分之一的股票，更重要的是企业内部的人际关系改善了，企业和职工都关心自己的命运了。

某地的一次企业调查非常有意思，它表明厂长和工人的看法不一致。调查时间的问题是一样的：“你认为你厂的工人最关心的是什么？”结果，厂长们的回答是：“工人最关心的是高工资、高奖金”，而在工人们的回答中，“高工资、高奖金”排在第四位，排在第一位的是“良好的企业环境”。问：“你认为你厂工人最不关心的是什么？”厂长们的回答是“对厂里重大事情的民主决策”，而工人们的回答是“口头表扬和鼓励”，厂长和工人的看法也不一致。以上的情况说明：“良好的企业环境”是最重要的。股份制把企业推到市场竞争的第一线。企业不努力经营，就有破产和被兼并的危险。这样就调动了企业的积极性，并迫使企业创造良好的企业环境来调动职工的积极性。所以，目前首先要打破现有的躺在国家身上的铁饭碗，这个铁饭碗不打破，中国就没有希望。然后，再建立将来的“铁饭碗”。哪个企业有本事，自己建立。例如某个企业自己感到条件成熟了，就可以规定：“凡在我厂工作几年以上的职工一律终身聘用。”工人成为终身职工，会觉得这是个光荣，他们的积极性就有了。这不仅仅是由于拥有一点点股权，更因为有了良好的企业环境，他们和企业结合在一起了，对企业有感情了。

实行股份制以后，工人的收入将取决于三个来源。

1. 工资。工资是有差别的，国家不要统一规定。国家至多规定一个上下浮动的幅度，各个企业可以自行选择。

2. 奖金。这是真正的奖金。现在的奖金是附加工资。真正的奖金是由企业年终结算后的盈利而来，企业有盈余才能发奖金。

3. 利益分享。职工入股后，他作为生产资料的主人，取得股息和红利。

职工收入中，第一和第二部分是按劳分配收入。第三部分不是按劳分配收入。但就大多数人而言，按劳分配收入仍是基本的。

四、股份企业的管理

（一）董事会领导下的厂长负责制

根据中国目前经济的一些特点，初步设想股份企业实行厂长聘任制。董事长不兼厂长，董事也不一定兼厂长。在厂长受聘期间，实行厂长目标责任制。董事会聘厂长，由厂长提名副手（包括副厂长、总工程师、总经济师），由董事会聘任，全厂的中层干部则不必通过董事会，由厂长聘任。这样一种办法目前比较适合。厂长有生产经营指挥权。根据中国的情况，应聘的厂长应有任期，可以连续聘任一次。为什么这么做？因为，今后的管理中要防止两个偏向：一是防止企业干部的官僚化，我们要企业家，而不要企业官僚；二是防止厂长只挂名，不干事，不负责。因此，可以采取连续聘任一期的办法。

（二）董事会的组成

可以把全部董事分成两类：一类是股权董事，一类是非股权董事。什么是股权董事？股权董事是根据所掌握的企业股份的多少，凭股权而产生的。非股权董事则主要是根据中国目前的情况设置的，他们不同股份相联系，但同样参加董事会。

非股权董事大体上有下述这些方面的人：一是职工的代表。假定职工入股，但职工的股是个人掌握的，凭分散的股，不能够产生董事。在目前情况下，任何个人拥有的股份都不足以影响一个大中型企业的决策。这样就必须有代表职工利益的非股权董事，他们可以从工会系统产生。另外一种非股权董事是社会代表，比如说生产消费品的企业，可以由消费者协会产生代表。有的企业可能引起环境污染，可以由环境保护团体、环保当局派代表作为非股权董事。还有代表退休职工利益的福利团体，也可派代表参加董事会。此外，还可以有一些专家代表，主要由同工厂的科研技术有密切关系的学术团体产生。大体上，非股权董事可占全部董事的1/3 ~ 1/4，它起着缓冲的作用，也代表着社会对企业的监督。对一个具体企业来说，董事会中可以有少数非股权董事，但非股权董事不一定要代表所有各个方面。

股权董事和股权占有额有关。假定有足够多的政府股份，企业中就要有政府董事。企业自己保留足够的股份，就有本企业董事。假定其他的企业在本企业有一定数量的股份，其他企业在本企业就有董事。这三种董事，即政府董事、本企业董事和其他企业董事，都是公方董事。不能认为政府董事就是唯一的公方董事。既然本企业是公有制企业，那么本企业的董事就是公方董事。只要其他企业是公有制企业，它们派出的董事，也是公方董事。

本企业董事由职工代表大会产生。工厂的正职领导人不一定担任董事。做这样的规定，是为了不使厂长的权力过大。派到其他企业的董事，或其他企业派到本企业的董事，都按同样的原则，由职工代表大会选举产生。厂领导人也不担任派往外企业的董事。

政府董事应由国有股份资产管理局（或国家投资公司、国家持股公司）产生。国有股份资产管理局是控股的，但机构不能十分庞大，它的任务是管理政府股份。国有股份资产管理局派出的政府董事，可以来自本局，也可聘请社会各界的人担任。假定国有股份资产管理局认为社会上某个公职人员对某个问题有研究，可以聘请他作为政府董事，代表政府去参加对口的企业的董事会。政府董事也可以从原来的专业部、厅、局的人员中产生。政府董事是政府利益的代表，但并不常驻企业，只是董事会开会期间才去。

可以规定任何董事只能连任一次，以防止董事揽权和权力过大。这种做法在中国目前情况下是合适的。退休干部中确实有能力、有经营管理经验的，也可由国有股份管理局聘任作为政府董事。但不能把担任政府董事当作对退休干部的一种待遇；如果这么做，就会失掉股份企业中的政府董事的意义。

为了使董事们履行职责，在董事会中不妨采取记名投票，而不是无记名投票，并公布投票结果。这样，可以把董事置于派出单位的监督之下。有些属于机密问题的表决，可以暂不公布投票记录，过了一定时期而不再具有保密性以后，再公布。实行记名投票，可以避免董事们不负责任，形成新的官僚主义。

由单位派出的董事，工资关系仍在原单位。在董事会开会期间，企业可给予适当津贴。另外，到年终，根据盈利的情况，可以从分红基金中提取一部分出来，作为奖金和分红，酬谢董事。这样也就把董事们的利益同企业利益联系起来了。但很重要的一点是，董事们不能驻厂，一驻厂关系就复杂了，董事们揽权的情况也难以避免。

还应当指出，在西方国家，一般只有两种股东：个人股东和政府股东。政府和个人都可以入股，但本企业不能拥有自己企业的股份。但在我国，除个人股份、政府股份以外，还可以有企业股份。这是因为，我们是从传统的全民所有制、集体所有制过渡到这种新型的公有制的。企业可以作为一个单位来入股，并相应地产生企业董事。今后，可以成立企业基金会，企业基金会就是企业股的持有人，派出企业董事。

（三）股东大会或股东代表大会

股东大会（或股东代表大会）是企业最高权力机构。它不是经常开的，也许一年、两年才开一次。股份企业的投票同合作企业不一样。合作企业是社员一人一票制，股份企业则按股份的多少来确定票数。股东大会或股东代表大会选举出董事会。

（四）企业中的党组织

企业中的党组织起什么作用，这是所有制改革中一个非常重要的问题。首先要正确理解党的领导的问题，不能把党的领导看成是一直到每个基层、每个企业都必须由本单位党委会或党委书记领导。按照党中央的决定办，这就是贯彻党的领导。大的股份企业要建立党委会。它主要做政治思想工作。党委起监督作用，是没问题的，因为共产党员有权利监督企业的经济行为。至于是不是提“保证作用”，那是可以商量的，因为，这是股份企业，经营方针由董事会来决定，厂长是董事会聘任的，董事会由股东代表大会选举，有股权利益。如果提党委的保证作用，那么保证谁？党委书记如果被职工代表大会选为本企业董事，那么可以代表职工利益。党委专职工作人员要少而精。股份制企业必须真正做到政企分开，成为完全的商品生产者。

（五）职工在股份制企业中的地位

现代管理科学把企业中的管理分为三个原则，层次最低的是强制原则，高一点的是激励原则，最高的是适应原则。适应是指主体同客体合为一体：企业把工人当作自己的人，工人把企业当作自己的企业。企业要有活力，必须从强制原则过渡到激励原则，再由激励原则过渡到适应原则。实行股份制后，可以通过几个渠道使适应关系加强。一个渠道是：职工入股，使职工不仅作为名义上的生产资料主人，而且非常实际，拥有企业的一部分股金。股票怎么来到职工手中？可以买，不买也行，每年从奖金中提取一部分作为股票。还有一个办法，就是设奖励股份，如工龄加股。可以通过各种方式使职工成为股东。第二个渠道是职工作为工会会员，有权力通过工会系统选举非股权董事。第三个渠道是职工作为职工代表大会的成员选举企业董事，这是跟股权有关系的。有了这几个渠道，就可以把职工的要求反映上来。此外，职工代表大会制度必须加强。这样，职工在企业中的地位不会削弱，反会加强。企业办得越好，企业和职工的关系越密切。

但是，要真正使工人和企业适应，光有这些还是不够的。工人还有另外两个权力。第一个权力是在实行股份制以后，通过劳动制度的改革，有自由流动的权力。哪个企业想办得好，它就得想办法留住一批优秀的工人，这样对工人来说，“适应则留，不适应则去”。这个权力给了工人，但工人并不一定就走。企业办得越好，工人越舍不得走。第二个权力是：股票可以转让。如果企业老赔钱，股票没用，工人会把股票卖了，去买别的企业的股票。把这个权力给他，他也不一定用。企业办好了，他不会卖掉股票。所以实行股份制以后，有人说企业和职工的关系疏远了，我说不会疏远，会更接近，从现在实行股份制的一些企业来看，工人和企业的关系的确是接近了，而不是疏远了。上海一些企业发行股票，职工连夜排队买。这说明什么问题呢？难道仅仅是为了买股票得到的股息比存入银行多吗？不一定。银行存款随时可以取，而买股票则是担风险的。工人买本企业的股票，表明工人对企业的关心。

五、与所有制改革配套的改革措施

（一）加快金融改革

金融改革不能放慢，金融改革的内容首先是银行企业化。除中央银行以外，各种专业银行必须企业化。银行的企业化是非常重要的。专业银行是企业，它要通过贷款和企业发生关系。银行的原则是择优放款。这就是说，哪个企业办得好，资金雄厚，有信誉，它要求贷款就非常容易，期限还可以长一些，利率也可以低一些，因为银行对它非常放心。企业办得不好，想贷款，银行就不贷给它。银行不是福利机关。如果把银行当作福利机关，企业办得不好反而多给贷款，那银行就永远办不好。那么，要不要对困难户（困难企业）贷款？可以有专门的机构，专门对困难企业贷款。或国家设一笔专门基金，用来照顾困难企业。假如没有专门的基金、专门的机构，那么银行只能择优放款。这就让企业明白：企业想发展，必须办得好；办得不好，就不能得到贷款。银行应根据这个原则来办。还有，银行要像企业一样管理，不能作为政府的附属物。不能是哪个县委书记批个条，就贷款。这不行，因为银行是企业。中央银行对专业银行的活动进行监督，但地方政府不能干预专业银行的放款。现在党的关系在地方，如果县委书记让银行给某个企业贷款，可能通过党的关系来施加压力。所以，银行中党的关系应该是垂直的，不受地方的干预。这样，银行才能真正成为企业。这只是个设想，不知能否这样做。

金融改革的第二个内容是：成立银行以外的多种形式的金融实体，保险公司就是一种金融机构，保险金可用来投资。还可以有各种形式的信托投资公司。这样，金融的改革才能跟所有制改革配套。

另外，资金市场要更加开放。股票交易所迟早也得建立，因为股票要转让。假定现在条件不成熟，暂时还不能在各地成立股票交易所，不妨先在重点城市试办。什么样的股票才能进入交易所，要明确规定，要有一定手续，分为一级二级等。股票市场是随着所有制改革自然发育而成的。这是金融改革的第三个内容。

金融改革的第四个内容是银行的业务范围迟早要扩大，不能仅限于存款和发放贷款。有些银行可以自己投资购买企业股票。在将来的中国，有可能形成中国的社会主义的银行财团。那时，银行的力量将扩大。

（二）税制改革

税制改革要配合所有制改革，调整税种税率，以适应股份企业发展的需要。其中很重要的一条是完善所得税制度。个人和企业所得税的征收工作将随着实行股份制的进展而加强。税务工作也应摆脱地方行政对它的干预。地方政府不能指使税务机构给某个企业减免税收。不交税是违法行为，看来应建立税务警察队伍，打击偷税漏税。税务法庭也不等同于一般的经济法庭。抗税、偷税、漏税由税务法庭处理。

（三）劳动就业制度的改革

应采取合同制、聘任制。其中，比较复杂的问题与劳动力流动有关。劳动力流动问题在同一个地区内比较简单，但大中小城市相差悬殊，城乡相差悬殊，内地边远地区相差悬殊，人才能流动到何种程度，要考虑全局。条件还没成熟就加快改革，改革就会失败。比如人才流动，如过早全部放开，边疆、乡村的人才大量涌入城市，就乱了套。与劳动制度改革相关的是社会保障制度改革。要使人们在实行股份制以后觉得放心。社会保障包括生、老、病、死、残各方面的保障，但不能像现在这样吃大锅饭。现在很多个体户抱着先“赚一笔”的想法，因为社会保障事业跟不上去。关于工资，中央可以只定标准，有上下浮动范围，每个企业可以根据自己的情况在限度内自由浮动。企业应有给工人提工资的权力，因为企业是股份企业，工资跟企业的赢利结合在一起。股份企业从自己利益考虑工资问题，它是不会乱来的。

（四）价格调整

我不同意这样一种观点，即认为中国经济要改革，就干脆价格调整迈大步，叫“一次到位”，痛就痛这一次吧，调完以后再说。这个观点是不对的，前面在对两种改革思路进行比较时，已经谈过了。这是把西方的市场机制拿到中国来运用，把市场机制理想化了。中国不存在像西方那样的情况。价格一次调到位，也不能解决问题，而且社会承受不了。价格迟早要放开，问题是什么时候放开？不如放慢些，目前只做个别调整，大面上稳住，价格调整走小步。价格调整中要注意两个问题：一是企业有消化能力。只有在所有制改革进行到一定程度以后，企业才有消化能力。二是居民实际收入提高。在价格改革过程中，问题不在于价格改革，而在于工资收入的增长速度是否比价格上升更快。即使价格上升，只要物价上升的幅度小于工人收入上升的幅度就行了。想把价格抑制住，那是抑制不住的。真的去抑制，结果会使企业不生产某些东西，因为生产它就要赔钱；有些东西会转入地下，黑市价格更高，而国家财政就要不断补贴，整个经济都僵化了。

（五）政治体制改革

所有制改革中，政治体制改革的配套措施主要在三个问题上：

第一是干部制度。如果干部制度不改，就不能让有能力的人去担任合适的职务，这不利于企业发展，也产生不了企业家。中国需要一大批企业家。企业家有创造能力、有眼光、善于经营、有组织能力、有实干精神。干部制度要有利于企业家的成长。企业家是在市场竞争的环境中成长起来的。

第二必须精简机构。不能像过去那样精简机构，精简机构完了以后机构更多了。前些天看到一则消息，说是一个局有一个局长、六个副局长和一个工作人员，而这个工作人员还有一个官职，叫“办公室主任”，下面就没人了。

现在有一种说法，叫“把企业下放给地方”。这个说法是非常不明确的，有时甚至是不好的。为什么呢？“企业下放给地方”，不归中央的部管了，而归地方的厅管了，还不是一样吗？实际上没有什么“下放”不“下放”企业的问题，企业都是商品生产者，是法人。股份制实行后，要看谁控股。中央控股的，归中央国有资产管理局；省控股的，归省的国有资产管理局；市控股的，归市国有资产管理局。国有资产管理局只管国家的股份，管国家股份的增减。企业由厂长负责经营。原来的部、厅、局管企业的一套机构不要了，多余出来的人怎么办？有些人原来对经济很熟悉，的确有能力，那就到企业去工作。还有一部分可以再训练，另行安排。大体上各部的人员都应当精减。

第三是要废除等级制度。企业就是企业。现在分县团级企业、司局级企业、部级企业。这个厂长是县团级厂长，那个是司局级厂长，那个是部级厂长。这样，小厂就永远是小厂了。政府工作人员可以按什么级。而企业经理、厂长是聘任的，小厂可以打垮大厂，可以把大厂收买过来，根本就不必承认那个级别。企业要这种级别干什么呢？企业要这种级别，无非是把企业当作是政府的一个机构。所以我们说，股份制弄得不好，会变成股份企业衙门化。这就跟我们原来设想的完全相反了。所以要强调企业就是企业，大小企业在竞争中都站在一条起跑线上。

（六）价值观念的改变

价值观念的改变非常重要。现在所有制改革过程中，要转变过去传统教科书上对公有制的看法。传统教科书上对公有制的看法是什么呢？“全民必定优于集体”，因此集体要向全民过渡，实行“小集体—大集体—全民”的阶梯式过渡。还有，过去总认为，股份制经济是资本主义的东西，企业破产是资本主义的东西，股票买卖是资本主义的东西。这样一来，全和资本主义挂上了钩。我们说，资本主义下可以有这些东西，社会主义下也可以有这些东西，但二者是有区别的。有什么区别？两者的生产目的不一样。我在外面讲课时，经常讲：“我们的宏观经济调节要运用财政手段、金融手段。”有人就问了：“你说的社会主义宏观经济调节与资本主义的宏观经济调节究竟有什么区别？”我就问：“依你看，有什么区别？”他说：“依我看，我们比它多一个东西——我们有指令性计划。”我说：“你认为指令性计划就是社会主义宏观经济调节的特点，资本主义经济没有这一项。假如资本主义国家发生战争，它也搞指令性计划，怎么办呢？战争时期它就搞过指令性计划。假定社会主义国家以后不要指令性计划，不就没有区别了吗？”由此可见，区别不在这儿。我们的宏观经济管理措施可以同西方完全一样，也可以不一样，完全一样也没有关系。它们现在有的措施，我们以后也许会有；我们现在有的措施，它们以后说不定也会有。这都是次要的。但我们调节的目的同它们不一样。它们调节经济是为了资本主义的稳定；我们调节经济，是为了社会主义经济的发展。目的是不一样的，这就是区别。股份制的情况也差不多。关键是：我们发展股份企业是为了社会主义社会经济的发展，为了提高人民的生活质量，为了实现人的全面发展，最后走向“自由人联合体”。这才是本质的区别。

企业破产以后，工人没有工作。这就是说，工人失掉了原来的工作岗位。叫它失业和待业是一样的。问题不在于名称，而在于有没有妥善的安置。比如说，要在一定时期内给他们发生活费，帮他们寻找职业，举办职业训练班，让他们能够有再就业的机会。

需要转变对企业家的看法。现在人们对企业家的看法有点不大公平。我要替企业家说话。有人一谈到企业家，就是从前小说里的那些什么“大利大干、小利小干、无利不干”的人。这有什么不好呢？大利大干、小利小干、无利不干，作为一个企业家，这是对的。他应该这样做。问题在于：在大利大干的情况下，不能损害公共利益。假如不损害公共利益，大利大干完全是对的。股份制实行后，企业只要遵守国家法律，照章纳税，就行了。不仅如此，企业家身上还体现了精神文明。

第一，企业家有创新精神。企业家看到什么地方有发展前途，就去投资，去开拓。他不能保守，他必须创新。创新精神是不是精神文明？是的！

第二，企业家有平等精神。企业家是没有等级观念的。市场竞争中，机会均等，一切凭本事，不靠特权。哪个企业有本事，就有发展前途。这正是体现着公平。企业家在厂里要贯彻按劳分配。他知道，只有贯彻按劳分配，企业职工的劳动积极性才能上去。他不搞平均主义。搞平均主义，这个企业就垮了，这不就说明企业家有平等精神吗？

第三，企业家是讲究效益的。企业家必须讲究效益，他不讲究效益，企业就会垮掉。他要节约资源，精打细算，提高产品质量，取得消费者的好感，打开市场，等等。讲效益是一种精神文明。

第四，企业家有开放观念。企业家要同外界交流信息，要跟着时代前进。他反对闭塞，闭塞就没有前途。

中国的企业家太少了。要改变对企业家的看法，以促进企业家更快地成长，这是所有制改革中的一项迫切任务。

六、所有制改革中的思想障碍和我们应有的态度

（一）有人说：“企业股份化以后，特别是建立企业集团以后，容易造假账、偷税漏税，对国家不利。”我想，用这个理由不同意股份制，是说不过去的。造假账这个问题，跟所有制改革没有关系。不进行所有制改革，有人照样造假账，照样偷税漏税。难道现在偷税漏税还少吗？所有制改革以后，可能有这个现象，但这也不是所有制改革带来的。主要是需要加强工商行政管理工作、税务工作、审计工作，实行有效的经济监督。这些工作

加强以后，可以防止偷税漏税、造假账。而且这类事情，就是有一些，也不妨碍大局。当然，要反对偷税、漏税。今后，要加强税务和工商行政管理工作，这个工作不能放松。

（二）有人说："成立企业集团之后，将形成垄断，而垄断对经济是不利的，只有发展中小企业，才能防止垄断的产生。"这个意见，我认为是错的。错在什么地方呢？首先，要讲明什么叫垄断。垄断是指一家企业或少数几家企业把持了产品的产量或销售量的大部分或全部，可以控制产量、控制价格，取得高额利润。假定是这种情况的话，那我们就要问了："在所有制改革以前，在传统的全民所有制的框框之内，难道垄断还少吗？"只不过我们不把它叫作"垄断"而已。我们给它换了个名字，叫什么呢？叫"官商"，叫"衙门化"，叫"条条统治"，叫"块块专政"。我们还给这样的垄断组织起了个名字，叫"行政性公司"，而没有叫它"垄断"。为什么没有叫它垄断呢？因为有人说：垄断不适用于社会主义。实质上，这就是垄断。"官商"是不是垄断呢？一条街甚至全城就这一家铺子，是不是垄断呢？所以要说垄断的话，我要说："所有制改革之前，到处都是垄断。"

经济中可能存在两种趋势：一是垄断程度可能扩大，一是竞争性可能加强，可能两者同时存在。股份制把企业推到了市场竞争的舞台上，所以竞争性的加强是没有疑问的。垄断会不会有？的确，成立了企业集团以后，这个情况是会有的。我们要防止这一点。有一个原则，即任何一个地区和一个部门内，至少必须有两家以上的企业，防止出现独家企业和独家买卖的情况。将来在发展的过程中，一个地区、一个部门内，企业集团可能不会只有两家，这样就会出现竞争。这样一来垄断之间是有竞争的。这比从前没有竞争的垄断要好。所有制改革以前，是完全垄断。现在是有竞争的垄断或垄断下的竞争。后者显然要比前者好。再退一步说，难道企业集团实行垄断就一定是坏事吗？那也不一定。有时，在一个地区或一个部门内，几个集团相互竞争，有利于技术创新，比较大的创新是能够实现的。完全竞争就一定好吗？不一定。比如说，完全竞争之下，经济中不容易出现大的技术创新。

再退一步讲，如果说两个集团互相勾结怎么办呢？随着经济的不断发展，国家迟早要做出保护竞争、反对独家垄断的规定。竞争要用法律来保护。所以对这种现象不要害怕。不能因此就不要联合了，不要成立企业集团了。而且每一个部门的竞争程度是同部门的特点有关的。汽车工业就不能做到完全竞争，不能有那么多汽车制造厂，只能成立少数大企业。汽车工业在国外是天生的带垄断性的行业，小厂只能造配件，与大厂配合。在任何国家，大汽车工厂就那么几家，中国也不能例外。

（三）有人说："现在不宜实行所有制改革，尤其不能实行股份制。因为价格不合理，价格没有理顺，只有在价格理顺之后，才适合实行股份制。"我看，能够理顺价格更好。但问题是价格难以一下子理顺，我们又不能等待，否则将所有制改革耽误了！现在价格不合理，但仍可以进行股份制试点。例如，现在不少城市已经建立了股份企业，而价格并没有理顺。当然，如果价格理顺了，实行股份制会更顺利，但这种假设是不现实的。所以只能在所有制改革中，逐步进行价格改革，两种改革相互促进。但在目前，应以所有制改革为主。

（四）有人说：“股份制实行以后，任何人都可以购买股票，如果让外商控制了，怎么办？”这个问题是应该考虑的，但不必担心，完全可以用各种办法来防止。例如，国民经济命脉部门不实行股份制，有些厂矿可以只限国内企业购买股票，等等。假如不是国民经济命脉部门，让外商购点股份，有什么不好呢？我们不是鼓励外商来投资吗？只要我们分行业、分地区、分企业对待股票发行，有的不让外商购买股票，有的可以让外商购买，有的还可以规定限额，主动权始终在我们手里。

（五）有人说：“股份制实行后，中国将出现百万富翁，这怎么办？难道要走资本主义道路吗？”从现实状况来看，目前，对我国个人购买股票，可以根据不同行业、不同地区、不同企业，规定个人购买的限额。如果真的将来有人因入股多而得到的收入太多，那么可以通过个人累进制所得税来调节，还可以开征遗产税、继承税。总之，对这个问题不要过早地下结论。有些地方可能出现个别有钱的个人持股者，但不会影响大局。社会主义不是纯而又纯的，纯而又纯就不是社会主义。

（六）有人说：“发行股票将冲击银行储蓄，打乱信贷计划。”但根据实际情况来看，现在并未冲击银行存款，因为人们往往是用手头现金来买股票的，就是提取了存款，提出的也不多。其实，就是提取了存款，又怎么样？人们常讲，银行里的存款是关在笼子里的老虎，是水库里的水，随时可以冲向市场，现在将存款提出来用到生产领域中去了，变成股份集资了，即转变为生产基金了。它主要不是购买消费品。经济中最担心的是大量存款被提取而冲向消费品市场。假定用存款购买股票，反而会减轻对消费品市场的压力。

再看，假定一个企业的产品有销路，要扩大生产，需要银行贷款。因为企业产品有销路，企业有效益，银行是愿意贷款的。现在企业不向银行贷款了，它向社会集资，其中包括从银行存款中提取的部分。银行可以减少对它的贷款。假定企业没有效益，产品无销路，银行也不准备向它贷款，它想发股票，别人也不会买它的。企业没有效益，买它的股票干吗？所以仔细分析，这不会冲击银行信贷。

（七）有人说："股票交易容易搞投机，败坏社会风气。"其实，不进行所有制改革，只要商品自由市场存在，投机不照样存在吗？应该看到这是搞活经济而必须付出的代价。出现一点投机没有关系，不要因为有一点投机就害怕。可以用法律、工商行政管理、税务等各种办法来限制投机现象。我们还应该看到，有些情况并不是投机，只有用过去的老眼光看，才觉得它是投机。比如长途贩运，这是允许的。将来我们还可以做一些规定，比如说，规定股票的买卖必须是现买现卖，以防止买空卖空。还可以规定，企业不能用银行贷款购买股票，而只能用自己的利润留成购买股票，以避免投机。

（八）有人说："实行股份制，股息支付太多，奖金发放太多，会形成消费基金膨胀，因此对经济是不利的。”在我们看来，实行股份制以后，企业讲求经济效益了，企业发展了，东西卖掉了，赚了钱，才能发股息，所以这边发股息发奖金，那边商品已经上市了。总的来讲，这不会造成没有物资准备的货币供给增加。就算奖金发多了，也可以部分地用股票来代替现金，这也比不发奖金、股息要好。

（九）有人说：“股份制以后，计划经济不就打乱了吗？”这里需要弄清这样一个问题，即如何理解社会主义下的计划经济。社会主义下，市场调节是时时刻刻起作用的。市场调节，我们称为第一次调节。第一次调节对了，符合经济发展目标了，政府不用管。市场调节有不完善之处，有局限性，所以要进行政府调节。政府调节是第二次调节。第二次调节把不符合经济发展方向的活动引到正轨上来。市场能办到的，政府不用办；市场不能办到的，政府来办。所以第二次调节和第一次调节是两个层次的调节。这就表明不要用过去的观点来看待计划与市场之间的关系。过去观点是：计划调节占一大块，市场调节占一小块。这是一种“板块理论”，是不对的。

“计划经济为主”中的“主”，是指调节的主动权掌握在政府手里。假定市场都调对了，政府完全不干预，这仍是“计划经济为主”。引而不发，政府保留了调节经济的主动权，就是“计划经济为主”。

根据二次调节理论，股份经济跟计划经济没有冲突。宏观经济不平衡了，政府可以进行第二次调节。经济法是一个大笼子，任何企业活动不能违背经济法，政府调节对企业而言，起着指明航向的作用。

（十）有人说："中国目前商品短缺。商品之所以短缺，是因为价格不合理。只有价格合理了，才能解决短缺问题，而所有制改革解决不了这个问题。"我们知道，社会主义条件下商品短缺，有两个原因。一个原因是资源供给有限，而资源问题又是短时期内无法根本改善的。另一个原因是企业缺乏活力，假定我们能从调动企业积极性着手，那么即使资源供给还紧张，商品短缺问题也会有所缓和。所以解决商品短缺问题同所有制改革直接相关。而且，所有制改革以后，投资结构、产业结构会相应调整，资源供给问题也会缓和下来。

（十一）有人说："外部环境不完善，所有制改革不能够成功，所以所有制改革用处不大。"的确，外部环境不完善会妨碍所有制改革，但这不等于不能进行所有制改革。我们不能等待外部环境完善。只有边改革所有制，边改革外部环境（如进行政治体制改革、价值观念调整，等等）。要等到什么条件都准备好了，再来改革所有制，那就等于不要改革所有制。

（十二）有人说："现在有些人对所有制改革这个提法有顾虑，能不能换一个提法？"我说，实际上没有什么关系。只要大家都来谈所有制改革，讨论所有制改革的人多了，也就习惯了，不感到新鲜了。当然，要换一个说法，也可以。比如说，可以用"调整所有制形式"、"调整所有制结构"、"改善公有制"，或者用"企业联合"、"横向经济联合"等说法。"横向经济联合”不仅指打通商品流通渠道，也包括开放资金市场，跨地区、部门经营，成立企业集团。但从科学意义上讲，还是“所有制改革”这个提法更准确，因为问题的核心是把传统公有制改革为新型公有制。

总之，实践是检验的标准。所有制改革是大势所趋，势在必行。在改革过程中会出现一些问题，但不要紧，只要我们慎重对待，通过试点，总结经验，所有制改革一定会取得成绩。我国经济建设的进展必将证明所有制改革的道路是正确的。

（1986年9月16日在北京大学“中国所有制改革问题讨论会”上的报告）

论股份集资的管理

股票发行的管理

当前，一些城市正在进行企业股份制的试点。股份集资的管理问题已提上了议事日程。国家应及早制订有关法律，承认股份企业的地位，保护股票的发行和流通；规定企业破产后按法律程序对财产进行清理，以保证投资者的合法利益；规定企业破产后，股东应在其股金数额内承担企业负债的责任。

在股份集资的管理中，首先要明确股东的权力和股票的性质。股票是一种权利的证明，股票持有人（即股东）有权选举企业董事和监事，并有被选举权，有权对公司的主要事务的执行（或通过特定程序）进行监督，取得股息和参与红利分配。但是，股票虽然是拥有股份的证书，购买股票后一般不能退股。如果股票的持有人对企业经营不承担风险，只定期取息分红，到期偿还股本，那么从法律关系上看，这实质上是一种债务关系。这样的股票并不是真正的股票。

其次，应明确股份企业的地位，规定新办企业必须首先取得工商行政管理部门的批准，成为具有法人资格的经济实体，然后才能发行股票。同时，股份企业的创办人应当自己先认购一定数量的股份，以防止诈骗。要防止诸如用某种产品付股息，甚至偿还股金等情况的发生，因为这样做，实际上是预收货款，从而股份企业不能成为名副其实的股份企业。

由于真正的股票一般是不能退股的，所以它应当能够转让。股票转让是一种权利证书的转让，就是股权从一个主体转移给另一个主体。应当规定股票的转让办法，其中包括转让的范围、方式和法定程序。例如，规定发行股票的股份公司要公布经营管理状况和损益账目，股票转让必须是现货交易，严禁采用期货交易方式等。

股份集资中，各种宏观经济调节措施应当配合实行，首先是资金市场的宏观经济调节。企业通过集股的方法筹集资金，进行扩大再生产后，投资决策将趋于分散化，即由过去以行政机构为投资主体的集中决策，变为中央、地方、银行、企业、个人的多层次分散决策。这种分散投资决策不仅可以弥补预算资金的不足，而且也有助于改变那种不讲投资效益的情况。但与此同时，必须注意到一旦社会资金大量涌入股票市场，就会影响社会的资金供求平衡关系。当然，对于社会资金供求平衡关系的变化，银行仍是有可能进行调节的。可以采取的金融调节措施主要有三项：一是调整信贷规模结构，二是实行有差别的利率，三是使利率倾向于浮动，即根据市场情况使利率变得更富于弹性。

股份企业发展后，为了使产业结构趋于合理，还应当运用税收调节方式，即主要根据部门及地区的不同、技术水平高低不等、企业规模悬殊，以及价格体系仍不合理等情况，实行不同的税种和有差别的税率。这样就可以避免股份企业的发展所引起的资金流动过分偏离社会经济发展预定目标的情况的发生。

还应当注意到，在价格体系不合理的条件下，某些企业即使发行股票，也难以找到买主，另一些企业只要发行股票，就会有大量社会资金涌入。这样各部门、企业间开展竞争是有困难的。但在企业股份制过程中，价格改革以单项调整但总体上稳住或“走小步”为宜，否则也会使企业处于观望状态，阻碍股份制的进展。目前，可以通过单项的或小步的价格改革和各种调节方式（包括税收调节）的运用，使同一部门内，即在不涉及不同部门的产品与原材料比价，不涉及不同部门利润悬殊时，开展企业间的竞争，以利于股份制的实现。

股份交易的管理

在企业股份制的试点阶段，由于条件不具备，可以不急于建立股票交易所。有关股票的转让事宜，可由专业银行或其他机构代理。但等到越来越多的企业变为股份企业，而且企业和居民持有的股票数额增多了，股票交易问题必然成为迫切需要解决的问题。所以，时机一成熟，就有必要建立股票交易所，这样有利于资金的合理流动，有利于开展竞争，以促使有前途的企业的健康发展。

有人认为，股票交易所只是资本主义经济中才存在的经济组织。其实，股票交易所只不过是促使资金流通的一种形式而已。这种形式资本主义可以利用它，社会主义也可以利用它。

我们知道，股票是向股份企业投资的所有权的凭证。如果股票不能流通、转让，那么股份企业资金的筹集就有困难。股票市场是一种长期资金市场。如果长期资金可以短期化，投资者将愿意入股。在社会主义经济中，在考虑到股票交易所有利于使长期资金短期化这一方面的同时，当然也要注意到如何不使之成为投机和欺诈的场所，但这只是如何管理的问题，而不是需要不需要成立股票交易所的问题。为了防止股票价格不合理地上涨，应当使股票价格有一个基本的依据，这就是利率水平、物价水平、企业经济效益。一旦股票利率水平与市场利率有差距，物价有升降，企业经济效益有波动，股票价格必然有起伏，但这并不是欺诈和投机，而是正常现象，是发挥了资金市场调节作用的结果。脱离市场情况而采取行政措施来把股票价格规定得死死的，看起来似乎是为了防止股票投机和欺诈行为，实际上却是取消了股票交易，使股份企业的发展受到阻碍。

股票交易管理既不等于硬性控制股票交易，也不是放任自流。应当承认，只要发行股票，并让股票自行转让，投资者的价格预期、利率预期、利润率预期等心理因素就会起作用。股票行市并非取决于持股票者的个人行为，而是取决于市场对一定的股票的供求关系以及投资者的上述各种预期的作用。如果投资者的各种预期并没有充分的根据，那是有可能助长投机心理和投机活动的，甚至更有可能使一些企业和知情者利用权力进行股票投机。那么，究竟应当怎样对待这一现象呢？我的看法是：不必把这种现象看得过于严重，随着股份制的进展，社会上即使出现某些股票投机活动，也不足为奇，这无非是为了增强企业活力而付出的代价而已，它不可能干扰整个社会主义商品经济发展的大趋势。

可供选择的股票交易管理手段，包括如下方面：

第一，及时地、充分地提供市场信息，以便让投资者在进行各种预期时有比较可靠的依据。

第二，对进入股票交易所的企业股票的发行单位的情况，要调查了解，防止有的企业进行不正当的、欺骗性的活动。

第三，加强股票交易中的法律公证工作。

第四，一般情况下，个人之间的股票转让应以现金交易为限；企业之间的转让要通过银行转账方式进行，这时银行可以发挥其监督作用；企业不应当动用银行贷款来购买其他企业的股票，它应当利用自己的税后利润留成来购买它们。

假定采取这些措施，那就可以使股票交易趋于正常，保证股票交易双方的利益，减少股票投机活动。

（原载《经济日报》1986年10月11日）

所有制改革和股份企业的管理

一

传统的社会主义经济模式否认社会主义经济是商品经济，认为社会主义社会中的企业没有自身的独立经济利益，不是商品生产者和经营者；产品按国家指令性计划生产和分配，等等。正是在这种论点的支配下，社会主义所有制的特征被认为是单一的公有制，而且公有制只包括传统意义上的全民所有制和传统意义上的集体所有制两种形式：全民优于集体，大集体优于小集体，公有化程度越高越好。按照这种观点，如果说所有制需要变革的话，那就是小集体向大集体过渡，集体向全民过渡，总之，向“大”和“公”过渡。因此，我们在否定传统社会主义经济模式的同时，也必须否定那种由此而制定的有关所有制和所有制变革的观点。我们现在所讨论的所有制改革，就是讨论“社会主义经济是商品经济”这一前提之下的所有制改革问题。

简单地说，我们所要讨论的所有制改革包括四方面的内容。

第一，单一的公有制是不符合社会主义社会中发展商品经济的要求的。应当变单一的公有制为多种所有制，包括公有制和非公有制。

第二，对传统的全民所有制进行改革，使之适应生产力发展水平。

第三，对传统的集体所有制进行改革，使之适应生产力发展水平。

第四，建立由多种所有制混合组成的新型所有制，即包括全民、集体、个体等所有制在内的新型经济联合体。

根据这样的论述，我们所要讨论的所有制改革，既不是要变公有制为私有制，也不是要取消全民所有制。所有制的改革是指改革那种与传统社会主义经济模式相适应的、与产品经济相适应的所有制，即改革传统意义上的全民所有制和传统意义上的集体所有制，改革不适合社会主义商品经济发展的所有制。换言之，所有制的改革，正是要根据社会生产力发展的状况和社会主义发展现阶段的特点，调整不适应商品经济发展需要的所有制，力求按照商品经济发展的要求，从所有制关系的高度来调整人际关系，调动各方面的主动性和积极性，达到使社会主义经济迅速增长的目的。

我们知道，经济体制改革是为了使社会主义生产关系能够适应生产力的状况和要求，为合理组织生产力的各个要素、提高劳动生产率、加速商品经济发展提供可能和条件。这样，在经济体制改革中，唯有改革所有制，才能实现整个经济体制改革的要求，才能真正解决经济中的利益、责任、刺激、动力问题。没有所有制改革，经济方面的其他各种改革能够起到的作用是有限的。这就是所有制改革的意义。

所有制改革对于加速社会主义商品经济发展和调动各方面的主动性、积极性的重要作用，可以从我们已经进行数年的农村经济改革得到有益的启示。迄今为止，农村经济改革之所以取得了显著的成效，不是仅仅改变了经营形式，而是改革了所有制。农村联产承包责任制的实行，改革了“三级所有，队为基础”、“政社合一”的传统公有制。以农民承包者作为有自身的独立经济利益的生产单位，实行行政组织与经济组织的分离，这样才建立起平等、互助、互利的新型经济关系。而土地承包期的延长，则促使农民承包者的经济行为趋于长期化、合理化。

农业改革突破了传统的集体所有制中的统一经营模式，实行土地公有和土地承包后的分散经营，农民承包者作为独立生产单位拥有自主权、主动权和应变能力，从而适应现阶段我国农业生产的特点。当然，公有的范围不仅包括土地，还包括水面、地下矿产资源、农田水利设施和一部分农业机械。另一部分农业机械则由农民承包者所有。还有一部分生产资料，如耕畜、拖拉机、汽车等，也可以归集体所有，而由个人承包使用；或归私人所有，而由集体付酬使用。农民自己拥有一部分生产资料，以及采取部分生产资料公有和部分生产资料私有相结合的新形式，是赋予农村经济巨大活力的重要因素。

上述这一切，并不是贬低农业生产组织形式变革的作用。不可否认，在这个过程中，农村出现了生产组织形式的变化，即由过去的统一出工的集中劳动形式转变为以家庭为单位的分散劳动形式，以及出现了各种联营的生产组织形式。然而农村商品经济发展的关键不在于生产组织形式的变革，而在于建立了适应生产力发展的新的公有制。

需要澄清的是这样一种不正确的看法，即尽管承认农村的经济变化根源在于所有制发生了变化，但却把这种所有制变化归结为公有制向私有制的变化。这显然是不符合实际情况的。要知道，联产承包责任制并未改变土地等基本生产资料的公有制，即农村土地仍然属于集体所有，农民是以户为单位承包土地的。换句话说，土地经营的分散化，并不等于土地私有化。农民承包者生产和经营分散，是以土地等基本生产资料公有化为基础的。这是从传统公有制向新型公有制的转变，而不是从公有制向私有制的转变。

那么，城市中的传统全民所有制应当如何改革呢？从我国的实际情况出发，可以按如下的方式改革：

一部分全民所有制企业（指国民经济命脉部门的现有大型企业），可以继续保持国家所有、国家经营的方式，而主要从改善企业管理、完善经济责任制方面着手。

一部分全民所有制企业（指各行各业的小型企业），可以采取租赁、承包、拍卖或改为合作经济组织。

一部分全民所有制企业（指一般行业的大中型企业），可以实行股份制，即以股份所有制来取代传统意义上的全民所有制，形成国家、企业和劳动者联合办企业的模式。这种做法并不改变社会主义公有制的性质，而是以新型公有制的股份企业的建立作为改革的目标。

通过对传统的全民所有制的改革，在我国将建立新的社会主义所有制体系。新的社会主义所有制是指这样一种所有制结构，即从生产力发展的实际状况出发，确定不同所有制在国民经济中的地位以及它们相互间的合理比例。由于我国生产力发展水平的不平衡，地区之间、部门之间、企业之间的差异相当大，所以在确定不同所有制的比例时，应当符合国情，从有利于发展社会主义商品经济出发。在我国目前的生产力条件下，通过所有制改革而广泛建立的股份经济和合作经济，都是公有制经济，又都是社会主义商品经济的主体，两者缺一不可，并无高低上下之分，也不存在过渡问题。今后，两者也可以在社会主义商品经济发展的基础上再形成新的经济联合体，或者在两者之外产生更加新的公有制形式，但无论如何，过去那种循着“小集体—大集体—全民所有制”依次发展的模式在理论上是站不住脚的，在实践中有弊无利，因而必须彻底抛弃。

二

关于社会主义社会中一般行业大中型企业的股份制的设计，在所有制改革的总体设计中占着十分重要的位置。首先需要强调：社会主义社会中企业的股份制是与公有制经济联系在一起的。虽然股份经济可以同社会主义公有制的不同形式、不同层次相互交错，甚至可以使不同的所有制（包括全民的、集体的、个体的所有制）相互交织，从而组成混合程度不等的经济单位（即股份企业），但这并不与公有制相抵触。何况，企业的股份制并不仅仅指建立新的股份企业；企业股份制还包括原有的全民所有制企业的股份制，这是对原有的全民所有制的所有制改革的一种基本方式。

股份经济以所有权和经营权的分离为特点。在社会主义条件下，股份经济同样具有这一特点。股份经济反映了生产资料所有制多元化的客观存在。曾经流行过一种看法，即认为股份经济是资本主义特有的现象。如果这是就资本主义与前资本主义经济对比而言，那么它并不算错，因为虽然前资本主义社会中早已出现过股份公司形式，但只有在资本主义制度建立以后，股份经济才获得突飞猛进的发展。但股份经济不等于资本主义经济。股份经济不是一种独立的经济形态，它的性质取决于入股者的性质。在社会主义社会中，政府部门、全民所有制企业、集体所有制企业都是入股者，劳动者个人也可以入股，由这些入股者集资组成的企业在性质上是不同于资本主义社会中的股份企业的。不仅如此，社会主义条件下的股份企业的经营管理必须受社会主义国家的法律的约束，并要受到社会主义国家的行政部门的监督。这些都是社会主义社会中的股份经济与资本主义股份经济的基本区别。

在所有制改革过程中，企业改革为股份企业可以分为两大阶段。前一阶段是资金增量的股份化，即新创办的企业按照股份集资方式建立，以及原有企业扩大经营时采取发行股票的方式。后一阶段是资金存量的股份化，即原有企业的固定资产核定价值，折成股份，使原有企业变为完全的股份企业。

新创办的企业按股份集资而建立，相对来说是比较方便的。如果企业创办者要新建一个股份企业，那么首先必须经过一定的批准手续才能发行股票。这个新建的股份企业的权力归属问题取决于股权。在股权分散的条件下，谁能掌握起码的控股数，谁就能掌握企业。

根据我国目前的实际情况，当新创办的企业发行股票时，可以考虑或者由专业银行代理发行，或者由信托投资公司一类的机构代理发行，企业与代理发行者按股票种类、企业条件及其他情况订立股票承销合同，由企业支付一定的股票承销佣金。发行股票时，股票按票面金额买卖。以后股票转让时，可以根据企业经营的好坏和市场情况来计算股票时值的升降幅度，使股票的价格有所变动。

同时，在我国现阶段，对新创办企业发行的股票的股息、分红，一般可以做以下的规定，即定期按股份支付固定股息，以此作为成本的一项，然后，在税后利润中再列出一定比例的分红基金，按股份分配。每股分得红利的大小，随企业留利的多少上下浮动。这种做法既可以鼓励投资者入股，也便于企业经济核算。当然，这并不排斥某些新创办的股份企业从一开始起就实行股息和分红合而为一的做法，以便使企业的利益同投资者的利益更紧密地结合起来。但这应当限于少数确实有较大盈利把握的企业，否则目前不易吸引投资者入股。

资金增量股份化还包括原有企业在扩大经营时的股份集资。这是把原有企业的资产分为两个部分，一部分是企业原来已经拥有的资产，另一部分是企业新增的资产。前一部分资产暂时不实行股份制，后一部分的资产则是通过股份方式集资的。很明显，这是一种过渡的措施，但就我国目前的全民所有制企业而言，这种过渡的措施是必要的。

原有全民所有制企业在扩大经营时的股票发行，可以参照新创办企业发行股票的办法。比较复杂的是股息、分红的计算和发放。股息可以采取固定按股计息，列入成本的办法。但分红时不能不考虑企业原有的固定资产等条件，否则就会侵占全民所有制经济的利益。因此，应当计算出新增加的资金同企业原来的资金之间的比例关系，再根据这一比例关系，在企业留利中划出一部分，作为扩大经营后入股者的分红基金。

实际上，即使把新增股份金额同原有资产的比例关系作为划出企业税后利润中分红基金的依据，并由此决定给新加入的股份的分红大小，这也有不合理之处。这是因为，很难对原有资产与新增股份集资二者各自在企业盈利总额中的贡献大小做出判断。从不同生产要素发挥的功能来说，在某些情况下，企业原有资产实际上起的作用要小于它按资产总额的比例计算所起到的作用，在另一些情况下，却可能大于它按资产金额的比例计算所起到的作用。如果再把非货币形态所起的作用考虑在内（如原有企业的信誉、商标、地理位置、与客户的联系等，新入股者的社会联系面，企业集资增股后在社会上的形象的变化等），那就更难判断原有资产与新增股份集资各自在企业盈利总额的贡献大小了。

因此，另一种可行的做法是：对于原有企业扩大生产时所增加的股份集资，只发放股息，而不采取按股分红的方式。这时，股息率可以略高一些，并且有一个浮动的幅度。在企业的经营管理决策方面，采取股份集资形式来扩大生产的原有企业，由于新增股份资金只是企业全部资产的一部分，因此不可能像新创办的股份企业那样召开股东大会或股东代表大会，并由大会选举出董事会。但可以采取下述比较灵活的做法。一是仍然建立董事会，根据原有资产和新增股份资金之间的比例，确定董事会的组成人员比例。原有企业派出的董事代表原有资产，由新入股者中推举的董事代表新增股份资金。当然，这样的董事会还不是名副其实的股份企业的董事会，它本身也是一种过渡的机构。二是不建立董事会，仍按原有企业的组织形式和决策方式进行管理，另外，召开新入股者推举出的代表参加的新股东代表会议，听取他们对企业经营管理的意见和建议。

原有企业扩大生产时的股份集资，可以向本职业职工发行股票，也可以向社会发行股票。向本企业职工发行股票的好处是使本企业职工的利益同企业利益更好地结合起来，但如果原来的企业规模较大，那么从本企业职工那里能够筹集到的资金总额相对于企业原有资产而言，毕竟是有限的，新筹集的企业职工入股资金对企业的发展作用不大。因此，在企业需要增加资金时，可以向社会发行股票。

三

原有企业资金存量的股份化是实行企业股份制中最重要的，也是最复杂的问题。这是指全民所有制企业，特别是大中型全民所有制企业资金存量的股份化。集体所有制企业原有资产的折股相对而言要简便些，至于小型全民所有制企业，则可以把采取租赁、承包或改为合作经济的方式作为所有制改革的内容，而不涉及资金存量折股问题。

全民所有制企业资金存量的股份化的适用范围有多大？应当认为，除了一些关系国计民生，在国民经济中具有决定意义的部门和企业（如铁路、大型电站，邮电等）以外，都可以实行企业资金存量的股份化，并且随着资金存量股份化的推行，将享有完全的经营自主权，切实做到自负盈亏，并按股份大小分配税后利润的一定部分。

在可以实行资金存量股份化的全民所有制企业中，又可以按行业、地区、企业规模的不同而制定资金存量股份化的措施。首先应对这些企业原来的国家投资进行核算，以确定历年国家投资总额。再确定近年来企业利用利润留成作为投资的金额。前一个数字与后一个数字相加的总和作为一个基数，并由此确定国家投资与企业本身的投资在总投资中各自所占的比例。为了计算方便，在计算前一个数字和后一个数字时可以都不考虑物价上涨率和利息率。如果这两个数字之间的比例关系确定了，那就可以进行企业现有净资产的估值工作。

企业现有净资产的估值是比较复杂的，但由于事前已经确定了国家投资总额与企业自身利润留成中用于投资的总额的比例，所以企业现有净资产的估值即使不那么精确，问题也并不很大。比如说：假定国家投资总额与企业自身利润留成中用于投资的总额之比为九与一，那么不管企业现有资产估值多少，都按九与一之比来划分股权。对于企业现有资产估值的大小，有一个制约因素，这就是股份利益。如果企业现有资产估值偏低了，那么以后在招收新股时，原有企业资产的股份所有者的利益就会受到损失。如果企业现有净资产的估值偏高了，那么不仅不利于招收新股，从而对企业今后的发展不利，而且在企业需要按净资产缴纳某种带有调节性税金的场合，企业原有资产的股份所有者的利益也会受到损失。这就促使企业现有净资产的估值比较适中。

在我国所有制改革的过程中，原有企业资金存量的股份化应当逐步展开。要知道，股份企业是真正自愿的利益结合。摊派股份与股份企业的性质格格不入。因此，对于企业资金存量的股份化，不宜操之过急。需要试点，取得经验，并向其他企业示范，才能渐渐推广。

可以设想，在我国的所有制改革中，起初可能只有为数不多的自愿试点进行股份制的企业，它们将稀稀疏疏地分散于全国各省市。然后，会有越来越多的企业受到股份企业的吸引，也希望实行股份制，于是股份制的实行过程会自然加快。就是到了那个时候，自愿原则仍然是不可忽略的。人为地创造一个“股份化高潮”，只能得到相反的效果。类似的例子，难道过去还少吗?

原有企业资金存量股份化以后，国家不一定需要在每个企业中掌握那么多的股份。国家可以根据地区和行业的不同，根据企业性质和规模的不同，确定国家所掌握的股份在全部股份资金中的比例，然后国家再根据这一比例，保留企业股份，而把多余的股份分期分批出售：或者公开出售，卖给个人，或者转让给企业，由企业付现金或计息向国家陆续偿还债券。

国家出售企业股份所得到的资金，作为特定的基金，可以用于新创办股份企业时的政府入股金，或者在国家认为有必要扩大自己在某一企业中的政府股份时，用作增股的投资，或者作为其他政府生产建设项目的资金。但无论如何，这笔基金不应作为当年财政经常支出，不应用于弥补当年财政赤字。

需要指出的是：减少政府股份不等于削弱公有制。第一，要使政府份额在企业中占有地位，是需要一定政府股份的，但不一定需要那么多。减少政府股份后，仍然可以使政府成为企业中的最大的股份持有者。第二，实际上不需要使政府在每一个企业中都成为最大的股份持有者，甚至政府不必在每一个企业中都拥有股份。这并不影响企业的公有制性质。在某些企业中，如果政府不是企业的最大的股份持有者，那么最大的股份持有者将是该企业本身或其他企业。由于这些企业同样是公有制企业，所以企业的公有制性质没有变化。第三，政府减少自己在一些企业中的股份，可以得到资金，转用于更有利于经济发展的领域中。

四

实行企业股份制的过程中，应当尽快成立各级国有股份资产管理局。它们的任务是管理政府股份及其增减。由于政府股份可以分为中央政府的股份和地方各级政府的股份，相应地，国有股份资产管理局也分为中央、省、市、县各级。它们之间不是垂直领导关系。中央一级的可以称为中央国有股份资产管理局，直属国务院。省、市、县的分别称为某某省（市、县）国有股份资产管理局，隶属于省（市、县）政府。

国有股份资产管理局管理政府股份，根据股权派出政府董事。如果企业资金存量股份化以后，一个企业中既有中央政府的股份，又有地方政府（省、市、县政府）的股份，并且都可以根据股权派出董事的话，那么各个国有股份资产管理局所派出的董事即中央政府的董事，与地方政府（省、市、县）的董事，彼此之间没有领导与被领导的关系。此后，中央政府要增加股份，由中央国有股份资产管理局投资增购股票；中央政府要减少股份，所得到的资金也归于中央国有股份资产管理局。地方政府做出增减自己在企业中的股份的决定后，其支出和收入也照此办理。

政府股份不由原来的专业部、厅、局管理，这一点是十分重要的。由于企业法人地位的确立，政企已经分开。专业部、厅、局主要负责制定发展规划和政策，协调企业之间的关系，监督政策和法规的执行等，而不再过问股份企业的事务。政府股份的管理和政府董事的派出，都是国有股份资产管理局的职责。而国有股份资产管理局也不具体干预企业的事务，它们可以通过股权的掌握和派出的政府董事来影响企业的经济决策和经济活动。

中央国有股份资产管理局所掌握的政府股份不宜分散。也就是说，中央政府只是在那些对国民经济有重大影响的大企业中持有股份。与此相似，省和直辖市国有股份资产管理局所掌握的政府股份也应相对集中，省政府和直辖市政府主要是在比较重要的大企业中持有股份。相形之下，省以下的市国有股份资产管理局则有可能掌握较多的一般大中企业的股份。至于县国有股份资产管理局，则根据原有的基础和目前的财力，可以适当地掌握一些企业股份。上述这一切是与充分发挥省以下的市在地区经济中的作用相称的。

各级国有股份资产管理局不仅管理政府股份，而且还掌握了政府股份的收入（股息和红利）。国家可以规定一定比率的股份收入所得税，政府股份收入在缴纳股份收入所得税之后，留在局内作为基金，可用于政府股份的发展（新增政府股份的投资）、政府董事奖励性的报酬、经常支出等。

五

股份企业应当制定较完善的企业（公司）的章程。章程中体现这样的原则，如独立核算、自负盈亏、对外经济往来一律按经济合同办事，贯彻董事会领导下的厂长（经理）负责制，由监事会对企业实行监督等。从组织上说，股份企业的最高权力机构是股东大会。由股东大会选举董事、监事，成立董事会、监事会。董事会作为企业的业务方针和企业重大问题的决策者，向股东大会负责。监事会作为企业的业务方针和企业重大问题的监督者，也向股东大会负责。股东大会的投票权按入股者实际占有股份的多少而决定。股东大会（或股东代表大会）定期召开，听取审查，并通过董事会、监事会的工作报告。在明确股权划分的情况下，如果全民所有制经济在企业中没有股权，国家不能干预企业股东大会和董事会的合法的活动。在有全民所有制经济入股的条件下，国家只限于依靠自己的股权多少，通过股权代表去影响企业的决策。

对股份企业的“社会主义国家参预制”，体现于对股份企业的政府控股。政府控股不一定要占股份总额的51%以上，实际上，由于股权的分散化，政府控股在一般情况下，只需要占1/3或2/5就行了，甚至还可以再低一些。而且，即使是股份企业，也并非一概需要政府控股。如上所述，部门和企业之间的差异很大，如果某些部门或某些企业在国民经济中相对来说重要些，那么政府控股将成为必要，至于相对来说次要一些的部门或企业，则政府可以控股，也可以不控股。这里并没有固定的模式，即不需要统一规定政府必须控股的比例数。

假定政府控股，那么政府将在董事会中占有较大的决策权。这种决策权是由政府董事执行的。政府董事代表国家股份的利益。由于企业股份总额的一定比例在国家手中，国家股份的利益与企业利益可以结合在一起，这样，代表国家股份利益的政府董事在这种情况下也同时代表着企业的利益。

通过股票的购买和转让，企业用自己的利润留成可以在本企业投资入股，或对其他企业投资入股。假定一个企业既有政府的投资，又有本企业的投资，还有其他企业的投资，并且假定这三方面的投资都达到一定的数额，从而都能根据股权产生董事，于是这个企业的董事会中至少有三方面的董事，即政府董事、本企业董事、其他企业派出的董事。董事会的决策权依这三方面各自股权的大小和董事名额的多少而分配。

应当指出，由于社会主义经济中的股份企业是新型公有制企业，所以通过企业的控股而产生的企业董事，也是公有经济派出的、代表公有经济利益的董事。这就是说，在某些企业，即使政府控制的股份只占企业股份总额的较小百分比，从而不能掌握董事会的决策权，或者，在另一些企业，政府不控股，从而不委派政府董事，但既然企业董事（包括本企业派出的董事和在本企业有一定股权的其他企业派出的董事）同样是代表公有经济的利益的，那么董事会的决策权仍然掌握在公有经济方面。

一个企业所委派的本企业董事和派往其他企业的董事，应当由职工代表大会选举产生。这些企业董事，无论被派往哪个企业，都代表本企业的利益。

如上所述，股份企业是按股权而产生董事的。以上所提到的政府董事、企业董事（包括本企业的董事和其他企业的董事）都与股权直接联系在一起。他们统称为股权董事。企业职工可以入股，社会上的个人也可以入股，但在我国目前的情况下，既然实行股份制的是大中型企业，因此职工个人或社会上的个人所拥有的股份不足以使某一个个人成为股权董事。

考虑到这一情况，可以增设非股权董事。非股权董事在董事会中只占较少的比例，但可以代表职工和社会上的个别入股者的利益，有助于董事会在决策过程中广泛听取意见。非股权董事一般包括三方面的人选。一是职工代表，可以由工会系统产生；二是社会代表，可以由消费者团体、环境保护团体、社会保障团体等派出；三是专家代表，可以由企业生产经营和技术有关的学术团体中产生。假定企业中本企业职工普遍入股，而且股金总额较大，那么由职工代表担任的董事也可能是股权董事，而不一定是非股权董事。

六

股份企业的厂长是由董事会聘任的，在董事会的领导下，企业中日常的经营管理和生产指挥要由厂长行使集中指挥权。

在厂长领导下，企业作为一个整体，要维护内部自上而下的集中统一的指挥系统。厂长和企业内其他领导人之间是领导与被领导的关系，后者由厂长任免，按照分级管理的原则，下级听从上级指挥，下级向上级负责。厂长究竟代表谁的利益？对这个问题，需要从股份企业的性质上进行分析。

股份企业的厂长代表的是股东们的利益。由于这里所说的是社会主义公有制的股份企业，因此，在有全民所有制经济入股的股份企业中，厂长所代表的股东们的利益同时体现了国家利益、企业利益和职工利益。这就是说，厂长作为一个公有制企业的负责人，必须执行国家的方针政策，遵守法律，维护国家的利益，这既是指宏观意义上的国家利益，也是指微观意义上的、全民所有权经济作为股权人的利益。厂长必须坚持企业的社会主义方向，使企业充满活力，使职工利益在企业的各项制度中得到切实的保障，使职工利益同企业利益、国家利益一起增长。

在实行董事会领导下的厂长负责制之后，党组织在企业中究竟起什么样的作用呢？应当指出，社会主义企业必须坚持党的领导才能保证企业的社会主义方向，但坚持党的领导并不意味着可以由党组织代替董事会或由党委书记代行厂长的职责。党对企业的领导，不限于企业党组织的领导，更重要的是指高层次的党的领导，是指中央的方针、政策的贯彻。企业党组织的主要任务应是企业中的政治思想工作，对企业生产经营和行政管理发挥保证监督作用。企业党组织如果发现企业有违背政策的行为，应提出批评，监督纠正。企业党组织要积极支持职工代表大会行使民主管理的权力，支持厂长行使企业决策权，引导职工代表坚持社会主义方向，关心国家的整体利益，正确处理国家、企业、职工三者的利益关系。

今后，在企业入股的职工在股份企业中的收入将包括工资、奖金和“利益分享”（股息和红利）。职工的利益由职工代表大会选出的企业董事和由工会系统产生的非股权董事来代表，以影响董事会的决策和监督董事会的活动。尽管每个职工所拥有的股金在企业股份总额中是微不足道的，但毕竟能使职工的利益同企业的利益的挂钩较过去密切了一些。当然，股份企业的职工积极性不能单纯依靠职工作为小额股份持有者这一点而调动起来。这不仅是股份企业的局限性，甚至也是合作企业的局限性，因为每个社员的股金在合作企业中也只是很少的一份。重要的是，股份制将把大中型企业推上市场竞争和真正自负盈亏的大舞台。股份企业必须为自己创信誉，争取生存空间，调整企业的行为，从各方面调动企业职工的积极性。优胜劣汰，企业经营不善就会被兼并。企业兼并，只不过是生产要素的重新组合，对社会主义经济而言，并不是什么坏事，因为兼并者和被兼并者都是新型公有制企业。

为了保证董事会决定企业大政方针和厂长行使生产经营指挥权这一原则得以实现，可以规定董事不兼厂长，厂长不兼董事。厂长以董事会的聘任人员的身份指挥生产经营。

所有的外来董事（政府董事、其他企业派出的董事、社会代表担任的董事、专家代表担任的董事），均不驻厂。他们只是在董事会开会期间出席会议，或者受董事会委托来企业执行公务时，才到本企业来。他们的职责是在董事会开会期间对企业经营方针和重大问题做决定，以及从各方面了解企业的情况，以便使董事会的决定符合实际。他们不列入本企业的编制，不从企业领取工资。

非外来董事（本企业的董事、本企业职工代表担任的董事），由本企业的职工（不包括厂长及其主要助手）中产生。他们不领取本职工资以外的兼职工资。他们的职责同外来董事相同。

所有的董事在董事会开会期间可以有一些津贴，而在年终结算后，如果企业有盈利，那么在按股份分配后，各个持股单位可以在股份收入中提取一定金额作为付给股权董事的奖励性报酬。

例如，国有股份资产管理局可以用一部分政府股份收入奖励给政府董事，企业可以用自己的一部分股份收入作为奖励，付给本企业的董事；外企业也同样提取一部分股份收入作为它们派出的董事的报酬。此外，企业只需要按照与本企业董事所得到的大致相等的水平付给少数非股权董事以奖励性的报酬。

政府董事是由国有股份资产管理局派出的。国有股份资产管理局可以从本局干部中，或从原来企业所属的专业部、厅、局中选派政府董事，也可以从这些单位以外聘任适当的公职人员作为政府董事。由于从外单位聘任的适当的公职人员是作为政府股权的代表而担任董事的，因此，在担任董事期间，他们没有责任向自己所供职的单位报告企业中的活动状况。

在层层控股，形成母公司、子公司、孙公司系统的条件下，各个企业董事一般不互相兼任。如果确实有必要兼任，也仅以一个人担任两个企业的董事为限。

一切董事都有任期，连任只限一次。在有关企业发展战略和生产经营方针等重大问题的决策上，董事会可以采取记名投票，并公布每个董事的投票结果。在涉及人事安排问题上，董事会也可以采取无记名投票。

以上所有这些规定，旨在防止董事会的官僚化，即一方面防止董事只挂名，而不对企业的前途负责，另一方面防止董事个人揽权或以董事的名义为个人谋取私利。

可以设想，通过上述管理方面的改革，股份企业将越来越有活力。这些股份企业也将日益成为有中国特色的社会主义股份企业。

（原载《中国经济体制改革》1986年第12期、1987年第1—2期）

社会主义所有制体系的探索

一

所有制改革归根结底是由商品经济发展的要求引起的，是由企业作为商品生产者这一不可改变的地位所引起的。至于改革后的所有制究竟具体采取什么样的形式，则应从有利于推动生产发展出发。单一的所有制不利于发展商品经济，不利于发挥企业作为商品生产者的积极性，也不利于使社会主义制度的优越性充分体现出来。于是出现了改革后所有制体系的设计问题。

改革后的所有制中是不是还包括全民所有制？对于这个问题，可以明确地回答：包括全民所有制在内。但改革后的全民所有制，并不等于现阶段的全民所有制。它们是有区别的。

在传统经济模式的影响下，人们曾经认为国家机构直接经营管理全民所有制企业是唯一可行的方式，甚至是唯一正确的方式。但实际上，在社会主义经济建设过程中，这种经营方式的弊端暴露得越来越充分。企业成为行政机构的附属物，企业的人权、财权、物权完全集中在国家手中，国家对企业管得太多太死，企业经营好坏与自身的经济利益没有联系，也不承担经济责任。这正是国家机构直接经营管理企业的必然结果，是把全民所有同国家机构直接经营企业混为一谈的必然结果。在所有制改革中，必须以改革全民所有制为重点。

要知道，既然是全民所有制企业，那么从本质上说，生产资料归全民所有，产品归全民所有。企业的全民性代表全体人民的根本利益、整体利益和长远利益。承认全民性是全民所有制的属性，意味着全民所有制企业是为了全体人民的共同利益而进行生产和经营的。问题在于：怎样才能使全民所有制企业在生产和经营中体现自己的全民性？怎样才能使它们真正为了全体人民的共同利益而进行经济活动？在这里，必须指出，全民所有制企业不是一个空泛的概念，它们是从事经济活动的实体。全民所有制企业的全民性体现在企业领导层和企业职工一起处在使经济活动对全体人民的利益负责之中。但这种负责并不是指全民所有制企业必须由国家来经营管理。不仅如此，可以明确地指出，假定认为只有由国家来经营管理全民所有制企业才能体现这些企业的全民性的话，那么企业经营管理不善，弊端丛生，其结果恰恰不是对全体人民的利益负责，而是对全体人民的利益的损害。这样，在对全民所有制企业进行改革时，应该强调的是：必须对全民所有制企业的全民性有新的理解，即它们的全民性体现于经济活动的成果，而不是体现于国家对这些企业的经营管理。也就是说，改革全民所有制，不是要否定全民所有制，也不是要改变这些企业的全民性。改革全民所有制，正是为了使全民所有制企业的全民性通过它们的有效的经济活动而充分体现出来。

二

在社会主义所有制体系中，还包括一个主要的方面，这就是根据社会主义商品经济发展的要求，建立多种所有制，即实现所有制的多元化。所有制多元化是指：社会主义社会中可以存在多种所有制，包括公有制，也包括非公有制。此外，企业生产资料所有权也可以不是单一的，而是由全民、集体和个体按照多种方式交叉、渗透而形成的混合性质的。在这种混合性质的所有制中，全民所有、集体所有、个体所有相互渗合，你中有我，我中有你。这就是说，一个企业内部，可以有不同的生产资料所有权的成分。所有制的多元化，包括混合性质的所有制的形成，首先与我国现阶段劳动的性质有关。企业中的劳动者的劳动存在着质与量的差异，他们仍然要用个人利益的眼光去看待自己的劳动及其劳动成果。而且，企业之间还存在着劳动条件的差异，这又会导致企业的经营成果和经济效益的差别。有些企业能够比一般的企业生产出更多的劳动成果，这部分收入应归企业所有，以利于调动企业经营管理的积极性，促使企业经营活动改善。所有制的多元化和混合性质的所有制的存在，可以使企业和在企业中工作的劳动者更能从利益关系上使自己同生产经营成果统一起来。

再从我国现阶段的生产力水平来看，所有制的多元化和混合性质的所有制的存在也是与此有关的。我们知道，一定的生产资料所有制形式，取决于社会生产力的发展水平。社会主义商品经济究竟采取什么形式以及在一定范围内存在哪些所有制，要受生产关系一定要适应生产力发展的规律的制约。现阶段我国生产力发展水平较低，发展也很不平衡，这种状况决定了在长时期内将是多种所有制的并存，决定了在一个企业内，完全可以使不同的所有制相互渗透或相互结合。这是不以任何人的主观意志为转移的。

总之，在设计我国所有制体系时，需要考虑我国究竟需要建立什么样的企业所有制关系。这一切不能离开发展商品经济的要求，不能离开现阶段劳动的性质和生产力水平的制约。为了发展商品经济，每个企业必须以商品生产者资格开展生产经营活动，企业有权自己决定其产供销活动，并且要在竞争中保存自己和发展自己。这不是什么“放权给企业”的问题。而是“还权给企业”的问题。企业作为商品生产者，应当拥有一个商品生产者所具有的自主经营权。即使是全民所有制企业，改革以后，国家必须把生产资料交由企业使用，并且让企业有权支配自己的经济活动的成果。至于每一个企业的所有制形式，则由具体的情况来决定。

三

在社会主义社会中，建立和发展股份企业不仅是必要的，而且也是可行的。社会主义建设需要大量资金。要改变资金分散的现象，必须集中资金，把社会资金潜力动员起来。因此，企业发行股票有助于使资金集中，以满足扩大生产的资金需要。由于社会主义经济制度的基础是生产资料的社会主义公有制，所以股份企业也将建立在这一基础之上。如果是集体经济的企业发行股票，由劳动者购买，那么从性质上说，这种由劳动者集资而组成的企业仍然是集体经济单位。看来，这类企业实行股份制完全是可行的，也不会引起疑虑。问题是全民所有制企业能不能发行股票？全民所有制发行了股票后，性质会不会变？对这个问题，应有正确的理解，不能认为只有集体企业才能发行股票，而全民所有制企业不能发行股票。我们不能用关于全民所有制企业的传统的观点来看待全民所有制企业的股份制。

如果全民所有制企业成为股份企业，从现有的生产资料所有权来看，有三方面的入股者：一是中央政府部门，二是地方政府部门，三是全民所有制企业本身。这三类入股者都是全民所有制性质的，股份制不改变企业的全民性。如果全民所有制是向社会集资的，那么新的入股者又可以分为三类：大致有（这里不考虑外资入股）三种：一是其他的地方政府部门和其他的全民所有制企业；二是集体企业；三是劳动者个人。从新入股的构成看，如果只有第一类新入股者，企业的全民性没有变化。如果还有第二类和第三类新入股者，那么企业的全民性依然保留，但又增加了集体的成分。不管怎样，股份企业的生产资料仍然归劳动者所有，这样的企业仍然是公有企业。

从生产资料使用权上看，由于股份企业的所有权与使用权是分离的，因此有必要考察谁真正在进行经营管理。经营管理归于企业的管理人员。既然社会主义股份企业的股东是劳动者或是代表劳动者利益的单位，那么通过股东代表选举的企业管理人员也就是劳动者利益的代表。以股份制的全民所有制企业来说，如果第二类和第三类新入股者的资金相对于原来的入股者和第一类新入股者的资金而言是较少的，那么企业仍由全民所有制一方经营管理。即使第二类和第三类新入股者的资金相对说来较多，但只要它们是分散的，那么全民所有制一方也照样掌握了企业的经营管理权。这些都表明企业的全民性基本上没有变化。

退一步而言，即使第二类和第三类新入股者的资金较多，而且第二类新入股者的资金并不分散，从而掌握了企业的经营管理权的话，企业不仍然是社会主义公有制企业吗？企业的经营管理权不仍然掌握在劳动者利益的代表者手中吗？这又有什么值得顾虑的呢？

下面，让我们再分析一下企业股份制的优越性。股份制是现阶段可以采取的最有利于增强企业活力的措施，它的优越性表现于：

第一，建立股份企业将从根本上改变政企不分的状况，从而可以把企业办成一个完全经济性的实体。由于企业的负责人向董事会负责，董事会向股东负责，企业就不再处于作为行政机关附属物的地位。股份企业在服从国家政策和经济法规的前提下，有独立决策的权力。换言之，国家不能对股份企业直接进行干预，而只能通过股权，影响企业的经济活动。这样，企业与政府的关系，在经济上主要体现在纳税和收税的关系上，企业的经营决策权问题就会迎刃而解。

第二，股份经济可以比较有效地解决生产要素的合理流动问题。股份企业盈利高低是一个信号，可以引导资金转移到盈利高的部门，使资金和劳动力得到比较合理的配置，可以提高资金使用效率。在市场竞争的条件下，股份企业只有将资金投向最有发展前途的领域，合理使用资金，避免决策失误和资金浪费，才能立足，才能发展。至于政府部门，则可以通过各种调节和补偿措施，有计划地引导股份资金投向国民经济中的薄弱环节和落后部门，从宏观的角度来促进生产力合理布局。

第三，入股集资有利于把社会上闲散资金集中起来，实现融通资金的活动。在社会集资和劳动者个人入股的条件下，个人消费基金的结余部分表现为新增加的股金。个人是以投资者的身份出现的，入股后，不能任意抽回股金，因此，企业以集资入股方式吸收个人消费基金的多余部分之后，不存在股金退出企业而冲击消费品市场的可能性。除个人入股以外，股份经济还可以把企业拥有的留成资金作为集资的重要来源。由于各个地方和企业都拥有一定量的暂时闲置的资金，因此通过股份经济的途径，集中地方和企业的资金，承担与地方和企业利害关系密切的项目的建设，有利于加快建设的步伐，并且，这也是为社会（特别是对于开拓广大农村的就业门路而言）提供更多就业机会的有效途径。

四

各个不同的企业相互入股（即相互购买股票）的结果，产生了社会主义条件下的企业控股制。控股制又称参与制，它是股份经济发展的必然产物。控股制本是资本主义发展到垄断阶段时出现的一种经济组织形式，大资本通过控股，渗入其他企业之中，支配着这些企业。层层控股、层层渗透的结果，形成了总公司—子公司—孙公司……这样的公司系统。因此，控股制在资本主义制度下，是大资本控制小资本、支配小资本的手段。

作为一种社会化大生产条件下的经济管理形式，控股制可以适用于社会主义股份经济之中。这是因为，管理具有二重性：一是由社会化大生产决定的自然属性，一是由社会制度决定的社会属性。就社会化大生产而言，社会主义与资本主义是相同的。就社会制度而言，社会主义与资本主义截然不同。因此，社会主义社会中可以采取控股制形式，即保留这一管理方式的自然属性，所改变的则是它的社会属性。

在社会主义经济中，一些有竞争能力的、经济效益高的企业可以利用自己的税后利润购买其他企业的股票。当它们在其他企业的股份中占到一定的比重，从而作为有影响的大股东而控制了那些企业，于是可以按照自己的经营方针来经营管理或进行企业改组。由于股权以及与股权联系在一起的股份利益在这里起着作用，所以一旦企业之间相互控股，企业之间的竞争必然激化。激化的市场竞争对于股份制的企业来说，不是坏事，而是好事，它促使每一个股份制企业必须提高经济效益。特别是在产品代替性强、消费品价格弹性大、产品更新期间利润不稳定的条件下，如果一个企业经营不善，它就面临被其他企业“接管”的威胁。这种“接管”意味着：其他企业作为新的股东利用这些企业利润率下降，原来的入股者急于想把股票脱手的形势，购买其大量股票，进而控制它们，先从组织上予以“接管”，使之变为自己的子公司，再从生产上、经营上、技术上加以改造。甚至在某些具有独占性的领域内，原来的企业如果经营不善，也是有可能被“接管”的。

至于一些较小的企业，在经营不善的条件下，也可能被本企业的职工“接管”。本企业的职工作为股东，虽然很分散，但他们对企业的要求是盈利，是发展，他们的个人利益同企业盈亏总额挂钩，因此，在必要的场合，他们可能集中股权，以集体代表的身份，对企业进行“接管”，重新经营。这对于亏损或微利的企业的发展前景肯定是有利的。

五

实行控股制之后，一个强有力的社会主义大企业，实行跨部门、跨地区的生产经营，并通过层层控股，建立自己的子公司、孙公司。母公司同若干个子公司、孙公司集合在一起，就形成社会主义的公司财团（或称为企业集团）。若干个社会主义大企业通过各种方式的经济联系，也可以形成一些带有地方色彩的社会主义公司财团，简称为地方财团（或地方企业集团）。社会主义公司财团的核心将是一个母公司，或称持股公司。它是本财团的经营管理的方针的决策者。在母公司下面，有各个子公司、孙公司。这些公司并不是公司的分支机构或附属机构，它们都有自己独立的经营活动，自主经营，自负盈亏。母公司是通过股权的控制来施加影响的，也就是说，母公司的经营方针要通过股权的控制来贯彻。这就不会重犯行政干预的弊病。这样一种集中与分权相结合的公司管理体制，有利于促使企业经济活动合理化和高效率化。

由于市场竞争的开展，一些社会主义大企业兴起了，一些社会主义大企业衰落了，或者说，一些社会主义公司财团壮大了，一些社会主义公司财团的地位相对下降了，这完全是正常的现象。哪个大企业想保持上升的趋势，哪个公司财团想在排列名次上跃居前位，只能依靠自己的竞争能力，只能取决于自己的发展战略是否正确、能否实现，只能寄希望于本企业、本财团的领导层和职工的素质。如果缺乏竞争能力，或者制定的发展战略错误，或者制定的正确的发展战略未能得到贯彻，或者领导层和职工的素质不高，那么即使是大企业、大财团，也会衰落下来。但企业的股份制和控股制本身，将给它们以内在调整力量，即自我更新的力量。衰落的企业如果不调整、不更新，它的股票价格不断下降，就有可能被“接管”。“接管”以后，企业也就可能以新的面貌登上市场竞争的舞台。

与此同时，在控股制的条件下，银行与企业之间的关系有可能发生变化。这种变化表现为两个方面，一是某些专业银行不仅实行了企业化，而且实行了股份企业制，于是企业可能购买银行的股票，成为它们的股东。从我国的所有制改革的前景来说，企业持有专业银行的股份并参与银行的经营管理的可能性不是不存在的。二是企业股份制之后，银行对企业实行参与。在现阶段，银行与企业之间关系的这一变化的可能性要更大一些。我们可以设想，银行不仅是单纯的贷款提供者，而且也是投资者。银行可以直接从事企业投资活动，成为企业的股东之一，甚至银行还可以自己创办企业。在银行掌握企业的股权之后，银行与企业的关系就在股份利益的基础上联结在一起了。银行作为股权持有人，将派出自己的人进驻大企业，参与企业的管理，参加企业的会议。银行不仅仅参与管理企业资金的使用，也过问企业的生产和经营。

银行本身也可以通过对企业的参与而形成社会主义银行财团。社会主义银行财团同社会主义公司财团一起，实行跨部门、跨地区的经营。银行财团的核心仍然是持股公司性质的中心银行，它所控制的子公司、孙公司同样不是中心银行的分支机构或附属机构，而是自主经营和自负盈亏的经济实体。持股性质的中心银行同样需要通过对股权的控制来影响子公司、孙公司的生产经营。除此以外，银行对企业的参与还有利于银行自身的信贷工作的改进。这是因为，如果要求贷款的企业没有投资风险的观念，那将由提供贷款的银行承担一切投资风险。贷款收不回，项目建设失败了，其损失归于作为贷款提供者的银行。建立股份企业，特别是采取银行参与企业的做法，经营失败由股权人，即由参与企业的各方共同负责，这对于银行的经营的改进是可以起到积极作用的。

六

混合经济型企业是指有全民、集体、个体等多种所有制共同投资而组成的企业。即使不实现企业的股份制，只要容许不同所有制的企业联合经营，也可以产生一些混合经济型的企业。但企业的股份制的结果将导致混合经济型企业的大量出现。当然，纯粹的、单一所有制性质的企业也会继续存在，但应当认识到，大量混合经济型企业的出现是社会主义经济中不可避免的局面。

社会主义社会中的混合经济型企业的性质应当如何确定呢？如果原来的全民所有制或原来的集体所有制以入股集资形式新增资金，并在混合经济型企业股金中占有一定份额，并且能够掌握企业经营管理权的话，那么这样的混合经济型企业无疑仍是公有制企业。但如果不是这样，那又如何确定其性质呢？对此，让我们做进一步的分析。比如说，如果一个企业是新创办的，其资金来自股票发行，而购买股票的，既有各种企业，又有个人，那么这样的混合经济型企业，是一种新的经济联合体，是传统的全民、集体所有制之外的一种新的公有制形式。

我们之所以把这种新型的经济联合体称为公有制企业，这是因为它们在很大程度上类似于生产资料入股和资金入股的合作组织形式。它是新型的公有经济。这种经济组织形式既体现了劳动者群体作为生产资料主人这一特征，又有利于加强企业的活力，使企业成为独立的自主经营、自负盈亏的商品生产者。它在今后有可能成为我国新企业的所有制结构中的重要组成部分。

在社会主义经济建设中，混合经济型企业的出现正是适应了生产力发展的要求。它符合国情，促进商品经济的发展。它既适合在乡村中成长，也适合在城市中的发展。它方式灵活，可大可小，便于安置社会闲散人员，有利于密切城乡联系。新成立的混合经济型企业是原有的全民所有制企业的有力竞争者，可以迫使后者改善经营管理，或推动它们较快地走上所有制改革的道路。

七

与混合经济型企业一样，小型合作企业也是适合于我国国情、方便灵活的一种新的所有制形式。它和混合经济型企业的区别在于：

第一，混合经济型企业的入股者是各个企业和个人，并且可能有全民所有制单位投资入股，而小型合作企业则完全是由个人集资入股组成的。

第二，混合经济型的规模可大可小，而小型合作企业的规模一般说来是较小的。当然这并不否认小型合作企业以后可能发展、壮大，甚至也有可能逐渐演变为混合经济型企业，但至少就它们初创时期而论，它们是较小的。

小型合作企业由个人集资入股而组成，它们体现劳动者群体是生产资料主人这一特征，从而是社会主义公有化的一种形式。它的生产资料归参加合作者所有，合作者共同劳动，集体经营，税后利润分给参加合作的成员，这些成员可以把收入用于生活支出，也可以用于再入股。在小型合作企业中，参加合作的成员作为劳动队伍中的一员，取得劳动报酬，作为入股者，又取得一定的税后利润。

小型合作企业特别适合于零售商业、手工业、城镇服务业、农产品加工业。参加合作的成员以自己的劳动进行集体生产，自主经营、自负盈亏。集资时，每人最少要出多少资金，最多只能出多少资金，以及劳力同资金按什么比例分配，要民主商定。这一切完全体现了它作为合作经济组织的质的规定性。

从形式上看，小型合作企业也可能自称为“股份公司”。这是不确切的。实际上，小型合作企业是真正的、名副其实的合作经济。它不同于股份公司之处就在于它只由参加合作的成员集资入股，而不向外界集资。如果它以后采取发行股票的方式向外界集资，那么它就变为混合型企业了。

鼓励劳动者个人以集资入股（包括用生产资料折成股金）形式组成小型合作企业，并肯定它们的合作经济性质，即公有制性质，是对理论和实践的尊重。承认这样的企业是公有制企业，无非是承认本来早就应该承认的社会事实而已。

目前，小型合作企业往往被人们称为“小集体”或“民办集体”。当然，人们可以采用这种名称或那种名称。但应当注意的是，当人们称这类企业为“小集体”时，不能认为“小集体不如大集体”，“小集体要向大集体过渡”；当人们称这类企业为“民办集体”时，也不能认为“民办集体是非正式的集体”，“民办集体要过渡到公办集体”。要知道，合作经济就是集体经济，它是灵活的社会主义所有制形式，可以适应不同的生产力状况，可以有不同的企业规模。合作经济不一定要向其他集体所有制形式过渡，而且也不存在这种过渡的必然性。合作经济形式、其他集体经济形式、混合经济形式等各有优势和适用范围，应该长期共存，共同发展。

八

我们可以把农业中的联产承包责任制的实行当作农村所有制改革的第一步，现在，让我们从所有制体系的角度，对农村所有制的进一步改革加以探讨。

应当了解农村所有制进一步改革的背景，即这一改革是在什么条件下展开的。要知道，在实现联产承包责任制的基础上调整产业结构，农村经济将向大规模商品经济转化。农村将根据市场需要生产、加工，提供大量农副产品。商品经济的发展，使每个农民家庭作为商品生产者和经营者进入商品市场。因此，与蓬勃发展的商品经济相适应，农村的所有制将继续进行改革。

按照商品经济发展的要求，在农业、林业、渔业、畜牧业等生产活动中，家庭联产承包责任制的生产经营的形式会长期存在，但必将逐步走向专业化，甚至会把一些生产环节独立出来，形成某些生产环节的专业化。于是，在分工协作的基础上，农民家庭将采取不同形式的自由联合。这种自愿结合而组成的农民家庭的联合经营组织的财产，属于参加联合经营的农民家庭共同所有，按各自劳动成果的大小比例分配劳动收入；此外，收入的一部分也可以根据投入的资金和生产资料的多少按比例分配。这样就会产生一大批与上一节提到的小型合作企业相似的小型合作农场（林场、渔场、牧场）。它们是广大农民在实践中的创举，对未来农村经济的发展将起着十分重要的作用。这种小型合作农场（林场、渔场、牧场），是新型的集体经济，它们是对过去农业中集体经济统一生产资料和统一劳动的旧框框的突破。作为农民的自由联合的经营组织，它们是在家庭经营的基础上，采取集资形式集中各种生产要素的合作经营。它们是能够调动起广大群众的积极性的农村所有制的进一步改革。

在商品经济发展过程中，原来的乡镇企业的所有制改革问题必然被提上议事日程。乡镇企业的经济性质，照理说应当是农民

（乡镇居民）的合作经济。它是农民靠自己的资金、劳力、技术建成的。不少企业尽管依靠贷款兴办，但贷款只能靠农民用企业获得的利润偿还。然而在实际生活中，这些企业不是如上所述的合作经济性质的企业，而变成了（或在一定程度上变成了）官办企业。有些干部凭着对这些企业领导层的任免权，干涉企业的自主活动。一些企业即使获得较多的利润，但利润由干部支配，农民仍不能得到好处。因此，要改革乡镇企业的现状，就应当从所有制上解决问题，即打破目前实际存在的企业的官办模式，使农民成为名副其实的企业主人。

当然，这里并不否认现存的许多乡镇企业是办得很有成绩的，并且农民也确实能从乡镇企业得到利益，但我们所说的乡镇企业的所有制改革不是仅仅针对那些办得差的企业而言的。办得差的企业无疑需要加以整顿，最有效的整顿方式就是进行所有制改革。即使是办得好的企业，也同样要改革所有制。这是因为，既然乡镇企业是集体所有制，那就不能使之成为基层政权的附属物，不能政企不分。“还这些企业以本来面目”，就是使之真正成为集体所有的企业。如果只对办得差的乡镇企业进行所有制改革，不对办得好的乡镇企业进行所有制改革，那么不禁要问一句：假定将来有一天，基层政权的领导换人了，新上任的基层政权领导不再像过去那样考虑问题了，办得好的企业不就有可能变为办得差的企业吗？究竟有什么方法避免这种情况的出现呢？可见，不管今天办得好还是办得差的乡镇企业，都应当一律进行所有制改革。从所有制上解决企业经营问题是根本性的。至于哪些企业先改革所有制，哪些企业后改革所有制，则可以根据各个企业的生产和经营管理现状来安排。

那么，怎样从所有制方面改革乡镇企业呢？乡镇企业所有制改革的设想是：清产核资、折股到户，农民成为企业的股东。他们作为股东，通过选举实现自己的意志，行使管理企业的权力。在收益分配权力上，收益分配等重大问题民主确定；股东除参加劳动领取报酬外，依其股金多少，按比例分享红利。今后，乡镇政权只负责指导和帮助农民经营，不要自己办企业。乡镇新办的企业，或者是乡镇劳动者自己集资兴办的合作企业，或者是有不同所有制渗合的混合经济型企业。这两类企业都是新型的公有制企业。此外，如果农民家庭要独资办企业，这也是可以容许的，尽管它们属于个体经济性质。

与此有关的是，农村中的供销社也有必要进行所有制改革。这一改革可以从两个方面着手：第一，大量分散于农村的基层供销社，应当转化为独立的合作企业，即成为名副其实的供销合作社，自主经营，独立核算，自负盈亏，税后利润除留作公积金、公益金的部分外，按社员的股金分配。第二，县以上的供销社，包括各个专业公司和工商企业，应当转化为混合经济型的企业，即有多种所有制渗合的股份企业，也是自主经营、独立核算、自负盈亏的。它的组织管理与一般股份企业的组织管理相同。

通过上述农村所有制的进一步改革措施，继家庭联产承包责任制实行之后，乡镇的基层政权同经济活动之间的关系将发生更为显著的变化。农业合作化之后，特别是人民公社化之后的那种农村经济活动方式将彻底解体。乡镇的基层政权完全变为纯粹的政权组织，脱离具体的生产经营活动，从而以往那种把广大农民置于统一指挥、统一管理之下，使他们的经济活动被动地听命于少数乡镇干部的意志，限制广大农民积极性和创造性的发挥，阻碍农村商品经济的发展，并使农村产业结构长期单一不变的情况，将不再存在。

乡镇基层政权在经济上的作用主要体现于积极引导乡镇商品经济的发展。为此，它们要负责土地的管理。土地公有的原则不能改变，但土地应当是有偿使用的。要防止侵占耕地，严禁土地买卖。这是乡镇基层政权的职责所在。乡镇基层政权还要设法帮助农民寻找致富门路，组织农民兴办各种企业，并帮助这些企业解决发展中遇到的难题。乡镇基层政权还可以为企业的联营牵线搭桥，组织技术协作和经济协作。乡镇基层政权在引导农村商品经济发展的过程中，应当突出“服务”二字。它们的管理就是为农民的经济活动服务。

九

所有制的核心是生产资料所有权的归属。但把所有制理解为生产资料所有权的归属，仅仅是对所有制的狭义理解。对所有制的广义的理解是：除了生产资料所有权的归属而外，所有制还包括生产组织的形式和生产管理体制等。因此，以上所谈到的所有制改革，不仅涉及生产资料所有权的归属在改革前后的变化，而且也涉及生产组织的形式和生产管理体制在改革前后的变化。改革后所建立的新的社会主义所有制，就是指新的生产资料所有权的归属、新的生产组织形式和新的生产管理体制。

改革后的社会主义所有制不是单一的，而是多元的。多种所有制构成了新的社会主义所有制体系。对这个体系可以这样理解：

从生产资料所有权的归属来看，这是一个以社会主义公有制为主体的、包括为社会主义经济服务的各种非公有制在内的所有制体系。公有制企业包括：全民所有制企业、混合经济型企业、合作企业。非公有制企业包括：个体企业、外资企业、中外合资企业。

从生产组织形式和生产管理体制来看，全民所有制企业、混合经济型企业可以自己经营，也可租赁、承包给合作经济或个人经营；合作企业同样可以自己经营或采取租赁、承包的方式让个人来经营。

这样的社会主义所有制体系是根据社会主义商品经济发展的需要而产生的。在公有制企业中，虽然股份制的实行涉及按资金（或股金）分成，但投资入股对于投资者来说是对生产的贡献，其性质与在银行存款相似，应有一定股息收入作为报酬。投资入股，发展社会主义经济，对社会主义经济的总体利益大于投资入股者的个别利益。而公有制企业的租赁、承包经营，则能够适应生产力发展的需要，使生产要素在现有条件下有效结合，减少人力、物力、财力的浪费，对生产的发展起到促进作用。

至于社会主义所有制体系中属于非公有制范畴的个体经济，它存在的必要性已经无需论述，因为个体经济是作为社会主义经济的必要补充而存在的，它为社会主义社会中的生产和生活服务，而且还可以增加就业、增加税收。个体劳动者主要依靠自己的劳动从事经营。有些人辛勤劳动，经营有方，获得较多的收入，这是正常的。只要有正确的政策，加强管理，同时又善于教育和引导，就能保证个体经济沿着为社会主义服务的轨道发展。

总之，通过所有制改革，今后我国将形成如下的二元经济模式：一方面，是几百家最大的企业，它们通过层层控股，形成母公司、子公司、孙公司系统，形成公司财团（企业集团）。它们将决定我国工业化的方向、技术进步的方向。另一方面，是几十万家甚至上百万家小企业，包括合作经济的、个体的、混合所有制的小企业，它们形成紧密的协作网，同时又处于相互竞争之中。它们将着重解决农村劳动力的转移，农副产品生产和加工，农村居民收入水平的提高，小城镇建设，城乡居民生活服务等问题。二元经济的这两个不同的部分将各自按照自己的运动规律向前发展。二者是长期并存和互补的。

（原载《河北学刊》1987年第1期）

第二次调节论

在社会主义国民经济管理中，一个重要的问题是如何确定政府调节与市场调节之间的关系。如果不能从理论上明确这种关系，那么在国民经济管理中，就会对“政府应该管什么，政府不必管什么”这个问题认识不清，结果，“政府该管的没有管好，政府不该管的反而管了”，这对社会经济的发展显然是不利的。

本文试图从理论上对这个问题进行探讨，并把本文所表述的一系列观点归结为“第二次调节论”。

社会主义经济首先是商品经济，然后才是有计划发展的商品经济

社会主义经济首先是商品经济。这是建立在社会主义公有制基础上的商品经济。社会主义经济之所以是商品经济，主要有以

下两个原因。一是广泛存在社会分工。每个生产者的产品作为交换价值而被生产出来，这些产品通过交换而变为社会一般劳动的产品，因此，每个生产者都以商品生产者的身份参加社会分工，参加交换。二是生产单位有自身独立的经济利益。集体经济单位和个体经济单位存在自身独立的经济利益这一点，不言自明。即以国营经济单位来说，由于它们在接受国家委托的条件下使用这些生产资料，进行生产和经营，并向国家承担相应的责任，所以所有权和经营权是适当地分开的。企业实行经济核算，它们的盈亏直接影响本企业的发展和本企业职工的生活。它们出于自身独立经济利益的需要，要求等价交换，要求通过商品货币关系来实现这一利益。

在社会主义商品经济中，价值规律对社会主义的生产和流通起着调节作用。如果商品生产者投入某种商品生产上的劳动总量超过社会需要投入的必要劳动量，超过部分的劳动量将得不到社会的承认，所以价值规律使得生产资料和劳动力在各个商品生产者之间不断地进行重新配置，使社会上的商品供求具有不断保持适应的趋向。

社会主义经济是商品经济，这是基本的、首要的。如果要问社会主义商品经济究竟是什么样的商品经济，它同私有制基础上的商品经济有什么区别，那么可以认为，社会主义商品经济是有计划发展的商品经济，以区别于私有制基础上处于生产无政府状态条件下的商品经济。有计划还是无计划，是指商品经济发展的社会条件而言，是指商品经济发展的手段而言。正是就这个意义来说，社会主义经济是有计划的商品经济。

商品经济就是市场经济，不必去寻找二者之间的区别；硬要找出二者之间的所谓区别，只能增加混乱

商品经济与市场经济的含义是相同的。社会主义商品经济就是“社会主义市场经济”，社会主义有计划的商品经济也就是“社会主义有计划的市场经济”。

有人认为，市场经济只存在于资本主义条件下，或者只存在于私有制条件下。这种看法是不妥的。难道不通过市场，能有商品生产和交换么？没有市场，商品经济能成为事实么？无论在资本主义社会还是在社会主义社会，无论在私有制条件下还是在公有制条件下，商品生产和交换都以市场的存在为前提。至于我们究竟称之为商品经济还是称之为市场经济，那是另一回事。我们可以把社会主义商品经济称为“商品经济”，把资本主义商品经济称为“市场经济”，这无关紧要。真正的区别是商品经济或市场经济前面的定语（社会主义的或资本主义的）有所不同，而商品经济与市场经济二者在含义上是没有区别的。假定我们全都使用“市场经济”这个概念，以代替“商品经济”一词，那么我们仍然可以清楚地看出“社会主义市场经济”与“资本主义市场经济”的主要区别，即“社会主义市场经济”是建立在公有制基础上的“有计划的市场经济”，它显然不同于建立在私有制基础上

的、社会生产无政府状态的“资本主义市场经济”。此外，“资本主义市场经济”的范围要比“社会主义市场经济”广泛，某些产品和劳务，在“资本主义市场经济”中作为商品而被交换，而在“社会主义市场经济”中，则已不再作为商品了。

换言之，区别不在于“商品经济”与“市场经济”之间，而在于“社会主义的商品经济（或市场经济）”与“资本主义的商品经济（或市场经济）”之间。一心想把“商品经济”与“市场经济”区分开来的同志，可能是出于维护社会主义商品经济的好心，但他们在寻求二者之间的区别方面的努力是徒劳的，也是没有意义的。不仅如此，他们的好心很容易引起概念上的混乱。

但由于大家目前已经用惯了和见惯了“社会主义商品经济”一词，因此在本文以下的论述中不使用“社会主义市场经济”，而只使用“社会主义商品经济”这一概念。尽管在我看来，“社会主义商品经济”与“社会主义市场经济”并无区别，正如“资本主义商品经济”与“资本主义市场经济”没有区别一样。

市场调节是第一次调节，政府调节是第二次调节；政府调节既可以是事后的调节，也可以是预防性的调节

如上所述，社会主义经济首先是商品经济。既然是商品经济，那就说明市场调节无时无刻不存在。可以把市场调节称作第一次调节。

要知道，市场本身有一种自行调节的功能，它可以使需求和供给趋向平衡。但市场调节有各种局限性，因此有必要进行政府调节。但绝不能反过来，认为政府能包办一切，只是由于目前力量不足，才需要由市场来拾遗补缺。

那么，市场调节的局限性何在呢？这里暂不分析供求结构方面的问题，不分析企业是否完全按照价格升降而自行调整存货，也不分析个人的需求是否随价格变动而自行调整。这里仅仅从总量分析的角度来讨论这种局限性。市场调节的局限性主要在于：

第一，通过市场调节，从总需求同总供给的不适应，到商品价格的升降，再到企业和个人按照变动后的价格来调整供求，再到总需求同总供给相适应，将是一个很长的过程。在这一很长的过程中，总需求和总供给的不适应可能给国民经济造成较大的损失。

第二，在市场调节过程中，即使总需求同总供给的不适应引起了商品价格升降，但由于商品价格是相互联系的，一些商品价格的升降会在许多商品价格之间引起连锁反应，而连锁变动后的商品价格究竟会在何种程度上使商品的供给和需求进行调整，从而使总需求会在何种程度上同总供给相适应，则是不确定的。特别是把价格变动及其效应的产生当作一个连续的过程来看，这种不确定性将更加显著。这是市场自行调节的又一个局限性。

第三，如果让市场自行调节，供给由于受到资源供给条件的约束，供给不足的商品不可能完全按照供求比例的变化而自行调整其价格，从而也就不能通过价格的自行调整来协调需求和供给之间的关系。

第四，在实际生活中，经济信息系统并不健全，与社会商品生产和经营有关的各方在市场上并不能及时得到自己所需要的有用的信息。也就是说，在市场调节过程中，从价格的升降到供求的调整，实际上都只可能在信息不完整的情况下进行。因此，在实际生活中，市场调节作用的发挥不能不受到较大的限制。

第五，市场调节的结果即使可以使供求趋于平衡，但不一定符合社会和经济发展目标。特别是就社会的协调发展来说，市场调节的局限性则是明显的。市场不可能自行使社会在收入分配方面、社会生活质量的提高方面、地区的发展方面达到相互协调的境地。

正因为市场调节有上述各种局限性，因此在经济运行过程中，政府调节是必要的。可以把政府调节称为第二次调节。如果第一次调节的结果已经符合政府预定的社会经济发展目标了，政府就不必过问。如果第一次调节未能符合社会经济发展目标的要求，就需要进行第二次调节。第二次调节也可以是预防性的，即政府预计到第一次调节不可能符合社会经济发展目标，因此不必等到第一次调节后已经出现不协调时再着手第二次调节。总之，第一次调节和第二次调节不是调节时间的先后顺序问题，而是两个不同的调节层次的问题。第二次调节是一种高层次的调节。

政府调节与计划调节的含义不完全相同；政府调节的范围要比计划调节的范围广泛

政府调节是第二次调节。但政府调节与计划调节之间不能画等号。可以这么说，计划调节只是政府调节的一种形式。政府调节的范围要比计划调节广泛。为什么这么说？让我们从两方面来理解：

第一，计划调节是一种经济调节，即运用指令性计划或指导性计划而进行的调节。但政府进行第二次调节时，除了运用经济手段（其中包括计划手段）而外，还要运用行政、法律手段。

第二，计划调节的特点是“计划性”，不管是指令性计划还是指导性计划，都体现了“计划性”。然而，政府调节除了有计划的调节而外，还包括临时的、应急的、相机处置的调节。后者不一定是事先按计划安排的。

正因为政府调节比计划调节更广泛，也更符合政府行为的特点，所以不能把“第二次调节”等同于计划调节，而应当认为：“第二次调节是指政府调节而言，其中包括了计划调节。”

换言之，第二次调节是依靠政府的各种调节手段（经济的和非经济的，计划的和非计划的）的运用而实现的。在政府面前，有一系列可供选择的调节手段。以经济调节而言，其中就有价格调节、财政调节、信贷调节、工资调节、汇率调节，等等。每一种调节手段又有“放松”和“抽紧”的区别。政府在进行第二次调节时，究竟采取这种调节手段还是采取那种调节手段，究竟采取“松”的措施还是采取“紧”的措施，以及究竟“松”到何种程度或“紧”到何种程度，都没有固定不变的模式，一切视具体情况而定，以如何有效地实现预定的社会经济发展目标为转移。

在第二次调节所要选择和运用的各种经济调节手段中，财政调节和信贷调节占据最重要的位置。财政与信贷的收支，通过对部门和地区的供给和需求的刺激或抑制，有可能使供求变动的结果大体上适应第二次调节的要求。

具体地说，一方面，财政支出和信贷支出所表示的社会总需求的增加不是笼统的需求的增加，而必然体现于对某些具体产品和劳务的需求的增加上。因此，通过财政支出和信贷支出，一些部门和地区的需求或供给将受到刺激，从而将改变原来的部门结构和地区经济结构。另一方面，财政收入和信贷收入的来源也不是笼统的，它们必定来自某些部门和地区，而且各部门和地区的收入中转化为财政收入和信贷收入的数额及其相对份额是不相等的，这也会影响各个部门和地区的需求和供给，从而会改变原来的部门结构和地区经济结构。

由此可见，无论从哪一个方面来看，第二次调节作为政府的有意识的调节，都有助于总需求与总供给之间关系的调整，有助于各个部门和地区的结构的改变，有利于政府预定社会经济发展目标的实现。但必须指出，第二次调节是指科学的政府调节，即依据客观经济规律而进行的调节。与其是不科学的、主观主义的、违反客观经济规律的政府调节，还不如不要这种政府调节。这是因为，完全由市场来调节，经济毕竟可以在波动中增长，而不科学的、瞎指挥的政府调节的结果，经济不仅不可能实现预定的发展目标，而且可能背离正常的发展轨道，这样，经济不仅不可能增长，甚至有可能倒退。

计划价格可以同市场价格有出入，但计划价格的制定必须以市场价格为依据

第二次调节虽然是高于第一次调节的层次上的调节，但它必须以第一次调节作为出发点。两次调节之间的这种关系，具体反映于计划制定的价格与市场上实际形成的价格之间的关系上，以及计划利润率与市场利润率、计划利息率与市场利息率、计划工资率与市场工资率、计划土地征用费与市场土地征用费、计划汇率与市场汇率等之间的关系上。其中，计划价格与市场价格之间的关系是基本的。

要知道，即使在社会主义商品经济中，任何商品的销售价格都不可能由生产该种商品的企业单方面决定，而要由供求双方通过市场来决定。由于供给条件的不同，市场大体上可以分为完全竞争市场和不完全竞争市场两大类型。在完全竞争的市场条件下，市场价格表现为非限制价格，即自由价格，它唯一地取决于市场上供求两种力量的对比。如果供大于求，价格下降；如果供不应求，价格上升。任何一个生产这类商品的企业都不可能控制市场上的供给量，任何一个购买这类商品的企业或居民也不可能

控制市场上的需求量，从而市场上由供求关系所决定的价格不是任何企业或居民所能控制的。假定这时政府认为市场调节的结果不能符合自己预定的社会经济发展目标，而认为有必要进行第二次调节的话，那么政府制定的计划价格必须以完全竞争市场条件下自发形成的自由价格作为依据，即以后者作为价格指导线，使政府制定的价格或高于价格指导线，或低于价格指导线。究竟在何种情况下高于价格指导线，在何种情况下低于价格指导线，以及高于或低于价格指导线的幅度究竟有多大，要以客观经济情况和政府所要达到的目标而定。不考虑价格指导线，政府是不可能确定计划价格水平的。

在不完全竞争的市场条件下，价值规律的作用要受到这样或那样的限制。假定某种商品只由少数几家企业提供，于是形成了对该种商品的垄断性的生产经营。这时，市场上该种商品的价格是不完全竞争的价格，但不完全竞争价格也是由市场决定的。垄断性的生产经营者考虑到竞争的存在，以及顾客的价格意识，所以仍然不可能任意提高所提供的商品的价格。在这种情况下，如果政府有必要对市场进行调节，那么它同样要以不完全竞争市场上的价格作为制定计划价格的指导线，并在这种价格指导线上下的某一个合适的位置上确定计划价格，这样才能起到第二次调节应有的作用。

由此可以认为，社会主义商品经济中存在着多少种市场（完全竞争的市场以及不完全竞争程度不等的若干市场），就有多少种市场价格（自由价格以及各种不完全竞争价格），而对于政府调节来说，也就会有多少条制定计划价格的价格指导线，并相应地有多少种计划价格。这就是说，那种认为所有的计划价格都以自由价格作为依据的看法，是不正确的。

假定计划价格不以相应市场上自发形成的价格作为制定时的价格指导线，即不考虑生产该种商品的企业用于生产该种商品的各种费用，不考虑企业的盈利问题，不考虑该种商品的供求关系，从而所制定的价格偏低或偏高将分别引起如下的结果：

在计划价格偏低的情况下，假定生产该种商品的企业不可能减少这种商品的供给量，从而处于亏本状态，而社会上又不可能没有该种商品，于是政府不得不以津贴的方式来维持该种商品的生产。假定企业感到价格偏低而减少了该种商品的供给量，于是该种商品可能因供给量不足而形成了黑市价格和黑市交易。在计划价格偏低而商品供给不足的条件下，要想彻底消灭黑市价格和黑市交易，并不是一件容易的事情。

在计划价格偏高的情况下，假定企业认为生产该种商品是有利的，于是社会上该种商品的供给量可能超过了社会对该种商品的需求量。这时，继续维持偏高价格，过多的供给将找不到出路。假定政府对过多的供给实行收购，政府的支出将不断增大；假定政府不愿承担维持偏高价格的费用，那么偏高的价格就无法继续维持下去。偏高价格的实行与维持，从较长时期来看，不利于生产该种商品的企业改善经营、改进技术。这类企业实际上处于依赖政府保护的状态之中。

显而易见，尽管计划价格是由计划部门制定的，但计划部门仍然不能任意决定价格。计划价格脱离相应市场上的价格的结果，有可能给经济带来不利的后果。

第二次调节的功能在于协调社会和经济的发展

前面谈到计划价格的制定要以相应市场上自发形成的各种价格作为依据。但这并不意味着计划价格必须与相应市场上自发形成的价格完全一致。价格指导线毕竟只是指导线，只起指导作用。政府可以有意识地安排计划价格偏高些或偏低些。这就是说，为了调整供给、需求、产业结构、产品结构、地区经济结构，政府可以有意识地制定较高的价格或较低的价格。这正说明了第二次调节的功能在于协调社会和经济的发展。

然而从第二次调节的效果来看，价格调节的运用与财政、信贷调节的运用仍是有区别的。财政调节和信贷调节通过对不同部门和不同地区的投入和产出的直接影响和间接影响，往往可以起到比价格调节更好的作用。

比如说，在资源供给以及个别企业的产量对该种商品的市场供给量的影响微不足道，从而市场价格接近于由供求关系自行决定的自由价格的情况下，政府没有必要一定要把计划价格定得高于自由价格或低于自由价格。这是因为，这种情况下的市场已经接近于完全竞争市场了，市场调节已经能够使资源较为合理地配置于各种产品和劳务的生产方面了，价格已经接近于自由价格了，政府还有什么必要使它偏离这一价格指导线呢?

又比如说，假定资源供给受到较大的限制，而市场竞争又是不充分的，个别企业的产量对该种商品的市场供给量的影响较大，从而市场价格表现为通过不完全竞争而形成的限制性价格。这时，如果政府出于协调社会和经济发展的需要，最好的办法是通过财政调节或信贷调节来影响企业的投入和产出，并设法使市场竞争趋于比较充分。如果政府一定要把计划价格定得高于或低于这种不完全竞争的市场价格，那么计划价格偏离价格指导线的各种后果都将出现，从长期来看，国民经济今后必将承受由此导致的资源配置方面的损失。不仅如此，由于产品价格总是相互联系的，一种计划价格同价格指导线的偏离会对其他有关的产品的价格发生影响，而多种价格变动之间的连续和相互的影响，会使资源配置的变动具有较大的不确定性，甚至很可能与计划价格制定者原来的愿望相反。

因此，不应当把第二次调节同计划价格的制定和推行混为一谈。第二次调节的功能在于协调社会和经济的发展，而这种协调是可以通过多种调节手段来实现的。制定和执行计划价格，只是其中可供选择的一种手段。计划价格只有与该种商品的相应市场价格大体上一致，才是既不偏低，也不偏高。离开了相应的市场价格，计划价格也就失去了基本的依据。当然，计划价格也可以被有意识地制定得高于或低于它引以为依据的市场价格。但在财政调节和信贷调节可以达到同样目的的情况下，应当尽可能地少利用计划价格作为调节手段，以减轻由计划价格与相应市场价格的偏离而可能引起的不利于资源配置的后果。

政府调节与市场调节是互补的，一方不能代替另一方

如上所述，第一次调节和第二次调节之间的关系是两个不同层次的调节之间的关系。第二次调节作为协调社会与经济发展的一种调节，起着弥补第一次调节之不足的作用。凡是第一次调节能做到的，就不需要第二次调节了。只要我们按照这样一种关系来理解第一次调节和第二次调节之间的关系，即市场调节和政府调节之间的关系，那么，多年来争论不休的社会主义条件下的计划与市场之间的关系问题，不就可以迎刃而解了吗?

换言之，两次调节之间的关系实际上是互补关系，一方不能取代另一方。政府调节不能取代市场调节，道理是十分清楚的，因为市场调节是政府调节的出发点和依据，离开了市场调节和相应市场上形成的价格指导线，政府调节是不可能有效的。同时，政府只是办市场所办不到的事情。市场能够办到的，政府又何必去过问呢？至于市场调节不能取代政府调节，道理同样十分清楚，因为市场调节有各种局限性，它不能自行实现社会主义社会与经济的协调发展。市场本身所提出的目标以及所要实现的目标都是有限的，社会主义经济中必须有政府的目标和政府为实现自己的目标所做的努力。

可以把并存着的、互相补充的市场调节作用和政府调节作用称为社会主义经济中的二元机制。社会主义经济中不可能只存在一元机制。所谓一元机制是指经济中只存在市场调节或者只存在政府调节。社会主义经济中之所以必然存在着市场调节，因为社

会主义经济首先是商品经济。社会主义经济中之所以不可能唯一地存在市场调节，因为社会主义经济是有计划的商品经济。在社会主义经济中，政府调节作用与市场调节作用始终有机地结合在一起。不妨再重复一句：二元机制是必要的。只有通过二元机制作用的发挥，才能使社会主义经济在供求关系适应与不适应的交替中前进。不可能设想社会主义经济的运行会那样“完善”，那样和谐。现实生活不可能出现这种尽善尽美的情况。即使在二元机制条件下社会主义经济中出现了这样或那样的问题，出现了需求大于供给或供给大于需求，甚至出现了经济增长率下降或通货膨胀，那么原因不在于经济中市场调节和政府调节并存，而可能由于以下两种情况的存在：第一，市场环境不够完善，即市场调节所要求的各种条件并未完全具备；第二，政府调节不够完善。要知道，任何政府调节，即使是力求遵循客观经济规律的政府调节，也不可能与客观经济规律的要求完全吻合，不可能使市场调节的局限性全都消失。在市场调节与政府调节的结合方面，总还有继续调整、改进的余地。因此，上述问题的出现不应当成为否定二元机制存在的理由。

“计划经济为主”中的“主”是指“主动权”；引而不发，保留政府调节经济的主动权，这正体现了“计划经济为主”的原则

过去相当长的时间内，某些书刊上流行着一种不正确的看法，即把计划经济同价值规律割裂开来，把计划经济同商品经济对立起来，并且认为计划经济正是作为价值规律起作用的部分的对立面而存在的。简单地说，这种观点把社会主义经济分为两块，一块是计划调节部分，另一块是市场调节部分，前一块是“一大块”，后一块是“一小块”。这就被看成是“计划经济为主”。实践证明这种观点在理论上站不住脚，在社会主义建设中是有害的。现在，根据第二次调节理论，既然市场调节是第一次调节，政府调节是第二次调节，两次调节都存在于社会主义商品经济环境中，那么价值规律也就不可避免地在社会主义经济中广泛地起作用，政府调节与市场调节就不是“一大块”和“一小块”的关系，甚至不是并列的、平行的两块之间的关系，而是两个不同层次的调节之间的关系。第一次调节时时处处存在，第二次调节可多可少，可有可无。需要政府调节时就调节，不需要时就不必调节，一切视具体情况而定。也就是说，政府调节的范围不一定越来越大，也不一定越来越小，这里并不需要一种固定不变的模式。“计划经济为主”，意味着政府掌握着经济调节的主动权。这里所说的“主”是指“主动权”而言。

过去，在某些书刊上还有这样一种看法，即认为在社会主

义计划经济中，只有指令性计划才是唯一的形式，指导性计划并非计划经济的重要形式，甚至认为指令性计划的范围越大，社会主义的优越性才越能体现出来。实践证明，这种看法也是不正确的。就我国而言，我国的幅员如此宽阔，各地区、各部门之间在经济发展程度上的差异如此巨大，而迄今所达到的社会化生产的水平又如此之低，用单一的指令性计划的形式只会把经济统得过死。所以，原有的计划体制的弊病恰恰在于指令性计划的范围过大，比重过高。我们要缩小指令性计划的范围，扩大指导性计划和市场调节的范围，以便克服以往指令性计划范围过大、管理权限过分集中的弊病。缩小指令性计划的范围，是符合第二次调节的理论的，也是与“计划经济为主”不矛盾的。目前，在我国的实际条件下，指令性计划的范围可以缩小，但还不能立即取消，因为目前若干重要资源的供求还比较紧张。从长期来看，将来指令性计划不是不可以取消的，甚至指导性计划的范围也可以缩小。即使那样的话，仍然体现了“计划经济为主”。要知道，引而不发，政府保留了调节经济的主动权，这就是“计划经济为主”。在社会主义经济中，只要政府掌握了调节经济的主动权，如果市场调节已经使经济活动符合社会经济发展目标了，从而政府不需要对经济进行干预，那么这同样符合“计划经济为主”的原则。

可以再重复一句：既然是社会主义经济，社会主义国家的政府就始终掌握着调节经济的主动权。从这个意义上说，“计划经济为主”的原则长期适用。我们所要抛弃的、否定的，是那种对“计划经济为主”的“板块式”的理解（即把计划经济理解为“一大块”，把市场调节理解为“一小块”），而绝不是“计划经济为主”这一原则本身。

社会主义国家的经济调节与资本主义国家的经济调节的区别不在于所使用的调节方法，而在于调节的目标、调节的环境、调节的效果的不同

前面已经提到，在社会主义经济调节过程中，指令性计划可有可无，指令性计划的范围可大可小，甚至指导性计划的范围也是有很大弹性的。这一切都要根据客观的经济情况和政府预定的社会与经济发展目标而定。于是有人提出了异议，他们问道：“按照你的解释，社会主义国家的经济调节与资本主义国家的经济调节之间的区别不就消失了吗？”不妨反问他们一句：“你们所理解的社会主义国家的经济调节与资本主义国家的经济调节的区别，究竟是什么呢？”原来，他们把是否存在指令性计划当作这种区别了，似乎社会主义国家中的指令性计划一旦取消，就同资本主义国家的经济调节相同了。这显然是一种错误的观念。

计划的指令性质和指导性质的区别，反映了计划方法的不同，正如财政调节、信贷调节、价格调节、工资调节、汇率调节的程度的强弱和范围的大小，也只是调节手段的差别一样。资本主义国家的政府，往往根据本国的经济情况和政府所要实现的目

标，选择计划方法，选择调节手段。在它们认为必要的场合，它们也采用指令性的计划方法。一些西方国家在第二次世界大战期间实行的经济统制、第二次世界大战结束后不久一些西方国家仍然维持的配给制度、70年代某些年份一些西方国家所采取的工资物价的冻结措施，不都具有指令性、强制性么？可见，计划管理的具体方式是可以选择的。谁也不会因为这些西方国家当时采用了指令性计划而认为它们采用了社会主义性质的经济调节手段。

社会主义国家采用的经济调节措施中，如果有一些至今还不曾被资本主义国家所采用，那么并不能保证以后不会被它们所采用。资本主义国家采用的经济调节措施中，如果有一些至今还不曾被社会主义国家所采用，那么也不能断言社会主义国家以后不会加以采用。经济调节措施是供选择的，选择者从本国的实际情况和自己的需要出发，既可以进行适当的修改，也可以原封不动地照搬，还可以拒绝采用。从调节措施本身是判断不出社会主义国家的经济调节或资本主义国家的经济调节的特征的。

那么，社会主义国家的经济调节与资本主义国家的经济调节的区别何在呢？区别在于调节的目标不同、调节的环境不同、调节的效果不同。

就调节的目标而言，资本主义国家进行经济调节是为了维持资本主义制度，避免国内阶级矛盾的尖锐化，而社会主义国家进行经济调节是为了发展社会主义经济，实现社会主义生产目的。

就调节的环境而言，资本主义国家的经济调节是在资本主义私有制的环境中进行的，而社会主义国家的经济调节则是在社会主义公有制的环境中进行的。

再就调节的效果而言，由于资本主义国家的经济调节旨在缓和资本主义社会中的阶级矛盾，由于它是想用经济调节来维持资本主义制度的存在，因此，即使从暂时来看经济调节可以取得某种效果，但不能解决资本主义社会中的政治、经济、社会方面的基本问题，有时甚至使这些问题变得更加深刻，更为复杂化。社会主义国家的经济调节，只要运用得当，符合客观经济规律的要求，那么即使不能避免社会主义经济发展过程中出现新的问题，但它的促进社会主义社会与经济协调发展的作用，则是可以肯定的。

这就是两种性质不同的经济调节的区别。这就够了。有什么必要硬要从经济调节手段本身去寻找两种经济调节的区别呢？

（原载《财贸经济》1987年第1期）

补课、趋同，还是社会主义的自我完善？

——我国经济体制改革的性质和任务

一

社会主义社会是一个相当长的历史时期，需要经历从不完善到完善的发展过程。根据我国社会生产力的发展水平以及与其相适应的生产关系的特征，我国目前正处在社会主义初级阶段。明确提出我国还处在社会主义初级阶段的科学论断，是我们对社会主义再认识的突出成果，是马克思主义理论同我国社会主义建设实践相结合的突出成果。

我们对社会主义的认识经历了曲折的过程。1956年，我国建立了以生产资料公有制为主体的社会主义经济，这标志着我国进入了社会主义初级阶段。但当时，由于对社会主义的发展进程的认识并不清楚，不了解我们应当把发展生产力，解决社会成员不断增长的物质文化需要同落后的社会生产之间的矛盾作为初级阶段的主要任务，而是在政治上错误地把继续解决两个阶级、两条道路的矛盾当作社会主义改造基本完成以后要实现的主要任务，在经济上则急于去做各种超越初级阶段的事情，结果就造成了从1957年到1978年的失误。1978年年底召开的党的十一届三中全会的伟大历史意义正在于拨乱反正，清醒地认识我国的基本国情，开始自觉地转入社会主义初级阶段的轨道上来，踏踏实实地做初级阶段该做的事情。由此可见，正确认识我国目前处于社会主义的初级阶段，关系到社会主义理论在新的历史条件下的丰富和发展，关系到我国社会主义现代化建设的成败。

社会主义初级阶段是特指我国在生产力落后、商品经济不发达条件下建设社会主义必然要经历的一个阶段。我们既要看到它具有社会主义社会固有的共同本质，即在所有制结构中，公有经济已构成主体，在分配结构中，按劳分配已成为主要分配形式；但另一方面，也必须看到社会主义初级阶段毕竟是社会主义开始发展的阶段，在这个阶段，生产力不发达，劳动生产率低，经济发展不平衡，人民生活水平也比较低。此外，在这个阶段，由于历史和社会条件的影响，社会主义的民主政治还不够完善，资本主义和封建主义腐朽思想还经常侵蚀着人们的意识，人民的科学文化水平也有待于普及和提高。因此，在社会主义初级阶段，必须以经济建设为中心，必须坚持四项基本原则，坚持改革开放。只有坚持四项基本原则，才能保证我们前进的方向，使我们循着从社会主义初级阶段向社会主义的较高级阶段、高级阶段前进。不管社会主义初级阶段有多长，它的前进方向是不容改变的，所以坚持四项基本原则必然是长期的任务。同时，只有坚持改革开放，才能进一步解放仍然受到束缚的生产力，促进生产力的发展，以实现从社会主义初级阶段向较高级阶段、高级阶段的过渡。我们必须认识到，从现在起到20世纪末，我们通过努力，可以使人民生活达到小康水平，而到21世纪的中叶，人均国民生产总值可以达到中等发达国家的水平，基本实现现代化，人民生活比较富裕。不坚持改革开放，生产力不能迅速发展，这一任务是实现不了的。

二

为了加速生产力发展，我们从十一届三中全会以后实行了一系列经济体制改革的措施。例如按照所有权与经营权相分离的原则，把经营权交给企业，让企业具有活力，按照自愿互利、共同发展的原则，通过联合投资、相互参股等多种形式，促进生产要素合理流动与重新组合，建立各种经济联合组织；打破过去的封闭经济体系，发展社会主义市场体系；逐步健全以间接管理为主的宏观经济调节体系，通过综合运用各种经济杠杆，维持经济的稳定和促进经济的增长；在坚持公有制为主体的前提下发展多种所有制经济，包括发展个体经济、私营经济；实行按劳分配为主体的多种分配形式，包括允许合法的非劳动收入的存在，等等。应当指出，这一切都是社会主义初级阶段需要采取的措施，它们同社会主义初级阶段内加速发展生产的要求相适应。

1979年以来，我们已经这么做了，而且在今后很长的时间内，我们还要继续这样做。那么，这是不是如国内外有些人所说的，这是在“补资本主义的课”呢？甚至有人认为，中国是在落后经济的基础上建设社会主义的，看来这条道路走不通，所以不得不回转头来“补资本主义的课”，似乎中国要先经过资本主义社会，然后再进入社会主义社会。这种看法显然是错误的。实践证明，在帝国主义列强的侵略下，在中国建立资产阶级共和国、发展资本主义的希望早已破灭，中国走资本主义道路是走不通的。在当时那样的历史条件下，既然不可能在中国建立独立的资本主义国家，而且，如果要走资本主义道路，其结果只能停滞于半殖民地半封建社会，所以社会主义是中国人民唯一可以选择的出路。如果中华人民共和国成立前我们已经选定了社会主义才是中国的唯一出路的话，那么在我们已经走上社会主义道路这么多年之后的今天，我们不仅不应该再去补什么资本主义的课，而且也不需要再补资本主义的课。资本主义制度不能摆脱剥削和掠夺，不能摆脱贫富悬殊的两极分化，不能摆脱剥削制度基础上产生的不合理现象。所谓补资本主义课，无非是让我们走回头路，在中国恢复资本主义制度。这是历史的倒退，是违反社会发展潮流、违反十亿人民心愿的。

有些同志之所以对这个问题认识不清，可能与以下两种情况有关：

第一种情况：他们不了解十一届三中全会以来我们所采取的

某些经济改革措施的性质。不了解某些经济形式既可能存在于资本主义商品经济的环境中，也可能存在于社会主义商品经济的环境中。股份制就是一个很明显的例子。要知道，股份制只是一种经济组织的形式，既可以有资本主义私有制基础上的股份公司，也可以有社会主义公有制基础上的股份公司，在社会主义条件下，还可以有包括公有经济股份和个人股份在内的混合经济形式的股份公司。因此，不应当把任何一种股份公司都当成是资本主义的东西，不应当把我们今天采取的股份制试点说成是补资本主义的课或倒退到资本主义去。

第二种情况是：他们不了解只要条件成熟，落后国家是可以越过资本主义社会而直接进入社会主义的。这是因为，在阶级矛盾极其尖锐的某些落后国家，由于国内社会冲突激烈，政局动荡，统治阶级力量相对薄弱，革命可以拥有广泛的阶级基础，于是在马克思主义的理论指导下，政治上、组织上比较成熟的无产阶级政党在领导人民取得民主革命胜利后，有可能实现由民主革命向社会主义革命的转变。这正是社会主义革命能在经济落后国家获得胜利的原因。落后国家不经过资本主义而进入社会主义的具体例证及其经验的总结，丰富了马克思、恩格斯关于社会主义革命的学说、关于社会发展的学说。而那种所谓落后国家在社会主义革命胜利后还要“补资本主义的课”，否则就建设不了社会主义的说法，恰恰是违背马克思主义的。

当然，在这里需要强调的是：我们说社会经济建设过程中不需要、也不应当“补资本主义的课”，但这并不意味着我们可以逾越商品经济充分发展这一必经的阶段。由于我国是从经济不发达状态转入社会主义社会的，商品经济没有得到充分发展，是我国经济的一个特征。我们需要发展社会生产力，这就必须发展商品经济。这是因为，只有通过商品经济的充分发展，才能使企业作为商品的生产者和经营者充分发挥自己的潜力和积极性，才能增强企业的活力，才能利用价值规律的作用使之为加速生产力的发展服务，才能使社会的经济资源得到较充分的利用，也才能使国家与企业之间的关系、企业与企业之间的关系、企业与职工个人以及企业与广大消费者之间的关系的调整符合生产力发展的要求。只有社会主义才能救中国，只有发展商品经济才能富中国，这是千真万确的道理。因此，我们决不能把社会主义初级阶段内必须大力发展商品经济同所谓“补资本主义的课”的论点混为一谈。

三

有些同志，由于不了解我国正处于社会主义初级阶段，不了解我国自十一届三中全会以来实行的经济政策的社会主义性质，除了误认为我国要“补资本主义的课”以外，还以为继续推行经济改革，社会主义同资本主义的区别以后会越来越不明显，社会主义同资本主义在许多方面会越来越接近，因而他们对我国经济发展和经济改革的前景感到忧虑。而国外有些经济学家则想从理论上说明社会主义与资本主义的“趋同”是社会发展的不可避免的趋势，他们把中国的经济改革前景说成是这种所谓“趋同”现象的又一个例证。显然，这些看法也都是错误的。

正如前面已经指出的，资本主义商品经济与社会主义商品经济都适应着社会化大生产的要求，某些经济形式既可以存在于资本主义社会，也可以存在于社会主义社会，但必须指出，这只是某些经济形式的相同或相似，这丝毫不意味建立在不同所有制基础上的资本主义与社会主义两种经济制度有相互接近或合流的趋势。在经济上，我国坚持以公有制为主体和实行按劳分配原则。这是资本主义制度下不可能实行的，是同资产阶级所有制和资本主义分配原则根本对立的。在政治上，我国坚持人民民主专政，人民是国家的主人，这是社会主义区别于资本主义的根本标志。在精神文明方面，在我国，有在社会利益一致基础上形成的共同思想、共同目标、共同道德标准，人与人之间存在着社会主义的新型关系，这也是资本主义社会不可能有的。在我国社会主义经济发展和经济改革的过程中，社会主义与资本主义在经济上、政治上、精神文明上的上述实质性的区别将始终保持。所谓“趋同”的现象是根本不存在的。

在社会主义初级阶段内，我们要在保证社会主义前进方向的前提下发展生产力，以解决这一阶段的主要矛盾——人民日益增长的物质文化需要同落后的社会生产之间的矛盾。因此，坚持社会主义道路，发展生产力，建设有中国特色的社会主义，是我国发展的总趋势。通过我们的长期努力，我们所要建成的，将是一个根本不同于资本主义，在社会发展阶段上高于资本主义的新的经济制度。如果说在社会主义的初级阶段，由于种种原因而未能使社会主义制度的优越性充分发挥出来的话，那么我们可以深信，通过我们的努力，随着我国经济的发展和人民生活水平的提高，随着我国社会主义生产关系与上层建筑的不断完善，随着我国社会主义精神文明建设日益取得成就，社会主义制度的优越性必将得到充分的发挥。各种有关社会主义与资本主义“趋同”的说法，实际上都来自对社会主义制度的性质和社会主义经济发展规律性的认识不清。

另一方面，所谓“趋同”的论点之所以出现，也与把现代资本主义经济领域内出现的部分质变误解为根本性变化有关。第二次世界大战结束以来，在一些发达的资本主义国家，进行了某些部门的国有化，采取了政府的宏观经济调节，实行了指导性的中长期计划，或者推行了较普遍的社会保障措施，这些都可以看成资本主义经济的部分质变。不承认这些变化是不对的。然而，如果认为资本主义发生了根本性的变化，认为资本主义已经越来越趋向于社会主义，资本主义向社会主义“靠拢”了，无疑就不符合实际情况了。要知道，资本主义的本质特征，在经济上是资本主义所有制，在政治上是资产阶级专政，资本主义国有化是资产阶级专政的国家直接占有生产资料，它只是形式上由资产阶级的政治总代表——国家——对生产资料的占有来代替资产阶级私人占有，而所有制的资本主义性质并没有根本变化。资本主义国家的政府对经济的调节和所进行的计划管理，都是在资本主义所有制基础上实现的，并由资产阶级的政治总代表来执行的，其目的是为了维持资本主义制度的存在。至于资本主义国家推行的较普遍的社会保障措施，一方面要看到这是社会收入再分配形式的一种调整，其目的同样在于维持资本主义制度，另一方面也应当把它们看成是资本主义国家广大劳动者长期坚持改善生活的斗争的结果。但通过社会保障措施进行收入分配的调整，也不会从根本上改变资本主义所有制的性质，改变资产阶级社会的性质。再说，所有者与经营者的分离，并不是现代资本主义经济中特有的现象，而应当把这看成社会化大生产的要求。即使如此，在资本主义经济中，既然所有权仍然属于私人，那么，究竟由谁来经营，则是一种具体管理方式问题，这种做法只会有利于资本主义，而不会彻底改变资本主义所有制。实际上，为了适应生产力的水平，资本主义所有制有多种多样的形式，资本主义企业的管理也同样可以有多种多样的形式，经济管理方式的变化完全不足以说明资本主义制度同社会主义制度合流了。

从人类社会发展的趋势来看，资本主义生产方式的矛盾的发展的结果，必须是社会主义取代资本主义，而不可能是这两种截然不同的制度的趋同或合流。社会主义取代资本主义，是一种新的社会制度对一种旧的社会制度的更替。实现了这种更替，旧的社会制度的本质特征就不再存在了，因此也就谈不到趋同或合流的问题。当然，如果说旧的社会制度中有一些较好的、较合理的东西，那么新的社会制度并不是不可以接受下来，使之继续存在于新的社会制度之下。但这与趋同、合流也绝不是一回事。以资本主义来说，除了它的一些科学、技术、文化方面的优秀成果可以被社会主义接受而外，某些经济管理方式和经济组织形式如果有利于社会生产力的发展，那么也未尝不可以被社会主义所接受和采用。然而，这是在不同的所有制基础上接受和采用的。社会主义在接受并采用这些经济管理方式和经济组织形式时，已经赋予它们以新的内容、新的任务，并置之于新的经济环境之中。这与所谓趋同、合流绝非同一个概念。

四

我国正在进行的社会主义经济体制改革，既不是“补资本主义的课”，也不是与资本主义的“趋同”或“合流”，而是社会主义制度的自我完善。认识社会主义经济体制改革的这一根本的性质，是非常必要的。我们知道，社会主义制度不应该是也不可能是一种封闭的体系。它是在经济发展的环境中自身不断地进步、完善的体系。为了解决社会主义初级阶段的主要矛盾，必须发展生产力，实现现代化，而为了促进生产力的发展，为了使现代化的任务早日实现，必须改革生产关系和上层建筑中不适应生产力发展的部分。这种改革是自觉地进行的。我们自觉地改革生产关系，就能使之适应生产力发展的要求。我们自觉地改革上层建筑，就能使之适应变化了的经济基础。因此，社会主义制度的改革，即社会主义制度的自我完善，是社会主义的本质要求，也是历史发展的必然趋势。

在社会主义经济体制的改革中，具有重要意义的是所有制领域内的改革。如上所述，社会主义初级阶段的所有制体系是以公有制为主体的多种经济成分并存的所有制体系。所有制领域内的改革仍然是坚持以公有制为主。多种经济成分的并存并不否定公有制经济的主导地位，非社会主义经济只能是一种补充。事实上，任何社会的多种经济成分并存都是围绕一种基本的经济成分，并以此为轴心、主干的。一主多辅，形成了一种所有制体系。社会主义条件下同样如此。在此基础上，我们应该进一步认识到，社会主义公有制意味着劳动者对生产资料共同所有、占有、支配和使用，而并不意味着必须使所有权和经营权简单地统一于同一主体。所有权和经营权的分离是社会化大生产发展的要求，是商品经济发展的必然趋势。在所有权与经营权分离的过程中，不同劳动者集体（包括全民所有制企业和集体所有制企业）各自经营一定的生产资料，进行商品生产。在这个过程中所产生的差异必然体现在物质利益分配上。忽视这些差异的存在，以及忽视这些差异在物质利益分配上的体现，就会使不同劳动者集体的积极性、创造性受到挫折，也就是使企业的活力受到压抑，其结果必然使社会主义商品经济发展受到损害。因此，在谈到社会主义所有制领域内的改革时，应当认识到这种改革无非是使社会主义公有制经济的所有权和经营权的分离成为一种现实，从而使社会主义的公有制企业成为真正有活力的商品生产单位和经营单位。社会主义制度将通过这种改革而趋于完善。

关于社会主义公有制条件下所有权与经营权的分离是社会主义公有制自我完善的一个明显例证，就是农村家庭承包责任制的推行。我国的经济体制改革是首先从农村的经济改革开始的。在我国农村，经济体制改革中实行的家庭承包责任制，正是以生产资料（特别是土地、水利设施和大型农机具）集体所有权和劳动者使用权、经营权分离为基础的。由于土地、水利设施和大型农机具仍然是公有制的，这就保证了农村经济体制改革以后农村经济仍然循着社会主义轨道前进，由于家庭承包土地后有经营的自主权，这就大大调动了生产者的积极性，使农业生产迅速发展。正是在这样的基础上，我国农村经济发生了巨大变化。这也就是社会主义所有制的自我完善的具体体现。与农村的改革相似，当前，我国城市经济体制改革在改革全民所有制企业体制方面之所以强调所有权与经营权的分离，也正是吸取了农村经济改革的经验。可以深信，在通过这种分离而使得企业（尤其是全民所有制企业）具有活力的基础上，社会主义公有制经济的优越性就可以得到充分发挥，社会主义经济的发展也就会大大加速。

通过经济体制改革而促使社会主义制度趋向自我完善的又一个例证是有关分配制度的改革。在社会主义初级阶段，需要建立的是以按劳分配形式为主的多种分配形式的体系。在这里，实际上涉及的是社会主义条件下收入分配公平与经济效率之间的关系的协调问题。如果社会主义分配制度只能顾及收入分配公平或经济效率的某一端，而忽视其中的另一端，那就是片面的，其结果必然不利于社会主义经济的发展或社会安定局面的维护。但究竟怎么处理收入分配公平与经济效率之间的关系呢？这首先需要改革过去流行的那种带有浓厚的平均主义色彩的收入分配制度。要知道，按劳分配主张在劳动面前人人平等，但不否定与人们劳动差别相联系的收入分配上的差别，不否定社会主义社会的竞争，而是承认差别，鼓励竞争，以提高经济效率。平均主义的收入分配不是社会主义分配原则，而恰恰是违背社会主义分配原则的。如果不进行分配制度的改革，让平均主义的分配方式继续存在，那么就分配方面而言，社会主义制度就不可能是一种完善的制度。相反，分配制度改革后，按劳分配原则得到了贯彻，这才是为社会成员的共向富裕提供条件，才使社会主义的经济得以顺利发展。

至于在收入分配制度改革过程中所出现的一部分社会成员先富裕起来的事实，也应当从整个社会主义制度的利益的角度来进行分析。事物的发展总是不平衡的。社会主义条件下，由于多种所有制和多种分配形式的存在，所以除了人们在按劳分配收入方面可能出现差别以外，还可能由于其他分配形式的存在而存在收入的差别。但只要人们的收入是合法的收入，即在法律许可的范围内的收入，那么在社会主义初级阶段就应当允许它们存在。社会成员的富裕过程正是不平衡发展的过程的体现。人们的富裕有先有后，富裕程度有大有小，只有一部分人先富裕起来，然后才能有越来越多的人跟着走向富裕。这是社会主义商品经济发展中不可避免的现象。如果要以人为的方式抹杀这种差别，硬要所有的社会成员在同一时间内以同一种速度提高收入，片面强调“收入分配的公平”，其结果只能是返回到平均主义的老路上去，只能是使所有的人陷于贫困，这是以往多年来的社会实践已经证明了的。因此，对平均主义分配形式进行的改革，就是社会主义制度在分配方面的自我完善，它将使我们在分配方面摆脱非社会主义的平均主义分配原则，在经济效率提高的基础上逐步实现共同富裕。

五

既然社会主义的经济体制改革意味着社会主义制度的自我完善，那就清楚地表明，通过经济体制改革所要实现的任务，绝不是要取消社会主义制度的本质特征，也不是否定社会主义的基本制度，而是要克服妨碍社会生产力发展的原有经济体制的弊端和缺陷，使社会主义的基本制度日益巩固和发展。正如前面已经指出的，以公有制为主的所有制结构和以按劳分配为主的分配结构，不仅将在经济体制改革之后继续存在，而且将会日益健全、日益成熟，以推动生产力的发展，而原先存在的许多束缚生产力发展的、并不具有社会主义本质属性的东西，则将被舍弃。另一个十分明显的例子就是对长期存在于我国的僵化的计划体制的舍弃。这种舍弃是十分必要的。不舍弃它们，社会主义制度就不可能趋于完善，社会生产力的发展就会受到阻碍。

必须指出，那种认为社会只有依靠自上而下的指令性计划，只有借助于行政手段来组织和管理经济活动，才能被认为是“社会主义”的论点，是与社会主义经济的性质不相容的。如果说社会主义制度至今还不够完善，那么对计划经济的错误理解以及根据这种错误的理解来组织国民经济，就是重要原因之一。所以，要通过经济体制改革来完善社会主义制度，就必须把这种本来不属于社会主义而硬性附加在社会主义之上的东西去掉，重新确立有关社会主义计划经济的概念。

社会主义经济是建立在公有制基础上的有计划的商品经济。社会主义有计划商品经济的体制就是计划与市场内在地统一在一起的体制。计划和市场的作用都是覆盖全社会的。直接引导企业的是市场，而市场则接受国家的调节。换言之，凡是市场能够做到的，就不必政府代劳，政府专做市场所做不到的事情，如社会经济发展目标的制定、社会效益较高而个别经济效益较低的公共部门的投资与发展、对国民经济具有关键意义的社会短缺资源的分配、社会收入分配的协调等。大量日常的一般性经济活动，则由市场去安排，企业则根据市场发出的信号而调整自己的经济行为。在目前情况下，指令性计划还不可能取消，但它的范围可以逐步缩小，而且指令性计划也应当采取订货合同等方式进行。国家对市场的管理则相应地以间接管理为主。如果采取了这样一些改革措施，那就可以打破各部门、各地区互相封锁分割的状态，使资金、人才、技术、生产资料得到合理的流动，使企业真正感受到市场竞争的压力而不得不突破现状，奋起直追先进，使现有的经济资源发挥更大的效益，使更多的潜在的经济资源被发现、被挖掘、被利用。而由于国家调节着市场，把握住社会经济前进的大方向，于是整个国民经济就不会偏离社会主义的轨道。方向对头，企业又有了活力，生产力发展加快，我们的社会就可以由初级阶段逐渐过渡到较高级的阶段去。这正是社会主义制度日益趋于完善的体现。

实际上，党的十一届三中全会以后，我国的计划体制改革正是这样走过来的。由于种种原因，过去几年在计划体制方面的改革，存在着这样那样的问题。尽管如此，实践证明计划体制改革的方向和路子都是正确的。目前存在的诸如价格比例不合理、市场体系不完善、社会总需求偏大、产业结构不适应、某些流通环节堵塞等问题，只能通过进一步深化经济体制改革来解决，而不能再回到过去那种把经济统得过紧、过死的老路上去。为了不断完善社会主义制度，在计划体制改革方面，我们必须从社会主义初级阶段的经济实际出发，大力发展社会主义商品经济，使改革和建设紧密配合，促进经济结构的合理调整和经济的稳定增长，使"国家调节市场，市场引导企业"这一新的机制日益发挥有效的作用，使我们的经济生气蓬勃，使社会主义有计划商品经济的优越性充分显示出来。也只有在实践的过程中，才能使一些至今还不了解经济体制改革无非是社会主义制度的自我完善的同志真正懂得"利用市场调节不等于搞资本主义"，"发挥市场机制的作用不等于向资本主义靠拢"这样一些道理，从而跟上社会主义经济体制改革的步伐，为社会主义经济的振兴而贡献自己的力量。

（原载《中国高等教育》（社会科学理论版）1988年第1期）

股份制是明确企业财产关系的最好形式

本文考察一般行业国营大中型企业的所有制形式和经营形式的选择问题。关于集体经济的股份制，目前学术界的意见几乎没有分歧，即认为可以试行，至于国营小型企业，则认为不必实行股份制，因为租赁、承包、转为合作企业或有偿转让财产，就足以解决问题了。对于国民经济命脉部门的特大型国营企业，看来今后仍以选择承包经营责任制为宜，因此可以不考虑股份制形式。以上的观点，我已在1987年1月由人民日报出版社出版的《经济体制改革的探讨》一书中阐明。本文拟在该书的基础上，专从明确企业财产关系的角度，就股份制问题做进一步的论述。

企业财产关系不明确是国营企业缺乏活力的基本原因。

为什么国营企业缺乏活力？通过几年来经济体制改革的研讨，现在已经清楚地看到，原因是多方面的。比如说，市场不完善、价格扭曲、企业用工制度不合理、工资和奖金制度未能发挥应有的作用、企业干部任用方面的弊端，等等，都阻碍企业活力的发挥。但这些或者是外部环境问题，或者是较为次要的因素。国营企业之所以缺乏活力，基本原因在于国营企业尚未成为真正的利益、责任、权利的主体。企业生产经营的优劣与自身利益的多少没有明确的联系，企业既不承担生产经营和投资风险，又缺少自我发展和自我约束的机制，在这种情况下，即使外部环境再好，干部和职工的个人素质再高，企业仍然不可能成为经济机体中的有生命力的细胞。

由此不妨再问，为什么国营企业至今未能成为真正的利益、责任、权利的主体，而仍然处于行政机构附属物的位置上？这又是同企业财产关系不明确直接联系在一起的。要知道，国家作为经济的管理者和作为资产的所有者，其职能是不同的。作为经济的管理者，国家有责任管理市场，调节需求与供给之间的关系，以维持经济稳定，促进经济与社会发展目标的实现。作为资产的所有者，国家应当力求使资产增值，以增加自身的经济利益。然而由于种种历史原因，我们长期把国家的这两种职能混淆在一起。现行的国营企业体制就是混淆了国家这两种不同职能的产物。在这样的企业体制之下，国营企业的行政隶属关系和财产所有关系不分，国家既是经济的管理者，又是参加经济活动的具体企业的财产所有者。企业本身没有财产责任，不承担生产经营风险和投资风险，而由国家为企业承担无限的责任，由此必然导致国营企业财产实际上无人负责。不仅如此，由于国家一身二任，后一种身份往往妨碍前一种身份的实现，即国家作为企业财产所有者的职能限制了国家作为经济管理者的职能的发挥。投资膨胀之所以难以遏制，消费基金增长过猛的现象之所以经常出现，不难由此得到部分的解释。

可见，明确企业财产关系，划清国家作为经济管理者和企业财产所有者的职能是当前增强国营大中型企业活力的基本措施。

就明确企业财产关系而言，至今还没有找到比股份制更加适宜、更加有效的形式。

明确企业财产关系是指确认和核定企业投资各方对企业财产的所有权，保障投资者的合法权益，实现利益均沾、风险共担。就国营大中型企业来说，它的投资各方可能包括中央有关部门、地方有关部门、本企业、其他国营企业。

企业财产关系明确后，政企职能真正分开，企业的法人地位也就确立下来。这时，国家作为经济管理者的职能和国家作为企业财产所有者的职能将被划清。前一种职能归于国家的综合经济管理部门，它们主要根据市场情况，运用价格、税收、信贷、利息、汇率等手段调控市场，市场引导企业的生产经营和投资。后一种职能则归于国家资产管理部门，它们按照不同的部门和不同的企业规模，采取不同的形式来管理国家的财产，使企业的资产不仅不受损失，而且有所增值，通过这种管理，一个国营企业的财产就同整个国家的财产分离了。国家只是作为投资的一方对所投入的企业财产负责，这种责任是有限的。

那么，究竟采取什么形式才能明确国营企业的财产关系呢？学术界提出的并在实际经济生活中已经试行的增强企业活力的形式有多种，如承包经营制、租赁制、资产经营责任制、股份制等等，它们各有各的适用范围。但明确国营大中型企业财产关系的最适宜和最有效的形式只是股份制，至今还不曾找到比这更好的形式。不仅新建的大中型企业是如此，已有的大中型企业也是如此。

新建的国营大中型企业或者是指多渠道投资建立的企业，或者是指单一渠道投资建立的企业。如果是前者，那么来自中央、地方、企业的投资将根据各方投资比例建立董事会，负责从项目前期工作开始直到投产以后的生产经营，承担风险，并按投资比例分配利益。这样的新企业，就是股份制企业。如果是后者，即单一渠道投资建立的企业，那么在投资体制改革以后，投资公司仍然可以以股份形式掌握企业的财产，并组成类似于董事会的管理委员会，由管理委员会主持建设和生产经营，并承担风险。

已有的国营大中型企业的财产关系比较复杂。这涉及资产存量的核实和定股问题。不管原来的投资者是单一的还是多元的，总可以按照一定的原则分配财产比例，然后按这一比例建立董事会。困难之点在于是否确认企业股的存在，即是否确认企业以自己留利投入所形成的资产折成的股份的存在。其实，不仅已有的国营大中型企业在明确财产关系时会遇到这样的问题，即使是新组成的国营企业在建成投产并取得盈利后也会遇到它。我的看法是：国营企业的企业股（确切地说，应称为企业基金股），是国家财产权的一种形式；国营企业不仅是经营者，而且是根据生产经营成果而积累的企业资产的所有者，它持有自己的股份是理所当然的。换言之，在国营企业中，存在着双重所有制度：企业的初始投资者是国家资产管理部门或国家投资公司，企业利润留成的再投资来自企业基金，由国家资产管理部门或国家投资公司同企业共有。企业可以有偿转让自己所持有的股份，可以据此获得收益，也可以把自己的这部分财产转投于其他企业，但不能无偿地转移出去，不能把它们化为私人或集体的财产。这表明，在国营企业的双重所有制度下，企业自己持有的财产的最终所有权仍归于国家。

这样，只要确认企业股的存在，那么一切国营企业，包括最初是单一的投资者的国营企业，在建成投产并有利润再投资的条件下，至少有两个股东，一是作为投资者的国家，二是企业本身。如果投资渠道是多元的，那么股东就在两个以上了。于是企业财产关系就可以明确下来，企业也真正成为利益、责任、权利的主体。国营企业实行股份制的最大好处正在于此。

即使是百分之百国家股的股份企业也大大优于现行体制下的国营企业，问题是没有必要实行百分之百的国家股。

如上所述，现行体制下国营企业缺乏活力的基本原因在于企业财产关系不明确。按投资渠道和企业利用利润留成投资情况而确认和核定股份，是明确企业财产关系的最好形式。前面提到的中央股、地方股、企业股（包括本企业基金股和其他国营企业股）都属于国家股的范围。可以这么说，即使是百分之百国家股的股份企业，也比现行体制下的国营企业好得多，因为政企分开了，国家从负无限责任转为负有限责任了，企业的责、权、利明确了，企业的自我约束和自我发展机制形成了，这就使企业真正成为内有动力、外有压力的经济实体。

问题在于：究竟有没有必要在一切部门、一切企业实行百分之百的国家股？我的看法是：如果实行股份制，那么一个企业的国家股究竟占多大比重，要根据部门和企业规模而定，不宜“一刀切”。较重要的部门和较大的企业中，国家股可以多一些，其余的，国家股可以少一些。从理论上说，只要国家控股为51%，就可以拥有对企业的控制权了，但在实际经济生活中，由于其余的股份是分散的、小额持有的，所以即使国家控股少于51%，也未尝不拥有对企业的控制权。何况，非国家股中还可能包括集体企业的入股，后者仍然是公有经济成分。某些部门和某些企业，除了吸收集体企业入股外，也可以吸收职工个人入股，甚至向社会上的个人招股，这样，股份制将能较好地起到动员社会资金、引导社会资金流向、密切职工与企业的关系等作用。在吸收个人入股时，需要注意的是下述两条重要的原则。第一，个人股是以个人合法财产投资所形成的股份，应当严格禁止股份企业以各种名目将股份无偿地赠送或转让给个人（或集体），杜绝化公为私。第二，无论对职工个人入股还是对社会上个人入股，必要时都可以规定控制线，以避免任何个人在某些企业中持有较多的股份。坚持后一条原则，在某些企业中就可以保证国家股的控制权；坚持前一条原则，就可以维护国家财产的不可侵犯性。

我们知道，公有经济力量的大小不在于公有经济本身拥有的资产的多少，而在于公有经济所支配的资产的多少。国营大中型企业实行国家控股制，其结果绝不是公有经济的削弱，而恰恰是公有经济的壮大。

股份制和承包经营制位于两个不同的层次上，二者可以并存。

有人认为，股份制、承包经营制作为国营大中型企业经营管理体制改革的两种形式是二者择一的问题，似乎选择了后者，就不必再选择前者了。我认为这种看法是不正确的。股份制和承包经营制位于两个不同的层次上。这里并不存在非此即彼的问题。

承包经营制是在岗位责任制的基础上形成的一种经营形式，它使得作为所有者的国家同作为经营者的企业之间的经济关系契约化，但这种关系并不是规范化的。当然，就我国目前情况而论，实行非规范化的承包经营制符合实际，也具有可行性，但它并未解决政企不分等问题，同时也难以避免企业行为的短期化，难以使生产经营风险和投资风险落实到企业。这些问题不是承包经营制这一层次上能够解决的，我们也不应对承包经营制有更多的要求。

股份制则位于更高的层次上。它是明确企业财产关系的一种选择，而企业财产关系的确定必须规范化，这是承包经营制所不可能解决的。由于股份制和承包经营制分属于不同的层次，二者所要实现的任务也不相同，股份制的任务是在明确企业财产关系的基础上，使企业不再成为行政的附属物，而真正成为利益、责任、权利的主体，承包经营制则是在确定经营者对所有者的责任的前提下，使经营者有一定的自主经营权，并使得所有者与经营者之间的收益分配按契约的规定进行。

因此，在股份制与承包经营制的关系中，有可能出现下述四种情况：

1. 先包后股，股份制与承包经营制并存；

2. 先股后包，股份制与承包经营制并存；

3. 只包不股，使承包经营制不断完善，并逐步趋向规范化；

4. 只股不包，即在股份制企业中采取其他的经营方式。

我的看法是：在国民经济命脉部门的特大型国营企业中，上述第三种情况是适用的，而在一般行业的国营大中型企业中，上述第一、二、四种情况可供不同的企业选择。

承认股份制是明确财产关系的最好形式与慎重推行股份制并不矛盾。

在《经济体制改革的探索》一书中，我用“经济体制改革的长期性”作为最后一章的标题。在那里，我主张实行股份制，但我同样主张在推行股份制的过程中要持慎重的态度，要经过试点，总结经验，逐渐推广。任何想在较短时间内一举完成“股份化”的打算和做法，不仅脱离实际，无法实现，而且很可能败坏股份制企业的声誉，使股份制的改革方案半途而废。

应当承认，现有国营大中型企业广泛吸收个人入股，不会产生很好的效果，而且困难不少。这一方面由于个人可以投入的资金数量十分有限，另一方面，在价格扭曲、市场不完善、法制不健全的条件下，既要让入股的个人承担资金风险（使个人持有的股票成为真正的股票），又指望个人会对国营大中型企业普遍投资，未免对我国的现实经济环境缺乏了解。因此，我认为，国营大中型企业股份制的试行，应当首先从国家股（中央股、地方股、企业股）的确认和核定着手，先明确资金存量的财产关系，再根据投资比例建立董事会，实行董事会领导下的厂长（经理）负责制，使企业成为名副其实的利益主体。在企业财产关系明确后，可以按照实际情况，或者公开招收个人（包括社会上的个人和本企业职工）入股，或者只限定本企业职工入股，作为资金的增量。某些国营大中型企业，在企业财产关系明确后，如果要以股份形式增资的话，也可以只招收其他企业股、地方股、集体股，而不一定招收个人股，这要根据企业性质而定。

总之，经济学研究可以先走一步，使理论的探讨具有超前的成分。承认股份制是明确企业财产关系的最好形式，把股份制看成是比承包经营制更高的层次上的问题，这使我们在企业改革中有一个前进的方向，知道我们应当从哪些方面去做才能使国营大中型企业具有充分的活力。认为股份制的推行必须慎重，反对急于求成，反对一哄而起，则是为了使股份企业更好地成长，使股份制方案得以实现。这二者是不矛盾的。

（原载《红旗》杂志1988年第1期）

经济改革的总体设计

——经济改革思路的政策化

经济体制改革基本思路的提出，只是表述了一种对于经济体制改革前进方向的思考，它具有浓厚的理论探讨性质。它在相当大的程度上是属于规范性质的，即根据这种基本思路，我们可以对于经济体制改革的走向和未来的前景有比较清晰的认识，可以了解到“我们应当怎么做，我们为什么要这么做”。但这种理论性的、规范性的思路同实际的经济体制改革工作之间还有很大一段距离。经济改革的思路必须向经济改革政策转化，使它们体现在经济改革的政策之中。经济改革的政策设计之所以必要，理由就在于规范性的研究应当同实证性的研究相结合。也就是说，通过经济改革思路的政策化，我们可以进一步了解到“我们应当如何去做，怎样才能做得较好，怎样才能把理论上的东西变为实际生活中的东西”。

经济改革的政策措施绝不止是一两项。它们是一系列政策措施，并且构成一个完整的体系。在这个政策体系中，有主有辅，有重点有非重点，各个不同的政策措施必须相互协调，彼此配合。而且，整个经济改革的进程必然是分阶段的，不同的阶段有不同的中心任务，从而在政策的配合方面，也需要根据每一个阶段的中心任务，使政策措施之间的关系有所调整：在某一阶段突出这些政策措施，在另一阶段突出另一些政策措施。所有这些，都是为了更好地实现经济改革基本思路的要求。

经济改革中所要推行的政策，不仅应当在理论上有依据，而且必须具有可行性，即具有易于操作和实施的性质。如果在理论上缺乏依据，那么它们将经不起检验，难以存在。如果在实施中不易操作，那么它们将无法被贯彻，最终仍不得不被其他的较为可行的政策所替代。由此可见，经济改革的政策设计的难度可能比经济改革基本思路提出的难度大得多。提出经济改革基本思路时，主要站在经济理论工作者的立场上来考虑问题，而在设计经济改革的政策体系时，主要应站在经济实际工作者的立场上进行思考。

本文准备从总体上阐述经济改革的政策设计，共分为以下四个部分：经济政策总体设计的指导思想；中期和近期的阶段划分以及每一个阶段的中心任务；政策体系的构成；政策梯度与优惠级差。

一、经济政策总体设计的指导思想

这里所说的经济政策是指经济改革过程中需要制定和执行的经济政策。在进行总体设计时，必须从我国当前的经济实际情况出发。

我国当前处于市场不完善、商品比价不合理、企业不具有独立经济地位的状态。这就是现实。在这种情况下，寄希望于价格改革的决定性作用，以为只要理顺了价格关系，经济就可以步入良性循环的轨道的想法，是不符合实际的。价格作为一种信号，有较大的局限性。比如说，企业能否准确地接收到价格信号，能否按照价格信号来调整自己的生产和经营活动，在市场不完善和企业尚未成为独立的经济实体的条件下，回答都是不确定的。甚至可以肯定地说，即使改革了价格，理顺了价格，由于企业缺乏活力，结果仍然达不到经济改革本来要求达到的合理配置资源、促进经济发展的目的。

那么，在市场不完善、商品比价不合理、企业不具有独立经济地位三者之中，究竟应当采取什么样的经济政策，先解决哪一个方面的问题，才能使另外两个方面的问题比较顺利地得到解决呢？根据经济改革的思路，在经济政策的总体设计中，必须突出促进企业体制改革的一系列经济政策，使它们在整个政策体系中占据主要地位。有了自主经营、自负盈亏、具有独立经济地位的企业，也就是名副其实的作为独立商品生产者的企业，市场就会逐渐完善起来，而在市场逐渐完善的过程中，根据当时的具体情况，采取相应的价格改革措施，商品比价不合理的现象也就会逐渐消失。所以说，我们应当制定和执行这样的经济改革政策，即它们能赋予企业以充分的活力，由无数个有活力的企业（包括个体生产者、农户）来形成市场，并使之完善，让市场来逐渐决定价格。这样的经济政策才是现阶段符合我国国情的经济政策。

在经济改革的政策设计中，还应当明确这样一点，这就是：如果我们确定了企业体制改革是整个经济改革的核心，企业体制改革的进展决定着市场趋向完善和价格趋向合理的进程，推动企业体制改革的经济政策应当在政策体系中占据主要地位，那么就需要进一步弄清楚，企业体制改革的核心又是什么？对于推动企业体制改革来说，什么样的经济政策是主导性的，什么样的经济政策是从属性的、辅助性的？在确定这种主从关系时，理论依据又是什么？

我们知道，经济发展与资源配置是紧密地联系在一起的。资源配置有两个层次，一是较低的层次，即生产要素如何在单个生产单位中得到有效的利用，以实现单个生产单位内的资源合理配置；另一是较高的层次，即生产要素如何在社会范围内得到有效的利用，以实现社会范围内的资源合理配置。与此相适应，企业体制改革也有较低的层次和较高的层次之分。较低层次的企业体制改革是完善单个企业的经营机制，使单个企业能够有效地利用自己的资源。较高层次的企业体制改革是明确产权关系，增加生产要素的社会流动性，从而使资源能够在社会范围内重新组合，实现资源在不同用途之间的合理分布。这两个层次相比，显然，较高层次的企业体制改革和资源配置要比较低层次的企业体制改革和资源配置重要得多。

解决较低层次的资源配置问题的企业改革措施主要依靠承包制。企业实行承包制以后，可以增加产量，增加企业收入和国家财政收入。这无疑是承包制的优点。承包制是一种可行的方式。当然，承包制还不够理想，它有明显的缺陷。一般说来，承包制可能带来企业的短期行为，导致企业内部收入分配关系的紧张，或者承包者单纯注意局部利益，忽视社会利益。的确，这些是承包制的缺陷，但它们可以通过承包制本身的不断完善来加以克服或淡化。在政策设计中，我们可以拟定若干有助于克服或淡化承包制上述缺陷，使承包制趋于完善的措施。然而，不应当忽略的是，承包制有一个致命的缺陷，它是无法通过承包制本身的完善来消除的。这就是：承包制不可能解决较高层次的资源配置问题，它不涉及产权关系的明确与调整。从某些方面说，承包制反而使生产要素在社会范围内的合理流动受到了限制，它可能把不该固定的东西固定下来了，把不该强化的东西强化了。较高层次的企业体制改革在一定意义上正是针对承包制的这一致命的缺陷而进行的。

较高层次的企业改革措施主要是明确产权关系的措施。只有确定了产权关系，企业才成为名副其实的、具有独立经济地位的商品生产者，它们才真正实现政企分开，自主经营，自负盈亏，它们才能够自我制约，自我成长。光靠承包制的企业，还不可能真正形成市场。所以在经济改革的政策设计中，在明确企业体制改革是改革的核心，推进企业改革的政策在政策体系中居于主要地位的前提下，应当把明确产权关系的政策放在推进企业改革的政策中的主要地位，这样，整个经济改革的进展就会顺利得多。

怎样明确产权关系？对于国营小企业来说，有偿转让是一个好办法。通过投标方式把它们卖掉，既解决了企业经营机制问题，又解决了产权关系问题，真可谓一举两得。如果国营小企业原来是亏损的，那么还可以借此甩掉包袱，把国家投资收回，用于发展经济。国营小企业实行租赁制，尽管它不如有偿转让方式那么干脆，那么有效，但仍不失为一项可行的措施。至于国营大中型企业，可以说，就明确产权关系而言，股份制是迄今为止我们所了解到的最好方式。股份制是企业集团发展的基础，也是实现企业兼并的有效方式之一。企业集团的发展和企业兼并的推行将导致资源的合理流动，推动生产要素的重新组合和优化配置。在政策制定中，我们必须考虑各种有利于推进股份制、建立企业集团、促成企业兼并的措施的出台时机和步骤。

二、中期和近期的阶段划分以及每一个阶段的中心任务

从现在算起，到1995年约有8年时间。我们不妨把这8年区分为三个阶段。第一个阶段约3年（1988—1990年），第二个阶段约2年（1991—1992年），第三个阶段约3年（1993—1995年）。根据前面所谈到的以深化企业体制改革为核心，而在企业体制改

革中又以明确产权关系为重点的指导思想，这三个阶段的中心任务大体上可以这样来确定：

第一阶段——发展和完善承包制，并且实行股份制的试点；

第二阶段——明确产权关系，把国家作为所有者与国家作为经济管理者的职能区分开来，并着手从承包制向股份制过渡；

第三阶段——实现企业形态的公司化，也就是推广股份制，使股份公司形式在大中型企业中占据主要地位。

其他各项经济改革都应当环绕企业体制改革这一中心任务进行，它们服从于企业体制改革，也服务于企业体制改革。这三个阶段的经济体制改革，从总体上说，应当做如下安排：

（一）第一阶段（1988—1990年）

第一阶段，由于以发展与完善承包制为中心任务，所以应当采取维持价格基本稳定的措施，以便实行了承包制的企业能够在基本稳定的价格的前提下，致力于提高企业的经济效益，增加产量，增加收入，而不至于因预期的价格上涨和成本增大而使企业行为发生扭曲。同时，在这一阶段，如果价格波动很大，居民的生活负担加重，他们难以承受物价的压力，那么他们对改革的热情必将受到打击，改革所遇到的社会阻力必将扩大，这一切对于以后的改革进程都是极其不利的。

怎样才能维持价格的基本稳定呢？从财政体制改革的角度来看，这一阶段的财政可以采取包干的形式，无论是递增包干还是定额包干，都不是理想的财政体制，但在第一个阶段，却是可行的，因为这时只要能增加财政收入和控制财政支出就达到了目的。

从价格改革的角度来看，这时显然不是彻底改革价格的适当时机。这是因为，价格改革就其本来的意义来说，是指放开价格，让市场定价，政府只对价格运动起间接调控的作用。不能把比价的调整视为本来意义上的价格改革。如果那样的话，可以说，长期以来我们一直在进行价格改革了，这当然是不正确的。但由于在这一阶段要维持价格的基本稳定，而要维持价格的基本稳定，除了有必要适当地抑制需求而外，更重要的是要设法增加供给。严重不合理的价格是阻碍供给增加的。为此，在第一阶段，在维持价格基本稳定的同时，有必要对严重不合理的价格进行一次局部的调整，比如对某些农产品价格进行局部调整。对这种局部调整的期望值不应当较大，因为即使通过这种局部调整，价格的不合理现象仍然会存在，而且在局部调整之后，也难免不发生"比价复归"（即隔了一段时间之后，比价又回到原先的严重不合理状态）。然而，至少在一定时间内，这种局部调整能够起到促进某些产品供给增长的作用。

在第一阶段，对价格的财政补贴仍然是不可取消的。明补肯定要比暗补好一些，但明补依旧不理想。不过，正如在有关经济体制过程中的政策设计的指导思想一节内已经说明的，为了使企业体制改革能够顺利地推进下去，财政改革和价格改革都必须服从于并服务于企业体制改革。只要承包制的推进顺利，企业的经济效益提高了，以后的改革也就有了条件。

（二）第二阶段（1991—1992年）

第二阶段，以明确产权关系为中心任务。这时，一方面要把国家作为所有者的职能同国家作为经济管理者的职能区分开来，要普遍建立国有财产的管理机构，使它们履行维护国有财产和管理国有财产的作用，而把管理经济、调节经济、调节社会总需求与社会总供给之间关系的作用交给综合经济管理部门来承担；另一方面，则要着手把承包制上升到股份制，用股份制作为明确了产权关系的企业的规范形式。为此，在环绕着这一阶段的这一中心任务的其他经济政策的总体设计中，有必要随着企业活力的增强和企业承受能力的加大，进行一次大范围的商品比价调整，包括工农业产品比价的调整、原材料和制成品价格比例的调整等。这些调整不仅可以减少从非规范化的承包制向规范化的股份制转化过程中的阻力，有利于促进企业转让、企业兼并、企业集团的发展等，而且可以为以后的彻底改革价格准备条件。

在这一阶段，财政包干的实行可以使财政情况比以前有所好转，这也为大范围的商品比价调整增加了财政的支持力量。“明补”政策在这时还不可能取消，但可以随着企业收入的增加以及企业职工收入与企业经济效益的紧密挂钩而改变形式，这就是：在企业中，职工的收入中将包含全部或一部分对价格的补贴，而不再由政府部门负担，“明补”的实施范围可以局限于国家部门的工作人员。这也是为下一阶段的价格改革准备条件的必要措施。

应当注意到，在第二阶段，社会经济所受到的震动是比较大的。这是因为，一方面，商品比价的大范围调整需要财政的支持，另一方面，随着企业由承包制向股份制的过渡，以及随着在产权关系明确的基础上企业转让、企业兼并活动的推进，企业对劳动力的吸收方式与过去相比已有明显的不同，社会上将出现一批从企业中被淘汰或筛选出来的多余的劳动者。对他们说来，不仅存在着一个安置问题，更重要的是存在着劳动力再训练和转移工作岗位、工作地点的问题。这些问题如果得不到合理的解决，社会不安定因素将增大。为此，财政也有必要同社会一起来分担责任。即使失业问题将主要依靠社会统筹解决，但假定没有一定的财政力量来协助社会，社会不安定因素仍是难以消除的。

可以这样说，在企业体制改革深化的过程中，在经过承包制这一关之后，只要企业走向股份制，只要企业在自主经营、自负盈亏的基础上有了选择劳动力的自主权，社会上就会有失业问题。这种失业问题属于摩擦性失业或结构性失业问题之列。财政的支持并不是解决这类失业问题的根本途径，但它在减少社会经济因此而遭受的震动方面的作用则是不可忽略的。

（三）第三阶段（1993—1995年）

第三阶段以实现企业形态的公司化，并使股份公司形式在大中型企业中占主要地位为中心任务。为了使得这一中心任务得以实现，在价格和财政两方面都有必要采取与此相适应的改革措施。

在经过第二阶段的商品比价大范围调整之后，随着企业活力的进一步增强和企业对价格改革的承受能力的进一步加大，这时可以进行彻底的价格改革，这就是：放开价格，让市场定价，政府只对价格的波动起间接调控的作用。当然，这里所说的放开价格，是指取消价格的双轨制，实现单一的市场定价政策，但并不意味着政府放弃经济管理者的职能。根据政府调节与市场调节之间的关系，可以得出这样的论断：市场调节是第一次调节，政府调节是第二次调节，第二次调节是高层次调节，它弥补市场调节的不足。凡是市场能够做到的，就不需要政府代劳，政府只是做市场所做不到的事情。价格改革的目的就在于确立市场定价的原则，政府在这时将以第二次调节者的身份，运用间接调控手段来调整价格。

市场定价并不是仅针对完全竞争市场定价而言。在不完全竞争市场上，市场定价指的是不完全竞争市场定价，这种价格将高于完全竞争市场价格。但对于不完全竞争市场上的商品而言，这仍是正常的。政府的间接调控作用，在不完全竞争市场上显然要大于在完全竞争市场上。

考虑到在第三阶段上某些产品的供求缺口仍然较大，而由于资源供给条件的限制，还不可能在短时期内通过增加供给来实现供求基本平衡，那么在这种情况下，仍可以保留配额制，即配额制与市场定价制暂时并存，但这应当局限于极少数关系到国计民生的、极其重要的生产资料。这是一种特殊的情况。这种特殊情况的存在不妨碍第三阶段内具有普遍意义的价格放开。

在第三阶段，财政体制改革方面的一项重大改革措施是由包干制过渡到中央与地方的分税制，即直接税归中央，间接税主要归地方。企业形态公司化的进展是有利于中央与地方分税制的推行的。分税制实行的结果，将会大大调动地方的积极性，同时又能保证中央财政有稳定增长的收入。

在第三阶段，价格放开以后，工资体系的改革应当与此相适应，即价格放开与工资体系改革必须同步，而且紧密挂钩。企业形态的公司化为企业工资体系的改革准备了良好的条件，这就是：企业可以实行效益工资制，国家不再干预企业的工资标准和工资总额。在劳动力可以流动的前提下，职工的工资随企业经济效益而浮动。至于国家公务员，则实行养廉工资制和“盯住政策”。养廉工资制是指：国家公务员有比较优厚的工资收入，但他们不容许有任何不合法收入，一旦违反规定，严惩不贷。“盯住政策”是指：国家公务员的工资应随生活费指数变动而及时变动，以保证他们的实际收入不下降。在“明挂”（指工资随生活费指数而浮动）与“暗挂”（指以生活费指数为依据，及时调整工资基数）的选择方面，根据世界其他国家的经验，“暗挂”胜于“明挂”。

三、政策体系的构成

经济改革进程中，各种经济政策应当有主有从，协调配合。现在，既然确定了以企业体制改革为中心，以推进高层次企业改革的政策措施为重点，那么其他各项有关的经济政策也就应当环绕着企业体制改革政策而制定。上述三个阶段的政策体系正是这样构成的。

（一）第一阶段（1988—1990年）

如上所述，在第一阶段内，企业体制改革以发展与完善承包制为主，财政实行包干制，价格方面是维持基本稳定，对某些产品价格进行局部调整。与此相适应，在金融、投资、外贸、农业四个方面，可以采取下列政策：

在金融方面，加速改革步伐，逐步实行银行的企业化，发展与完善资金市场。由于金融事业在整个经济生活中的作用越来越重要，所以金融的改革不仅不应当慢于企业体制改革，而且应当略快于企业体制改革。这具体反映于：当企业仍处于发展与完善承包制的阶段，银行可以走向企业化的道路，在更大的程度上实现政企的分开；在商品市场由于比价严重不合理而难以完善化的时候，资金市场的开放程度可以大一些，让市场决定的资金价格（利息）来调节资金的供求。这正是金融改革服从并服务于企业体制改革的体现。

在投资方面，应完善固定资产投资基金制，根据资金状况安排投资。在基金中，国家财政提供的资金应起到酵母作用，即用一部分政府资金作为社会集资利息来吸引更多的社会资金。国家计委作为高层次的宏观经济规划与协调机构，作为综合管理部门，不过问具体的经营性投资项目，后者由企业化的投资公司经营与管理。在项目建成后，投资公司可以有偿转让它们，或租赁出去，或承包出去，或控股持有，使之成为自己的一个子公司。这样做，既与企业的承包制进展相适应，又可以促进资金市场的发展。

在外贸方面，外贸体制改革同样是以实行承包制为主，承包制有利于外贸企业实现自主经营的原则，并能增加创汇收入。在外汇收入的分配上，应当实行“谁创汇，谁多留汇，谁多用汇”的办法，因此扩大外汇留成比例是必不可少的措施。

在农业方面，第一阶段的农业改革应当以增加生产要素流动性作为重点。家庭联产承包制有不少优点，但也有一些不足，其中一个值得注意的不足之处是：它不利于农业的适度规模经营，从而不利于农业的集约化和稳定地增加农产品供给，在局部调整价格（包括主要农产品价格）的同时，应当利用金融组织来支持农业，促进土地的有偿转让利用，发展规模经营，还可以设立农产品价格平准基金，以此保持农业生产的稳定。农业改革的推行将有利于实现第一阶段所要求的维持价格基本稳定，以保证企业体制改革顺利进行的任务。

（二）第二阶段（1991—1992年）

在第二阶段，企业将在明确产权关系的基础上，从承包制过渡到股份制，相应地，价格将进行一次大范围的调整，为此，在金融、投资、外贸、农业方面需要分别采取与此相配合的改革措施。

在金融方面，在第二阶段应当加快银行与产业之间的渗透，朝金融机构股份制、控股制与财团制的方向迈出重要的一步，同时，资金市场的业务范围也应进一步扩大，使股票交易活跃起来。

在投资方面，随着企业由承包制向股份制的过渡和银行与产业部门之间的互相渗透，投资银行也应当与企业实行资金融合，投资银行将成为金融—产业财团的中心。

在外贸方面，这时应当让更多的企业直接参与对外贸易活动，外贸企业应当发展成为跨部门的、多种经营的、股份制的企业。

在农业方面，这时应当支持在土地有偿转让使用基础上形成的社会主义家庭农场，让它们在农业产、运、销等方面充分发挥自己的作用。通过金融机构的扶植，家庭农场可以自愿地集资组织运销合作社，以增加收入。

（三）第三阶段（1993—1995年）

在第三阶段，在以企业形态公司化为中心的改革措施中，价格放开是最值得注意的措施之一。为此，金融、投资、外贸、农业方面的改革应当与此相配合。

在金融方面，利息率放开，国家对资金市场的供求起间接调控作用，信贷规模的调节可以基本上取消，即只在某些十分必要的场合才被使用。

在投资方面，投资主体转为企业（包括作为企业的投资银行、投资公司），投资行为由市场机制调节，在价格放开以后，可以由利润率来导向。政府一方面对由市场调节的投资行为起间接调控作用，另一方面根据国家财力安排非经营性的投资项目。

在外贸方面，汇率放开，国家通过汇率制度的改革，实行有管理的浮动汇率制度。外贸方面的收支差额可以通过扩大出口、关税率和进口配额制来调节。

在农业方面，除了农产品价格放开以外，农村的劳务市场、房地产市场、资金市场也应相继放开。家庭农场的产、运、销合作在这些市场放开的条件下将得到进一步发展。

四、政策梯度与优惠级差

以上的经济改革政策设计是就全国的情况而言的。考虑到全国各个地区的社会经济发展的不平衡性，以及沿海某些地区在开放方面先行一步，在经济政策上得到了不同程度的优惠，因此，在全国范围的经济政策设计中，必须注意到以下两点：

第一，如何防止先行一步的沿海地区在价格、工资等方面对毗邻地区的冲击，即以较高的价格吸引毗邻地区的商品流入，以较高的工资吸引毗邻地区的人才流入，从而阻碍这些毗邻地区的经济发展。如果听任这种情况发展下去，即使按照上面所设计的三个阶段的改革措施去做，在毗邻沿海地区的有关省、市、地区，这些政策措施的成效也会显著减弱。

第二，如何避免比较富裕的地区（包括沿海地区）与比较贫困的地区（主要是内陆的边远地区、山区）之间的收入差距过分扩大，从而影响社会安定。

为了解决这两个问题，至少为了不至于使这些问题更加尖锐，在经济改革政策的总体设计中，应当引入政策梯度和优惠级差这两个概念，并使之在具体的措施中体现出来。

政策梯度是相应于全国的发展梯度和对外开放的梯度而言。全国的发展梯度是客观事实。把相对的最发达地区和最不发达地区视为两个极端，这两者之间存在着若干个中间地区，如较发达地区、较不发达地区等。不同发达程度的地区在产业结构、产品结构、收入水平、职工文化技术水平等方面存在差距。而对外开放的梯度，在目前，几乎只有两级，即一级是沿海地区，另一级是内地。各种优惠不是由多到少的递减，而是“有”或“无”的区别，因此，客观存在的发展梯度与目前的开放梯度是不相称的。要改变这种不相称的状况，应当在政策上有所差别，即形成一种政策的梯度。这具体反映于发展政策的差别与对外开放政策的差别，并且使两个极端之间有若干个过渡阶段，使两个极端之间的差距得以通过若干阶梯而缓解，不至于出现尖锐的对立。

优惠级差正是政策梯度的表现。这是因为，有差别的政策最终要体现为所给予优惠的程度的差别。比如说，当给予沿海某些地区的优惠以100计算时，那么与开放梯度相适应的政策梯度，则表现为在若干个过渡阶段所给予的优惠分别以80，60，40……计算。在现阶段，显然不可能让全国所有的地区享受同一种优惠（实际上，假定全国所有的地区所享受的是同一种优惠，优惠将等于零），而必须让某些地区享受较多的优惠，那么随着从沿海向内地的延伸，就可以使优惠形成一系列差别，从最优惠到次优惠，再到不优惠。这对于缓和沿海开放地区对内地的经济的冲击，对于加快与沿海毗邻的地区的发展是有利的。

从这样一种发展战略来考虑，在经济改革不同阶段的政策体系的设计中，可以有如下的安排：

第一，在价格方面，根据政策梯度与优惠级差政策，沿海地区的大部分产品价格可以先放开（即不必先经过局部调整价格阶段和大范围调整商品比价阶段），毗邻沿海的某些地区的一部分产品价格也可以仿照此种办法处理。这样就可以避免毗邻沿海的地区的某些商品的不合理流向，对于稳定和发展这些地区的经济起到有力的作用。

在这里需要说明的是：就全国范围来说，应当贯彻这样一种原则，即先让企业有充分活力和价格改革的消化、承受能力，再放开价格，让市场定价；但对于沿海地区和与沿海毗邻的地区，则企业体制改革与价格改革可以同步进行，这主要是考虑到沿海地区（如广东）目前已经这样做了，不可能再使改革的步伐停顿，使改革的形势逆转，而为了减少沿海地区对毗邻沿海的地区经济的冲击，仿照沿海地区的做法而在这些地区有选择地放开一部分产品的价格是可行的。再说，即使把沿海地区与其相毗邻的地区都包括在内，从人口和产量两个方面来看，仍然只在全国人口和全国产量中占据一小部分，从而不会引起全国范围的较大的经济震动，也不会妨碍全国范围内企业体制改革这一中心任务的实现。

第二，在财政方面，沿海地区及与其相毗邻的地区在改革中可以采取不同于内地各省的一些做法。以财政包干制来说，为了加快这些地区的发展，这些地区可以实现定额包干制，也可以根据政策梯度与优惠级差的原则，采取比较有利于这些地区的优惠递增包干制，优惠程度可以递减。此外，就全国范围而言，第三阶段将是从财政包干制转向中央与地方分税制的时期，但在沿海地区及与其相毗邻的地区，向中央与地方分税制的过渡时间也可以根据每一地区的实际情况而适当提前。这是同这些地区的经济改革与发展的进程相适应的。

第三，在农业方面，沿海地区与那些同沿海相毗邻的地区的情况是有所不同的。甚至可以说，沿海省份的海滨一线与这些省的内地广大地区（尤其是山区）的情况也有很大出入。因此，当全国范围内的农业仍然处于以家庭农场为基本生产单位，并在生产上倾向于多种经营以维持稳定的收入与产量的阶段时，海滨一线可以率先进行由金融机构作为中介的土地相对集中的专业化经营，发展单一性家庭农场，并在产、运、销方面集资建立合作组织。诸如“代耕代收公司”，“土地储蓄银行”或“土地储蓄合作社”之类有利于规模经营的制度创新，可以首先在沿海一线开始，然后再在沿海省份的内地和毗邻地区中的较发达县份内推广。这里所说的“代耕代收公司”是指专门替承包了土地的农户耕种和收割的企业。一些农户，由于主要劳动力已经转移到非农业方面，承包了的土地的单位面积产量很低，而他们又不愿放弃正在使用着的土地，因此，可以由他们同“代耕代收公司”签订合同，后者负责农业生产任务，或者按劳动数量与质量收取劳务费，或者按收获分成，合同可以短达一年，长达数年，甚至十余年。“土地储蓄银行”或“土地储蓄合作社”的作用是：农户如果把所承包的土地储入，可以取得一定的利息收入，土地使用权在储入期间由“土地储蓄银行”或“土地储蓄合作社”集中处置，储蓄期限为一年以上，期限越长，利率越高。储蓄期满，农户可以收回土地使用权或再次存入。在“土地储蓄银行”或“土地储蓄合作社”由于种种原因而未能建立时，也可以由某一地区的农户或其他投资者合资建立“土地储蓄基金协会”，作为吸收农户土地储蓄的组织。

这也是适合于沿海地区与相毗邻地区农业进一步改革的措施。以后，在条件成熟时，内地省份的广大地区可以参照实行。

第四，在外贸方面，为了适应对外开放的需要，在外贸企业的直接外贸经营权和外汇留成分配比例上，沿海地区与相毗邻地区也可以根据政策梯度与优惠级差的原则，采取不同于内地的措施，或在措施实行过程中，适当地先行一步。

此外，在工资、社会保障、就业等改革中，同样可以根据政策梯度与优惠级差的原则，考虑到沿海地区与相毗邻地区的特点，以及其他措施的实行状况，予以一定的区别对待。这些都是既不妨碍全国范围的改革的进展，又能促进沿海地区与相毗邻地区的经济发展的措施。在经济改革的总体设计中，不能忽略这些。

（原载《财贸经济》1988年第7期）

1990—1999年

环境保护与受害者的补偿问题

一、环境破坏和环境治理过程中两种不同性质的受害者

对受害者的补偿是环境保护经济学中一个重要的理论和政策问题。在分析这个问题时，首先有必要对“受害者”概念加以说明。实际上，这里有两种不同性质的受害者：一是环境破坏过程中的受害者，一是环境治理过程中的受害者。并且，每一种受害者又可以分为直接受害者和间接受害者。

环境破坏过程中的直接受害者，主要是指因环境受到破坏而使生命财产受到损失的个人，如身体受损害、财产受损失、失去谋生的手段、减少收入、生活变得不安定或不协调等。因环境受到破坏而使产量下降、产品质量下降、收入减少、财产受损失的企业，也应包括在环境破坏过程中的直接受害者之列。

环境破坏过程中的间接受害者，主要是指同环境破坏过程中的直接受害者（个人或企业）在经济上有较密切的联系，从而因

直接受害者收入减少等情况而在经济上受到损失的个人和企业。

环境治理过程中的直接受害者，主要是指因治理环境的需要而停业、减产、迁移的企业，以及在这些企业中工作的个人，这些企业的收入和个人的收入将因此而减少。环境治理过程中的直接受害者还包括因治理环境的需要而迁移的家庭，他们的财产可能受到损失，收入可能下降，生活也可能变得不安定、不协调等。

环境治理过程中的间接受害者，主要是指同环境治理过程中的直接受害者（个人或企业）在经济上有较密切的联系，从而因直接受害者收入减少等情况而在经济上受到损失的个人和企业。

这两类受害者（包括直接受害者和间接受害者）受害的原因是不同的：环境破坏过程中的受害者是因环境破坏者的行为而受害，而环境治理过程中的受害者则是因治理环境的行为而受害。同时，这两类受害者受害的程度可能有差别：环境破坏过程中的受害者不仅在经济上遭受损失，而且可能在身体上受到损害，甚至生命受到威胁；环境治理过程中的受害者则主要是收入或财产遭受损失，可能也包括因生活环境改变而使生活变得不安定、不协调，但不会有身体上受损害和生命受威胁之类的情况发生。

从受害者（个人或企业）自身对受害的感受来说，情况也有所不同。只要进行环境的治理，那么在经济上受不利影响的受害者就会感觉到或预感到自己的收入的变动，他们将因此提出补偿的要求。至于环境破坏过程中的受害者，他们或者在事后才发现自己在某些方面受到了损害，或者在实际上受损害之后经过他人的告知才了解到自己已经受到损害，甚至有可能在较长时间内察觉不到所受的损害，从而没有补偿的要求。

区别两种不同性质的受害者，对于环境保护中的补偿问题的探讨有以下重要意义。

第一，有助于确定补偿的性质和受补偿的理由。个人或企业无论是在环境破坏过程中受到损害，还是在环境治理过程中受到损害，都有必要给予相应的补偿，但由于受害的性质不同，因此补偿的性质和受补偿的理由也不一样。环境破坏过程中的受害者所遭受的损害，是由环境破坏责任者造成的，从理论上说，应当由环境破坏责任者给予补偿。这既可以由环境破坏责任者直接支付给受害者，也可以由环境破坏责任者付款给政府有关部门，而由政府有关部门给受害者以补偿。而环境治理过程中的受害者所遭受的损害，虽然追根溯源仍由环境破坏责任者造成，但从受害者的感受来说，或从事件发生的直接原因来说，则是由于治理环境的主体（政府有关部门、企业、社会团体或个人）治理环境的行为所导致的，从而要由治理环境的主体给受害者以补偿。治理环境的主体有可能就是当初破坏该种环境的责任者，如果是这样的话，那就不存在再补偿的问题（即治理环境一方向当初破坏环境的一方要求补偿），否则就会产生再补偿的问题。从理论上说，再补偿是有充足理由的，至于在实际经济生活中能否实现，则要取决于各种具体的情况。

第二，有助于确定补偿的方式。在区分了两种不同性质的受害者，以及进一步区分了直接受害者和间接受害者之后，所采取的补偿方式也就易于确定下来。这主要是指：对环境破坏过程中的受害者应当由环境破坏责任者给予补偿，而且应以直接补偿和充分补偿为主；在不考虑上述再补偿问题的条件下，对环境治理过程中的受害者应当由治理环境的主体给予补偿，其补偿方式可以是直接补偿，也可以是间接补偿，或二者兼用，并且可以根据具体情况采用充分补偿或部分补偿。

第三，有助于确定政府在补偿方面所发挥的作用。政府在补偿方面所发挥的作用，是与政府负有保护人民利益、保护环境的责任分不开的。因此，无论是因环境破坏而造成的受害，还是因环境治理而造成的受害，政府都有责任为受害者得到相应的补偿而尽力。但这里需要说明的是，在环境破坏方面，虽然政府有可能因决策的失误而导致环境的破坏，但造成某一具体地区的环境破坏的直接责任者，则多半是某些企业或居民个人，后者也就自然地成为向受害者支付补偿的一方。这样，在对环境破坏过程中的受害者进行补偿时，政府的主要作用是如何保证受害者能从环境破坏责任者那里得到相应的补偿。在环境治理方面，情形有所不同。政府既可能是环境治理的决策者，也可能是环境治理的执行者。因此，政府既有可能成为直接向受害者进行补偿的一方，也有可能成为要求当初造成环境破坏的责任者再补偿的一方。假定环境治理的主体不是政府，而是某些企业、社会团体或个人，那么政府在补偿方面可能发挥以下三种作用：（1）政府保证受害者能从环境治理一方得到相应的补偿；（2）在环境治理一方要求当初造成环境破坏的责任者再补偿时，政府可以根据具体情况使环境治理一方的要求得到全部或部分满足；（3）在环境治理一方只可能给予环境治理过程中的受害者以部分的补偿，从而受害者的要求还不能得到满足时，政府将根据具体情况决定是否满足受害者的要求或在多大程度上满足受害者的要求。

第四，有助于对环境保护中补偿问题的进一步探讨。正如本文将会提到的，环境保护中的补偿问题在理论上和政策上还有许多难点问题有待于进一步探讨。然而，要使这些问题得到较好的解决，首先必须把两种不同性质的受害区分开来，这是深入探讨的出发点。

二、对环境破坏过程中的受害者的补偿原则和补偿方式

前面已经指出，环境破坏过程中受害者所受损害，是由环境破坏责任者造成的，应当由后者给予补偿。但要知道，这是单纯从补偿理论的角度说的，现实中的问题显然比这复杂得多。

首先，环境破坏责任者的确定可能存在着争议。这要根据具体情况而定。比如说，一条河流的上游有一家造纸厂，它排放的污水使下游居民的利益受到损害。这种情况下的环境破坏责任者易于确定，由造纸厂给受损害的居民以补偿，也是没有疑问的。即使一条河流的上游有若干家排放污水的工厂，下游若干城镇的居民利益受到了损害，那么，不仅环境破坏的总的责任可以确定下来，而且每家工厂具体的责任也可以通过计算排污量而大体上

确定下来，从而补偿问题也就有解决的可能。然而我们在现实生活中还会遇到这样的情形，比如说，一个地区受到了酸雨的危害而使企业和个人的利益遭受损失，能确定环境破坏责任者是谁吗？能由此确定环境破坏责任者应付的补偿数额吗？又如，由于多年造成的水土流失和植被破坏而使得某一地区气候异常，旱涝灾害不断，使居民利益受损，这也无法确定具体的环境破坏责任者，从而无法确定环境破坏责任者应付的补偿数额。由此可见，只有在能够确定环境破坏责任者的具体责任，并且确定环境破坏受害者的损失的情况下，才能按上述的补偿原则进行补偿。如果不是这样，那就需要另外探讨补偿的途径。

其次，在分析对环境破坏过程中的受害者的补偿问题时，还会遇到一个复杂的情况，即如何确定受害者的受害程度和损失的大小。前面在谈到直接受害者与间接受害者的区别时已经涉及这个问题，但应当注意的是，直接受害者固然是直接因环境破坏而受损害的，但从经济方面来看，其损失的大小不一定高于某些间接受害者间接地遭受的损失。因此，即使在确定了环境破坏责任者之后，环境破坏责任者所能给予补偿的也只可能是直接受害者。至于间接受害者所遭受的损失，是不是也应当得到补偿呢？如果应当得到补偿，那么又应当由谁来支付呢？这些问题同样是有争议的。

再次，以上在讨论环境破坏过程中的受害者时，都把企业和个人作为环境破坏的受害对象来看待，补偿的对象也就是受害的对象。但如果对这个问题做深入一步的分析，不难发现，环境破坏的受害对象实际上还包括国家或社会。这是因为，环境破坏的同时也就是国民财富的损失，是社会所拥有的资源存量的损失。这样就产生了一个新的问题：在确定了环境破坏责任者之后，环境破坏责任者应当支付两类补偿费用，一类是给直接受到损害的企业和个人的，一类是给国家或社会的。

根据以上的分析，并把现实生活中的各种复杂的情况考虑在内，我们可以把对环境破坏过程中的受害者的补偿原则表述如下：

（1）在确定环境破坏责任者对环境破坏应负的责任的条件下，环境破坏责任者应当对直接受害者给予相应的补偿，补偿应当是直接的和充分的，以弥补后者所遭受的损失。

（2）在确定环境破坏责任者对环境破坏应负的责任的条件下，环境破坏责任者除了应当对直接受害者给予相应的补偿外，还应当给国家或社会以相应的补偿，以补偿国民财富的损失、社会所拥有的资源存量的损失。

（3）尽管环境遭到了破坏，但由于各种原因，使得环境破坏的责任无法明确到具体责任者（企业和个人），从而对环境破坏的直接受害者的直接补偿也就难以实现。在这种情况下，对直接受害者的补偿可以通过社会补偿的方式进行。关于社会补偿，将在下面论述。

（4）即使确定了环境破坏责任者并由该责任者向直接受害者支付了补偿，环境破坏过程中的间接受害者的补偿问题仍无法因此得到解决。但间接受害者既然也是环境破坏过程中的受害者，他们的损失就应当得到相应的补偿。这种补偿也可以通过社会补偿的方式进行。

在明确了对环境破坏过程中的受害者的补偿原则之后，接着需要探讨的是对受害者的补偿方式。如果企业和个人是直接受害者，那么环境破坏责任者可以按以下两种方式之一支付补偿费用：一是由环境破坏责任者直接支付给直接受害者；二是由环境破坏责任者付款给政府有关部门，而由政府有关部门给直接受害者以补偿。此外，环境破坏责任者对国家或社会的补偿方式，是向国家或社会直接支付一定的补偿费用。假定环境破坏责任者采取的是向政府有关部门付款，再由政府有关部门向直接受害者付款的补偿方式，同时，环境破坏责任者还须向政府支付补偿费用的话，那么政府有关部门在得到环境破坏责任者缴纳的一笔总的补偿费用之后，将会按一定的比例进行分配：一部分留下，一部分支付给环境破坏过程中的直接受害者。

现在我们来分析社会补偿方式。社会补偿是一种间接的补偿，是由社会各方通过多种方式筹集资金而形成的基金组织，对环境破坏过程中的受害者进行的补偿。这里所说的间接补偿，是指以下这样一些补偿方式：例如，向受害者或受害地区提供优惠的贷款，以帮助受害者增加产量，从而增加收入，或帮助受害地区恢复和发展经济，提高当地的人均收入水平；指导和协助受害者或受害地区的劳动者就业；向受害者或受害地区提供技术援助，等等。换言之，与直接补偿不同，社会补偿作为一种间接补偿，并不是把补偿费用直接交给受害者本人，而是通过信贷、就业指导和帮助、技术援助等方式使受害者得以增加收入，以弥补在环境破坏过程中所遭受的损失。

社会补偿的基金组织是从事这种补偿的机构，它所需要的资金是多方面筹集而来的。其中，既有企业的缴纳、企业和个人的捐赠、社会团体的捐赠，也有政府拨款。对受害者补偿数额的多少是不易确定的，这只能根据社会补偿基金组织的财力大小和其制定的社会补偿规划来确定补偿的范围和数额。但不管怎样，既然从理论上已经确认有必要对一切环境破坏过程中的受害者进行补偿，那么选择社会补偿这种方式将是比较恰当的。当然，社会补偿方面的许多细节仍有待于关心这个问题的人们去进一步研究。

二、对环境治理过程中的受害者的补偿原则和补偿方式

环境治理是指对已经遭到不同程度破坏的环境进行治理，以减少破坏程度，或使其尽可能得到恢复。环境治理过程中需要采取一定的经济和技术措施，并且会对所治理的区域内的产业结构、技术结构、就业结构、消费结构等发生某些影响。因环境治理行为而在收入等方面遭受损失的企业和个人之所以会有这样的损失，与环境治理过程中产业结构、技术结构、就业结构、消费结构的调整有关。因此，在讨论环境治理过程中对受害者的补偿问题时，不能不联系到这些结构的调整。

前面已经指出，给予受害者的补偿要由治理环境的主体支付。但这只是关于对环境治理过程中受害者补偿问题的初步的考虑。事实上，这方面的补偿问题同样是相当复杂的。我们有必要在初步考虑的基础上再进行一些探讨。

首先，应当认为，国家或社会是环境治理的受益者。如果说环境破坏过程中因国民财富的损失、社会所拥有的资源存量的损失而使国家或社会有理由从环境破坏责任者那里得到一定的补偿的话，那么在环境治理过程中，国家或社会将因国民财富的增加或损失的减少、社会所拥有的资源存量的增加或损失的减少而受益。因此，不管政府是否作为治理环境的主体出现，政府对于环境治理过程中的受害者都应当承担一定的补偿费用。

其次，在环境治理过程中，一方面，通过产业结构、技术结构、就业结构、消费结构的调整，有些企业和个人的收入会减少，有些企业和个人的收入会增加，前者被称为环境治理过程中的受害者，后者则是环境治理过程中的受益者；另一方面，即使不通过产业结构、技术结构、就业结构、消费结构的调整，由于环境条件的改善，有些企业和个人的收入也会增加，他们同样成为环境治理过程中的受益者。这样，无论从哪一个方面看，在环境治理过程中收入有所增加的企业和个人，作为受益者，对于环境治理过程中的受害者也应当承担一定的补偿费用。

再次，正如前面已经指出的，环境之所以需要治理，是由于环境遭到了破坏，因此，当初破坏环境的责任者有责任为环境治理过程中的受害者承担一定的补偿费用。这就是治理环境的一方

定的补偿费用。

（2）环境治理过程本身就是使所治理的地区经济恢复和发展的过程，环境治理过程中的间接受害者可以从这个过程中得到好处，因此在环境治理费用（其中包括补偿费用）有限而涉及面又较广的情况下，可以不对环境治理过程中的间接受害者另给补偿。

（3）环境治理过程中的补偿费用，是整个治理费用的一个组成部分，它是通过多种方式筹集的，其中既有环境治理一方所提供的，也有政府作为受益者以及环境治理的其他受益者所提供的，还有在当初环境破坏的责任者已经明确的前提下由该责任者所提供的。所筹集的补偿费用将用于对环境治理过程中的直接受害者的补偿。

在确定了这些原则之后，接着需要讨论的是补偿方式。给环境治理过程中受害者的补偿可以是直接补偿，也可以是间接补偿，或者二者兼有，并且这种补偿可以是充分的补偿，也可以是部分的补偿。当然，这都是指对直接受害者的补偿。那么，具体地说，直接补偿和间接补偿如何进行呢？一般说来，直接补偿主要用于在环境治理过程中因居民迁移而发生的财产、收入的减少的补偿。这种补偿可以由政府有关部门或环境治理主体支付给居民个人。对于在环境治理过程中直接受害者的其他方面的损失，则可以通过间接补偿方式进行。如果说在环境治理过程中有些企业停产或关闭，从而职工将失去收入的话，那么对这些职工的损失的补偿，以间接补偿的方式进行（如协助企业转产，协助职工转业）要比以直接补偿的方式进行（由环境治理主体发给生活津贴）更好一些。停产或关闭的企业的职工，在一定的社会保障制度之下也有可能得到某些收入，这可以使他们的生活水平不致下降得过多，但这属于社会保障的范围，不属于环境治理的补偿，从而不由环境治理费用中的补偿费用来支付。对于这里所提到的可以“部分补偿”的问题，则应做如下的理解，即对环境治理过程中的受害者所遭受的损失，在财力许可的条件下，可以充分补偿，否则也可以实行部分补偿，理由同样在于：环境治理过程本身就是所治理地区的经济恢复和发展过程，环境治理本身包含了对受害者的补偿。

四、对若干问题的进一步探讨

（一）直接补偿费用的最终负担问题

环境破坏的责任者既可能是生产者，也可能是消费者。由消费者支付直接补偿费用，是无法转嫁给其他人的，消费者作为环境破坏的责任者，就是直接补偿费用的最终负担者。至于生产者所支付的直接补偿费用能否转嫁出去，则取决于生产者的产品的性质、市场条件，以及生产者的经济体制状况。假定生产者所生产的产品是供大于求或供求平衡的，市场上的竞争是充分的，而生产者又自负盈亏，那么生产者所支付的直接补偿费用不管是否列入生产成本，它们最终仍然由生产者自己负担，生产者以盈利的减少作为支付直接补偿费用的代价，也就是作为破坏环境的苦果而由生产者自己承受。

然而在现实生活中，支付直接补偿费用的生产者主要是公有制大中型企业，它们还没有成为自负盈亏的利益主体。这样，即使它们的产品在市场上遇到充分的竞争，并且产品供大于求或供求平衡，直接补偿费用列入生产成本之后，生产者的盈利将会减少，这种损失也不是由生产者自己负担的，而是落在国家身上。于是出现了一种不合理的现象：环境破坏的责任者是企业，为此而支付的直接补偿费用的最终负担者却是国家。

假定生产者的产品是供不应求的，市场竞争不充分，价格是非刚性的，那么直接补偿费用在进入生产成本之后就会在提高了的产品价格中体现出来，于是这些产品的购买者就负担了这些直接补偿费用。假定购买者是消费者，消费者不可能再把所负担的直接补偿费用转嫁给其他人；假定购买者是生产者，那么问题又回到了前面已经提到的产品是否供大于求、市场竞争是否充分、生产者是否自负盈亏等条件。这样，归根到底，消费者和国家最终承担着直接补偿费用的可能性始终是存在的。

以上分析表明，为了使作为环境破坏责任者的生产者最终承担这些费用，深化企业改革和建立自负盈亏的企业体制是不可回避的，使市场逐步完善并缩小需求大于供给的缺口也是不可回避的。否则，由消费者和国家最终负担直接补偿费用这种不合理的现象将难以消失。

下面，再考虑对环境治理过程中受害者的直接补偿费用的最终负担情况。这种直接补偿费用由政府和环境治理一方支付。假定不考虑再补偿问题，那么由政府有关部门和社会团体所支付的直接补偿费用，作为环境治理费用的一部分，列入政府有关部门和社会团体的一定项目的支出，它们不列入生产成本，从而不能转嫁给消费者。但企业从事环境治理活动时，情况就比较复杂。如果企业出于扩大生产规模和技术改造的需要而投资改造环境、治理环境，这时的直接补偿费用包括在整个治理费用之内，是作为扩大再生产的投资的一部分而出现的。这些投资将被回收，回收期的长短视企业从事的该项投资的经济效益而定。然而，不管回收期多长，这些投资迟早会摊入企业的生产成本。于是问题同前面讨论的情况相似，即在企业不能自负盈亏、产品供大于求、市场竞争不充分、价格非刚性等条件下，最终仍是国家和消费者承担这笔费用。如果企业本身就是环境破坏的责任者，企业对环境的治理是以恢复已被自己破坏的环境为目的的，直接补偿费用作为环境治理费用的一部分，照理说应当由企业自己承担，但实际上企业在条件许可时仍然把它们转嫁出去，而由国家和消费者来承担。这也表明了深化企业改革、促进市场完善、缩小需求大于供给的缺口的必要性。

（二）充分补偿与不充分补偿的判断问题

这里所说的不充分补偿，是指在环境破坏和环境治理过程中给予受害者的补偿不能弥补受害者所受的损失。这种不充分补偿主要是针对直接受害者损失的补偿而言。这是因为，无论是在环境破坏还是在环境治理过程中，间接受害者的范围都是相当广泛的，他们所遭受的损失不易被计算出来，而能够用来补偿这些间接受害者的资金又比较有限，因此很难按“充分补偿”的要求来补偿间接受害者。即使采用前面提到过的社会补偿的方式来进行补偿，“充分补偿”仍然不易实现。可以认为，如果要对间接受害者进行补偿的话，那么这种补偿通常是不充分的。

对直接受害者既可以采用直接补偿方式，也可以采用间接补偿方式。应当注意到，对直接受害者的间接补偿究竟是充分补偿还是不充分补偿的判断，同样是不易做出的。间接补偿的两个显著特点是：第一，它的效应逐渐发生，从实行补偿到受害者感受到自己得到补偿，有一个过程，时间或长或短；第二，它究竟能够产生多大的效应，与运用间接补偿费的机构和工作人员的效率高低有密切联系，与运用的方式恰当与否也有密切联系，从而同样数额的一笔间接补偿费会产生不同的效应，给予受害者的实际好处也不一样。根据间接补偿的这两个显著特点可以了解到，对受害者的间接补偿的充分与否，不单纯取决于间接补偿费数额的多少。

正因为如此，所以我们把有关不充分补偿的考察集中于对环境破坏和环境治理过程中直接受害者的直接补偿上。判断这种补偿是否充分的标准就在于直接受害者在财产、收入方面遭受的损失数额与直接受害者从环境破坏责任者那里或从环境治理的主体那里得到的补偿费数额的比较。二者相符的是充分补偿，损失数额大于所得数额的则是不充分补偿，或称部分补偿。在这里，对财产损失的估算相对来说要比对收入损失的估算容易一些，只要财产的估价恰当，就可以比较准确地算出；而收入损失的估算涉及面较广，除固定的工资等收入外，还有生产销售收入、财产租赁收入、其他收入，并且所有这些收入在计算时还有贴现问题，这里包括预期的产量变化、价格变化、贴现率的标准、应计入的收入年限等。收入损失估算的偏高、偏低是常见的。这样，在直接补偿方面，不仅有可能出现不充分补偿（补偿额小于损失额），而且有可能出现过度补偿（补偿额大于损失额）。为了避免这种情况，对于直接受害者财产、收入损失的估算，应有一套较合理的方法。

由于间接补偿是逐渐产生效应的，受害者在间接补偿逐渐产生效应的过程中陆续得到实际的好处，所以间接补偿可以被视为多次补偿、分期补偿。直接补偿与此不同，它是以补偿费的形式支付给受害者的。假定一次性支付的补偿费与受害者的财产、收入损失额相当，那么这种一次性支付的补偿就是充分补偿，支付一次就够了。假定一次补偿是不充分补偿，那么直接补偿也可以采取多次补偿、分期补偿的方式，使累计的补偿额与损失额相当，使不充分补偿成为充分补偿。对由环境破坏引起的直接受害者的补偿既然以充分补偿为原则，所以在一次补偿不足以弥补损失时，多次补偿、分期补偿的做法是可行的。至于对在环境治理过程中直接受害者的补偿，根据前面已经论述过的补偿原则，可以按不同的情况给予直接补偿或间接补偿、充分补偿或部分补偿。如果采用充分补偿的做法，那么也可以实行多次补偿、分期补偿。

（三）对不可挽回的损失的补偿问题

以上在讨论充分补偿与不充分补偿时，所提到的损失都是指财产和收入的损失。然而受害者的损失不限于财产和收入的损失。例如，在环境破坏过程中，受害者的损失还包括身体受损害，生活变得不安定、不协调等，在环境治理过程中，受害者的损失也包括生活变得不安定、不协调等。因此，即使用充分补偿的方式来弥补受害者的损失，那也只意味着补偿额同受害者的财产和收入损失额相当，其余的损失并未得到补偿。

从另一个角度来看待受害者的损失，这种损失还可以分为可以挽回（或可以弥补）的损失与不可挽回（或不可弥补）的损失。一般而论，受害者在财产、收入方面的损失，通过充分补偿是可以挽回的。受害者的生活不安定、不协调或受害者的身体遭到损害，既可能通过某种补偿而得到弥补，也可能难以弥补。这是因为在生活安定或不安定方面往往具有不可比性，而在身体受损害方面，则要看受损害的程度而定。假定受害者本人对生活方式有自己的评价标准，例如喜欢田园式的乡居生活而不喜欢城市公寓的生活，喜欢家人团聚而不喜欢与子女分居，那么在环境破坏或环境治理的过程中，即使因生活方式的变更而得到了某种补偿，这仍然会被受害者本人看成是一种不可挽回的损失。以身体的受损害而言，在环境破坏后，受害者身体受损，有些是可以复原的，有些则不能复原。如果因环境破坏而使受害者的身体遭到严重损害，甚至丧失生命，那么无论得到多少补偿费，也很难弥补损失。

由此可见，对受害者的补偿问题，一旦涉及财产、收入以外的损失，就会变得复杂起来。首先应当肯定，因环境破坏而导致身体受损害的受害者，有理由得到环境破坏责任者的充分补偿。这种充分补偿与对环境破坏过程中受害者财产、收入损失的补偿一样，应以直接补偿费形式支付给个人。但这里还存在两个问题。第一，对身体受损害的补偿怎样才能被称为充分补偿？这是一个学术界至今未能解决的难题。对此，只能参照工伤事故、交通事故等的处理情况而定。正因为身体所遭受的严重损害是不可挽回的损失，所以我们必须增强环境保护意识。第二，在环境破坏责任者不明确的条件下，如何补偿身体遭受损害的受害者的损失？前面曾经提到，这种补偿可以采用社会补偿的方式。但社会补偿在这方面能否以直接补偿方式出现呢？比如说，假定通过多种渠道筹集了社会补偿基金，那么基金除了采取信贷、就业指导和帮助、技术援助等方式给受害者在财产、收入上的损失以间接补偿外，还可以用支付直接补偿费的方式给那些身体遭受损害的受害者以相应的补偿。可以设想，只要社会补偿基金达到一定的规模，并且资金有稳定的来源，这也许是一个可行的办法。

在环境破坏和环境治理过程中，居民个人因生活方式的改变而感到的不安定、不协调等，是难以折算为经济上的损失的，这种损失既不能像财产、收入方面的损失那样得到充分补偿或部分补偿，也不能像身体受损害那样有充足的要求补偿的理由。因此这是一个不易处理的问题。只能这样认为，在目前关于环境保护中的补偿问题的研究水平的限制下，可以不考虑居民个人因生活方式改变而产生的上述损失，而假定居民个人在财产、收入方面的损失得到充分补偿之后将会逐渐适应新的生活环境。

此外，在讨论对不可挽回的损失的补偿问题时，还需要研究国家或社会因资源破坏、生态环境破坏等而遭到的同样是不可挽回的损失的补偿方式。这里有三个问题值得注意。

第一，如果环境破坏责任者不明确，国家或社会因资源破坏、生态环境破坏等而遭到的损失将不可能从其他地方得到补偿，而只能由国家或社会承担。这种损失归根到底由全民承担。

第二，如果环境破坏的后果是严重的，即使在环境破坏责任者明确的条件下，由后者向政府有关部门支付了一定的补偿费用，但由于已经造成的资源破坏、生态环境破坏的损失很大，补偿数额与损失数额相比微乎其微，这种损失归根到底也仍然由全民承担。

第三，即使在环境破坏责任者明确的条件下，其向政府有关部门支付的补偿费用与所估算出来的损失数额相当，但由于被破坏的资源中有些是不可再生的资源，被破坏的生态环境中有些是不可能复原的，这样，环境破坏责任者所支付的补偿费用仍然难以弥补国家或社会在这方面的损失。这种损失归根到底也由全民承担。

对这些问题的考察，从另一个角度向人们说明了加强环境保护的必要性。

（四）政府决策失误导致的环境破坏的补偿问题

前面在讨论环境破坏的责任者的确定时，一直把企业和个人作为分析的对象。在那里，把政府决策失误所导致的环境破坏以及对受害者的补偿问题排除在外了。但实际上，政府的决策失误在环境破坏方面是有责任的。

可以按以下两种不同的情况来讨论。第一种情况是：政府的决策单纯从经济增长目标出发，而没有把环境保护作为同样应受重视的目标，结果，在经济增长过程中出现了环境的破坏，使受害者遭受了损失。第二种情况是：在环境已经破坏而政府感到有必要对环境进行治理的前提下，政府在环境治理工作中做了错误的决策，如采用了不科学的治理方案，实行了顾此失彼的环境治理措施，结果，在环境治理过程中又出现了新的环境破坏，使受害者遭受了损失。这两种情况都表明了政府决策失误所导致的环境破坏是客观存在的。在讨论补偿问题时，有必要对这两种情况加以区别。

先谈第二种情况。在这种情况下，政府作为环境治理的决策者，通常是以环境治理主体的身份从事环境治理的活动。如果政府在环境治理的决策方面有失误，并且这种失误很快地反映出来，那么因此而造成的受害者的损失可以用环境治理费用（其中包括了补偿费用）来补偿。但如果政府决策失误在一段较长的时间以后才被人们察觉，并且受害者的损失在较长时间才被受害者感受到，那么这样的补偿问题就不可能依靠环境治理费用来解决。

再谈第一种情况。这种情况是在经济增长过程中出现的。政府决策的失误表现为片面地注意经济增长而忽视环境保护。在这种决策失误之下造成的受害者的损失，可能会在经济增长过程中得到某种补偿，但也可能得不到补偿。而且，即使受害者得到某种补偿，那也只是一种滞后的和间接的补偿，一种仅限于财产或收入方面的补偿。至于补偿是否充分，那就要视经济增长的成果、时间的长短等因素而定。加之，经济增长过程中所给予的这种滞后的、间接的财产或收入方面的补偿往往是集体意义上的补偿，而不是个别的、有针对性的补偿。这就是说，在经济增长过程中，许多人都得到好处（如收入增加），但这些人在环境破坏过程中受到的损失程度不一，他们在经济增长过程中所增加的收入也多少不等。收入增加最多的不一定是当初受损失最大的，而受损失较大的可能增加的收入较少。因此，经济增长所导致的集体意义上的补偿固然也是一种补偿，但却是具有较大局限性的补偿。这种集体意义上的补偿，只能被看成是政府决策失误造成的环境破坏的补偿问题的部分解决。不仅如此，由于环境破坏而使受害者的身体遭受损害，这样的损失，也无法依靠上述集体意义上的补偿来弥补。

再从资源破坏、生态环境破坏给国家或社会造成的损失来看，补偿问题同样是存在的。无论政府在经济增长过程中有决策的失误还是在环境治理过程中有决策的失误，都会带来国民财富的损失，带来社会所拥有的资源存量的损失，而在这种情况下，损失（其中有些是不可挽回的损失）只可能由国家或社会承担，也就是由全民承担。

政府在环境保护工作中的决策失误及其引起的环境破坏和补偿问题之所以应当引起人们的重视，还同其后果的严重性有关。政府在环境保护工作中的错误决策导致环境破坏的范围广、后果重，纠正这种错误决策所需要的时间较长、费力较大，而由于政府往往不是具体的环境破坏责任者，不具体承担环境破坏的补偿费用，因此政府在环境工作中的错误决策的严重性不易被人们所认识。这就告诉我们，加强政府在经济增长过程中和环境治理过程中决策的民主化和科学化，努力做到经济增长目标与环境保护目标兼顾，具有特别重要的意义。

（原载《中国社会科学》1990年第4期）

贫困地区经济与环境的协调发展

我们经常听到这样一种说法：一个地区越穷，就越不重视生态环境（比如滥开荒，滥砍树，滥挖矿），也越没有财力来治理被破坏的环境，结果越来越穷。我们还经常听到另一种说法：某个地区过去虽然穷，但当地水污染少，土壤污染少，空气污染也少，后来，经济发展了，人民生活水平提高了，反而河流被污染了，土壤被污染了，空气也被污染了。这两种说法之中哪一种说法有道理，还是两种说法都有道理呢？如果说两种说法都有道理的话，那么，对生态环境的保护来说，似乎穷也不好，不穷也不好，难道只有处在“穷与不穷”之间才好吗？

实际上，我们所接触到的是环境经济学与发展经济学二者共同遇到的一个难题：环境保护和贫困区开发的经济运行机制问题。只有从经济运行机制方面着手研究，才能对上述问题有比较正确的回答。

一、与环境保护、贫困区开发有关的经济运行机制

任何一种社会，总是在一定的目标的指引下，依靠某种动力，使用各种资源，使经济运转起来，并在运转中排除各式各样的干扰，达到预定目标或尽可能接近预定的目标。社会的经济运行机制就是社会借以实现上述过程的一系列关系的总称，这些关系产生自这个社会的内部，而不是来自外界。概括地说，在社会经济发展中，经济运行机制包括以下四方面的机制。

（1）目标机制。目标和目标体系是如何形成的？目标顺序是如何排列的？从经济发展来说，需要研究的问题包括：发展的目标是什么？确定这些目标的出发点和依据有哪些？环境与生态平衡是不是被列入发展目标体系以及它们在这一目标体系中的位置如何？

（2）动力机制。动力的源泉是什么？动力是怎样产生的？以什么方式取得动力？假定生态环境与生态平衡被列入了发展目标体系之中，那么怎样才能在发展过程中形成认真对待环境与生态平衡的动力？怎样得到这种动力？换句话说，怎样激励人们关心环境，关心生态平衡？怎样才能使这种动力长久维持？

（3）资源配置机制。资源按何种原则配置？以何种方式配置？资源配置主体在这一过程中的自我约束和相互约束是如何形成的？这两种约束怎样发挥作用？从经济发展与环境保护二者的相互关系来分析，经济发展过程中的资源是怎样配置的，环境保护过程中的资源又是怎样配置的？经济发展过程中的资源配置方

式与环境保护过程中的资源配置方式之间有哪些矛盾？这些矛盾如何得到解决？经济发展与环境保护中的资源配置主体在资源配置方面如何自我约束与相互约束？

（4）排除干扰机制。怎样识别经济运行中的干扰？怎样排除这些干扰？假定经济发展与环境保护过程分别受到了来自各种因素的干扰，那么这些干扰是怎样被认识到的？怎样估计这些干扰的严重程度？经济发展过程中能否自行排除这些干扰？如果不能自行排除这些干扰，那么干扰将如何被排除？

不同的运行机制，在目标、动力、资源配置、排除干扰这四个方面是各有特点的。现在，我们需要研究的是社会主义经济中与环境保护、贫困区开发有关的经济运行机制问题，考察的重点放在社会主义社会两种不同的经济运行机制（传统的经济运行机制与建立中的新经济运行机制）之下环境保护与贫困区开发过程的比较上，以便说明经济运行机制的不同决定了环境保护状况与贫困区开发过程及其效果的不同。

根据前面提及的经济运行机制所包括的四个方面，即目标、动力、资源配置、干扰的排除，在对以社会主义所有制为基础的两种不同经济运行机制进行分析、比较时，我们可以清楚地看到，它们在第一和第二方面的差别虽然存在，但并不十分显著。这是因为，由于两种不同的经济运行机制都建立在社会主义所有制的基础上，目标机制与动力机制的差别不可能达到目标截然不同与动力截然不同的地步，尽管在目标顺序和目标制定方式上存在着某些差别，以及在对动力源泉的认识和取得动力的方式上也存在着某些差别。但是，资源配置机制与排除干扰机制在社会主义传统经济运行机制与新经济运行机制之下则有很大的差别。正是资源配置机制与排除干扰机制的不同，成为决定两种不同的社会主义经济运行机制之下环境保护状况与贫困区开发过程及其效果不同的主要因素。

二、传统经济运行机制下贫困地区的环境破坏

动态地看，一个贫困地区在发展过程中有可能遭到两类不同的环境破坏。一类破坏是在发展初期就可能存在的，即当地居民为了使自己早日摆脱贫困状态，掠夺性地对待自然资源，致使森林、草原、矿产资源、植被遭到破坏，水土流失。这时由于工业还没有发展，一般只有这一类破坏。另一类破坏是在工业逐渐发展的过程中才出现的，即随着工厂的建立，水源被污染，土壤被污染，空气也被污染。当然，第一类破坏即使在工业发展以后也可能继续存在，因此，工业发展后两类不同的环境破坏是可能并存的。

这两类环境破坏同传统的社会主义经济运行机制有什么关系呢？让我们先从一个贫困地区的供给与需求两方面分析谈起。

一个贫困地区通常是一个封闭的或基本上封闭的经济体系，它或者同外界没有经济联系，或者联系很少。假定它同外界联系很少，那么这表明该地区与其他地区之间的投入产出联系很少，

本地区的需求基本上与当地的供给在很低的水平上是相适应的。

一个贫困地区，即使在基本封闭的状态中，也不是不会发生上述第一类环境破坏的。比如说，由于缺乏燃料，人们可能滥砍树；由于土地贫瘠、亩产量低、粮食供给不足，人们可能滥开荒。但应当注意到，处于基本封闭状态的贫困地区，即使发生第一类环境破坏，其破坏的程度也有可能受到某种限制。这正是封闭型经济的一个特点。当然，封闭条件下，由于该地区处于贫困状态，所以第一类环境破坏不会中止。如果这时客观上存在的是传统的社会主义经济运行机制，并且假定发生了由于基本生活资料供给不足而造成破坏资源、破坏环境的行为，则只能采取行政性措施进行干预，而缺乏内在的协调经济发展与生态平衡的机制。

然而，在经济发展过程中，地区的封闭状态肯定要被逐步打破。这时，就算传统经济运行机制仍在起作用，地区同外界的投入产出联系也会逐渐增加。一个地区经济的发展不仅引起本地区的供给增长和需求增长，而且也会带动其他地区的供给和需求增长。各个地区的供给和需求增长幅度的不一致，会使各个地区的经济结构进行某种程度的调整，使原来的人力、物力、财力的空间分布进行某种程度的调整，而不同地区居民收入水平提高的程度也会因此而很不一样。这时，各地区经济发展和居民收入提高的这种不平衡性，主要是由于地理位置、自然条件、人口密度、资源状况的影响，而并非是经济运行机制的不同起着决定性的作用。制约着地区经济结构变化的基本因素不是在经济运行机制方面，而是在非经济运行机制方面，假定传统经济运行机制继续支配着经济生活的话。

贫困地区的封闭状态被打破以及在同其他地区经济联系增多的情况下，在受到地区之间经济发展与居民收入提高不平衡的影响之下，上述第一类环境破坏的程度就有可能加剧。单靠传统经济运行机制之下的行政干预措施很难予以制止。不可否认，有些贫困地区的干部和群众是关心本地经济发展和收入水平提高的。他们动脑筋，想办法，不辞辛苦，力求改变本地区的落后和贫困状态。那么，怎样才能迅速致富呢？发展要靠工业，工业需要资金，资金来自何处？假定国家进行投资，工业可以发展起来，但绝不是每一个贫困地区都有条件吸引国家在本地区进行工业投资的。如果一开始无法依靠工业来发展本地经济和依靠工业来积累资金，那么依靠发展工业来实现致富的目的将如何实现呢？在传统经济运行机制之下，这是很困难的。于是出现了两种可能性：一是，尽管贫困地区同外界的经济联系增多了，但本地的工业由于缺乏资金难以发展，本地的农业虽然有可能发展，但农业却难以为本地区积累资金，从而难以达到致富的目的，于是本地区同其他地区的人均收入差距将因发展速度的不同而逐渐扩大；另一种可能性是，为了积累资金，居民自发地或有组织地过度开采当地的资源，靠出卖资源来增加收入，在这种情况下，即使人们辛辛苦苦，也不会取得应有的成果，甚至会变得愈加贫困，由此造成的恶果，不但影响本地区，而且也影响其他有关地区，不但影响现在，还会影响到将来。在经济发展过程中，这样的例子是屡见不鲜的。

三、转换贫困地区的经济运行机制比制定优惠政策更为重要

应当承认，一个贫困地区经济发展的快慢，居民收入提高幅度的大小，以及资源或环境破坏的严重程度，同一定时期的经济政策有密切的关系。但是更为重要的不是经济政策问题，而是经济运行机制问题。

正如前面已指出的，经济运行机制是指经济借以运行的一系列关系的总称。这些关系有些是以法律、法规确定的，有些依赖于经济政策的规定。在经济运行机制既定的条件下，公布一项重要的经济政策并有效地推行之，会对既定的经济运行条件和运行过程发生这样的或那样的影响，从而产生经济和社会效应。政策的作用就是这样发挥出来的。经济政策通过对既定的经济运行机制的影响，在一定程度上改变了运行条件和运行过程，然后影响需求与供给、投入与产出，使地区经济和收入水平发生某种变化。但是，在贫困地区经济发展中，在深层次起作用的是经济运行机制，而不是政策。经济运行机制决定着经济运行过程，而政策要发挥作用，则必须对经济运行机制产生影响，使经济运行机制发生某种变化。比如说，某一地区是相当贫困的，为了促使该地区摆脱贫困状态，政府制定了优惠政策，包括减免税收、给予财政补贴、发放无息或低息贷款等。可是如果经济运行机制仍然不利于地区经济的发展，这些优惠政策的作用将是有限的。这是因为，尽管通过政府的优惠政策，该地区得到了财政补贴，得到了无息或低息贷款，但这些资金不会成为该地区经济发展的启动

资金，政府给予的财政补贴和无息或低息贷款，往往被用于缓和眼前的困难，不足以使该地区的经济繁荣兴旺。所以人们常说，对于贫困地区来说，更重要的是使它们有“造血”的机能，光靠“输血”甚至长期“输血”，都无法使它们脱贫致富。

既然贫困地区的经济发展主要取决于经济运行机制是否合适，那么与贫困地区经济发展有关的环境与生态平衡问题，也同样取决于经济运行机制，而并非取决于经济政策。正如仅仅依靠经济政策不足以使贫困地区摆脱贫困状态一样，仅仅依靠经济政策也不足以使贫困地区在经济发展过程中解决环境与生态平衡问题。这样，我们就必须进一步探讨，究竟什么样的经济运行机制不利于贫困地区的经济发展和生态平衡，什么样的经济运行机制有利于解决这些问题？假定这个问题明确了，那么政策的导向也就可以确定下来，即需要制定的是哪些政策，以便从某些方面限制不利于贫困地区经济发展和生态平衡的经济运行机制的作用，促进有利于这些问题的解决的经济运行机制发挥作用。只要经济运行机制转换了，贫困地区内部积累与再投入将会增加，环境破坏将受到内在的制约。反之，如果传统经济运行机制继续起着支配经济生活的作用，外部投入（也就是所谓“输血”）再多也不能迅速改变贫困地区的面貌。贫困地区既可能是一个漏斗，也可能是一个蓄水塘。外部投入好比向这里注水。如果贫困地区是漏斗，那么注入的水再多，迟早也要流完，结果，贫困地区依然是贫困地区。如果贫困地区是一个蓄水塘，外部注入的水不会流失，而会蓄积在塘里，于是在塘里养鱼，鱼就会繁殖，那里的经济面貌就会发生变化。这时，哪怕外部的投入只是一次性的，但却是启动性的，这个水塘也就活起来了。所以说，要发展贫困地区经济，首要的问题是不让贫困地区成为漏斗，不让外部投入流失。为此就需要把传统经济运行机制转换为新的经济运行机制，把“漏斗”型的地区经济改变为“蓄水塘”型的地区经济。

四、贫困地区的内部积累机制

贫困地区经济发展中的一个关键性问题是资金投入问题。这个问题包括三个方面：一是资金来源；二是资金投入的方向或资金投入的结构；三是资金使用效率。在社会主义经济中，传统的经济运行机制与新的经济运行机制的区别在资金投入问题的三个方面极为明显。

就资金来源而言，一个地区内部积累的来源是企业的积累和居民的积累。假定这个地区一直处于贫困状态，那么正如前面已经指出的，或者本地没有什么工业，或者，即使有少数工业企业，这些企业也不会有很多积累；同时，本地居民的收入也少，他们或者没有积累，或者只有很少量的积累。这是一个现实问题。然而在这里要探讨的是，不管企业和居民的积累多么少，关键是要吸引他们再投入，于是就需要形成一种能够吸引本地区内部再投入的机制，即内部积累机制。前面在概述经济运行机制时，曾指出需要从目标、动力、资源配置、排除干扰这样四个方面来考察，而且，前面还曾提到，在同一种社会主义所有制基础上的两种不同的经济运行机制之间，目标与动力方面的差别不是主要的，差别主要在资源配置和排除干扰方面。这里所说的在两种不同经济运行机制之下地区内部积累机制的区别，实际上就是资源配置原则、资源配置方式之间的区别。因此可以这样认为：地区内部积累机制是社会的资源配置机制的一个组成部分。

在传统经济运行机制之下，贫困地区内部积累机制之所以难以形成，新的经济运行机制之下这一内部积累机制之所以存在，可从以下三个角度做出解释。

第一，资源配置是通过资金投入和再投入实现的。由于资金投入和再投入的结构不同，从而不断出现资源配置格局的调整。但是，怎样才能保证资金的投入和再投入呢？很明显，必须使得投入的主体认为这种投入和再投入有好处。这就是资金投入和再投入的利益导向，当然这里所说的利益大小是就相对利益而言的。投入和再投入必定趋向于相对利益较高的领域，于是就涉及价格问题。传统经济运行机制之下，价格比例不合理，贫困地区能够提供的是初级产品，但由于资源价格偏低，初级产品价格也偏低，加之贫困地区产品的生产成本和交易成本（运输成本包括在交易成本之内）偏高，于是，一方面贫困地区自身不可能有多少剩余，投入与再投入的资金没有来源；另一方面，这种场合也很难对贫困地区内部的投入和再投入有吸引力。如果今后实现了新的社会主义经济运行机制，那么价格比例将趋于合理，资源价格将上升到应有的水平，生产成本和交易成本则会相对下降，这样，内部投入和再投入的吸引力就必然会增大。从这里可以得到一个重要的启示：如果宏观经济决策部门决心帮助贫困地区脱贫致富的话，那么与其用“输血”的方式来帮助贫困地区，不如把转换经济运行机制作为重点，逐步解决资源价格偏低以及生产成本和交易成本偏高的问题，这才真正有助于贫困地区形成有效的内部积累机制。

第二，资金投入和再投入来自剩余，剩余又分解为消费与储蓄，或消费与投资（投资来自储蓄的转化）。因此，就资源配置而言，一开始就涉及剩余的分配问题。贫困地区的经济落后，劳动生产率低，它所提供的初级产品价格又不合理，因此剩余本来就很少。如果在这种情况下，剩余中有较多部分被用于消费，那么可供投资的部分就非常微薄了。为了开发贫困地区，一定要防止不合理的消费支出侵蚀本来可以用于投入和再投入的内部积累。这里所说的不合理消费，主要是指与民间的陈规陋习有关的各种非生活必需的消费支出，此外也包括某些与现有生产力水平和居民收入水平不相适应的消费支出。然而在传统经济运行机制之下，这只能依靠行政措施来加以控制。行政措施的控制从表面上看是有效的，但却会带来一个问题，即资金投入的主体（包括企业、城镇居民、农村生产单位、农民家庭）缺乏来自内部的资金投入和再投入的热情，因而不能很好地同行政措施相配合，结果政府不得不一再强化行政干预。况且，在传统经济运行机制下，即使依靠某种行政措施使资源价格上升了，生产成本和交易成本降低了，价格与成本之间有了一定正值的差额，但如果资金投入的主体依然缺乏资金投入和再投入的热情，这个差额仍会被不合理的消费支出侵蚀，内部再投入依旧落空。新的社会主义经济运行机制建立后，资金投入和再投入主体既有自主性，又有资金投入和再投入的热情，它们就有内在的限制不合理消费支出的倾向，内部积累就会增多。至于政府的调节，也可以更多地采取经济调节（如调整税率、利率）的形式，调节效果也会比单纯依靠行政措施好得多。

第三，资源配置不仅包括了资金投入和再投入，而且包括了投入和再投入的组合。要知道，资金投入和再投入既以价值形式表现，也以实物形式表现，而在以实物形式表现时，就有人力、物力、财力资源的组合比例和组合方式等问题。此外，由于地区之间存在着投入产出关系，存在着资源的流动，因此，资金投入和再投入也包括了一个地区的资源如何与其他地区的资源有效结合，以便在价值形式和实物形式上相一致的问题。这样，为了使贫困地区的经济有较快的发展，应当尽可能地创造本地资源同外地资源的有效结合方式，并通过这种结合来提供较多的内部积累。当然，一个贫困地区要完全依赖于外部资源（尤其是外部的财力资源）流入来发展经济，既无助于本地区自身内部投入与再投入机制的形成，而且在我国经济的现阶段也缺乏现实性。但从一个贫困地区的具体条件出发，如果完全没有外部资源的流入，地区经济的启动有时会遇到很大困难。因此，重要的是本地资源同外地资源究竟以何种方式结合。在传统经济运行机制之下，由于资金投入和再投入的主体缺乏自主性和机动性，本地资源的组合方式以及本地与外地资源的结合方式都受到很大限制。这时，如果说仍然有本地资源与外地资源结合的话，那么也主要是通过行政性措施来实现的，既难以有效结合，又难以长期结合。如果建立了新的社会主义经济运行机制，资金投入的主体有了自主性和机动性，它们就会从经济利益（包括近期利益和长期利益）出发，选择有效的结合方式。由于贫困地区本地资源同外地资源能否有效结合是关系到该地区经济能否产生较多的内部积累，能否加速居民收入水平提高的重要条件，所以单从资源结合方式来看，也有必要通过改革来转换经济运行机制。

五、贫困地区资金投入的结构与经济发展环境的协调

根据以上分析，地区的资金投入问题的第二个方面是资金投入的方向或资金投入的结构。资金投入量是流量，现有的资金部门结构表现为资金的存量，它们是长期形成的。在传统经济运行机制之下，资金投入的方向是由政府部门决定的。如果资金的部门结构不合理，那么存量调整的难度很大。可行的办法只是调节流量，即调节资金投入量。然而，一方面流量有限，另一方面，流量一旦投入，就会变为存量。不妨把流量比喻为“活水”，存量比喻为“死水”。流量变为存量，也就等于“活水”变成了“死水”。于是贫困地区的资金部门结构不仅失调，而且失调状况不易改变，内部积累机制难以形成，内部投入和再投入也难以

顺利进行。

此外，考虑到贫困地区经济的发展和居民收入水平的提高是一个持续的过程，就资金投入和再投入而言，应当设法使这种来自内部的投入和再投入保持稳定性。传统经济运行机制之下，是实现不了稳定的投入和再投入的。这是因为，仅仅依靠行政措施，资金投入和再投入缺乏利益导向，地区的资源结合又不可能持久，这样，势必会形成“热一阵”、“冷一阵”的状况。那么，新的社会主义经济运行机制之下，又将如何呢？要知道，内部投入和再投入的主动权在形成内部积累的企业和有了储蓄的城乡居民手中，而不在政府手中。只有企业和城乡居民愿意把手中的货币投入本地区经济的发展事业，内部积累机制才能被认为已经形成。因此，不能认为只要经济运行机制一转轨，贫困地区的内部积累机制就会形成。比如说，在新的经济运行机制之下，企业有了自主性，城市居民有了投入、再投入的积极性，但他们究竟把资源投入何处呢？是投入本地区还是投入其他条件的地区呢？如果利益导向其他地区而并非本地区，那么，即使建立了新的经济运行机制，贫困地区经济发展的投入和再投入也仍然缺乏保证。在这种情况下，政府的调节是必要的。各级财政部门可以根据具体情况，规定一定比例的贫困地区建设资金，作为对贫困地区投入和再投入规模的某种保证；又如，政府还可以通过优惠的税率，动员社会资金，吸引它们投入贫困地区的开发，以补充这些地区内部投入和再投入之不足；在国家、地方、企业、社会各界广泛集资的基础上，还可以建立某一地区的开发基金，按照内部投入和再投入的实际状况而适当运用。

下面，我们需要着重研究的是，在贫困地区经济发展的过程中，如何才能通过资金的合理投向来促进经济发展与环境的协调？如果客观上已经存在着资金投入结构的不当，从而存在着资金部门结构的失调的话，那么，从协调经济发展与环境的角度来看，转换经济运行机制在这些方面究竟能够起多大作用？

应当承认，传统经济运行机制不可能解决这些方面的问题，其理由已经在前面做了说明。关键在于：在传统经济运行机制之下，既然难以形成贫困地区的内部投入和再投入机制，又难以通过资金存量的调整来改变资金部门结构不合理的现状，因此，传统经济运行机制在解决贫困地区的经济发展与环境协调方面的局限性就是不言自明的。那么，在新的社会主义经济运行机制之下，能否解决这些问题呢？这是一个比较复杂的问题，需要较深入地探讨。

从理论上说，即使建立了新的经济运行机制，并不意味着市场信息必定是充分的，也不意味着资金投入的主体必定得到足够的、及时的信息，它们得到的信息中也许有不少是不正确的信息，从而它们不得不在有限的信息甚至错误信息的指引下进行资源投入的决策，其结果将使社会的资源配置不符合经济发展与环境协调的要求。加之，由于资源供给不足，资金投入的主体不可能以经济发展与环境的协调作为自己的经济行为的约束，而很可能以加紧开采自然资源来应付短缺资源的供给不足。这就进一步加剧了经济发展与环境协调的困难。

由此可以认识到，新的社会主义经济运行机制的建立并不能自然而然地解决贫困地区的经济发展与环境之间的协调问题。同传统的经济运行机制之下的情形相比，在新的经济运行机制之下，内部投入和再投入肯定要大大增多，但这些内部资金究竟投入什么地区，投入什么部门，特别是它们能否投入环境保护领域或究竟有多少数额投入环境保护领域，并非仅仅取决于经济运行机制的转换。但无论如何，有两点是值得指出的：

第一，在新经济运行机制之下要比传统经济运行机制之下有较多的内部投入和再投入，这样，即使新机制的建立不等于贫困地区经济发展与环境间可以自行趋于协调，也毕竟为推动这种协调准备了财力方面的前提。

第二，在传统经济运行机制之下，由于企业没有摆脱对行政机构的依附地位，不能自主经营和自负盈亏，因此，即使政府采取了旨在协调经济发展与环境调节的措施，企业也可能对此无动于衷，从而使这些调节措施不能取得很好的效果。而在新的经济运行机制之下，企业作为独立的商品生产者，会从自身的利益出发考虑政府采取的措施对自己的影响，趋利避害，使自己的行为符合政府调节的意图。

因此，我们可以得出这样的结论：尽管经济运行机制转换本身并不等于资金的投入方向趋于合理，不等于环境保护领域的投资由此增多，不等于经济发展与环境之间日益协调，但由于前面提到的这两点（新经济运行机制之下有较多的内部投入和再投入，以及企业将会根据自己的利益而按政府的调节意图改变经济行为），经济发展与环境协调的可能性要比在传统经济运行机制之下大得多。这就从资金投入方面或资金投入结构方面说明了环境保护、贫困地区发展、经济运行机制转换三者是紧密地联系在一起的。

六、贫困地区的资源利用效率

地区资金投入的第三个问题是资金利用效率。在资金投入数量和资金投入方向或结构为既定的条件下，资金利用效率的高低便成为决定地区经济发展和居民收入水平提高程度的最重要因素。此外，资金利用效率的高低还直接关系到生态破坏程度，关系到环境保护部门的发展状况，关系到经济发展与环境的协调程度。

资金利用效率与资源利用效率是同一个概念。经济发展中所投入的经济资源，如果以货币形式来表现的话，都可以折算为资金。因此，资金利用效率的高低也就是资源利用效率的高低。资源利用效率也被称为资源的有效利用程度。资源有效利用是指：（1）各种资源都得到充分利用而没有闲置、浪费；（2）各资源的组合是有效率的，即能在其他条件不变的情况下产生尽可能高的效率；（3）资源利用的结果，即资源组合所提供的产品和劳务，是社会所需要的，它们成为有效供给。简言之，资源有效利用包括资源充分利用、资源组合有效率、资源组合的成果为社会所需要三个内容。只有从这三个方面进行综合分析，才能判断资源是否得到了有效利用，以及在多大程度上得到了有效利用。

在传统经济运行机制之下，资源的有效利用受到严重的限制。市场不完善和企业缺乏活力，不可避免地造成资源的低效率利用，无效供给难以依靠经济内在的力量来加以制止。这时，只有依赖政府采取非经济的手段来干预经济。但经济运行机制不转换，即使政府以非经济的手段来暂时缓和因资源利用效率低下而造成的矛盾，问题也只会越积越多。当问题积累到一定程度以后，资源供求之间的矛盾便充分暴露出来。经济的混乱迫使企业不得不为了自身的利益（甚至是为了本单位职工的利益），通过地下交易活动而谋求出路。对个别企业来说，资源利用效率也许有所提高，但对全社会而言，资源利用效率仍然是低下的，甚至还会因地下交易活动而变得更差。这是因为地下市场可能使一些企业为了进行有利于自己的交易而付出昂贵得多的代价，还可能使资源配置的方向进一步扭偏。

建立新的经济运行机制之后，企业有了自主性和机动性，由于企业的资源利用效率高低直接同自身的利益有关，提高资源利用效率便成为企业最关心的目标。而市场的逐渐完善与政府采取的宏观经济调节措施，不仅为社会的资源投向和资源组合趋于合理创造了条件，而且为资源利用效率的普遍提高提供了良好的环境。因此，从提高资源利用效率这一角度来说，及早使社会主义经济运行机制转轨，也是非常必要和迫切的。

七、重要的是及早摆脱“低收入—生态破坏—低收入”循环

以上从资金投入的来源、资金投入的方向、资金利用效率三方面探讨了两种不同的经济运行机制下的贫困地区开发问题以及经济发展与环境的协调问题。实际上，资金投入的这三个方面是紧密地联系在一起的，而且，这三个方面中，具有关键性意义的是如何及早建立贫困地区的内部积累机制，这是加速贫困地区经济协调发展的首要条件。只要贫困地区形成了内部积累机制，不断地有资金投入和再投入本地的经济之中，其他一切问题就比较容易处理了。换言之，如果一个贫困地区的经济始终像一个“漏斗”，蓄不住水，那也就谈不上如何利用这些水，如何分配水资源了。

在贫困地区经济协调发展过程中，资源的有效利用正是以本地区内部积累机制的形成为前提的。贫困地区的居民为什么不珍惜自己的资源而过度采伐，原因之一就在于他们要发展本地区经济和提高居民收入水平，除了尽量消耗本地资源之外，没有其他的途径。只有在本地区内部形成投入与再投入机制之后，资源才会被珍惜，才会被有节制地利用，也只有在这时，贫困地区才会认真考虑如何提高本地资源的利用效率问题。在贫困地区本地资源同外地资源相结合的问题上，情况同样如此。虽然无论是对本地资源还是对外地资源而言，都要使投入的资源能得到充分利用，都要尽可能实现资源的有效组合，并且都力求使这些资源组合的成果（产品和劳务）得以在市场上实现，但对贫困地区

来说，形成内部积累机制是最为重要的。只有这样，与贫困地区进行经济合作的地区才会对此有持久的热情，两地资源的结合才能持续地进行下去，也才能给贫困地区经济带来实际的好处，否则，即使两地进行了经济合作，这种合作也不可能持久，甚至只是一次性的。

当然，在贫困地区开发过程中，尤其是在协调贫困地区的经济发展与环境之间的关系的过程中，资源有效利用问题仍有其本身的特点。在贫困地区内部积累机制形成之后，仍要时刻注意资源的有效利用，使资源利用效率不断提高。这就是说，不能认为内部积累机制的形成等同于资源的有效利用。如果不注意资源的有效利用，那么即使形成了内部积累机制，积累率却有高有低，如果内部积累率偏低，这对贫困地区的经济发展依然起不了什么作用。因此，贫困地区必须在形成内部积累机制的同时，尽可能提高资源利用效率，以便使来自内部的投入和再投入有更多的产出，从而有更多的剩余。此外，资源有效利用既是一个经济运行机制问题（即经济体制问题），也是一个生产技术问题。在不同的技术条件下，资源有效利用程度必定有所差异。如果经济体制为既定，提高技术水平不仅可以提高资源有效利用程度，增加单位投入的产出，还可以使现有的资源具有更多的用途，甚至发现更多的资源，利用更多的资源。这说明了在贫困地区不断提高生产技术水平的重要性。

在贫困地区形成内部积累机制和提高资源利用效率都同调动企业的积极性、居民（包括职工）的积极性有关。对于内部积累机制的形成来说，重要的是调动企业和居民（包括职工）作为资金供给一方的积极性。例如，调动作为投资者的企业的积极性，有助于企业增加再投入；调动作为储蓄者的居民（包括职工和农民）的积极性，有利于提高储蓄率，并为储蓄转化为投资创造条件。在资源有效利用方面，重要的是调动所有生产要素供给者的积极性，既包括资金供给者的积极性，也包括劳动供给者的积极性，在劳动供给者之中，包括了管理人员、技术人员、工人、农民，等等。不仅如此，需求一方的积极性的调动对于资源有效利用也是不可忽视的。这是因为，要使得资源组合的成果在市场上实现，需求一方的积极性同样重要，否则生产出来的某些商品就会积压、滞销。当然，这并不是说要人为地刺激需求，而是说需求是有某种伸缩性的，如果加以引导，合理的需求仍有扩大的余地。调动需求一方的积极性，实际上是指对需求者进行引导，以适当扩大他们的购买行为，并使贫困地区的供给成为有效供给。在这里，有一个重要的问题需要说明，这就是贫困地区由于人均收入少，市场狭小，对各种工业品的需求也有限。因此，对需求的引导，是既有利于从供给方面提高资源利用效率，又有利于从需求方面提高资源利用效率的。

由于资源有效利用还意味着对资源的保护和对环境的保护，所以在贫困地区开发过程中，不能只注意到资源是否被充分利用（没有闲置的资源）、资源组合是否有效率、资源组合的成果是否为社会所需要，还应注意资源保护和环境保护问题。从较长时期来考察，不保护资源和环境，必定会导致资源的过度开发和资源的破坏。对于贫困地区经济发展来说，这是非常重要的问题。贫困地区的经济究竟能不能最终摆脱“低收入—生态破坏—低收入”的困境，与此有着十分密切的关系。要突破“低收入—生态破坏—低收入”这一恶性循环，关键在于把“生态破坏”变为“生态保护”。只要这一环节发生了根本性的变化，低收入就可以逐步变为中等收入，然后再变为高收入。

不久前，我在河北承德地区丰宁、围场两县考察时，曾针对当地的情况谈道，在发展山区经济的过程中，经常听到这样四个字：“靠山吃山”。这句话的本意并不错，因为山区的经济发展离不开山区资源的优势，如果抛开了山区资源的优势，山区经济的起步确实是困难重重的。但这句话也可能被某些人所误解，即认为既然“有山可吃”，那还怕什么呢？如果那样的话，结果就会“坐吃山空”，直到把山区资源耗竭了，山区资源破坏了，山既“不可靠”，“吃也无处可吃”了。所以，正确的说法应当是“养山吃山”。要使得“山有可吃之处”，必须“养山”。“养山”就是珍惜山区资源，合理开发，并且不断维护山区资源，使山区资源存量日益增多。在发展山区经济时，不“养山”而“吃山”，没有不失败的。河北省承德地区是山区，我的这些话，不仅对山区，实际上对所有的贫困地区都是适用的。只有“养山”才能把“山”视为财源，只有“养水”才能把“水”视为聚宝盆。“养”字大有文章可做。这不单纯是技术性问题，首要的是经济运行机制问题。贫困地区要真正脱贫致富，唯有走经济与环境相互协调发展的道路，变“低收入—破坏生态—低收入”循环为“提高收入—保护生态—提高收入”循环。在转换了经济运行机制之后，从前一循环向后一循环的转变就有了前提，贫困地区经济与环境的协调发展也才有了可能性。这就是我们所得出的结论。

（原载《中国社会科学》1991年第4期）

经济运行机制转换与山区经济的发展

山区经济如何发展？山区经济如何摆脱“低收入—生态破坏—低收入”的困境而转入良性循环？这是一个十分重要的研究课题。在全国各省、市、自治区中，也许只有上海等个别省市不存在发展山区经济问题。但即使如此，这些省市的经济仍同其他省市的山区经济之间有着密切的联系：山区向它们供应原材料、燃料，它们的产品销往山区；此外，它们还向山区提供资金、技术、人才、信息等。因此我们可以认为，发展山区经济实际上同全国每一个省、市、自治区都有关，山区经济转入良性循环的轨道是关系到整个国民经济持续、稳定、协调发展的大事。

然而，就山区经济本身而言，情况却是相当复杂的。自然条件不同、资源状况不同、人口密度不同、地理位置不同等，形成了各种不同类型的山区经济。适用于这一类型山区经济的发展的，不一定适用于另一类型山区经济的发展；适用于某一时期某一山区经济的发展模式，不一定适用于这一山区另一个时期的经济发展。无论从时间上还是从空间上看，都不存在统一的山区经济发展模式。这是我们在研究山区经济发展时不可忽视的。

我很高兴地读了隆生同志主编的《中国山区经济发展模式》一书的书稿。它的特点是从不同类型的山区经济的实例出发，按时间与空间的不同，探讨了带有各地区经济、社会、文化、民族等特色的发展山区经济的道路。该书例子生动，实用性强，关心山区经济发展的各级领导干部、经济学研究人员、企业家以及实际工作部门的同志，都可以从中得到启示。我相信本书的出版将会引起社会各界的注意和兴趣。

近年来，我的研究重点是在社会主义经济运行的分析上。我侧重于从宏观经济的角度，也就是从投资、储蓄、消费、进出口、财政和货币流通等方面来探讨经济增长、经济波动的原因和过程。研究中不可避免地要涉及内部积累机制和资源有效利用问题。这两个问题都和山区经济的发展模式联系在一起。因此，在本书的主编者请我撰写序言时，我愿借这个机会谈谈自己关于山区内部积累机制和资源有效利用的一些想法。

山区经济发展与内部积累机制的形成

在社会主义经济运行的研究中，对社会总供给的分析与对社会总需求的分析是同等重要的。只偏重社会总需求分析而忽视社会总供给分析，或者只偏重社会总供给分析而忽视社会总需求分析，都不可能得出完整的结论。进行总量分析时，需求分析与供给分析应当并重，而在结论分析时，这一点可能更加重要。道理是清楚的：在一个封闭的或基本上封闭的经济体系中，从结构上说，部门与部门之间、地区与地区之间存在着投入产出关系，这一部门或这一地区的供给，必定是另外一些部门或另外一些地区的需求；反过来也一样，另外一些部门或另外一些地区的供给，必然成为这一部门或这一地区的需求。部门结构或地区结构的调整，实际上意味着供给结构和需求结构的调整。

在探讨不同类型的山区经济发展道路时，我们会发现，山区经济的发展将引起山区的供给增长和需要增长，而不同的山区在供给和需求增长幅度上的不一致，又是地区经济发展过程，同时也就是原来的人力、物力、财力的空间分布的调整过程。令我们感兴趣的是：为什么有的山区经济增长得快一些，人民收入水平提高的程度大一些；而另一些山区的经济增长却相对慢得多，人民收入水平提高的程度也相对小得多？各地区经济发展的这种不平衡性，究竟主要是由于地理位置、自然条件、人口密度、资源状况的影响呢，还是由于经济运行机制方面的因素在这里起着决定性的作用？制约着地区经济结构调整速度与方向的基本因素是在经济机制方面，还是在资源蕴藏方面？不能否认，在山区经济研究中存在着一种悲观的论调，这就是过分突出资源蕴藏的作用，而忽略了经济机制的作用。

本书无疑是不同意这种悲观论调的。书中列举的许多实例都表明，只要山区各级干部和广大群众积极出主意、想办法，埋头苦干，尽管客观条件不好，仍然可以闯出一条脱贫致富的道路，悲观论调是没有根据的。这就是“事在人为”。我同意本书的这些分析。我想就“事在人为”展开一些论述。

在党的十一届三中全会以前的漫长时间内，不少山区的干部和群众也曾时刻关心本地经济的发展和收入水平的提高。能说他们没有动脑筋、想办法么？不能。能说他们不辛苦、不努力么？也不能。能说当时的资源条件就一定比现在差么？同样不能。但是，为什么那时的努力并没有取得应有的成果，甚至某些山区反而变得越来越贫困呢？人们通常得出一个结论：政策变了，党的十一届三中全会以来的政策好，所以才有丰硕的果实。这个结论当然是对的。但从经济运行的角度来考察，我们对问题的分析不能停留在对某一项政策简单的肯定或否定之上。

经济运行机制客观地存在着。在既定的经济运行机制的条件下，公布一项重要的经济政策并有效地推行它，就会对既定的经济运行条件和运行过程发生这样的或那样的影响，从而产生经济和社会效应。政策的作用正是这样发挥出来的。换句话说，一项经济政策，不管是促进山区经济发展的，还是阻碍山区经济发展的，总是先通过它对既定的经济运行机制的影响，在一定程度上改变了运行条件和运行过程，然后影响需求与供给、投入与产出，使山区经济和收入水平发生某种变化。因此，“事在人为”在这里应做如下的解释：第一，政策是人们制定的，并由人们推行的；如果人们制定的政策适应于生产力发展的要求，并且努力使政策得以落实，那才能“有所作为”。第二，在一定的经济运行过程中，人们既作为供给者，又作为需求者，起着自己的作用，但是，如果既定的经济机制不利于山区的供给与需求的增长，而所制定与推行的政策又不能改变经济运行条件和运行过程，那么作为供给者和需求者的人们无论怎样努力，山区的经济仍然是“不可为的”。

我们由此可以认识到，在促进山区经济发展和推动地区经济结构调整中，在深层次上起作用的，是经济运行机制，而不是政策，或者说不仅仅是政策。不妨举一个常见的例子来加以说明。比如说，某一山区是相当贫困的，为了促使该山区早日摆脱贫困状态，政府制定了优惠政策，包括减免税收，给予财政补贴，发放无息或低息贷款，等等。不是说这些优惠政策不起作用，但如果经济运行机制仍然同过去一样地不利于山区经济的发展，这些优惠政策的作用将是有限的。人们常说，对于贫困地区来说，更重要的是使它们有“造血”的机制，光靠“输血”，甚至是长期“输血”，也无法使它们脱贫致富。这个比喻很能说明问题。

由此还可以进一步探讨，究竟什么样的经济运行机制比较有利于山区经济的发展、山区人民收入水平的提高和地区经济结构的合理化。假定这个问题明确了，那么政策的导向也就可以确定下来，即我们究竟需要什么样的山区经济政策，怎样使这些政策在山区经济发展和地区经济结构调整中发挥其应有的作用。

从本书列举的这么多实例来看，凡是山区经济发展程度较快、人民收入水平提高较多，以及山区经济结构较为合理的，都与内部积累的增长（或内部再投入的增长）有关。我们几乎看不到一个单纯依靠外部投入（也就是所谓“输血”）而能迅速发展起来的山区经济的例证。贫困地区既可能是一个漏斗，也可能是一个蓄水塘。外部投入好比向这里注水。如果贫困地区是漏斗，那么注入的水再多，迟早也要流完，结果，贫困地区依然是贫困地区。如果贫困地区是一个蓄水塘，外部注入的水不会流失，而会蓄积在塘里，于是在塘里养鱼，鱼就会繁殖，那里的经济面貌就会发生变化。哪怕外部的投入只是一次性的，但却是启动性的，这个水塘也就活起来了。所以说，要发展山区经济，首要的问题是不让山区成为漏斗，不让外部投入流失。

但这还不等于形成山区的内部积累机制。山区内部积累的来源无非是企业的积累和居民的积累。当然，由于山区本来就处于贫困状态，企业少，企业小，而且即使企业有积累，积累也不会多；同时，山区居民的收入少，他们或者没有积累，或者只有很少量的积累。这是一个现实问题。然而我们在这里要探讨的是，不管企业和居民的积累多么少，关键是要吸引他们再投入，于是就需要形成一种能够吸引来自山区内部再投入的机制，即内部积累机制。形成这样的机制虽然困难很多，但仍然是有路可循的。从经济运行的角度来考察，以下四条途径缺一不可。

第一，要让投入和再投入有利可得。这就是说，要形成促进投入和再投入的利益机制。这里所说的利益大小是就相对利益而言的，投入和再投入必定趋向于相对利益较高的领域，于是就涉及价格问题。假定价格比例不合理，山区提供的资源价格偏低，或者山区产品的生产成本和交易成本（运输成本是包括在交易成本之中的）偏高，那就很难对山区内部的投人和再投入有吸引力。从这里可以得到一个重要的启示：如果宏观经济决策部门决心帮助山区脱贫致富的话，那么与其用“输血”的方式来帮助山区，不如着手解决资源价格偏低，以及生产成本和交易成本偏高的问题，这才真正有助于山区形成有效的内部积累机制。

第二，要防止不合理的消费支出侵蚀本来可以用于投入和再投入的内部积累。这一点实际上同上面所谈的处于同样重要的位置。要知道，即使资源价格上升了，生产成本和交易成本降低了，价格与成本之间有了一定的正值的差额，但如果这个差额被不合理的消费支出侵蚀了，那么内部再投入依旧会落空。这里所说的不合理消费，主要是指同民间的陈规陋习有关的各种非生活必需的消费支出，也包括某些与现有生产力水平和居民收入水平不相适应的消费支出。

第三，要尽可能地创造山区本地资源与外地资源的有效结合方式，并通过这种结合来提供较多的内部积累。这里所说的资源包括人力、物力、财力资源。如上所述，完全依赖于外部资源（尤其是外部的财力资源）流入，既无助于山区自身内部投入与再投入机制的形成，而且也缺乏现实性。但从山区的具体条件出发，如果完全没有外部资源的流入，山区经济活动有时会遇到很大困难。因此，重要的问题在于山区本地资源同外地资源的不同形式、不同程度的结合。对宏观经济决策部门来说，首先应当为这种结合创造条件，提供方便。从本书提到的若干实例可以了解到，山区本地资源同外地资源结合的好坏，是关系到山区经济能否产生较多的内部积累，能否加速山区收入水平上升的重要条件。

第四，要建立保证山区内部积累不断增长的一套规章制度，而不应在这个问题上放任自流。为什么有必要单独把这个问题提出来？这是因为，内部投入和再投入的主动权在形成了内部积累的企业和有了储蓄的居民手中，而不在政府手中。假定企业和居民不愿意把手中的货币投入山区经济的发展事业，或者，这种投入是很不稳定的，时多时少，时有时无，那么对山区经济发展的投入和再投入仍然缺乏保证。因此，就需要建立一套保证山区内部投入和再投入的规章制度。例如，各级财政部门可以根据具体情况，规定一定比例的山区建设资金，作为对山区投入和再投入规模的某种保证；又如，动员社会资金，吸引它们投入山区资源的开发，以补充山区内部投入和再投入之不足；再如，在国家、地方、企业、社会各界广泛集资的基础上建立某一山区的开发基金管理机构，它拥有一定数额的开发基金，按照山区内部投入和再投入的实际状况而适当动用，等等。这样，就可以减少山区内部投入和再投入的不稳定程度。

一旦山区形成了内部积累机制，并能保证内部投入和再投入的顺利进行，山区的供给和需求都会随之不断增长，山区经济也就能转入良性循环的轨道。为此针对山区经济而制定的各项经济政策，都应当有利于山区内部积累机制的形成。也就是说，越是有利于山区内部积累机制形成的经济政策，对山区经济发展的积极作用就越大。从经济上说，是否有利于山区内部积累机制的形成，在多大程度上有利于山区内部积累机制的形成，是评价有关山区的经济政策的首要标准。

资源有效利用对山区经济的意义

以上是从山区内部积累机制形成的角度对山区经济发展途径的分析。内部积累机制形成是加速山区经济发展的必要条件，但还不是唯一重要的条件。在这里，还应当对资源有效利用问题进行分析。资源有效利用与内部积累机制形成既有联系，又有区别。

资源有效利用的含义是：各种资源都得到充分利用而没有闲置、浪费；各种资源的组合是有效率的，能在其他条件不变的情况下产生尽可能高的效率；资源利用的结果，即资源组合所提供的产品和劳务，是社会所需要的，它们能成为有效供给。简言之，资源有效利用包括三方面的内容，即资源充分利用、资源组合有效率、资源组合的成果为社会所需要。只有从这三个方面综合分析，才能判断资源是否得到了有效利用，以及在多大程度上得到了有效利用。

在山区经济发展过程中，资源有效利用问题与山区内部积累机制形成问题有着密切的联系。从前面所分析过的山区内部积累机制形成的两个条件来看，它们都同资源有效利用有关。一是要使山区内部的投入和再投入有利可得，为此，除了要解决山区资源价格偏低问题以外，还必须降低生产成本和交易成本。而资源越能得到有效利用，生产成本和交易成本就越有可能下降。二是要为山区本地资源同外地资源的结合创造有利的条件，为此，无论是对山区本地资源还是对外地资源而言，不仅要使这些资源得到充分利用，要使资源的组合有效率，而且要使这些资源组合的成果（产品和劳务）在市场上得以实现，只有这样，山区本地资源与外地资源的结合才能持续进行下去，才能给山区经济带来实际的好处。

另一方面，资源有效利用问题有其本身的特点，它同山区内部积累机制形成问题还是有区别的。可以分以下三点来帮助认识这种区别：

第一，资源有效利用是一个经常性的问题，而且有效利用程度是不断提高的。在内部积累机制形成后，仍然要时刻注意资源的有效利用。这就是说，不能认为内部积累机制的形成等同于资源有效利用问题自然而然地得到解决。如果不注意资源的有效利用，那么即使形成了内部积累机制，很可能积累率很低，对山区经济的发展实际上起不了什么作用。

第二，内部积累机制的形成主要是一个体制问题，资源有效利用既是体制问题，同时也是技术问题，即在不同技术条件下资源有效利用程度必定有所差异；如果体制为既定，提高技术水平就可以提高资源有效利用程度，这说明了在贫困地区（包括山区）提高技术水平的重要意义。

第三，形成内部积累机制和资源有效利用都同调动人的积极性有关。对于内部积累机制的形成来说，重要的是调动资金供给一方的积极性，例如，调动作为投资者的企业的积极性和调动作为储蓄者的居民的积极性；而对于资源有效利用来说，重要的是调动所有生产要素供给者的积极性，既包括资金供给者的积极性，也包括劳动供给者的积极性，在劳动供给者之中，包括了管理人员、技术人员、工人、农民，等等。不仅如此，需求一方的积极性的调动对于资源有效利用也是不可忽视的。这是因为，要使得资源组合的成果在市场上实现，需求一方的积极性同样重要，否则生产出来的某些商品就会积压、滞销。当然，这并不是说要人为地刺激需求，而是说需求是有某种伸缩性的，如果加以引导，合理的需求仍有扩大的余地。调动需求一方的积极性，实际上是指对需求者进行引导，以适当扩大他们的购买行为，使山区的供给成为有效供给。

除了以上所述，在资源有效利用方面还存在着另一个特殊的问题，需要单独提出来进行讨论。这就是说：资源有效利用还意味着对资源的保护和对环境的保护。如果只注意到资源的充分利用（没有闲置的资源）、资源组合有效率、资源组合的成果为社会所需要，而忽视了资源保护、环境保护，那么从较长时期来考察，这不仅不是对资源的有效利用，而且必定会导致资源的过度开发和资源的破坏。对于山区经济发展来说，这是非常重要的问题。山区经济究竟能不能最终摆脱“低收入—生态破坏—低收入”的困境，与此有着十分密切的关系。

在发展山区经济的过程中，经常听到这样四个字：“靠山吃山。”这句话的本意并不错，因为山区经济的发展离不开山区资源的优势，如果抛开了山区资源的优势，山区经济的起步必定是困难重重的。但这句话也可能被某些人所误解，即认为：既然“有山可吃”，那还怕什么呢？结果就会“坐吃山空”，把山区资源耗竭了，山区资源破坏了，山既“不可靠”，“吃”也无处可吃了。因此，正确的说法应当是“靠山吃山，养山吃山”。要使得“山有可吃之处”，必须“养山”。“养山”就是珍惜山区资源，合理开发，并且不断维护山区资源，使山区资源存量日益增多。在发展山区经济时，不“养山”而“吃山”，没有不失败的。

从长远利益来看，“养山之道”是最为重要的。至于怎样“养山”，这里面大有文章可做。我要再一次请读者认真阅读本书所举的各个实例，从这些实例中悟出个“养山吃山”的道理来。总之，通过集体的努力，山区内部积累机制形成了，资源得到了有效利用，特别是“养山之道”被大家真正地弄懂了，并且能根据每个山区的实际情况找到“养山吃山”的办法，那么山区的致富也就指日可待了。

（为陆生同志主编《中国山区经济发展模式》一书写的序言，该书由中国计划出版社1991年出版）

企业文化与企业凝聚力

效率对企业的重要性几乎不需要再加以论证了。现在的问题归结为：一个企业，究竟怎样才能使自己有效率？怎样才能使自己的效率不断增长？特别有意义的是，一个企业，究竟怎样才能使自己拥有效率增长之源泉？我想，近年来哈维·莱宾斯坦关于X效率的研究是可供借鉴的（参见《微观经济学与X效率理论》一文，载于贝尔与克里斯托尔编《经济理论的危机》，上海译文出版社1985年版）。莱宾斯坦的这项研究，通常被称为"微观之微观"的研究。这是因为，一般的微观经济学只是研究到企业的投入和产出、企业生产要素的组合，以及企业的投入产出比率及其变动为止，而莱宾斯坦提出的X效率理论则是进入较深的层次进行分析，即不是单纯研究企业的效率，而是研究企业成员（每个职工）的效率，研究企业成员的效率同企业效率之间的关系。对效率增长或效率下降的这种深层次的研究，有助于揭开企业效率之谜。这种研究显示出当前企业管理研究的一种新的动向。

可以对莱宾斯坦的X效率理论做一简要的概述。他认为，企业只不过是经济中的一个“分子状单位”，企业的成员则是经济中的“原子状单位”。因此，企业无非是一种“集合体”，这个“集合体”的每一个成员的行为影响着整个“集合体”的行为。如果企业成员工作不努力，没有积极性，他们的个人目标同企业的目标不协调，那么很难设想企业会有高效率。

莱宾斯坦进一步分析道：企业的投入与产出之间并不存在单一的关系，也就是说，不能认为在一定的技术条件下，企业有什么样的投入就必然会有什么样的产出，理论上的投入产出比率同实际的投入产出比率是有出入的。在通常情况下，实际的投入产出比率低于理论的投入产出比率，这就是低效率的表现。那么，这种低效率究竟是怎样产生的呢？莱宾斯坦用未知数X来表示它，这种低效率就被称为X低效率。X低效率产生于企业成员的工作努力程度低下、惰性因素的作用、缺乏积极性、企业成员彼此之间的不适应和摩擦、企业成员的个人目标同企业目标的不协调等非经济因素。换言之，X低效率是由非经济因素造成的，正是由于上述种种非经济因素的作用，使得企业的资源投入无法产生应有的效果，从而形成实际的投入产出比率同理论的投入产出比率之间的差距。当然，在不同的企业中，X低效率的大小是不一样的。企业本身是否注意到X低效率的存在，是否采取措施来激发企业成员的工作努力程度，提高后者的积极性，并且促使企业成员的个人目标同企业目标协调，就是导致企业X低效率之间存在差异的重要因素。

从莱宾斯坦的分析中，可以得到不少启发。不管我们是否同意他的分析方法，是否采用他所倡导的X效率或X低效率这样的术语，有一点是可以肯定的，即职工的工作努力程度等对于企业的效率的有力影响不容忽视。效率实际上反映了人与物之间的关系，也就是劳动者与生产资料之间的关系，生产资料的状况和平均每个劳动者所使用的生活资料数量的多少，基本上反映了一个企业的技术水平。但是，在一定的技术水平的条件下，人的因素被摆到了显著的位置，企业的效率取决于人的因素所发挥的作用。在人的因素中，劳动者的工作时间、个人已达到的文化技术等级、每个劳动者在工作岗位上的责任的明确程度、各个不同的劳动者或各个不同的工作岗位之间工作的联系状况，基本上是已知的。然而，在人的因素中，的确还有许多未知的内容。例如，惰性对劳动者的影响，从而对劳动者的积极性、创造性的阻碍程度，就是未知的。又如，企业成员的个人目标及其与企业目标之间的不协调程度，同样是一个未知数。这些未知的因素也许正是导致实际的投入产出比率同理论的投入产出比率之间差异大小的关键所在。因此，要重视企业效率问题，就必须重视上述未知因素对企业效率的作用。关于企业文化的研究与建设的重要性，可以从不同的角度来认识。以上所讨论的这些，为认识企业文化重要性问题提供了又一个角度。

为了提高企业效率，在发挥人的因素的过程中，应当善于处理企业成员个人目标与企业目标的协调问题。企业文化的建设无疑有助于促进这两种目标的协调。一个重视企业文化建设并在企业文化建设中取得较大成绩的企业，将会有如下的新发现，这就是：企业成员的目标不仅可以同企业目标相接近，而且企业成员的目标也是可变的、可调整的。这并不意味着一定要抹杀企业成员目标的存在，或把企业成员目标统一到企业目标之内，而是意味着在企业成员目标可变和可以加以分解的基础上，使企业成员目标中的某些子目标同企业目标趋于一致，同时保留企业成员目标中的另一些子目标的独立性，它们可以同企业目标并存。一个企业的企业文化建设越有成效，企业成员目标中同企业目标接近和协调的子目标就越多，这些子目标在企业成员的目标中所占的比重也就越大。还可以这么说，由于企业成员目标是可变的、可以调整的或可以引导的，所以企业文化建设的过程同时也是企业成员调整自己的目标的过程，包括调整自己的子目标的顺序的过程以及使自己的某些子目标同企业目标由不协调到协调，由疏远到趋于接近的过程。

通过企业文化建设，在企业成员目标与企业目标之间的协调问题逐步得到解决之后，企业成员的工作动力问题也就有可能得到较好的解决。这样，随着企业成员工作动力问题的较好解决，他们努力程度的提高、积极性的发挥、惰性因素影响的减少等结果就成为意料中的事情，企业的效率的提高也就成为不言自明的事情。在我国企业文化建设过程中是不乏这方面的典型例证的。

但我们对企业效率以及与此有关的人的作用发挥问题的考察，不能以此为限。我们有必要从更深的层次上来考察这个问题。在《教育经济学》一书中，我曾经这样写道："社会主义社会中的劳动者之所以不同于以往任何社会中的劳动者，很重要的一点是他们能够得到全面的、综合的发展，能够发挥自己更大的创造力，充分发展自己的潜在的能力，以及对自身的历史使命的认识不断地提高。”要充分提高社会主义企业的效率，必须使得每一个劳动者对自己在社会主义社会中的地位和历史使命有足够的认识，使他们对自己在企业中的地位和责任有足够的认识。莱宾斯坦在他的有关X效率的研究中没有提到这样的高度，也不可能提到这样的高度来进行分析。应当承认，这只能是社会主义企业文化与企业效率研究的一个特色。

正是从这个角度来看，管益忻、郭廷建所著《企业文化概论》（人民出版社1991年版）一书第三篇关于企业精神和企业价值观的论述是很有意义的。作者在这里提出了“中国社会主义时期的企业精神探索”的任务，并就“社会主义企业精神构塑”问题做了较充分的阐发。这些论述确有独到之处。现在我们在报刊上经常看到“凝聚力”这样的用语。要知道，凝聚力至少可以分为两个类型，一类是团体的凝聚力，另一类是社会的凝聚力。企业的凝聚力是团体的凝聚力的一种，相对于社会的凝聚力，它的形成要容易些。社会主义企业文化的建设可以促进社会主义企业的凝聚力的形成，并由于有了企业的凝聚力，企业的效率也就能不断提高。关于这一点，人们是不会产生疑问的。但真正需要深入探讨的问题在于：企业的凝聚力同社会的凝聚力之间究竟是什么样的关系？怎样正确处理这两类凝聚力之间的关系？

在资本主义私有制的基础上，在生产无政府状态和私营企业激烈竞争的环境中，企业的凝聚力与社会的凝聚力往往是对立的。这是因为，各个在利益方面有明显冲突的企业彼此不能兼容，一个企业越是具有企业的凝聚力，那么它就越难以统一到社会协调的模式之内。如果社会上有相当一部分的企业是这样，社会的凝聚力就不容易形成。不仅如此，由于资本主义私有制条件下社会存在着广泛的劳资对立，因此，即使在某个企业内部存在着一定程度的凝聚力，但就全社会而言，社会的凝聚力却不得不因劳资对立的广泛性而受到严重的损害。也许只有在发生对外战争而面临民族生存危机的时刻才能形成一种社会凝聚力，而在一般情况下，企业的凝聚力与社会的凝聚力依然是格格不入的。在研究企业文化以及与此有关的企业凝聚力时，必须注意到社会经济制度在这方面的作用。

在社会主义公有制的社会中，公有制企业的凝聚力与社会凝聚力之间所存在的则是另一种关系。企业文化建设的成就无疑有助于企业凝聚力的加强。但由于企业建立在公有制的基础上，因此，尽管在社会主义商品经济运行过程中各个企业之间有着竞争的关系，并且每个企业在自主经营、自负盈亏的条件下都为自身的利益而不断调整生产和经营方向，但这并不妨碍这些公有制企业之间根本一致的利益的存在。即使客观上总有一些诸如企业生产收缩、企业倒闭甚至企业兼并的事例，但只要把这一切看成是生产要素在公有制基础上的重新调整和组合，只要生产要素的调整和组合能给国民经济带来实际的好处，那么某些企业生产的收缩、倒闭或被兼并仍然是符合社会主义社会中生产力发展的要求的，从而仍然不至于损害公有制企业在根本利益上的一致。

进一步分析可以发现：社会主义企业的凝聚力的增强是有助于企业效率的提高的，而企业效率提高的结果之一则是社会主义国民财富的增加、社会主义国家国力的加强。社会凝聚力的增加虽然并不单纯地依赖国民财富的增加，但不可否认的是，国民财富的增加与社会的经济繁荣和文化、教育、科学事业的发展紧密地联系在一起，而一个经济繁荣、文化教育科学事业发展的社会将更有条件来促进社会凝聚力的加强。虽然，这样一种因果关系需要有一些前提，如社会并未分裂为利益对立的集团，存在着一个代表着全体人民利益的政府，后者能运用所增加的国民财富来增进社会的凝聚力。可见，社会主义社会中企业凝聚力的加强之所以有助于促进社会凝聚力的加强，正由于在社会主义社会中存在着上述这些前提条件。在把资本主义社会中企业凝聚力与社会凝聚力之间的关系同社会主义社会中企业凝聚力与社会凝聚力之间的关系进行比较时，不应当忽略上面提到的这些前提及其作用。

接着，我们还会遇到一个问题：即使在社会主义社会中，企业凝聚力的加强会不会自然而然地导致社会凝聚力的加强呢？或者说，能不能简单地断言，企业凝聚力的加强是不是必定意味着社会凝聚力的加强？对这个问题还需要进行一些分析。要知道，企业凝聚力同社会凝聚力毕竟是两种不同类型的凝聚力。社会主义社会并未分裂为利益对立的集团以及社会主义国家的政府能够运用所增加的国民财富来发展经济和文化教育科学事业以增强社会的凝聚力，这些都还只是促成企业凝聚力与社会凝聚力相统一的条件，但企业凝聚力究竟能否同社会凝聚力统一起来，或者说，企业凝聚力的加强究竟能否促进社会凝聚力的加强，同作为促进企业凝聚力的重要因素的企业文化建设的内容有着不可分离的关系。假定社会主义社会中所建设的企业文化不仅强调企业自身的目标，而且同样强调社会的目标，不仅注意于企业精神的探索，而且同样注意于社会的精神文明的建设，那么企业文化建设的成就既表现于企业凝聚力的加强，也将表现于社会凝聚力的加强。反之，如果单纯注重企业自身利益的追求而忽略了企业文化建设的社会功能和社会价值，那么这样的企业文化建设即使有可能在某种程度上产生企业的凝聚力，却无法使企业的凝聚力同社会的凝聚力协调，更无法使企业凝聚力的加强带来社会凝聚力加强的结果。

从这里可以清楚地看到企业文化建设的核心应当是企业文化的内容的确定。《企业文化概论》第七章对企业文化内容的论述是相当详细的。它包括了企业哲学、企业目标、企业民主、企业道德、企业制度、团体意识等方面。所有这些论述实际上都贯彻了这样一个思想，即对传统企业管理思想的批评和对新的企业管理思想的肯定。大家知道，传统企业管理的致命弱点在于：只注意经济侧面而忽略非经济因素，只注重产值和利润而忽略人的价值实现。在这种传统企业管理思想的指导下，企业的凝聚力实际上是很难形成的，而且即使能够在某种程度上形成了企业的凝聚力（例如依靠单纯的经济刺激来形成某种程度的企业凝聚力），但这与社会主义社会应当具有的社会凝聚力却难以兼容。这就是传统企业管理思想必须被新的企业管理思想所取代的原因。

（原载《读书》杂志1991年第8期）

企业发展环境与企业家的素质

当前，如何增强国营大中型企业活力，如何提高企业经济效益，以及如何克服企业短期行为，已成为实业界、学术界的热门话题。企业同人一样，都是有生命的实体，要求生存，要求发展，要求适应各种不同的生活环境。以一个人来说，他除了要能在正常条件下生存和发展以外，还要有在非正常条件下生存和发展的能力，否则，这个人的生命就是脆弱的、经不起挫折或打击的。企业不也是如此么？如果一个企业只能在正常的条件下展开自己的经济活动，而一旦处于非正常的条件下，它就失去了生存和发展的可能性，那么这样的企业也未免过于弱不禁风了。通常所说的适应能力，显然不是指适应正常条件的能力，而指的是适应非正常条件的能力。对人如此，对企业也如此。也就是说，无论是一个人还是一个企业，都要具有适应非正常条件的能力，在非正常条件下都能够继续生存、继续发展。判断一个人或一个企业是否有足够旺盛的生命力，标志之一就是要看他们能否在非正常的条件下生存和发展。

这里只讨论企业的情况，尤其是中国企业的情况。要知道，在现阶段的我国，企业所处的条件在相当大的程度上是非正常的。对企业来说，正常的生存和发展条件不是说绝对没有，但至少可以认为，那是一种例外，或者只是暂时的现象。特别是从最近几年的经济形势来看，这一点几乎是用不着怀疑的。比如说，适宜于企业生存和发展的一个正常条件是维持正常的商业信用，然而，在现实经济中，商业信用却遭到破坏，企业收不到销货款，企业之间彼此拖欠货款，形成了三角债、连环债，致使企业流动资金被大量占用。又如，在正常条件下，企业的竞争应当是一种公平的竞争、机会均等条件下的竞争，然而在现实经济中，并不存在这种客观环境，当某些企业有可能按计划价格得到生产资料供应时，另一些企业却不得不按市场价格购买同样的生产资料；当某些企业的产品必须按计划价格销售时，另一些企业却有可能按市场价格销售全部或一部分产品；当某些企业按这样一种税率纳税时，另一些企业却要按另一种税率纳税……如此等等，必然使得大多数企业的经济活动是在非正常条件下进行的。再如，对企业来说，正常的条件应当是企业有权根据生产任务和盈利状况调整职工人数，企业有权自行控制工资成本，然而在现实生活中，工资、奖金都是刚性的，它们只升不降，企业的就业也呈刚性状态，冗员再多，也不能不安插在企业各个部门之中。这样，企业既无法自行控制工资成本，又无法使全员劳动生产率增长。类似的例子还可以举出很多，这可以充分说明现阶段我国的企业是在非正常的条件下生产和经营的。

但是，值得我们注意的是，尽管大多数企业都处于非正常的条件之下，为什么有些企业却能继续盈利呢？为什么有些企业仍在继续发展与壮大呢？假定说这样的企业只占到企业总数的几分之一，即使如此，同样使我们感兴趣的是：为什么其余的企业无法在非正常条件下发展与壮大，而这些企业（哪怕它们只占企业总数的几分之一）却有如此顽强的适应非正常条件的能力呢？这正是研究现阶段中国企业发展的人们不可忽略的一个问题。当然，这里需要把国家给予这些企业的特殊照顾和优惠撇开不谈，而应当从企业的内部来寻找它们产生适应非正常条件的能力。这样的研究才有指导意义。

对这个问题，还可以做进一步的分析。如果说非正常条件是一个常态，那么什么是“超非正常条件”呢？举例来说，如果所有的企业都面临流动资金紧张、销售不旺的困境，或者，所有的企业都遇到“不能自行定价”的难题和“难以辞退冗员”的烦恼，那么，尽管这些都是企业生产和经营的非正常条件，但由于所有的企业都处于相同的状态之中，它们对此已经习以为常，从而这些非正常条件已经变成常态了。只要是企业，也就多多少少能够适应于这种非正常的条件。于是出现了一个新问题，这就是：在“超非正常条件”之下，企业如何生存与发展？

我们知道，在非均衡理论中，人们正在研究如下的问题：正常性失业与非正常失业的区别何在？正常性通货膨胀与非正常通货膨胀的区别何在？正常性短缺与非正常短缺的区别何在？正常性过剩与非正常过剩的区别何在？……根据非均衡理论，在不可能实现零失业率或零通货膨胀率的均衡的条件下，经济中所存在的将是过剩的均衡或短缺的均衡，也就是正常性失业下的均衡或正常性通货膨胀下的均衡。因此，在非均衡经济中，正常性失业、正常性通货膨胀、正常性短缺或正常性过剩，可以被看成是一种常态，非常态则是超出正常性失业率之外的过度失业，超出正常性通货膨胀率之外的过度通货膨胀，超出正常性短缺界限的过度短缺，以及超出正常性过剩限界的过度过剩。这就是说，在非均衡经济中，失业、通货膨胀、短缺、过剩都可以分为两类，一类是常态的，另一类是非正常的。在非均衡条件下采取的国民经济管理措施，主要是针对超出常态的失业、通货膨胀、短缺、过剩而发挥调节作用。

如果我们用相似的分析方法来看待现阶段我国企业生产和经营的客观条件，那么也可以做这样一种区分。在现实经济中，企业都处于非正常条件之下。但如果这些非正常条件是经常存在的，是各个企业已经习以为常的，那么这就类似于非均衡条件下的常态。所谓“超非正常的”生产和经营条件，那就是指已经超出了一般的、被企业习以为常的非正常条件，而成为企业在生产经营过程中遇到的特殊状况了。比如说，价格双轨制的存在是企业生产经营的非正常条件，但由于企业已经对此有一定的适应能力，习以为常了，所以价格双轨制尽管有不利于企业生产经营的弊端，但只要企业能根据价格双轨制的现实，有比较稳定的价格预期、成本预期、销售预期和盈利预期，那么问题还不至于弄到企业难以应付的地步。然而，一旦价格双轨制同地方保护主义、地区相互封锁结合在一起，市场被分割为一个个孤立的小单元，双轨价格中的计划价格演变为地方保护价格，双轨价格中的议价演变为地区性的歧视价格，那么企业的价格预期、成本预期、销售预期和盈利预期就全都被打乱了。这时的企业生产经营条件成了“超非正常的条件”，企业就很难与此相适应，企业的困难也就变成了按一般的非正常条件下处理问题的方式难以应付的困难。

类似的例子还可以举出很多。已经习惯于在一般的非正常条件下生产和经营的企业，在实践中多多少少养成了适应于一般的非正常条件的能力。例如，企业善于挖掘潜力，善于调动职工的积极性，善于根据外在条件变化而推出新产品，善于协调上下左右各种关系。应当承认，这是这些年来中国企业及其领导人的一种“内功”。“内功”是磨炼出来的。有时候听到人们议论，说什么中国的企业领导人不如外国的企业领导人。这似乎不太公平。也许在管理方法和现代管理技术上，中国的企业领导人中有许多人确实不如他们的外国同行。但单就对于非正常的生产和经营条件的适应能力而言，不少中国企业领导人却肯定胜过他们的外国同行。不相信的话，换一个位置试试看。在中国企业所处的非正常的生产经营条件（例如，企业与上级主管部门的关系、企业与供货单位的关系、企业与购货单位的关系、企业与所在社区的关系、企业与职工在就业与工资奖金方面的关系、企业与同行业竞争对手之间的关系，等等）之下，如果让一个外国企业管理专家来担任厂长，并假定他没有任何特殊的背景、渠道、优惠条件，他必定寸步难行。因为他缺乏像中国企业领导人这样的适应于非正常条件的能力。如果他有足够的耐心，他必须磨炼几年，才能养成这种适应能力。这样他才能在非正常条件下经营、管理中国的企业，维持企业的生存。

对中国的企业和企业领导人，可以用这样几句话来概括："由于多多少少有了适应一般的非正常条件的能力，因此在一般的非正常条件下，企业仍能进行经济活动，并尽可能求得发展；企业最担心的是一般的非正常条件的恶化，即最担心出现'超非正常条件'，如果那样的话，企业不但难以发展，甚至连简单再生产也难以维持下去。"事实正是如此。有价格双轨制，问题还不大，怕就怕价格双轨制同地方保护主义、地区封锁结合在一起。税率偏高、税负偏重，问题还不大，怕就怕形形色色的摊派和变相摊派。流动资金紧缺，问题还不大，怕就怕流动资金紧缺条件下"三角债"越滚越多，怎么解也解不开。工厂中有一些冗员，问题也不大，怕就怕在全员劳动生产率下降和人浮于事的情况下，工资、奖金增长呈现只升不降的刚性……归根到底，怕就怕出现各种"超非正常条件"。这正是现阶段中国企业和企业领导人最头痛的事情。

研究中国企业发展的人，仅仅注意研究企业发展的正常条件固然很不够，如果只注意到企业发展的一般的非正常条件，那也是不够的。针对中国企业的实际状况，研究者有必要研究企业生产、经营和发展的"超非正常条件"，研究这些"超非正常条件”产生的原因、它们的特点、它们对企业的影响，以及企业怎样才能应付这些“超非正常的条件”。要知道，假定“超非正常的条件”是客观事实，企业无法回避它们，那么企业能不能像适应一般的非正常条件那样去多多少少适应“超非正常条件”呢？不同的企业处于同一种“超非正常条件”之下，为什么有的企业仍然能够盈利，有的企业亏损得较少，而有的企业则亏损得很多呢？这依然是值得研究的问题。

前面曾经提到，企业或企业领导人应付一般的非正常条件的能力（适应能力）是在实际经济活动中逐渐形成的。那么，一些能够在“超非正常的”生产经营条件下获得盈利的企业，甚至那些亏损较小的企业，很可能是依靠了自身逐渐形成的对“超非正常条件”的适应能力。如果说，企业或企业领导人对一般的非正常条件的适应能力是一种“内功”的话，那么对于“超非正常条件”的适应能力就是一种更加过硬的“内功”。有了这种更加过硬的“内功”，可以说，企业在任何情况下都可以应付自如了。企业的适应能力既然如此之强，那么一旦企业的生产经营条件由“超非正常状态”转入一般的非正常状态，再转入正常状态，企业还有什么可怕的呢？

综上所述，在中国企业发展理论与实践的研究中，至少有以下三个密切联系在一起的重要课题。第一，企业怎样才能养成对于“超非正常条件”的适应能力？第二，怎样才能使中国的企业生产经营条件逐渐由“超非正常状态”转入一般的非正常状态，再转入正常状态？第三，已经具有适应“超非正常条件”的能力的企业，在企业生产经营条件转入一般的非正常状态或正常状态之后，如何根据条件的变化而施展自己的力量，使自己进一步壮大、发展？这三个课题中的第一个课题，如果能在理论分析之外再有丰富的实例，那是很有说服力的。第二个课题显然超出了企业发展理论的范围，因为它与国民经济管理学的研究、经济改革理论的研究、经济发展理论的研究直接有关。第三个课题则带有超前研究的性质。但是，对中国企业发展的这种超前研究很有必要，这是因为，如果“超非正常的条件”使得大多数企业难以生存和发展，那么这种条件肯定不会长久维持，企业的生产经营条件由超非正常状态向一般的非正常状态的转变将是预料中的事情。

（原载《改革》杂志1991年第5期）

非均衡条件下经济增长与波动的若干理论问题

一、经济的非均衡对于经济增长与波动的制约

经济非均衡理论从20世纪60年代后期起有较大的发展。克劳威尔（Robert Wayne Clower）于1965年发表的《凯恩斯派反革命：理论上的再评价》（载于哈恩与布雷克林编《利率理论》，1965年伦敦版）和1967年发表的《货币理论的微观基础的再考虑》（载于《西方经济学杂志》，1967年6月）两篇重要论文中，就非均衡理论提出了一个与经济增长、经济波动有关的值得注意的论点，这就是：经济的不稳定并非来源于某一市场本身，而来源于包括各个市场之间的不协调，至于各个市场之间的不协调的存在，则又应当从各个市场的不完善性和信息传递机制的不健全方面来寻找原因。如果把这种非均衡分析方法运用于经济增长与波动分析的领域内，那么显而易见，不仅以储蓄全部转化为投资和已形成的生产能力得到充分利用为前提的均衡增长公式将

失去作用，而且以有效需求受到收入及其变动的限制作为经济体系内不稳定的主要因素的经济波动假设也将被看成是具有很大局限性的。

紧接着，莱荣霍夫德（Axel Leijonhufvud）出版了《论凯恩斯派经济学和凯恩斯的经济学》（牛津大学出版社1968年版）一书和其他一些作品。他同克劳威尔一样，也以非均衡的分析方法来重新解释凯恩斯经济理论，并就经济稳定与不稳定的原因做了如下的分析。他认为，经济生活中，以劳动的供给为一端，以商品的销售为另一端，这两端之间有若干中间环节，如雇主雇佣工人、雇工生产商品、雇主付给雇工工资、雇工用工资购买商品、雇主使商品销出，等等。但由于价格刚性的存在、市场的不完善、信息的不通畅、传导机制的缺陷等原因，上述各个中间环节中只要有一处未能衔接，这个经济的链条就会中断，经济的不稳定也就难以避免。这正是经济非均衡的一种表现。如果把这种非均衡分析方法运用于经济增长与波动的分析领域内，那就同样可以证实经济增长不可能按均衡增长论者所设想的那种均衡增长途径进行，经济波动也不是遵照国民收入均衡公式所要求的调节总需求与总供给之间的平衡关系的做法就能克服的。

70年代以来，贝纳西（Jean-Pascal Benassy）和科尔内（János Kornai）分别从不同的角度对非均衡理论做了深入的探讨。贝纳西的《市场非均衡经济学》（1982年纽约版）、《宏观经济学与非均衡理论》（1984年巴黎版）、《宏观经济学：非瓦尔拉分析方法导论》（1986年纽约版）等书，以及科尔内的《反均衡》

（1971年阿姆斯特丹版）、《短缺经济学》（1980年阿姆斯特丹版）、《增长、短缺与效率》（1982年牛津版）等书，都在非均衡分析方面有不少突破。他们关于宏观经济运行的研究对于经济增长与波动的研究有着重要的意义。

贝纳西在非均衡理论分析中的主要贡献是在对于非均衡条件下的限制因素的分析方面以及数量配额的效应分析方面。按照贝纳西的观点，在价格不灵活时，交易者既要根据市场的价格信号来调整需求量和供给量，又要根据市场的数量信号来调整需求量和供给量，于是交易者受到双重限制，即价格限制和数量限制。数量限制的具体形式就是不同形式的数量配额，也就是：在供给小于需求时，如何把有限的供给分配给需求者们，而在供给大于需求时，如何把有限的需求分配给供给者们。通过数量配额而实现的均衡，称为配额均衡。它是一种非均衡，又是一种特定意义下的、暂时的、事后的均衡。这种均衡的位置是由供给或需求中的短线（短边）决定的。贝纳西认为，在考察非均衡经济时，不仅应当摒弃均衡假设中关于价格灵活性的前提，而且必须引入价格刚性与价格伸缩的不对称性。价格刚性与价格伸缩的不对称性固然有某种联系，但在实际经济生活中的效应则是有区别的。价格伸缩的不对称性使非均衡条件下的资源配置更为复杂，政策的作用也更加受到限制。如果再引入预期概念，即交易者对非均衡条件下的不规则的经济行为的个人预期，那么非均衡的经济更不易趋于稳定。

科尔内的非均衡理论分析另有特色。他着重考察的是抑制性通货膨胀条件下的经济非均衡，也就是以短缺作为特征的经济非均衡。这时，有限的商品供给通过数量配额而给予需求各方。在这种情况下，如果增加财政支出，那么商品市场上的需求会进一步扩大，有限的商品供给的分配会更加紧张、更加困难，抑制性的通货膨胀也会更加严重。反之，如果试图用紧缩财政支出的手段来减少商品市场上的需求，那么在需求减少的同时，供给量也将减少，其结果仍然没有解决供给缺口问题。科尔内在研究非均衡经济时，把企业的预算硬约束与软约束作为讨论的重点之一。他的这些观点是很有价值的，因为企业的预算软约束的存在将使经济长期处于非均衡状态，也就是使经济中的短缺现象难以消除。

从国外经济学界对于非均衡经济的研究可以清楚地了解到，无论是经济增长还是经济波动，都必然受到经济的非均衡的制约。

在以哈罗德—多马模型、新古典模型甚至新剑桥模型作为代表的流行于五六十年代的经济增长论中，经济均衡论的影响是很深的。这种影响不仅反映于哈罗德—多马模型和新古典模型内，而且也反映于新剑桥模型内。新剑桥模型与哈罗德—多马模型、新古典模型的一个重大的区别，是在模型中引入了两类不同的收入以及收入分配对经济增长的制约作用。这当然应当被承认为新剑桥模型的贡献。然而，即使是新剑桥模型，也没有摆脱市场完善、价格灵活、信息传递通畅等公开的或暗含的假设；新剑桥模型所反映的经济增长过程中遇到的困难，主要来自收入分配方面的矛盾，而不是主要来自市场机制的不完善以及各个不同市场之间的不协调。这样，新剑桥模型依然解释不了经济增长过程中供求缺口的持续存在对于经济增长的制约作用。

需要说明的是，新剑桥经济增长理论的主要代表人物如琼·罗宾逊等人，从经济理论上说，是反对经济均衡假设的。他们从凯恩斯的著作中找到了经济非均衡的论点，并由此提出了一系列不同意后凯恩斯主流经济学派的论点。但为什么在经济增长分析中却未能摆脱经济均衡论的影响呢？原因在于他们的微观经济理论是不足的、有弱点的，他们忽略了对市场交易行为的分析、企业运行机制的分析、信息传递机制的分析，这就决定了他们的经济增长模型的内在缺陷。

在经济波动的研究中，流行于五六十年代的经济波动论以IS-LM分析（投资·储蓄—流动偏好·货币供给分析）、乘数—加速原理分析为代表的学说，是以经济均衡假设和经济的均衡增长假设为前提的。根据这些分析，如果说经济中产生波动的话，那么这只是由于经济运行中出现的投资偏多或储蓄偏多，货币供给过多或货币供给过少，以及技术设备更新的自身规律所致，而与市场机制的缺陷、价格的不灵活、信息传递的不通畅等没有直接的关系。再说，IS-LM分析还忽略了宏观经济的微观经济基础的分析，乘数—加速原理分析则偏重于经济中的技术性因素的考察，它们同样不考虑宏观经济的微观经济基础。这也就决定了这些流行于五六十年代的经济波动论的严重不足。

60年代后期起关于经济的非均衡理论分析的进展，对于经济增长与经济波动的研究有重要的启示。经济的非均衡性质对于经济增长与经济波动的制约作用，经过非均衡理论的研究者的探讨，已经日益被学术界与经济界所承认。这些探讨并不是一概否定哈罗德—多马模型、新古典模型、新剑桥模型在经济增长理论研究领域内的意义及其在某些方面的可借鉴性，也并不是一概否定IS-LM分析、乘数—加速原理在经济波动理论研究领域内的意义及其在某些方面的可借鉴性。这些探讨的重要性在于：它们从另一个角度来分析经济增长与经济波动，从而使经济增长与经济波动的分析具有一个新的、与现实状况联系更紧的立足点，它们所得出的某些结论，比流行于五六十年代的有关理论分析更为符合实际。

经济非均衡分析在经济增长与波动方面所得出的主要结论可以归纳为以下四点：

1. 如果市场不完善、价格不灵活、信息传递不通畅，那么投资与储蓄之间的转化将受到阻碍，供给与需求之间的不平衡一旦出现，就不易消失。市场只可能使供给缺口或需求缺口有所缩小，但这些缺口仍将继续存在。于是将出现非零失业率条件下的均衡或非零通货膨胀率条件下的均衡，这就制约了经济增长或导致经济的较大波动。

2. 经济的非均衡使得不同市场（商品市场、资金市场、劳动力市场等）之间的协调更为困难。一旦一个市场出现了供给缺口或需求缺口，不仅这个市场上的缺口难以消除，而且必将引起其他市场上的缺口的产生与扩大。这种情况成为经济增长的制约因素或成为经济较大波动的重要原因之一。

3. 经济的非均衡以价格刚性的存在作为特征。价格刚性对于经济增长与经济波动的主要影响表现于交易者根据经济生活中的假象来制定供给与需求的决策，但价格刚性并不一定意味着价格永远不变，而很可能意味着价格的突然的、较大幅度的变动，而且是不对称的变动。这对于经济增长固然不利，更重要的是，这可能引发较大的经济波动或使波动加剧。

4. 经济的非均衡以及非零失业率与非零通货膨胀率条件下均衡的存在，必将改变市场交易双方的预期。预期的不稳定或预期的紊乱，将导致经济行为的不规则，导致经济行为的短期化。这不仅是加剧经济波动的一个重要原因，而且也是阻碍经济稳定增长与持续增长的有力因素。

二、两类非均衡的区分与经济增长、经济波动的分析

按照非均衡理论的分析，并且结合我国的实际经济情况进行考察，我们可以对当前经济体制改革的思路以及经济增长的途径有较深入的认识。

要知道，既然经济的非均衡状态来自市场的不完善、价格的不灵活、信息传递的不通畅等，那么按照这样的逻辑，从理论上必定得出下列两个论断中的一个：

甲：由于经济的非均衡来自市场的不完善、价格的不灵活、

信息传递的不通畅，因此，要使非均衡条件下的经济避免较大的波动，使经济有比较稳定的增长率，在经济体制改革中首先要实现的是放开对价格的限制和完善市场，使经济生活中的交易各方都处于平等竞争的位置上。经济增长将在市场完善和价格放开的环境中实现。

乙：由于经济的非均衡来自市场的不完善、价格的不灵活、信息传递的不通畅，这些都反映了市场机制的局限性，因此，在经济体制改革中的首要任务应当是加强宏观经济管理，以政府的数量配额与价格调节来弥补市场机制之不足，纠正市场不完善所造成的经济中的偏差。在经济增长方面，为了维持较稳定的经济，政府的数量配额（包括资金配额、劳动力配额、生产资料配额等）将起着主要的作用。这就是说，非均衡条件下的经济增长应当是以政府的数量配额为主的经济增长。

以上所指出的甲、乙两种论断，都来自对经济的非均衡分析。甲是经济改革中的“价格改革主线论”的简要表述，乙是经济改革中的“宏观调控主线论”的简要表述。就经济增长与经济波动的分析而言，按照甲的说法，非均衡条件下的经济波动主要归因于市场不完善和价格不灵活，避免经济波动的主要改革措施或维持经济较稳定增长的主要改革措施就必然是放开价格和完善市场。按照乙的说法，非均衡条件下的经济波动主要归因于市场不完善或市场机制本身的局限性，避免经济波动的主要改革措施或维持经济较稳定增长的主要改革措施就必然是加强宏观经济管理，把政府的数量配额和价格调节放在主要地位。

然而，对我国的实际经济情况进行研究后却发现，无论是在经济体制改革中按照“价格改革主线论”的主张去做，还是按照“宏观调控主线论”的主张去做，都不可能顺利地推进我国的经济体制改革，也不可能避免我国经济的较大波动或维持我国经济的较稳定的增长。换言之，“价格改革主线论”或“宏观调控主线论”都是不符合我国经济的实际状况的。

这样就产生了一个新的问题。要知道，经济改革中的“价格改革主线论”与“宏观调控主线论”都来自对经济的非均衡分析，既然这两种论点都不妥当，那么将会引起人们的进一步思考：究竟是非均衡理论错了呢，还是一般的非均衡理论分析不够完善，从而解释不了像我国经济体制改革、经济增长与波动这样复杂的问题呢？

非均衡理论相对于均衡理论而言，确实是经济理论的一种进展。经济均衡的假设依存于市场完善、价格灵活、信息畅通等前提。如果不具备这样一些前提，那么经济均衡的假设就不能成立，而现实经济必定是非均衡的经济，从而只能运用非均衡分析方法来进行分析。可见，我们不能由于“价格改革主线论”与“宏观调控主线论”不适合我国当前的经济现实而认为非均衡分析是错误的。问题不在于非均衡分析本身。

那么，问题究竟何在？问题在于一般的非均衡理论分析不够完善，以至于解释不了像我国经济体制改革、经济增长与波动这样复杂的问题。

需要指出的是：一般的非均衡理论分析并未把微观经济单

位（企业）是否具有充分活力考虑在内，而是暗含了这样一个假定，即企业作为微观经济单位已经具有充分活力，因此，经济非均衡现象主要来自市场的不完善、价格的不灵活、信息传递的不通畅等。正因为如此，所由此推出的结论或者是以价格改革为经济改革的主线，或者是以加强宏观经济管理为经济改革的主线。这就是一般的非均衡理论分析的不完善之处。我在《非均衡的中国经济》（经济日报出版社1990年版，中国大百科全书出版社2015年第二版）一书中，就这一问题提出了如下的看法：经济的非均衡分为两种类型，第一类经济非均衡是指市场不完善条件下的非均衡，第二类经济非均衡是指市场不完善和企业缺乏活力条件下的非均衡。现阶段的中国经济处于第二类非均衡状态，中国的经济体制改革应当相应地分为两个阶段，即应当以深化企业改革为主线，使企业从缺乏活力转为具有充分活力，从不自主经营和不自负盈亏转为自主经营和自负盈亏，以便使中国经济由第二类非均衡状态过渡到第一类非均衡状态，然后，以完善市场和放开价格作为经济体制改革的主线，以便使中国经济由第一类非均衡状态逐渐向均衡状态靠拢。对两类经济非均衡的区分，以及针对第二类经济非均衡的特征进行研究，就是我所著《非均衡的中国经济》一书的基本论点，也是我在非均衡分析中不同于一般的非均衡理论分析的地方。

区分两类不同的经济非均衡，对于研究中国的经济增长与波动是有意义的。经济增长在第二类非均衡条件下所受到的制约，要比在第一类非均衡条件下多得多；导致经济波动的因素在第二类非均衡条件下也要比在第一类非均衡条件下多得多。同样的道理，与在第一类非均衡条件下的情形相比，在第二类非均衡条件下，维持经济的较稳定增长或避免经济出现较大的波动要困难得多。如果我们不了解第二类非均衡状态与第一类非均衡状态的区别，只把市场的不完善、价格的不灵活、信息传递的不通畅看成是对于经济增长的主要制约因素，看成是引起经济产生较大波动的基本原因，从而根据这些判断来选择维持经济稳定增长的对策或制定防止、消除经济较大波动的对策，那么很可能不得要领，以至于选择的对策收不到应有的成效。正如医生在给病人治疗时，如果对病情的诊断有错误，对病因判断错了，那么就会开出不恰当的处方，不但医不好病，反而会延误病情。

假定不区分两类不同的经济非均衡，不了解当前的中国经济正处于第二类非均衡状态，而是把完善市场和放开价格作为维持经济稳定增长与防止经济较大波动的主要对策，或者把加强宏观经济管理作为这样的对策，那就忽略了企业作为投资主体和消费基金发放主体的不自主经营、不自负盈亏对经济增长与波动的最有力的制约作用。在第二类非均衡条件下，企业还没有成为自主经营、自负盈亏的独立商品生产者；企业的投资主体、消费基金发放主体的地位，或者是虚的，或者不受约束，其结果，必然造成以下的问题：

1. 企业想投资，但由于缺乏这方面的自主权，投资意愿未能实现，从而经济增长难以与企业经济效益的增长同步。

2. 企业不具有投资的自我约束机制，也不承担投资风险、生产经营风险，以至于在投资增长过程中，重复建设难以避免，规模效益无法实现，从而经济增长的过程可能同时就是库存品积压数量增长的过程、企业亏损额扩大的过程。

3. 企业的行为是短期化的，消费基金的发放是为了企业眼前利益，企业的经济增长后劲遭到破坏，设备老化、技术陈旧，经济增长将因此受到限制。

4. 企业缺乏内在约束机制，消费基金的发放可以不受本企业经济效益的限制，或者，工资奖金虽然同企业经济效益挂钩，但企业经济效益却是掺了水的、虚假的，这样，工资奖金越是同企业经济效益“挂钩”（也就是不合理的挂钩），企业的实际损失就越大，国家因此遭受的实际损失也越大，这不能不限制经济增长。

5. 企业在投资方面的缺乏自我约束以及在消费基金发放方面的缺乏自我约束，对宏观经济的消极影响是不可低估的。消极影响之一是导致投资膨胀与消费基金增长过快，这时，即使经济增长率可能高一些，但经济增长却是依靠投资膨胀与消费基金增长过快支撑的，这样的经济增长不可能持久，而且很可能为此后的经济巨大震荡种下了根源。消极影响之二是企业的亏损面增加和财政收支的紧张，而财政收支的紧张又成为经济不稳定的重要原因和经济持续增长的巨大障碍。

6. 企业的不自负盈亏，特别是政企不分的事实，使得企业的关、停、并、转十分困难，企业资产存量的流动缺乏途径，生产要素也无法在社会范围内优化组合。其结果，产业结构的调整迟迟不能顺利进行，“瓶颈”现象也迟迟不能消除。这样就制约了持续的经济增长。

7. 在企业不自主经营、不自负盈亏的条件下，不仅企业资产存量难以流动，从而通过企业资产存量的流动来调整产业结构的意图不易实现，而且通过投资增量来调整产业结构的意图也是很难实现的。投资增量是有限的，有限的投资增量是不容易扭转整个产业结构失调的局面的。但问题不限于此。问题在于：企业资产存量好比一潭死水，投资增量好比活水，今年的投资增量一投入企业后，就转化为来年的企业资产存量，这就等于不断地把活水变为死水，活水再多也无济于事。其结果，“瓶颈”依然存在，经济增长依然受到巨大的限制。

8. 在第二类非均衡条件下，由于作为微观经济单位的企业往往同政府部门没有分开，在政府采取宏观经济调节手段时，企业或者难以通过调整自己的经济活动来适应宏观经济形势的变化，或者因缺乏自我约束机制而无法对宏观经济调节手段做出适当的反应，于是宏观经济调节手段收不到应有的效果。诸如投资缺乏利息弹性、进出口缺乏汇率弹性、产量缺乏价格弹性，等等，就是宏观经济调节手段效果差的反映。这样，一旦发生经济波动，经济内部就缺乏内在调节以趋向稳定的机制，而不得不依靠自上而下的行政干预措施来缓和矛盾。在第二类非均衡条件下，自上而下的行政干预措施往往是严重滞后的，即必须等到下面的问题已经相当尖锐了，上级（甚至是最高决策当局）才会下决心采取调整措施。加之，行政干预措施的不当给经济的稳定所带来的消极性后果，也是不容忽视的。

以上所说的这些，足以说明处于第二类非均衡条件下中国经济增长与经济波动的特殊性质。因此，在对现阶段中国的经济增长与波动问题进行研究时，不仅需要从经济增长与波动本身的有关因素来分析，而且需要以第二类非均衡作为整个分析的前提。

三、对非均衡理论中的“短线决定原则”的理解

在非均衡理论中，一个重要的原则是“短线决定原则”（或称“短边原则”）。这被认为是制约经济增长与经济波动的关键所在。“短线决定原则”之所以成立，是因为在非均衡经济中，由于市场不可能起着充分地协调供求关系的作用，短线的存在是不可避免的，而短线的存在则使得生产要素只可能按低限的要求进行组合。这种情况正如一个由若干块木板条所组装成的木桶一样，如果这些木板条长短不一，那么组装成的木桶究竟能够盛多少水不取决于较长的那些木板条，而唯一地取决于最短的那块木板条。把水注入这样的木桶后，只要水高于最短的那块木板条的长度，水就向外漏出了。这就是“短线决定原则”的含义。

研究非均衡经济中的经济增长与经济波动时，从“短线决定原则”来理解，至少有三个问题值得我们做进一步思考。这三个问题是：

1. 为什么短线会长期存在？若干年以前的短线，经过这些年的经济增长，至今仍然是短线，甚至短线更短了，即木桶的最短的那块木板条又缩短了，这是什么缘故呢？

2. 照理说，生产要素之间存在着一定程度的可替代性或互补性，也就是说，即使存在着短线，但短线不是不可以靠某些长线来替代和补充的。然而事实却表明，在非均衡经济中，长线的生产要素对短线的生产要素的替代和补充是十分有限的，这对经济增长与经济波动有较大的影响。需要研究的是，为什么生产要素之间的替代与互补受到严重限制，从而使"短线决定原则"一直起着制约经济增长与经济波动的关键作用？

3. 为了缓和短线所造成的经济困难，在通常情况下，还可以采取生产要素重新组合的办法，以促进经济增长，减少经济波动。不妨仍以木桶为例。虽然木桶盛水量的多少取决于组装成木桶的最短的那块木板条，但未尝不可以采取下述两个办法之一作为补救措施。一是把长的木板条锯下一段，钉在最短的木板条之上。这就相当于上面提到的各种不同的生产要素之间的互补，即以长线补短线、以长线代短线的做法。二是把这个木桶拆开，用原有的各块木板条重新组装成一个容器，也许这个新组装成的容器可以盛较多的水。这就相当于这里所提到的生产要素的重新组合。然而事实同样表明，生产要素难以重新组合。也许是由于这个长短边不等的木桶组装得太牢了，难以拆开它，因此也就无法把各块木板条重新组装为一个新的容器。于是就应当思考：为什么原有的木桶组装得这么牢？难道就找不到把它拆开的办法吗？

难道生产要素真的那么难以重新组合吗?

这三个问题都与非均衡条件下的经济增长与经济波动的特点有关。在研究中，我们必须结合两类非均衡的区分，结合我国当前正处于第二类非均衡状态这一事实，分别考察这三个问题，以便进一步理解“短线决定原则”。

(一)第二类非均衡经济中的“短线顽症”

这里所说的“短线顽症”，就是指经过多年的经济增长与结构调整而未能消除久已存在的短线，甚至短线更为严重的状况。原因究竟何在?要知道，如果经济处于均衡状态，市场机制的作用将促进生产要素自由流动，资源将在价格信号指引之下重新配置，从而使短线消失。这种情况下，即使在经济增长过程中仍会出现新的短线，但“短线顽症”是不存在的。可见，“短线顽症”的存在同生产要素不能自由流动有关，同资源难以重新配置有关。

假定经济处于第一类非均衡状态，即非均衡的根源在于市场不完善、价格不灵活、信息传递不通畅，那么通过完善市场和放开价格等措施，生产要素的流动性显然将增大，价格信号将对资源的重新配置发挥指引作用，“短线顽症”也就有可能逐渐被克服。某些资源的稀缺也许会给资源的重新配置带来困难，使得短线不容易迅速消失，但稀缺资源在相当大的程度上是可以通过资源的相互替代或国外资源的利用来加以缓和的，所以不至于形成

“短线顽症”。

然而，正如前面所指出的，第二类非均衡下的情况远比第一类非均衡下的情况复杂。“短线顽症”是第二类非均衡状态中所特有的病症。生产要素流动的受阻、产业结构调整的困难、资源重新配置设想的难以落实，在第二类非均衡条件下，可以归结为“无信息、无动力、无渠道”所致。

“无信息”是指：由于缺乏活力的企业在不完善的市场上进行活动，价格方面的信息必然是不准确、不及时、不通畅的。由于作为微观经济单位的企业受到行政主管部门的严格控制，政府既无法从市场及时地获得准确的信息，又不能从企业那里及时地获得准确的信息，因此，政府的数量调节也往往同市场实际有所出入。其结果，资源的配置只好在缺乏信息的条件下进行。短线被误认为非短线，长线被误认为非长线，无效供给被误认为有效供给等现象也就屡见不鲜。

“无动力”是指：尽管客观上确凿地存在产业结构失调的状况，企业也得到了有关短线与长线的确切信息，但由于企业不自主经营与不自负盈亏，不承担生产经营的风险，因而也就缺乏调整产品结构的动力，不愿冒结构调整的风险。

“无渠道”是指：即使作为微观经济单位的企业和作为宏观经济管理部门的政府都得到了有关短线与长线的确切信息，并且都有结构调整的意愿，但在政企不分、企业附属于行政主管部门、经济被不合理地分割为“条条所有”“块块所有”等条件下，生产要素的流动（姑且不谈自由流动）是没有渠道的，资源的重新配置（姑且不谈优化配置）也是难以落实的。这一切充分说明了“短线顽症”的不可避免性。

（二）第二类非均衡经济中生产要素替代的困难

前面曾指出，如果经济中存在着短线，那么只要存在着生产要素的可替代性，以长线补短线，那么短线便可以缓和下来。当然，生产要素的可替代并不是绝对的，而是有条件的，即唯有在一定条件下才能实现生产要素的替代。此外，生产要素替代的结果，既有可能使效率不受损失，也有可能使效率下降。假定生产要素的替代使效率下降的幅度小于因缺乏某种生产要素而导致的效率下降幅度，那么替代仍是可行的。

在经济均衡状态中，凡有可能实现生产要素替代的场合，价格因素以及由此决定的成本与收益比较将促使企业选择生产要素替代的有效方式，从而缓和短线问题。假定经济处于第一类非均衡状态，那么尽管生产要素的替代会因价格的不灵活与价格信号的扭曲而遇到困难，但通过市场的完善化与价格的放开，生产要素替代中的障碍是可以克服的。然而，在第二类非均衡条件下，情况便大不相同了。问题不仅在于生产要素市场的不完善，而主要在于一些生产要素的供给与需求同生产要素供给者与需求者依附于行政主管部门的状况联系在一起。比如说，在资金短缺而又可能以人力资源替代资金的场合，由于人力资源是被政府的数量配额所制约的，人力资源是被分割为部门持有、地方持有、单位持有的，于是生产要素替代便被置于难以实现的境地。又如，在某些物质的生产要素可以彼此替代的场合，往往需要追加投资、改造技术设备，才能实现这种替代。但一方面，即使是物质的生产要素，由于它们分别由不同的部门和地方所提供，又被不同的部门和地方所需要，在条条块块分割的条件下，供求之间往往不易协调；另一方面，追加投资又必然涉及投资体制方面的问题，如果传统的投资体制不改革，生产要素的替代仍然难以实现。

（三）第二类非均衡经济中生产要素重组的障碍

前面也已经指出，经济中的短线问题还可以通过生产要素的重新组合来加以缓和。但问题在于：在第二类非均衡经济中，为什么生产要素的重新组合如此困难？以木桶为例，为什么长短边不等的那个旧木桶如此牢固而不易拆开和重新组装？这正是在研究现阶段中国经济增长与经济波动时不能忽略的。

要实现生产要素的重新组合，至少需要三个条件：一是生产要素的产权十分明确；二是生产要素可以流动；三是生产要素的重新组合者是胜任此项工作的。第二类非均衡经济中生产要素重新组合之所以困难，首先是由于上述第一个条件和第二个条件尚未具备。具体地说，第二类非均衡经济的特征是公有制的产权不够明确，政企不分，从而企业不能自主经营和自负盈亏，缺乏内在约束与外在约束，其结果，生产要素不易流动，生产要素重新组合后的收益归属不确定，生产要素重新组合过程中的风险承担责任不明确，这就是由于上述第一个条件和第二个条件不具备而导致的生产要素重新组合的困难。

再从上述第三个条件来看。生产要素重新组合的实现有赖于能够胜任生产要素重新组合工作并能因此获取潜在利益的生产要素重新组合者的存在。在第二类非均衡经济中，谁充任生产要素重新组合者？由于政企没有分开，企业尚未成为自主经营、自负盈亏的商品生产者，企业难以胜任生产要素重新组合者的工作。如果不由企业来重新组合生产要素，而由政府来重新组合生产要素，结果又将如何？当然，不是说不能由政府充当生产要素的重新组合者，而是说，在上述第一个条件和第二个条件未具备时，即使由政府来重新组合生产要素，也未必能实现这一任务。这是因为，如果这里所说的政府是中央政府，那么中央政府虽然有很大权威性，也有相应的重新组合生产要素的手段，但中央政府毕竟是中央政府，它起着宏观经济管理者的作用，不可能从事直接的生产要素重新组合工作。实际上，这里所说的政府主要是指各级地方政府。试问，地方政府在遇到体制上的种种障碍而难以重新组合生产要素时，究竟能在多大程度上打破这些障碍？地方政府的权威性是否足以打破这些障碍？再者，由地方政府直接从事生产要素的重新组合工作是否有效率？更重要的是，地方政府能否保证新的生产要素组合方式产生较高的效率？在第二类非均衡经济中，很难认为地方政府就一定能胜任生产要素重新组合工作。因此，这些情况说明了上述第三个条件同样是不具备的。加之，无论是企业充当生产要素的重新组合者还是政府充当生产要素的重新组合者，都需要有富于创新意识和现代生产组织能力的人来从事这项活动。而在中国的现实情况下，这样的创新者、组织者是远远不够的。这也可以从另一个侧面说明生产要素重新组合的困难。

四、经济增长过程中生产与流通之间的关系

在经济生活中，生产与流通之间的关系是值得研究的。一些著作在分析经济增长因素时，往往侧重于生产领域内的考察。这里包括：对投入的资金数量及其在国民收入中比例的考察，对投入与产出之间的比例的考察，对各种生产要素（包括技术、人力等）在经济增长中的贡献大小的考察，对生产要素组合方式及其对企业经济效益与宏观经济效益的作用，等等。至于流通因素对经济增长，特别是对经济持续增长的影响，通常被置于较为次要的地位。造成这种情况的原因主要有三点。第一，只是片面地看到生产对流通的决定作用，而忽视了流通对生产的反作用。第二，以产值作为经济增长率计算的依据，似乎只要产值多了，就等于经济增长了，而不考虑产值中有多少是属于无效供给，而无效供给的增长是不能代表经济的实际增长的。第三，对流通因素的不重视与对市场作用的不理解，使得对流通的作用不认识或只有片面的认识。于是在经济增长与经济波动的分析中，流通因素的分析被置于次要地位就不足为奇了。

然而，在我国经济中，特别是在从传统经济体制向新的经济体制过渡的过程中，流通与消费对于生产与分配的重要性已经越来越明显。这是因为，在走向新的经济体制的道路上，人们在经济生活中的自主性、积极性不断增长。人从事生产，而生产是为了满足人的需要。人的需要日益靠市场上的交易行为得到满足，生产出来的各种商品将越来越多地通过市场来实现。商业起着促进生产、协调分配、保证流通、指导消费的作用。就所有的个人消费品、绝大多数公共消费品，以及相当数量的生产资料而言，供给的有效性与流通领域内的工作是否顺利展开有密切的关系。流通渠道的不通畅，必定把本来可以成为有效供给的供给变成无效供给，进而阻碍着经济的增长，导致经济的较大波动。

流通对于经济增长的重要意义还可以从生产要素的流动和重新组合方面进行分析。要知道，生产要素分为现实的生产要素和潜在的生产要素两类。流通所促成的生产要素的流动和重新组合，首先是指现实的生产要素的流动和重新组合。但毫无疑问，现实的生产要素的流动和重新组合必将促使潜在的生产要素被动员出来。比如说，对现实的劳动力资源的充分利用，以及现实的劳动力资源得以在较大范围内自由流动和重新组合，必将导致潜在的劳动力资源投入市场，以增加现实的劳动力资源。资金的状况亦是如此。如果现实的资金得以充分利用，并得以自由流动，得以在效率增长的基础上同其他生产要素相结合，那么就会有更多的资金被动员出来。这些就是潜在的生产要素向现实的生产要素的转化，这种转化对经济增长是有利的。在我国现阶段，流通在这方面的作用尤其重要。由于我国存在着大量潜在的生产要素，于是在现实的生产要素不足（包括绝对意义上的不足和相对意义上的不足）的条件下，通过流通领域内的改革与努力开展工作，把潜在的生产要素转化为现实的生产要素，可以使经济持续增长。

关于流通问题在我国经济生活中的重要性，已如上述。但近年来，我们却在经济生活中发现了一种反常的现象，即“债务链”的存在。“债务链”虽然与经济紧缩、企业产成品积压、国家投资资金缺口的出现，以及由此引起的企业之间的相互拖延货款有直接的关系，但如果我们把分析的重点转向经济的非均衡，特别是转向第二类非均衡，那么对流通领域出现的这一问题将会有新的、较深刻的认识。

不能把“债务链”仅仅看成是由于产业结构的不协调或产品结构的不协调所致。当然，产业结构、产品结构的不协调会使得一些企业的产成品滞销、积压，从而无法按期向交易的另一方支付货款。但这绝不是造成“债务链”的基本原因。产业结构或产品结构的不协调已经好多年了，为什么以往不曾导致“债务链”，而只是在近两年才出现“债务链”呢？再说，即使产业结构与产品结构不协调，那么为什么不能采取有效措施予以调整呢？造成产业结构与产品结构不协调的原因，也就是造成“债务链”的深层次原因是什么呢？可见，对这个问题的分析不能仅限于对结构不协调的分析。

假定认为“债务链”主要是由经济紧缩引起的，那么这种看法同样较为肤浅。这是因为，经济的紧缩是一种政策措施，“债务链”有其深刻的经济体制背景，并非因某种政策措施而出现。何况，在出现“债务链”之后，政策就不断由“紧”向“松”转变，例如信贷投放大量增加。然而，为解开“债务链”而注入的贷款并没有起到预期的作用，“债务链”依然存在。这不恰好说明紧的经济政策不是形成“债务链”的主要原因么?

根据对第二类非均衡的特征的分析，应当对“债务链”问题做如下的解释：政企不分是第二类非均衡的基本特征，而商品经济的发展又是同政企不分这种状况直接冲突的，因此，“债务链”的根源在于政企不分与商品经济发展之间的矛盾。具体地说，假定商品经济不发展，这时即使政企没有分开，但不会引起企业与企业之间的债务拖欠，“债务链”也不会出现。假定政企已经分开了，那么即使商品经济发展很快，甚至出现了经济的暂时不景气，“债务链”也不会出现，债权的一方可以根据法律向欠债的一方索债；欠债的一方还不起债，就以资产清偿债务，直到破产还债。现阶段中国经济的特点则是：一方面，商品经济与过去相比已有较大的发展；另一方面，第二类非均衡依然存在。换言之，在现阶段的中国，由于商品经济已经有较迅速的发展，而政企不分则依然成为经济生活中的现象，于是在企业之间的交易日趋频繁的情况下，一旦由于某种原因而出现了甲企业对乙企业的货款拖欠、乙企业对丙企业的货款拖欠，欠债的企业与债权者之间的关系就复杂了。所有欠债的企业的后台都是政府部门，债权者无法要求欠债的企业如期清偿债务，也无法实现以欠债的企业的资产来抵债。这种情况与欠债的一方是自负盈亏的企业是很不一样的。可见，只要“债务链”的各个环节上的企业是政企不分的企业，这些企业的后台都是政府部门，那么企业之间的债务纠纷实际上就是政府部门之间的一种纠纷，这种纠纷是不能靠破产还债的方式来解决的，于是债务越拖越多，“债务链”越拉越长。可见，这种债务无非是政企不分的企业欠政企不分的企业的债。要消除“债务链”，从根本上说，必须深化企业改革，使政企真正分开，使企业成为自主经营、自负盈亏的商品生产者，也就是使经济及早从第二类非均衡状态过渡到第一类非均衡状态。

从经济的非均衡性质可以进一步了解流通领域内的另一个重要问题，即流通的社会化问题。由于经济增长的持续与稳定不仅取决于生产因素，而且也取决于流通因素；由于经济的较大波动不仅来自生产领域内“瓶颈”的制约，而且也来自流通渠道的阻塞，来自供给的无效性，因此，对流通社会化问题的考察应当被视为经济增长与波动研究的一个不可缺少的组成部分。对当前中国经济增长与波动的研究尤其如此。

从现象上看，流通渠道不畅，某些商品的库存量过大而另一些商品的货源不足和供应紧张都值得注意，但不可能仅仅从流通渠道方面解决这些问题。在非均衡条件下，流通社会化的含义与均衡条件下是不相同的。如果经济处于均衡状态，市场完善、价格灵活、信息通畅，企业又是自主经营与自负盈亏的商品生产者，于是流通的社会化必然表现为价格放开条件下的自由流通与生产企业的自产自销。如果经济处于第一类非均衡状态，企业自主经营与自负盈亏，但市场不完善、价格不灵活、信息传递不通畅，这时，自由流通将受到阻碍，生产企业的自产自销在客观上会遇到困难，供给缺口或需求缺口的存在使得市场的价格调节发挥不了应有的作用，从而必须在一定程度上依赖数量调节，包括政府的数量调节或市场自发的数量调节。如果经济处于第二类非均衡状态，情况便更加复杂。这时，除了市场不完善、价格不灵活、信息传递不通畅以外，企业也并非自主经营和自负盈亏的企业，企业活力是远远不足的，生产资料的供求矛盾通常比消费品的供求矛盾更为尖锐，发展生产资料市场也比发展消费品市场更为迫切。按照这种观点，在第二类非均衡条件下，流通社会化应当被理解为：发展各类市场，尤其是生产资料市场，在有关市场上，尤其是在关键性的生产资料市场上采取数量调节与价格调节相结合的调节措施，以减少流通中的阻碍，促进社会范围内生产要素的有效组合。至于数量调节与价格调节各自所占的比重，则依据经济的非均衡程度来确定。这是因为，在没有条件实现最优选择的场合，次优选择将是可行的。在非均衡经济中，按数量调节与价格调节相结合的方式来理解流通的社会化，符合次优选择原则。在这里，一个应当注意的问题是：经济非均衡中数量调节对价格调节的替代并不是不完全竞争对完全竞争的替代，而是一种不完全竞争对另一种不完全竞争的替代。既然非均衡条件下的市场不可能是完全竞争的市场，那么市场的完善化同数量调节之间肯定存在一些矛盾，否认这些矛盾的存在及其对经济增长与经济波动的影响是不现实的。现阶段我们应该做到的和能够做到的，是尽量提高流通领域的管理水平，减少流通渠道中的阻塞，深化商业改革来缩小流通社会化的阻力，以及从多方面着手以减少经济的非均衡程度，从而缓解市场的完善化同数量调节之间的冲突。

以上我们着重探讨了非均衡条件下流通对经济增长与经济波动的制约，对我国近年来出现的“债务链”的深层次原因进行了分析，并对非均衡经济中的流通社会化问题做了解释。通过这些论述，我们对当前我国的经济增长与经济波动问题有了进一步的认识：

第一，即使单独从流通的角度来考察，我国经济所处的第二类非均衡的性质对流通领域的深刻影响也已成为制约经济增长与经济波动的有力因素。而只有把第二类非均衡的性质对生产领域的影响与对流通领域的影响综合起来考察，才能更好地说明我国经济增长与波动的特征。

第二，从流通领域的考察可以得出如下的结论，即如果不从增强企业活力着手进行经济体制改革，而听任政企不分的状况长期存在，那么不仅无法导致经济的持续增长，而且也无法避免经济的较大波动。这充分说明了第二类非均衡条件下经济体制改革的特点。

五、关于正常波动与非正常波动的思考

由于我们所要研究的是非均衡条件下的经济波动，而不是均衡条件下的经济波动，因此，我们不得不涉及正常波动与非正常

波动的问题。这是因为，在均衡条件下，一切经济波动都可以被认为是非正常的，正常波动实际上并不存在。然而，在非均衡条件下，情况与此显然不同。非均衡条件下，或者存在着经常性的供给缺口，或者存在着经常性的需求缺口，市场的作用只表现为使缺口有所缩小，而不能使缺口消失。也就是说，非均衡实质上是一种非零失业率与非零通货膨胀的均衡，即非均衡实质上是伴随着一定的失业率或一定的通货膨胀的均衡（伴随着一定的需求缺口或一定的供给缺口的均衡）。

我们可以把经济中的任何缺口都用短缺二字来表示。如果经济中出现的是物价上涨，那么这表明有过多的货币在追求较少的商品，从而可以用商品短缺来表示。如果经济中出现的是失业，那么这表明有过多的劳动者在追求较少的工作岗位，从而可以用工作岗位短缺表示。同样的道理，资金不足意味着资金的短缺，而资金过剩则意味着投资场所的短缺；资源供给中“瓶颈”的存在意味着相应的资源的短缺，而经济中的资源闲置则意味着相应的资源使用单位（资源用户）的短缺，等等。既然任何缺口都可以用短缺来表示，那么在非均衡条件下，必然存在着两种短缺，一是正常短缺，一是非正常短缺。

如上所述，在非均衡条件下，正常短缺是不足为奇的，也是难以避免的。当然，这并不是说无法以任何手段来消除某一种短缺，而是说，假定要消除非均衡经济中的正常短缺，那么很可能要为此做出较大的牺牲，即必须以另一种效率损失更大的短缺作为代价，才能使某一种正常短缺消失。比如说，假定经济中的正常工作岗位短缺表现为失业率2%，这一失业率（2%）就是正常的工作岗位短缺度。如果硬要采取措施来消除这2%的失业率，即让失业者全部就业，那并不是说无法做到这一点，但要这样做，就可能造成一些工作场所的人浮于事，从而造成效率的较大损失。换言之，在上述情况下，正常短缺度之内的公开失业率的消失，是以隐蔽失业率的增长、效率的较大损失作为代价的。我们也可以用类似的方式来分析非均衡条件下属于正常短缺度之内的公开通货膨胀率的消失如何以隐蔽通货膨胀率的增长、效率的较大损失作为代价。

根据以上的分析，非均衡条件下宏观经济运行的"警戒线"不可能是一条以零短缺度（零失业率、零通货膨胀率等）为界的"警戒线"。这里所说的"警戒线"，是指政府调节所依据的线。如果经济运行在"警戒线"以下，政府不需要调节；只有经济运行在"警戒线"以上时，政府才需要按照具体的情况采取适当的调节措施，对经济的运行进行协调。非均衡条件下的"警戒线"的位置与正常短缺度的大小直接有关。假定在经济中有一条零短缺度（零失业率、零通货膨胀率等）的线，这条线并不是非均衡条件下的警戒线。"警戒线"在这条零短缺度的线之上，二者之间有一段距离，这就是正常短缺度。"警戒线"之上，则是非正常短缺度。可以用下面的简图来表示（见图1）。

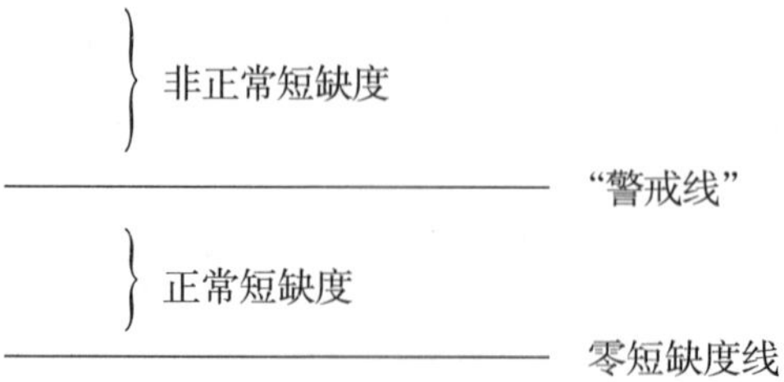

图1

在厉以宁等著《走向繁荣的战略选择》一书第八章“计划与市场在资源配置中的结合”中，对“警戒线”概念做了如下表述：有两条“警戒线”，即“第一警戒线”与“第二警戒线”；“第一警戒线”是用以表明市场调节与计划调节之间的界限的，“第二警戒线”是在“第一警戒线”之上的又一条“警戒线”。究竟政府的计划调节是以直接调节为主还是以间接调节为主，则需要视超出“第一警戒线”的情况而定。在“第一警戒线”与“第二警戒线”之间，政府的计划调节以间接调节为主，而当“第二警戒线”被突破后，这表明以间接为主的调节方式未能达到预定的调节目标，所以有必要转为以直接调节为主。[①]

图1中所标出的“警戒线”，相当于这里所提到的“第一警戒线”。这里，在加上“第二警戒线”之后，将得出下面这个简图（见图2）。

① 厉以宁等：《走向繁荣的战略选择》，经济日报出版社1991年版，第204页。

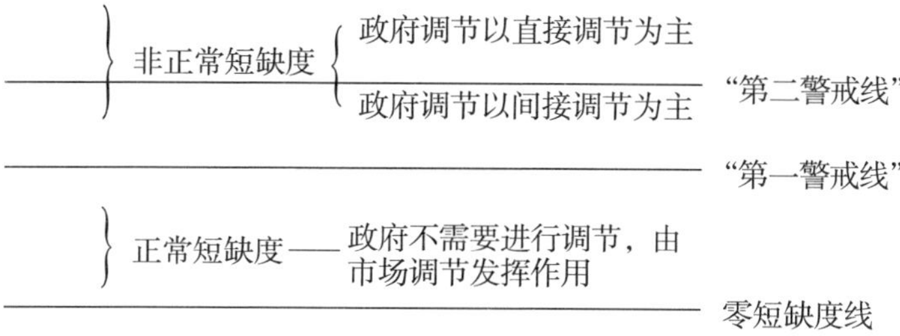

图2

在《走向繁荣的战略选择》一书中，对此曾说明如下：“这里所说的间接调节为主或直接调节为主时，都不排除少数产品在资源约束程度较强而短缺度较高时，需要采取计划配额；也不排除在进行间接调节和直接调节时，需要参照市场价格和市场供求的变动情况。”①

以上“第二警戒线”把非正常短缺度分为两部分。“第二警戒线”与“第一警戒线”之间的非正常短缺度，可以称为“非正常短缺度Ⅰ”。这时，政府的调节以间接调节为主。“第二警戒线”以上的非正常短缺度，可以称为“非正常短缺度Ⅱ”。这时，政府的调节以直接调节为主。如果经济中的非正常短缺度达到了非常严重的地步，以至于政府必须采取更强有力的干预措施，那么，政府可以动用“最后手段”，也就是非常规的干预经济的手段。“最后手段”的存在及备用，表明了政府调节经济的决心和力量，表明了政府绝不会听任经济无休止地恶化下去。②

① 厉以宁等：《走向繁荣的战略选择》，经济日报出版社1991年版，第204～205页。

② 厉以宁：《非均衡的中国经济》，经济日报出版社1990年版，第70~71页。

于是可以得出下面的简图（见图3）。

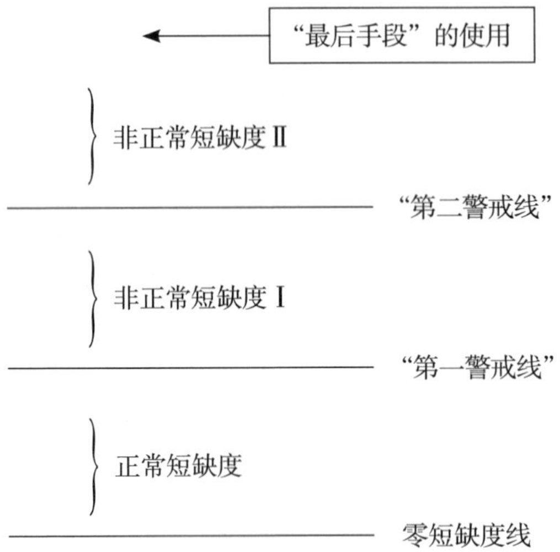

图3

现在，我们在明确了零短缺度线、正常短缺度、非正常短缺度Ⅰ、非正常短缺度Ⅱ、“第一警戒线”与“第二警戒线”等概念之后，就可以进而理解正常波动与非正常波动了。

什么是非均衡条件下经济的正常波动？我们可以初步做出这样的判断：尽管经济运行离开了零短缺度线，但只要经济运行仍然在正常短缺度的范围内波动，而没有突破“第一警戒线”，那么这样的经济波动可以被视为正常波动。

什么是非均衡条件下经济的非正常波动？我们也可以初步做出这样的判断：经济运行突破了“第二警戒线”，而在非正常短缺度Ⅱ的范围内波动，那么这样的经济波动可以被视为非正常波动。

如图3所示，零短缺度线与“第一警戒线”之间是正常短缺度，经济运行在这个范围内，呈现着非均衡条件下经济的正常波动；“第二警戒线”以上是非正常短缺度Ⅱ，经济运行在非正常短缺度Ⅱ的范围内，波动是非均衡条件下经济的非正常波动。那么，当经济运行在“第一警戒线”与“第二警戒线”之间时，这样的经济波动是非均衡条件下的正常波动还是非正常波动？对这个问题需要做进一步的分析，而不能简单地认定是正常波动还是非正常波动。

我们知道，经济波动通常以经济增长率的变动来表示。经济增长率与经济生活中的短缺度并不是同一个概念。经济增长率大小并不能准确地反映短缺度。比如说，经济增长率高，既可能是在正常短缺的范围内实现的，也可能是在非正常短缺的范围内实现的。与此相似，低的经济增长率既可能在非正常短缺的范围内实现，也可能在正常短缺的范围内实现。因此，当我们对个别年份或少数年份进行考察时，我们通常难以发现经济增长率与短缺度之间的紧密联系，而且使用经济增长率的大小作为衡量经济波动的依据还掩盖了短缺度的变动率。如果我们简单地以经济增长率变动的状况作为经济正常波动与非正常波动的判断标志，那么不可避免地会导致两个错误。

第一，这一切似乎与经济的非均衡性质无关。非均衡条件下的正常短缺与非正常短缺之间的区别在经济增长率变动的形式下被掩盖了，于是既说明不了波动的真相，更看不出波动的趋势。

第二，由于经济增长率高有可能在非正常短缺的范围内实现，而经济增长率低却有可能在正常短缺的范围内实现，因此，在依据经济增长率变动来判断经济波动时，特别是在制定消除经济波动的对策时，有可能把人们引入错误的途径，即宁肯以非正常短缺度的增大来维持较高的经济增长率，而不愿以非正常短缺度的缩小来维持较低的经济增长率。

由此可见，在判断非均衡条件下经济的正常波动与非正常波动时，不能简单地以经济增长率的变动情况或经济增长率的大小作为依据，而应当以短缺度的变动情况或短缺的多少作为依据。如果以较长一段时间来分析，对这一点会有更清楚的认识。这是因为，在非均衡条件下，假定经济持续在非正常短缺度的范围内运行，因非正常短缺而造成的困难必定使经济增长率受到影响，经济增长必定会有较大的起落，经济的波动也就必定明显地表现出来。

现在让我们回到前面提出的问题上来，即经济运行在“第一警戒线”与“第二警戒线”之间时，究竟是非均衡条件下的正常波动还是非正常波动？这就需要根据较长时间经济增长过程中短缺度的大小来判断。有两种不同的情形：

一种情形是：前一时期的经济运行于正常短缺度的范围内，经济增长一直是在正常短缺度的基础上实现的。这时，如果经济运行突破了“第一警戒线”，并且在“第一警戒线”与“第二警戒线”之间波动，那么可以认为这是一种非正常的波动。

另一种情形是：前一时期的经济运行于非正常短缺度Ⅱ的范围内，即运行于“第二警戒线”之上，经济增长一直是在非正常短缺度Ⅱ的基础上实现的。这时，如果经济运行落到了“第一警戒线”与“第二警戒线”之间，即在非正常短缺度Ⅰ的范围内波动，那么可以认为这是一种正常的波动，因为相对于前一时期而言，经济波动已逐渐趋向于正常了。

（1993年3月21日在国家自然科学基金项目“中国经济增长理论及数学模型”总结会上的报告）

论乡镇企业的产权改革

一

在当前的中国经济中，乡镇企业的重要性已经越来越被实践所证实，也已经越来越被人们所认识。在建立社会主义市场经济的过程中，改造原有的国有大中型企业和发展乡镇企业都是重新塑造社会主义市场经济微观基础的基本内容。关于国有大中型企业产权改革的意义，学术界讨论得比较充分，也比较具体。相比之下，对乡镇企业产权改革的意义与做法，就不那么充分，或者只提及发展“股份合作制”。其实，乡镇企业产权改革的重要性和这一改革中可能遇到的困难，并不亚于国有大中型企业的产权改革，而且“股份合作制”一词的含义也不很明确，所以在这个领域内有深入研讨的必要。

首先，我们不能只注意近年来乡镇企业迅速发展的事实，而应该考虑市场环境对乡镇企业存在与发展的作用，考虑乡镇企业如何进一步适应市场的问题。

乡镇企业有不少竞争对手。在国内市场上，其竞争对手主要是国有企业、原来的城市“大集体”企业、中外合资企业、私营企业以及其他乡镇企业。此外，进口的商品也同乡镇企业的商品有竞争关系。乡镇企业建立和扩大生产规模后，必须考虑自己的市场究竟在哪里？怎样才能使自己的产品在市场上占有一席之地，并使自己的产品在市场中所占的份额越来越大。

乡镇企业不能指望地方政府的特殊照顾、额外的优惠。如果乡镇企业把希望寄托于地方政府用行政干预的方式来保证本地的市场，排斥外地的企业进入本地的市场，或垄断本地的原材料供应，限制本地的原材料输往外地，那么，一方面，地方政府的这种保护本地乡镇企业的做法是与市场经济的原则相悖的，这种做法无论按计划经济体制的要求来看，还是按市场经济体制的要求来看，都必定受到抵制，必定行不通。这是因为，从计划经济体制的角度看，地方垄断原材料供应和分割市场的做法不符合计划经济的高度集中原则、计划配额原则，而从市场经济体制的角度看，这种做法违背了市场公平竞争原则，违背了市场统一化的原则。另一方面，地方政府的这种保护本地乡镇企业的做法即使有可能在短时间内给这些乡镇企业带来某种好处，但从长期看，从根本利益上看，这种做法是不利于乡镇企业的发展的，因为这是一种保护落后和扼杀企业生命力的错误做法。乡镇企业应当在市场竞争中成长、壮大，企业的真正生命力在于自己的产品质量，在于自己的经济效益，在于自己的创新能力。

乡镇企业之间的竞争也是相当激烈的。如果说乡镇企业在同计划经济体制下的企业（如国有企业、城市“大集体”企业）竞争时，可以凭借自己的机制灵活而占有一定优势的话，那么在同中外合资企业、私营企业竞争时，这种优势就不存在了。特别是乡镇企业之间相互竞争时，由于彼此都有相同的经营机制，而且也都能得到本地政府部门的优惠政策的照顾，任何一家乡镇企业的优势也就无法显示出来。市场竞争是无情的，竞争的结果，总会有一批乡镇企业垮掉，有一批乡镇企业发展壮大，还会出现一批新的乡镇企业。

由此可以断言，市场是乡镇企业的检验者。各地都兴建了乡镇企业，乡镇企业的数量越来越多。乡镇企业的数量这么多，发展速度这么快，会不会给国民经济带来灾难呢？对这个问题，可以这样看：假定处于计划经济体制之下，企业数量过多，发展速度过快，肯定使得国民经济承受不了；然而，目前的乡镇企业与计划经济体制下的企业是不一样的，乡镇企业必须面向市场，经受市场的检验，如果在竞争中失败，乡镇企业就会垮掉。而计划经济体制下的企业则不然，即使效益差，亏损累累，企业照样可以存在，照样消耗各种资源。因此，市场的检验固然是客观存在的，但计划经济体制下的企业却不在乎市场的这种检验，甚至可以说它们不惧怕市场的检验，它们对于市场的检验是麻木不仁、无动于衷的，而乡镇企业对于市场的检验却十分敏感，经不起市场检验的将被淘汰，这就迫使乡镇企业努力提高经济效益，努力生产市场所需要的产品。换句话说，计划经济体制之下，企业多了而企业效益又不佳，那就必定给国民经济带来灾难，因为企业只能生，不能死，只能存，不能亡。而乡镇企业则既能生，又能死，既能存，又能亡。效益差的乡镇企业将被无情地淘汰，国民经济就不会因乡镇企业数目增加而波动，社会也不会因乡镇企业中一批效益差的企业的倒闭而发生较大的震荡。从这一角度来看，我们不能不得出这样的结论：如果说企业多了，那是指计划经济体制下的无效益企业多了，而适应市场经济要求和经得起市场检验的企业还不够多；如果说企业发展快了，那是指对市场不敏感，从而不面向市场而进行生产的企业的发展过快，而那些面向市场进行生产并受到市场欢迎的企业的发展速度还不够快。乡镇企业就属于后一类企业。

二

这里，需要对重复建设一词做一些分析。重复建设是不是必须取缔呢？一般说来，不应该从事重复建设，不容许重复建设的现象发生。这是因为，在资源供给为既定的条件下，重复建设意味着资源的浪费、资源的不合理利用，从而使本来就紧张的资源供给更加紧张。此外，在市场购买力为既定的条件下，重复建设意味着总有一些产品因缺乏市场而滞销积压，这同样是资源的浪费、资源的不合理利用。资源的双重浪费、双重不合理使用，这就是重复建设的代价或重复建设对经济的危害。

人们有时在谴责重复建设时，把乡镇企业同重复建设挂上钩，似乎乡镇企业的建立和扩大生产规模同重复建设之间结下了不解之缘，而忘却了同重复建设有着最密切关系的不在于企业是属于乡镇企业还是国有企业，而是企业的经营机制是否转换了，投资体制是新的还是旧的。乡镇企业有着自己的灵活机制，既自主经营，又自负盈亏。如果明知是重复建设的项目，资源供应紧张就必定导致生产成本的上升，市场购买力有限就必定导致销售困难，结果必定是得不偿失，那么谁会硬往重复建设的墙壁上撞呢？乡镇企业是不会往这堵墙上撞的，因为它们知道硬撞的后果是自己的倒闭。但那些不承担投资风险的计划经济体制下的企业却有可能不顾重复建设的后果，铺摊子，上项目，即使投资无效益也在所不惜。可见，问题恰恰在于企业作为投资主体是否承担着投资风险。乡镇企业之所以会避免无效益的投资，避免重复建设，原因正在于此。

从宏观经济的角度来看，对重复建设还需要做进一步的探讨。一般所说的重复建设，是指某种类型的产品已经有某家企业进行生产，如果再建设一家企业，生产同种类型的产品，那就是重复建设，就是资源的浪费。但需要研究的是：禁止重复建设是不是会造成保护垄断、保护落后的现象？重复建设是不是一律损害国民经济？同类产品生产者之间是否容许竞争？比如说，某种类型的产品已经由某家企业进行生产，但产品数量不符合社会的需求，市场仍有较大的份额有待于企业去占据。在这种情况下，是只容许该家企业扩大生产规模呢，还是容许建立新的企业，由新建的企业的产品来填补市场的空缺？显然，新建的企业的加入不应当被认为是重复建设。再说，假定原来生产某种类型产品的企业虽然能够提供市场所需要的足够多的产品，但价格比较高，产品质量仍有改进之必要，而新建的企业所生产出来的同类产品，却能以较低的价格供应给需求者或产品质量比较好，那么在这种情况下，难道只容许原来生产该种类型产品的企业垄断该类产品的生产，而不容许新企业的加入？难道宁肯要价格较高、质量较低的产品而拒绝新企业生产价格较低、质量较高的产品？这无疑是不合理的。这种情况下，新建企业的加入也不应当被认为是重复建设。总之，重复建设不应当被当成是保护垄断、保护落后的挡箭牌。

再看一看与重复建设有关的资源浪费问题。首先要指出，假定只容许原有的企业生产出价格较高、质量较低的产品，而不容许新建的企业去生产价格较低、质量较高的产品，这同样是一种资源的浪费、资源的不合理使用。一定数量的资源，既然有可能被某家新企业用于生产价格较低、质量较高的产品，但却以禁止重复建设为借口而不准这家新企业成立，宁肯让原有的某家企业用来生产价格较高、质量较低的产品，这不是资源的不合理使用又是什么？其次，需要说明的是：市场是企业（包括乡镇企业）的检验者，即使生产资料的供应有限，市场购买力为既定，只要经济中遵循的是“适者生存”原则，那么生产价格较高、质量较低的产品的企业将被淘汰，生产价格较低、质量较高的产品的企业将继续生存下来，有限的生产资料供应将属于后者而不属于前者，既定的市场份额将被后者所取得而把前者排除在外。这样，经过一定时间的较量之后，适者生存，不适者被淘汰，资源浪费问题也就自然而然地通过市场竞争而解决了。我们有什么理由认为重复建设一定是坏事呢？只有重复生产价格高和质量低的产品，才是必须取缔的；只有重复建立那些生产价格高和质量低的产品的企业，才是必须禁止的，才是名副其实的重复建设，不能看投资主体是国有资产管理部门还是乡镇企业。

从这里，我们有一个深切的体会：如果不加快产权改革，不能真正按照市场需求自主组织生产经营，不能真正把经济效益放在首位，不能真正建立激励和约束相结合的管理体制，乡镇企业是适应不了市场经济的要求的。我们甚至可以说，对某些现在虽然产权尚未明晰但仍能取得成绩的乡镇企业来说，它们的“好日子”可能不会太长了。市场经济的形势逼得它们非改革不可，非抓紧改革不可。

三

由此我们可以对乡镇企业产权改革的重要意义进行较详细的分析。产权改革涉及的是市场主体的组织规范化和行为规范化的问题。在我国现阶段，产权改革是指如何把那些政企不分、产权不明、不自主经营、不自负盈亏的企业改造成为政企分开、产权明确、自主经营、自负盈亏的企业。产权改革既与改造原有企业有关，也与建立新企业有关，因为根据产权改革的思想，新建的企业从一开始就应当按照政企分开、产权明确、自主经营、自负盈亏的模式来建立。

前面已经指出，市场对企业进行检验，市场竞争中盛行的是“适者生存”原则。要制止真正的重复建设，企业必须按照产权改革的思想改造或新建，以便它们既可以适应市场的变化而调整产品结构，避免生产社会所不需要、不欢迎的产品，而是生产社会需要、欢迎的产品，又可以用自己的价格较低、质量较高的产品去排挤竞争对手所生产的价格较高、质量较低的产品。更重要的是：通过产权改革，一切企业都处在平等的起跑线上，都同政府机构分开，都只是“遵守法律，照章纳税”，既不受政府机构的直接管辖，又不接受政府机构对自身的生产经营活动的直接干预。此外，通过产权改革，一切企业都承担投资风险，自负盈亏，而不再躺在国家身上吃大锅饭，也不受政府的偏爱和特殊照顾。产权改革是建设现代市场经济体制的基础性改革，其必要性与重要性是不言自明的。

至今依然有人怀疑，乡镇企业是不是同国有企业或原来的城市“大集体”企业一样需要进行产权改革？回答是明确的：乡镇企业同样需要产权改革。要知道，乡镇企业的继续存在和进一步发展是以乡镇企业转换经营机制、自主经营和自负盈亏并且已经不再成为政府部门的附属物为前提的。这是因为，假定乡镇企业同国有企业、原来的城市“大集体”企业一样不能实现自主经营和自负盈亏，那又怎么谈得上乡镇企业经得起市场的检验，并能按照市场的“适者生存”原则在市场大海中拼搏、竞争呢？假定乡镇企业同国有企业、原有的城市“大集体”企业一样受到政府部门的严格限制和干预，那又怎么谈得上乡镇企业的建立和存在本身是对计划经济体制的有力冲击并使计划经济体制大堤的缺口越来越大？也就是说，不能笼统地认为乡镇企业在产权制度上不同于国有企业和原来的城市“大集体”企业。事实并不完全如此。这可以从两方面来解释：

一方面，在所有的乡镇企业中，只有一部分乡镇企业实现了经营机制的转换，符合独立商品生产者的条件，还有一部分乡镇企业尚未实现经营机制的转换，不符合独立商品生产者的条件。它们名为乡镇企业，实际上应当被称为“乡有企业”“乡营企业”“镇有企业”“镇营企业”，即最基层的政权机构所拥有与直接经营的企业。对这部分乡镇企业而言，产权改革还没有开始，甚至当地的乡政府、镇政府还不懂得在乡镇企业中进行产权改革的必要性和重要性。正因为如此，绝不能认为乡镇企业已不需要产权改革了。

另一方面，即使对那些已经实现了经营机制转换的乡镇企业来说，它们经营机制的转换只是初步的，它们的产权设置还有待于规范化，它们同乡镇政府之间的关系还需要进一步调整，以符合乡镇企业作为独立商品生产者的要求。

当前，摆在乡镇企业面前的一项迫切任务应是大力推进产权改革，使乡镇企业的产权设置规范化，使乡镇企业的产权结构合理化。如果以为乡镇企业当前的迫切任务只是扩大生产规模和增加投入，那就是忽略了乡镇企业发展的关键所在。扩大乡镇企业的生产规模和增加投入当然也是很重要的，但这更可能是进行了认真的产权改革之后的必然结果，而不是对产权改革的取代。

乡镇企业产权改革的意义远远不止于此。关于乡镇企业产权改革的深远意义，可以从以下四方面来做进一步分析：（1）有利于大大提高农民作为乡镇企业所有者的主体意识，增加农民的生产积极性和建设新农村的决心；（2）有利于大大提高农民的文化技术与管理水平，使农村的社会经济得到迅速发展；（3）有利于推进乡镇基层政权机构的改革，加强乡镇基层政权建设；（4）有利于提高农民的收入，提高农村的生活水平，为农村的共同富裕创造条件。现具体论述如下：

第一，关于农民作为乡镇企业所有者的主体意识的增强问题。

如果乡镇企业不进行认真的产权改革，产权依然处于不清晰、不明确的状态，那么农民虽然成为了乡镇企业的所有者（即使是部分所有者），但他们对乡镇企业资产的关心程度必然受到很大的限制，他们对乡镇企业资产的较差的关心程度又必然挫伤他们的生产积极性和投资积极性。这是未进行产权改革的乡镇企业的严重缺陷。反之，只要认真地进行乡镇企业的产权改革，明确了产权，使每个投资者都在企业的产权中有清晰的、确定的份额，这样，即使农民只是乡镇企业的资产的一部分所有者，他们作为所有者主体、投资主体的意识必将大大增强。农民将关心本企业的资产及其保值增值状况，将把企业经营的好坏视为自已关心的主要问题之一。农民的生产积极性和投资积极性将大大提高。同时，只要乡镇企业通过产权改革后增加了活力，增加了盈利，扩大了生产规模，作为所有者、投资者的农民就可以由此看清农村建设的前景，看清乡镇企业经济力量的成长与壮大对于农村建设的意义，他们建设新农村的决心也会大大加强。经常听到有人说，农民不安心在农村中生活、工作，农村的人力纷纷外流，农村的健壮劳力都走了，等等。不错，在一些农村确实存在这种情况。但我们同样可以看到，在乡镇企业发达的地区，特别是在乡镇企业发展后把自己的一部分盈利用于改善农村文化和生活设施的地区，农民的情绪则是较为稳定的，这些地区不但留住了本地的农民、本地的健壮劳力，而且还吸引外地的健壮劳力前来做工。因此，完全有理由认为，在通过产权改革而大大增强了农民作为所有者的主体意识，大大提高了乡镇企业活力之后，农村的面貌必将发生巨大的变化，农民建设自己家乡的热情也必将大为高涨。

第二，关于农民文化技术与管理水平的提高问题。

要提高农民的文化技术与管理水平，可以通过很多途径，但不能忽略的是，通过乡镇企业的产权改革，使农民成为名副其实的所有者主体、投资主体，使农民有机会参与乡镇企业的各种会议，也是提高农民文化技术与管理水平的一个重要途径。这是因为，在未明确乡镇企业的产权时，尽管农民是名义上的乡镇企业主人，但这是虚的，而不是实的，他们既没有机会参与乡镇企业的各种会议，也没有机会表达自己对乡镇企业发展业务的意见，这样，也就谈不上农民通过乡镇企业的活动而提高自身的文化技术与管理水平。这种情况下的农民与乡镇企业之间的关系，或者是农民入厂做工，农民单纯充当劳动力，或者是农民单纯出钱，但乡镇企业却没有把农民当成是真正的主人。乡镇企业产权改革以后，情况将发生重大变化。这时，农民作为所有者、投资者的地位明确了，农民投资所形成的产权份额也清晰了，相应地，农民作为所有者、投资者将直接参与或选出代表参与乡镇企业的有关决策和参加有关会议，他们将逐渐懂得企业的经营和财务状况，进而对企业的兴衰和资产的增减原因有所了解。如果农民是企业的职工，他们在这里就不单纯充当劳动力，而且也直接或间接地参与生产经营决策。如果农民不是仅有一家乡镇企业作为投资对象，而是有可供选择的投资机会，他们就会对各个投资机会进行比较，并通过比较增进自己的技术与经济知识。人们常说市场经济是一所大学校，从这里可以学习到许多书本上学不到的东西。但作为乡镇企业中的劳动力，农民真正从市场中所学到的并不多。而农民如果作为乡镇企业的所有者、投资者，并且真的能够参与决策，那么农民从市场经济中所学到的就多得多。农民越懂得市场经济，市场经济就越能顺利地发展，而要农民比较深刻地了解市场经济，就应使农民不再局限于以消费者、劳动者、储蓄者的身份参加市场经济，而且也以投资者、经营者的身份参加市场经济。

第三，关于乡镇基层政权的建设问题。

乡镇基层政权的建设所涉及的问题较多，包括乡镇基层政权机构选举的民主化、乡镇基层的党组织自身的建设、乡镇基层政府工作人员素质的提高，等等，也包括乡镇基层政权机构与乡镇企业之间关系的调整。乡镇基层政权机构的改革与乡镇企业的产权改革是密切相关的，关键在于乡镇企业应当成为政企分开、产权明确、自主经营、自负盈亏的独立商品生产者，乡镇企业不再是乡镇基层政权机构的附属物，乡镇基层政权机构不再把乡镇企业当作自己的直辖企业，不再把乡镇企业当作自己的“小金库”。如果不进行认真的产权改革，是做不到这一点的。不可否认，在某些地区，在乡镇企业产权不明确、不清晰的条件下，由于一些盈利的（甚至也有一些不盈利的）乡镇企业被当地的乡镇基层政权机构牢牢掌握在自己的手中，视为乡镇基层政权机构的“小金库”，于是，一方面乡镇企业的活力受到极大限制，农民的生产积极性和投资积极性大受挫折；另一方面，这也成为某些乡镇基层政府工作人员腐败的原因之一，而乡镇基层政府工作人员的腐败又破坏了乡镇基层政权的形象，失去群众对他们的信任，并使得乡镇的政治生活、经济生活不正常，使得当地社会难以安定。由此可见，按照乡镇企业产权明确化的原则来调整乡镇基层政权机构与乡镇企业之间的关系，使乡镇企业成为政企分开、产权明确、自主经营、自负盈亏的独立商品生产者，并不单纯是一个至关重要的经济问题，而且是一个关系到今后能否巩固乡镇政权和保证乡镇社会安定的政治问题。我们决不能轻视这一问题。迄今为止，已有一些被揭露的乡镇干部胡作非为并造成严重后果的案件，他们的胡作非为往往同他们成为乡镇企业的实际主管人有关，他们把政治权力、经济权力集中于自己身上，从乡镇企业那里随意支取货币，或把各种开销拿到乡镇企业报账，或把持乡镇企业招工用人的大权。所有这些都是与市场经济的要求相背离的。难道不该在乡镇企业产权改革的过程中对这些现象来一番清理、整顿吗？

第四，关于农民收入的提高与农村共同富裕问题。

农民收入增长所带来的结果是生活水平的提高。问题在于农民怎样才能较迅速地增加收入？简单地说，主要有两条途径。一是农业（包括畜牧业、渔业、林业、副业）生产以较快的速度发展，劳动生产率有较大幅度提高，农民可以由此提高收入。二是乡镇企业（包括第一、第二、第三产业中的乡镇企业）以较快的速度发展，劳动生产率有较大幅度提高，农民作为劳动者和作为投资者都可以由此提高收入。此外，乡镇企业还可以利用自己的一部分利润来支援农业或用于改善农村的文化与生活设施，提高农民的生活水平。即使农民外出做工，其中也有相当一部分是到外地的乡镇企业去工作。可见，乡镇企业的产权改革以及由此引起的乡镇企业活力的增强和乡镇企业的进一步发展，有利于提高农民的收入和改善农村的物质文化生活。那么，农村中的扶贫问题又将如何解决呢？乡镇企业的发展同农村中的扶贫有什么联系呢？在这里，首先需要指出，农村扶贫是一个社会问题，有赖于全社会的共同努力才能解决，包括各级政府对贫困地区和贫困户采取特殊的政策，城市各个企事业单位以不同方式支持贫困地区发展经济、技术、文化、教育、医疗卫生等，也包括农村中的先富裕农户对贫困户的帮助。乡镇企业对贫困地区和贫困户的扶植、帮助同样是扶贫的有效途径之一。比如说，乡镇企业从贫困地区招工；有较好效益的乡镇企业到贫困地区投资开发，既可利用当地的资源，又能增加贫困地区的收入；发达地区的乡镇企业同贫困地区的乡镇企业加强经济联系等。总之，有乡镇企业的积极参与，贫困户和贫困地区收入水平的提高将会大大加快，这也反映了产权改革后乡镇企业的发展对社会所做的贡献。

四

现在让我们来探讨乡镇企业产权改革的目标模式问题。承包制不能成为市场经济体制下的企业目标模式，这在经济学界已成定论，并且被许多有造诣的经济学家所公认，因此用不着再赘述了。那么乡镇企业产权改革的目标模式是什么？这倒是可以进一步研究的课题。

乡镇企业合作制是乡镇企业产权改革的目标模式之一。合作制既表明企业的经济性质，也表明企业的财产组织形式。合作制的优点可以简略地归结为：

1. 以合作制的形式组建或改造乡镇企业，能达到政企分开、产权明确、自主经营、自负盈亏的目的。

2. 以合作制的形式组建或改造乡镇企业，能把企业的投资者与企业的劳动者合为一体，从而调动农民作为企业投资者与企业劳动者的积极性。

3. 以合作制的形式组建或改造乡镇企业，能在企业内部形成一种比较协调的环境，从而有利于增强企业内部的凝聚力，促进生产力的发展。

4. 以合作制的形式组建或改造乡镇企业，能以规范的合作制企业章程来健全企业的管理制度，并对企业领导层进行约束，对企业职工和投资者的合法权益进行保护，从而有利于企业的顺利发展。

乡镇企业合作制的上述优点是明显的。因此在乡镇企业产权改革时，不应该忽视合作制这种企业财产组织形式。那种所谓合作制企业已经过时的说法，不符合实际。要知道，按照规范的原则组建或改造而成的乡镇企业不同于计划经济体制下曾经存在或至今仍然存在的集体所有制企业。那种集体所有制企业名为集体所有，实际上依旧是产权不明确、不清晰的企业，究竟是谁投资的，任何人也说不清楚。即使有些集体所有制企业当初由个人集资（或一部分由个人集资）而产生，但出了资的个人不仅没有被看成是企业的实际的主人，甚至他们本人也不认为自己是企业的实际的主人。然而，以合作制形式组建或改造的乡镇企业则使得乡镇企业的面貌一新，截然不同于以往那种集体所有制企业。合作制也可以称作集体所有制，但这是一种与社会主义市场经济体制相适应的新的集体所有制。

但乡镇企业合作制只是乡镇企业产权改革的目标模式之一，而不是乡镇企业产权改革的唯一模式。与股份制的乡镇企业相比，合作制的乡镇企业的不足主要有以下五点：

第一，在企业规模不大时，乡镇企业合作制的上述优点可以明显地表现出来，而当企业规模较大时，乡镇企业合作制就显得不够了。比如说，企业规模不大，以合作制形式组建或改造乡镇企业，可以把企业的投资者与企业的劳动者合为一体，在企业内部造成一种比较协调的环境，作为合作制特色的“一人一票制”也容易实现。但如果企业规模较大，人数较多，就不一定能发挥合作制的长处。“一人一票制”即使推行，也易于流于形式，而难以把企业内部的关系协调得如职工人数较少时那样。

第二，从融资集资的角度来看，合作制的乡镇企业是明显地不如股份制的乡镇企业的。股份制的乡镇企业可以从社会广泛地筹集资金，而合作制的乡镇企业则受到从职工内部集资，特别是“一人一票制”的限制，难以筹集更多的资金。乡镇企业合作制的这一局限性在企业规模增大或在有盈利机会存在但由于缺乏资金而难以如愿时更为突出。

第三，从原有的乡镇企业改制为产权明确的乡镇企业时，经常会遇到资产存量折股问题。在股份制条件下，资产存量的折股问题比较容易解决，而在合作制条件下，通常只有把资产存量平均出售给每一个社员才能解决。如果企业规模不大，让全体社员买下资产存量仍是可行的；如果企业规模较大，全体社员买下资产存量这种做法的可行性较小。

第四，在企业发展过程中，有时需要对外参股、控投，有时需要吸收其他企业的参股，有时企业有可能成长为企业集团。这些经济行为完全是正常的。如果按照股份制形式来组建或改造乡镇企业，这些经济行为可以顺利地进行；如果按合作制形式来组建或改造乡镇企业，这些经济行为的实现就会困难得多。

第五，合作制与股份制的另一不同之处在于：当人们参加合作制的乡镇企业后，退出是自愿的，也是自由的；而当人们参加股份制的乡镇企业后，退股是不容许的，股份只能转让给另一人。因此，股份制有利于企业的生产经营规模的稳定，合作制则不利于企业的生产经营规模的稳定。此外，在股份制之下，股份转让时不是按参加时的价格转让，而是按照现行的价格转让，这对于投资者比较有利；而在合作制之下，退出时究竟按什么价格计算是一个难以解决的问题。如果退出时仍按入社时的价格计算，退出者岂不是吃亏？如果退出时按资产重估后的折价计算，那就有可能引发更多的人要求退出，生产又如何继续进行下去？假如合作制的乡镇企业不容许退出，不就与合作制的原则不符了吗？所以合作制乡镇企业在“自愿退出”问题上会遇到操作的困难。同样的道理，在对待新加入者方面，合作制的乡镇企业也会遇到类似的难处。允不允许新加入者进入？如果不允许新加入者进入而只允许原来的加入者退出，那么合作制的乡镇企业岂不是会越来越小，至少是社员人数越来越少？如果允许新加入者进入，那么新加入者按什么价格出资入社？按原来加入者所支付的价格，原加入者肯定吃亏，新加入者肯定占便宜，那又会促使更多的新加入者进入，原加入者与新加入者之间的矛盾必然加剧。新加入者按资产重估后的价格加入，也会遇到操作的困难。在股份制的乡镇企业中，由于不得退股而只能转让股份，问题会简单得多。

五

以上所说的这一切并不等于否认乡镇企业合作制的优点。从转换企业经营机制，实现政企分开、产权明确、自主经营、自负盈亏的角度来考察，乡镇企业合作制与乡镇企业股份制一样，都可以达到原定的目标。问题主要在于：乡镇企业规模不大时，合作制是较为适合的，而在乡镇企业规模扩大后，尤其是在新组建的大中型乡镇企业和原有的大中型乡镇企业改制时，合作制的不足之处将突出地暴露出来，所以它不如股份制。换言之，小型乡镇企业的产权改革适宜以合作制作为目标模式，而大中型乡镇企业的产权改革则以股份制作为目标模式为宜。

在这里，还有一个问题需要提出来进行讨论，这就是乡镇企业的“股份合作制”问题。究竟什么是“股份合作制”？从目前已经采取“股份合作制”的乡镇企业来看，其中多数是一种合伙制的小企业，还有一部分是不规范的股份制企业。真正实行规范的合作制的或规范的股份制的乡镇企业是少数。因此，不仅尚未进行产权改革的乡镇企业需要进行产权改革，而且已经被称为“股份合作制企业”的那些乡镇企业，也需要通过认真的产权改革使之规范化：或者向合作制的模式规范化，或者向股份制的模式规范化，或者按其本来的产权组成状况，名副其实地正名为私营企业，包括独资企业和合伙企业。

“股份合作制”这个名称并不科学。从企业财产组织形式上看，合作制与股份制是两种不同的企业财产组织形式。一个企业或者实行合作制，或者实行股份制，或者既不实行合作制又不实行股份制，而不可能同时实行合作制与股份制，也不可能把合作制与股份制合为一体。目前，不少乡镇企业喜欢采用“股份合作制”这种名称，可能有以下三个原因：

一是害怕被说成是资本主义性质的。这是因为，在过去较长时间内，一谈到合作制，就认为这是社会主义性质的，一谈到股份制，则被看成是资本主义性质的，因此，明明是按照股份制的方向来组建或改造乡镇企业（尽管组成的是不规范的股份制企业），但由于怕别人说三道四，就使用了“股份合作制”这个名称，以增加安全感。现在看来，这种顾虑是不必要的，股份制无非是企业财产组织形式的一种，它本身并不表明姓“社”还是姓“资”。是股份制就是股份制，不必硬套上“股份合作制”这样一个不科学的帽子。

二是以为使用“合作”一词在政策上可以得到某些优惠，因此就在股份制之上加上“合作”一词。其实，这也是多余的。政策的优惠可能来自两个方面。一方面，如果符合国家或地区的产业结构调整的要求，那么从产业政策上考虑，政府是会给予优惠的，这时加不加上“合作”一词无关紧要，重要的是投资与生产的产业特征。另一方面，如果是真正的合作制企业，那么根据国家或地区对合作制企业的扶植的规定，企业可以得到一定的优惠，但这时必须确实把企业组建或改造为合作制企业，而不能只从表面上看是否加上“合作”一词。假定有些“股份合作制”的乡镇企业真的是合作制企业，何必不直接使用合作制的名义，而要用“股份合作制”名义呢？

三是把“股份合作制”看成是有中国特色的一种企业财产组织形式，即这类企业既不同于真正的合作制企业，又不同于规范的股份制企业。比如说，在股权设置中，有“集体股”“企业股”这样的股份，这当然与规范的股份制不符，所以，有人认为不如改称“股份合作制”，因为“集体股”“企业股”之类似乎带有合作制的成分。又如，有人认为，在合作制之下，出资人可以申请退股，在股份制之下，退股是不容许的。在合作制之下，一人一票，在股份制之下，按股份多少决定票数多少，假定采取“股份合作制”，那么既可以容许出资人退股，又可以按“一股一票”的原则吸收有实力的投资者（包括自然人和法人）加入，岂不是兼有合作制与股份制的特色？这样的企业财产组织形式——“股份合作制”——难道就能反映“中国特色”吗？应当指出，以这种方式来理解“有中国特色的”乡镇企业财产组织形式，是不准确的。毫无疑问，乡镇企业的成长及其在中国经济建设中的巨大作用这一事实本身就已经具有“中国特色”了，有什么必要硬要从企业财产组织形式上去制造不规范的股份制或不规范的合作制呢？不规范的合作制或股份制只能阻碍乡镇企业的进一步发展，它们算不上什么“中国特色”。

六

乡镇企业的产权改革正在进行之中。已经存在的“股份合作制”的乡镇企业，不管怎么说，都应当被认为是近年来中国经济生活中出现的新事物。对于它们的不规范性，要予以指出，切切实实地给予帮助和指导，使它们走向规范化。不应当歧视它们，更不应当指责它们或取缔它们。它们在很大程度上是自发地产生的。乡镇干部、群众的热情很高，有些做法（尽管不规范）来自群众的创造。如果说乡镇企业的兴起与发展对80年代的中国起过重要作用的话，那么其中也包括了“股份合作制”乡镇企业所起的作用。如果说乡镇企业的存在与成长是对计划经济体制的有力冲击的话，那么“股份合作制”乡镇企业的功劳也不可磨灭。实践已经充分证明，同以往那种名为集体所有的计划经济体制下的“正统”企业相比，“股份合作制”的乡镇企业可称作是“异端”。为了打破计划经济体制的严重束缚，多一些“异端”是好事。乡镇企业的产权改革可以因地制宜，采取不同的步骤来促进乡镇企业产权设置的规范化，而且在速度上必定有差别。总的趋势将是：小型乡镇企业产权改革的目标模式是合作制，大中型乡镇企业产权改革的目标模式是股份制，关于这一点，前面已经谈过，不再赘述了。

股份制的乡镇企业不是指一定要公开上市。在股份制条件下，公开上市的股份有限公司是极少数。乡镇企业中，够条件公开上市的，当然不排除这种可能性。大多数股份制的乡镇企业可以改为有限责任公司，这是一种普遍适用的乡镇企业财产组织形式。还有一定数量的股份制乡镇企业可以改为内部持股的股份有限公司。要知道，股份制就是股份制，它不分什么“城市企业股份制”和“乡镇企业股份制”，也不分什么“由国有企业改组的股份制”和“由原乡镇企业改组的股份制”，规范化是一个统一的标准，凡是股份制企业都适用。

有些企业由于种种考虑而宁肯保留“股份合作制”的名称，怎么办？对此不必操之过急。产权改革的目的是为了实现企业的政企分开、产权明确、自主经营、自负盈亏，只要乡镇企业通过产权改革达到了这一目的，有效地转换了企业经营机制，实际上已经按照规范的股份制或规范的合作制组建和运作了，它们愿意采取“股份合作制”这一名称，就听之任之，不要干涉。等到将来某一天，它们自己感到有必要正名为股份制企业或合作制企业之时，它们自己会不再使用“股份合作制”这一名称的。

不仅“股份合作制”这种企业财产组织形式是过渡性的，甚至可以认为，“乡镇企业”这种提法也具有过渡性质。在乡镇企业刚刚出现的时候，这些企业之所以被称为“乡镇企业”，一来是为了同当时占支配地位的计划经济体制下的企业（如国有企业、原来的城市“大集体”企业等）相区别，二来考虑这些企业设置于乡镇，而且劳动力也主要来自附近的农村。那么今后呢？难道还有与“乡镇企业”相对而言的“城市企业”吗？难道“乡镇企业”只可能设置于乡镇之中，企业所需要的劳动力仅限于农村吗？假定当初成立乡镇企业时，考虑到这些企业与计划经济体制下的企业的运作方式不同，即这些企业是“计划外的”商品生产者，所以要用“乡镇企业”来表示其运作方式的特点，那么今后在市场经济大环境中，还需要分什么“计划外的”商品生产者与“计划内的”商品生产者吗？正如前面已经指出的，企业就是企业，股份制企业就是股份制企业，用不着分什么“城市企业”与“乡镇企业”，“城市股份制企业”与“乡镇股份制企业”。迟早有这么一天，“乡镇企业”这一过渡性的称呼将不再存在，“乡镇股份制企业”这一说法也将消失。

这可能是若干年之后的事情，距现在还有一大段时间。因此，立足于现实，我们仍有必要着手乡镇企业的股份制改革，研讨乡镇股份制企业的组建与运行问题。而且，需要再重复一遍：尽管从理论上说“股份合作制”这种提法是不确切的，在组建与运行中也会碰到各种各样的困难，但考虑到“股份合作制”的名称已经在相当广的范围内被农村干部和农民接受，因此可以不必取消它。用“股份合作制”的名称也好，改用“股份制”的名称也好，都是在现有起点上的前进。可以这么说，在产权改革工作中，不要在名称上争论不休，而要看实质，即是否循着产权改革的道路往前走。“一步到位”是做不到的，“分步到位”更有现实意义。

（原载《学习与探索》1994年第3期）

收入分配的合理性与协调

究竟什么是收入的公平分配？收入分配的合理是不是比收入分配的公平更为合适？这是收入分配理论中的一个重要问题。我的观点是：收入分配的公平是说不清楚的，而且容易导致平均主义分配方式的复归，因此“收入公平分配”的提法不如“收入合理分配”的提法，用“收入分配合理”一词作为“收入分配公平”的替代语也许更为恰当。

那么，究竟什么是收入的合理分配呢？让我们从收入分配合理性的两种含义谈起。

一、收入分配合理性的两种含义

收入分配的合理性有两种含义：一是指收入本身是否合理；二是指人与人之间的收入差距是否合理。两种含义虽然有密切联系，但并不一样。比如说，甲、乙二人都作为生产要素供给者参加了市场活动，甲得到n元，乙得到m元。收入分配合理的第一种含义是指，甲得到n元，乙得到m元，这是否合理？他们应当得到比n元、m元更多的收入呢，还是只应得到少于n元、m元的收入？如果说他们得到的收入应当高于n元或m元，那么高多少是合理的？如果说应当低于n元或m元，那么低多少是合理的？这就是第一种意义上的收入合理问题。另外，假定甲得到n元，乙得到m元，那么n元与m元之间的差距究竟多大为合理，否则就是不合理？社会上不只是甲、乙两人，而是有众多的生产要素供给者、市场参与者，他们之间的收入是有差距的。可以在众多的生产要素供给者、市场参与者中，按照收入状况划分为若干组。这样就便于通过对组与组之间收入差距的研究，进而说明社会收入分配的合理与否。这是第二种意义上的收入合理问题。

第一种意义上的收入合理问题与第二种意义上的收入合理问题有联系，也有区别。对第一种意义上的收入合理问题的研究，应成为研究第二种意义上的收入合理问题的基础。比如说，如果甲得到n元收入具有合理性，乙得到m元收入也具有合理性，那么甲与乙的收入差距（n与m的差距）可以被认为是合理的。但是，如果甲得到的n元的收入是不合理的，那么不管乙得到的m元的收入是否合理，都难以认为甲与乙的收入差距（n与m的差距）具有合理性；反之，如果乙得到的m元收入是不合理的，那么不管甲得到的n元收入是否合理，也都难以认为甲与乙的收入差距（n与m的差距）具有合理性。也许有人会提出：以前，在计划经济体制下，尽管人们的收入水平都很低，但彼此之间的收入差距不大，所以这仍应当被看成是收入分配的协调，即使是低收入条件下的收入分配的协调。能不能这样看问题呢？只要我们懂得了收入分配合理性的两种含义，这个问题就不言自明了。要知道，在计划经济体制下，在平均主义分配方式占支配地位的条件下，人们的收入都低于他们作为生产要素供给者本应得到的收入。这一组生产要素供给者的收入不合理，另一组生产要素供给者的收入也不合理，既然彼此的收入都不合理，那么他们之间的收入差距也就不具有合理性。收入分配不合理（包括第一种意义上的收入分配不合理和第二种意义上的收入分配不合理），那还怎么谈得上收入分配的协调呢？

二、收入分配协调的含义

下面，让我们在弄清楚收入分配合理性两种含义的基础上，再就收入分配协调的含义进行阐释。

收入分配协调是以第一种意义上的收入合理分配和第二种意义上的收入合理分配为前提的。正如前面已指出的，没有第一种意义上的收入合理分配，第二种意义上的收入合理分配就无从谈起。而如果没有这两种意义上的收入合理分配，收入分配协调也就没有可能性。因此，我们不可能脱离收入分配的合理性来讨论收入分配的协调。

前面还指出，低收入水平上的收入分配协调，不可能是真正的收入分配协调，而是一种虚假的、真相被掩盖了的、所谓的“收入分配协调”。对这个问题的认识，必须同对平均主义分配方式的认识联系在一起。在平均主义分配方式之下，效率低，生产力水平低，收入水平也低，尽管彼此之间的收入差距不大，但不能认为这时已经接近了收入分配协调。收入分配协调，只有在按效益分配条件下，生产要素供给者各自得到了合理的收入，而彼此之间的收入差距也是合理的时候，才能实现。在普遍低收入的条件下，无论怎样进行分配，也不可能做到收入分配的协调。

谈到收入分配协调还是不协调，通常既指个人收入分配的协调，又指地区收入分配的协调。后者是从另一个角度提出的收入分配协调的含义。我们应当看到，个人收入分配的协调问题尽管也会遇到一些困难，但相对于地区收入分配协调问题而言，仍然比较容易解决。这是因为，个人收入分配协调与否同个人收入分配是否合理直接有关，只要把个人收入分配是否合理问题弄清楚了（虽然这也有一定的难度，关于这一点，下面还要展开讨论），那么个人收入分配协调与否也就较易于做出判断。然而，地区收入分配协调与否的判断却要困难得多。理由是：

第一，个人收入分配的合理性是以个人作为生产要素供给者按生产要素供给的效益取得收入为标准的，但地区收入分配的合理性却很难按照同样的标准来处理。要知道，个人收入是指个人提供生产要素所得到的收入，因为只有这样，才能说明这种收入是否合理。但地区收入的含义却不明确。它可能是指地区的国民生产总值和国民收入，如果地区收入是指这些，那么就难以说明它们是否合理，从而地区收入的合理性就缺乏判断的依据。假定把地区收入理解为地区的各个生产要素供给者个人提供生产要素所得到的平均收入，那么这种平均收入同样缺乏判断其合理与否的依据，因为平均收入掩盖了各个不同的生产要素供给者的效益的差别，从而掩盖了各个不同的生产要素供给者的收入的合理性。既然地区收入的合理性缺乏依据，那么上述第一种意义上的收入分配合理与否就判断不了，于是对于地区收入分配的协调与否也是无法判断的。

第二，上述第二种意义上的收入合理分配（即收入分配差距的合理），是以第一种意义上的收入合理分配为前提的。对于个人收入分配合理与否的判断是如此，对于地区收入分配合理与否的判断也应如此。然而，正如前面所指出的，上述第一种意义上的收入合理分配对于地区收入分配是不适用的，既然如此，地区之间收入分配是否合理也就无法判断。人们至多只能说沿海地区的收入与内陆地区的收入差距过大，应当缩小这种收入差距，但却不能判断究竟两个地区之间多大的收入差距才是合理的差距，因为缺乏判断的依据。

由此看来，虽然地区收入分配的合理性和收入分配差距的合理性问题都可以从理论上进行深入的探讨，但在考察收入分配协调问题时，还是以考察个人收入分配协调为宜。至于地区收入分配协调的判断问题，则不妨作为进一步探讨的理论课题，留待今后去研究、解决。当然，这也并不妨碍我们笼统地使用“促进地区收入分配协调”这样的概念，这主要是指要避免地区收入差距过大。

另外，在考察效率与公平的顺序排列时，把个人作为生产要素供给者来对待，要比把地区作为生产要素供给区域来对待，更为清晰，因为效率是指资源的有效使用与有效配置，效率的变化，主要与生产要素供给者所提供的生产要素的效率变化有关。而公平，是指机会均等条件下收入分配的协调，这也只适用于对个人之间收入分配及其差距的考察，而不适用于对地区之间收入分配及其差距的考察，因为地区收入合理与否，以及地区之间收入差距合理与否的判断标准无法确定。

三、经济意义上与社会意义上收入分配差距合理性的区别

尽管我们不得不把收入分配合理性问题和收入分配协调问题的讨论集中到个人收入分配方面来，但是我们必须承认，在这方面还有一个难题有待于分析，这就是前面已经指出的，究竟什么是个人收入分配的合理差距，以及经济意义上的收入分配差距的合理性与社会意义上的收入分配差距的合理性为什么不完全一致。

从经济上说，假定生产要素供给者都是在同一条起跑线上参与市场经济活动的，竞争的结果使他们的收入有一定的差距，这种收入分配差距是机会均等条件下按效益分配原则起作用的产

物。因此，经济意义上的收入分配差距的合理性存在的条件有二：一是生产要素供给者的机会均等，他们之间参与市场经济活动的出发点是相同的；二是生产要素供给者按效益分配原则取得各自的收入。不言而喻，经济意义上收入分配的不合理差距，或者来自生产要素供给者之间机会的不均等，即他们在参与市场经济活动时并非站在同一条起跑线上；或者来自生产要素供给者并非都按效益分配原则取得收入；或者两种情况兼而有之。单纯从经济上进行分析，只要收入分配差距来自上述两个原因（或其中任何一个原因），那么不管收入分配差距是大还是小，都是收入分配的不合理差距，都是收入分配不协调的表现，于是都要政府进行第二次分配来予以协调。换言之，从经济上说，只要收入分配是机会均等条件下生产要素供给者参与市场经济活动的结果，并且各个生产要素供给者都按照效益分配原则取得了收入，那么不管收入分配差距是大还是小，都属于收入的合理分配，也就是收入分配协调的表现。

社会意义上的收入分配差距合理或不合理的界定，比经济意义上的收入分配差距合理或不合理的界定困难得多。为什么这么说？可以从以下两方面来说明：

一方面，在判断经济意义上的收入分配差距合理与否时，是严格地按照是否在机会均等条件下参与市场经济活动和生产要素供给者是否根据按效益分配原则取得了各自的收入来做出结论。而在判断社会意义上的收入分配差距合理与否时，却找不到像判断经济意义上收入分配差距合理与否那样严格的标准。如果采取同判断经济意义上的收入分配差距合理与否的相同的标准，岂不是等于说社会意义上收入分配差距合理与否就是经济意义上收入分配差距合理与否？那样一来，又有什么必要把社会意义上收入分配差距的合理性问题单列出来呢？看来，社会意义上的收入分配差距合理与否的判断标准不能仅限于机会均等条件下对市场经济活动的参与和生产要素供给者按效益取得收入这样两项，而必须另外寻找。但这个问题却不易解决。

另一方面，经济意义上收入分配的差距，只要是合理的差距，那么不管差距多大，在经济上所反映出来的结果将是效率的增长、生产力的发展、人均收入水平的提高。于是可以认为，经济意义上收入分配合理差距的存在将带来积极的后果。这一积极的后果在近期内就可以被观察到。然而，社会意义上收入分配的差距，如果差距偏大，却会导致社会的不安定，不管这种差距在经济意义上是否合理。加之，由于社会意义上收入分配差距偏大而引起的社会不安定，不一定在短期内就可以被观察到，这往往需要经过一段时间，问题越积越多、矛盾越来越尖锐时，才会爆发出来。这就表明：要从产生的后果方面来判断社会意义上收入分配差距的合理性，同样不是一件容易的事情。

既然经济意义上与社会意义上收入分配差距的合理性有上述区别，而社会意义上的收入分配合理性的界定要远远难于经济意义上的收入分配合理性的界定，那么我们不禁要问：是否有必要在界定经济意义上的收入分配差距的合理性之外，再去界定社会意义上的收入分配差距的合理性呢？应当说，这种必要性是存在的。经济意义上收入分配差距合理了，如果从社会意义上说收入分配差距也合理，那当然是最理想不过的。但在实际生活中，却很可能发生这样的情况：一种收入分配差距，从经济意义上说是合理的，而从社会意义上说，却不合理；或者，从经济意义上说是不合理的，而从社会意义上说，既可能也是不合理的，也可能反而是合理的。因此，即使对社会意义上收入分配差距是否合理的界定非常困难，但在这里做一些探讨仍是需要的。这种探讨有助于我们距离这个难题的解决更近一些。

四、社会意义上收入分配差距合理与否的判断

前面已经提到，生产要素供给者参与市场经济活动的机会均等还是不均等，是判断经济意义上与社会意义上收入分配差距合理性的共同标准之一。生产要素供给者是不是按各自的效益取得收入，是判断经济意义上与社会意义上收入分配差距合理性的另一个共同标准。要判断经济意义上的收入分配差距合理与否，有这两个标准就够了。然而，要判断社会意义上的收入分配差距合理与否，单靠这两个标准还不够（尽管它们仍是不可缺少的），而有必要另外寻找。这个问题虽然难度很大，但还不至于完全没有办法解决。

社会意义上的收入分配差距的不合理，表现为收入分配差距的存在使得社会上产生了不安定，而社会的不安定又会导致经济

发展受阻碍，导致效率的增长缓慢、停滞或下降，导致人均收入水平的降低或难以提高。社会意义上的收入分配差距的合理，则表现为：即使收入分配存在着某种差距，但社会上并未因此而产生不安定，于是经济可以持续向前发展，效率可以依然增长，而人均收入水平也可以照常逐步提高。这样，我们就可以把收入分配差距的存在是否引起社会的不安定看成是社会意义上收入分配差距合理与否的判断标准。初步看来，这个论点是可以站得住的。

但如果再仔细推敲一下，至少有三个问题有待于明确。这三个问题是：

第一，社会安定还是不安定的标志又是什么？经济意义上收入分配差距合理性所导致的经济发展、效率增长、人均收入水平提高，可以用统计指标来表示，可以计算，可以比较。社会意义上的收入分配差距的合理性所导致的社会安定，或收入分配差距的不合理所导致的社会不安定，究竟用哪些指标来表示？如何计算？如何比较？

第二，正如前面已经指出的，社会意义上的收入分配差距合理还是不合理的后果表现为社会安定或社会不安定，这并不是短时期内所能观察到的。社会不安定有一个累积过程，有一个潜伏期，通常要等到问题尖锐的时候才被人们观察到，但时间间隔是比较长的。这样就增加了判断社会意义上收入分配差距合理与否的难度。主要的困难在于：如何衡量潜伏的社会不安定的程度？如何才能避免把潜伏的社会不安定当成是社会安定，从而得出社会意义上收入分配差距合理的正确论断？

第三，社会不安定的原因是很多的，社会意义上的收入分配差距不合理只是原因之一，因此，究竟怎样才能判断社会意义上收入分配差距的不合理在社会不安定形成中的作用的大小？社会不安定究竟能在多大程度上归因于社会意义上收入分配差距的不合理？特别是，在社会意义上收入分配差距合理的情况下，难道不会因其他原因而引起社会不安定吗？这些情况同样增加了判断社会意义上收入分配差距合理与否的难度。主要的困难在于：如何衡量社会意义上收入分配的合理差距在促进社会安定方面的作用，并把这种作用同促进社会安定的其他因素的作用区分开来？如何衡量社会意义上收入分配的不合理差距在导致社会不安定方面的作用，并把这种作用同导致社会不安定的其他因素的作用区分开来？

我们列举出以上三个问题，并不意味着由于这些困难的存在而不必再在这个领域内进行探讨了，而是说，正因为考虑到这些困难的存在，所以在这个领域内进行研究时不应当也不可能偏重于数量化的分析，而应以比较粗线条式的研究为宜。具体地说，我们不妨以社会成员对自己的收入以及与他人的相比较的收入的满意度作为指标。社会成员对自己的收入的满意度和社会成员对于自己与他人相比较的收入的满意度是不同的，应当分别考察。

社会成员对自己的收入的满意度可以简称为个人绝对收入满意度。个人绝对收入满意度是指个人作为生产要素供给者对于自己提供生产要素所得到的收入同期望值的对应程度。如果个人作为生产要素供给者在提供一定量的生产要素的情况下所得到的收入同期望值达到了对应，个人就对自己的绝对收入感到满意。如果个人在这种情况下所得到的收入大于期望值，尽管二者并不对应，但由于收入是大于期望值的，所以仍应认为个人对自己的绝对收入感到满意。如果个人在这种情况下所得到的收入少于期望值，表明二者不对应，个人对自己的绝对收入就感到不满意。个人在这种情况下所得到的收入越是少于期望值，个人对自己的绝对收入的不满意程度就越大，或个人绝对收入满意度就越小。

社会成员对自己与对他人相比较的收入的满意度可以简称为个人相对收入满意度。个人相对收入满意度是指个人作为生产要素供给者对于自己提供生产要素所得到的收入在同他人因提供生产要素而得到的收入的实际比率同期望比率的对应程度。如果这种实际的比率同期望的比率达到了对应，个人就对自己的相对收入感到满意。如果这种实际的比率大于期望的比率，尽管二者并不对应，但由于实际比率是大于期望比率的，所以仍应认为个人对自己的相对收入感到满意。如果这种实际的比率小于期望的比率，表明二者不对应，个人对自己的相对收入就感到不满意。实际比率越是小于期望比率，个人对自己的相对收入的不满意程度就越大，或个人相对收入满意度就越小。

社会是由众多成员所组成的。各个社会成员的个人绝对收入满意度不会一样，个人相对收入满意度也不会一样。在任何一种分配方式之下，社会成员的个人绝对收入满意度和个人相对收入满意度之间的差异总是存在的，但某一个社会成员的个人绝对收入满意度低或个人相对收入满意度低并不会造成社会的不安定，而只有在多数社会成员的个人绝对收入满意度低或个人相对收入满意度低的情况下，社会才会出现不安定。于是从理论上说，可以得到一定时点上的社会平均绝对收入满意度和社会平均相对收入满意度。当社会平均绝对收入满意度低到某一数值（临界值）以下时，社会将出现不安定。社会平均绝对收入满意度越是低于某一数值（临界值），社会的不安定程度就越大。当社会平均相对收入满意度低于某一数值（临界值）以下时，社会将出现不安定。社会平均相对收入满意度越是低于某一数值（临界值），社会的不安定程度就越大。

要知道，个人绝对收入满意度与个人相对收入满意度是有区别的。个人绝对收入满意度是个人相对收入满意度的基础。作为生产要素供给者的个人，如果个人绝对收入满意度较好，那么即使个人相对收入满意度较差，对社会不安定的影响也不会十分突出。如果个人绝对收入满意度较差，那么即使个人相对收入满意度较好，对社会不安定的影响也会较大。可以把个人收入满意度对社会不安定的影响的轻重程度按下列顺序排列：

1. 个人绝对收入满意度较好，个人相对收入满意度较好。

……对社会不安定的影响最小

2. 个人绝对收入满意度较好，个人相对收入满意度较差。

……对社会不安定的影响较小

3. 个人绝对收入满意度较差，个人相对收入满意度较好。

……对社会不安定的影响较大

4. 个人绝对收入满意度较差，个人相对收入满意度较差。

……对社会不安定的影响最大

正如前面已经指出的，社会成员的个人绝对收入满意度和个人相对收入满意度都应当以社会平均绝对收入满意度和社会平均相对收入满意度来表示。因此，以上关于个人收入满意度对社会不安定的影响的轻重顺序排列也应以社会平均绝对收入满意度和社会平均相对收入满意度来表示。

考虑到在影响社会安定方面个人绝对收入满意度所起的作用要大于个人相对收入满意度所起的作用，所以在把社会平均绝对收入满意度与社会平均相对收入满意度综合为一个社会平均收入满意度时，社会平均绝对收入满意度所占的比重应当大一些，社会平均相对收入满意度所占的比重应当小一些。这样就可以形成社会平均综合收入满意度，并确定社会平均综合收入满意度的临界值。社会平均综合收入满意度及其临界值，可以作为判断社会意义上收入分配差距合理与否的依据。

现在，让我们把上面所讨论的做一概述。

A：个人得到的收入；

B：个人对收入的期望值；

C：根据A与B而得出个人得到的收入同期望值的对应程度，又称为个人绝对收入满意度；

D：个人得到的收入同他人得到的收入的实际比率；

E：个人对自己得到的收入同他人得到的收入的期望比率；

F：根据D与E而得出个人收入同他人收入的实际比率同期望

比率的对应程度，又称个人相对收入满意度；

G：根据C而得出社会平均绝对收入满意度；

H：社会平均绝对收入满意度的临界值；

I：根据F而得出社会平均相对收入满意度；

J：社会平均相对收入满意度的临界值；

K：根据个人绝对收入满意度和个人相对收入满意度各自在影响社会安定方面所起作用的大小，确定二者在影响社会安定方面各自所占的比重；

L：根据G、I、K而得出社会平均综合收入满意度；

M：社会平均综合收入满意度的临界值；

N：根据L与M来判断社会意义上收入分配差距的合理与否以及不合理程度。

五、对收入分配差距与社会不安定相互关系的进一步分析

前面在谈到以社会不安定作为判断社会意义上收入分配差距合理与否的依据时曾指出：社会不安定有一个累积过程，有一个潜伏期，通常要等到问题尖锐时才被人们观察到；造成社会不安定的原因较多，收入分配差距只是其中一个原因。既然如此，那么我们在考察这方面的问题时就有必要从社会平均综合收入满意度及其临界值的分析上再前进一步，对收入分配差距与社会不安定的相互关系做较为深入的研究。

先讨论社会不安定的累积问题。俗话说，冰冻三尺，非一日之寒。从社会不安定到社会的剧烈动荡的确有一个较长的累积过程。如果说人们对绝对收入的满意度和对相对收入的满意度都是逐步下降的话，那么一旦突破了临界值，问题很可能一下子尖锐起来。也许可以用这样的词句来形容，这就是：形势急转直下，一发不可收拾。在研究中，怎样对待这种情况呢？一个可能的解决方式是：把社会平均综合收入满意度的临界值分解为社会平均综合收入满意度临界值Ⅰ和社会平均综合收入满意度临界值Ⅱ。

社会平均综合收入满意度临界值Ⅰ是指：当社会平均综合收入满意度低到这一数值（临界值Ⅰ）以下时，社会将出现不安定。但这时，社会的不安定仍然是较轻的，或者带有局部性质。

社会平均综合收入满意度临界值Ⅱ是指：社会平均综合收入满意度继续下降，当它低到这一数值（临界值Ⅱ）以下时，社会状况将急剧恶化，社会将出现严重的不安定，或称为剧烈的动荡，而且往往带有全面动荡的性质。

于是，社会平均综合收入满意度临界值Ⅰ与社会平均综合收入满意度临界值Ⅱ之间的区域，是政府需要密切注意的范围。临界值Ⅰ是路标，当社会平均综合收入满意度逐步下降而接近临界值Ⅰ时，政府应当由此得到警告，设法缓和社会收入分配差距所产生的社会不满等问题，以免引起社会不安定。而临界值Ⅱ则是另一个路标。如果社会平均综合收入满意度在降到临界值Ⅰ之下后仍继续下降，那么尤其要引起政府的警惕，因为问题已经越积越多，矛盾已经越来越尖锐。一旦社会平均综合收入满意度再下降到临界值Ⅱ以下时，社会的剧烈动荡将难以避免。将社会平均综合收入满意度临界值分解为临界值Ⅰ和临界值Ⅱ，看来有助于进一步说明收入分配差距与社会不安定之间的相互关系。

至于收入分配差距在造成社会不安定方面的作用，以及收入分配差距作为社会不安定的原因之一同造成社会不安定的其他原因的关系，倒是一个真正的难题。的确，把社会不安定单纯归因于收入分配差距，是过于简单的。造成社会不安定的原因很多，而且这些原因也是相互影响的，所以很不容易把收入分配差距在造成社会不安定方面的作用大小从数量上加以确定。特别困难的是，收入分配差距在造成社会不安定方面的作用，同收入分配差距之间的关系是复杂的。比如说，如果收入分配差距较小，即使社会平均综合收入满意度并不高（指社会上多数成员不满意低收入条件下“吃大锅饭”的现状），但很可能只影响经济效率的增长，而不至于影响社会的安定。如果收入分配差距较大，但社会平均综合收入满意度并不很差（指社会上多数成员认为这种收入分配差距仍然是可以接受的），那么这不会对社会的安定有较大的不利影响。如果收入分配差距较大，而社会平均综合收入满意度又比较差，这就会对社会的安定产生较大的不利影响；并且，如果收入分配差距大到一定程度，社会平均综合收入满意度也下降到一定限界之下，那么这对社会安定所产生的不利影响就会大得多，甚至可以认为这时的社会不安定、社会动荡主要是由此引起的。

了解到收入分配差距同社会安定或社会不安定之间的复杂关

系，我们就可以对这个问题采取如下的处理方式：

把收入分配差距和社会平均综合收入满意度作为两项指标。收入分配差距可以用基尼系数（Gini Coefficient）代替。基尼系数越小，越接近于收入的均等化；基尼系数越大，收入分配差距越大，即距离收入均等化越远。这样，收入分配差距同社会平均综合收入满意度之间的关系，可以用基尼系数同社会平均综合收入满意度的关系来代替。

由于基尼系数小的时候，不管社会平均综合收入满意度是高还是低，社会安定都不会受到收入分配差距的较大影响，所以这种情况可以略去不讨论。

由于社会平均综合收入满意度较高时，不管基尼系数是大还是小，收入分配差距都不至于对社会安定产生较大的不利影响，所以这种情况也可以暂不讨论。

于是讨论的范围就可以限定为基尼系数大而社会平均综合收入满意度又低时的情况。可以把较大的基尼系数分为若干级，比如说，基尼系数多少为1级，基尼系数多少为2级、3级。1级高于2级，2级高于3级，基尼系数越大，级别越高。把较低的社会平均综合收入满意度也分为若干级，比如说，社会平均综合收入满意度多少为1级，社会平均综合收入满意度多少为2级、3级。同样地，1级高于2级，2级高于3级。社会平均综合收入满意度越低，级别越高。这样，可以把各级基尼系数同各级社会平均综合收入满意度组合在一起，根据不同的情况来判断收入分配差距同社会不安定之间的关系。一般说来，当基尼系数为1级，社会平均综合收入满意度为1级时，收入分配差距对社会安定产生的不利影响为最大，这时可以把收入分配差距看成是造成社会不安定、社会动荡的主要原因，造成社会不安定、社会动荡的其他原因相形之下退居于不重要的位置。而当基尼系数为3级，社会平均综合收入满意度为3级时，收入分配差距固然对社会安定产生了不利的影响，但这时的社会不安定也可能主要由其他因素所引起，至少由其他因素与收入分配差距共同引起。对于这种情况，目前是难以从数量上进行分析的。我们只可能通过对具体情况的具体研究来粗线条地加以说明。

小结

1. “收入分配公平”的提法是不清楚的，它容易导致平均主义分配方式的复归，所以不如改用“收入分配合理”这种提法。收入分配合理差距实际上是个人收入分配的合理差距。在这里，需要区分经济意义上的收入分配差距的合理性和社会意义上的收入分配差距的合理性。经济意义上收入分配的合理差距不一定等于社会意义上收入分配的合理差距。从社会安定的角度来看，在政府的收入调节中，不能不把社会意义上收入分配的合理差距问题考虑在内。

2. 要判断社会意义上的收入分配差距合理还是不合理，以及不合理程度究竟有多大，可以用社会平均综合收入满意度及其临界值来加以衡量。为了使政府在这方面能够发挥更好的收入调节作用，可以把社会平均综合收入满意度临界值分解为临界值Ⅰ和临界值Ⅱ，并把它们作为两个路标，根据具体情况采取调节措施。

（原载《社会科学战线》1994年第6期）

论财政政策与货币政策的配合使用

一、市场不完善条件下货币政策作用的局限性

（一）要结合经济增长来分析政策效应

货币政策与财政政策的配合，曾经是凯恩斯学派与货币学派长期争论的问题之一。根据后凯恩斯主流经济学的论述，在宏观经济调节时，除非在异常紧迫的状态下，“双紧”或“双松”都是力求避免的，需要作为政策配合所考虑和选择的是“松紧搭配”，包括松的财政政策与紧的货币政策的配合，或紧的财政政策与松的货币政策的配合。货币学派原则上并不反对货币政策与财政政策的配合，但认为财政政策本身有很大的局限性。例如在采取松的财政政策时，财政的扩张会挤出一部分私人消费与私人投资；而在采取紧的财政政策时，经济增长率将会降低。这样，在财政支出减少的同时，财政收入也会相应地下降，从而不一定

使财政政策达到预期的目标。因此，货币政策的运用要比财政政策的运用更为有效。这是货币学派的基本政策主张。

凯恩斯学派在同货币学派关于政策的论战中，在货币政策与财政政策的配合问题上，进一步研究所得出的一个重要论点是：应当结合经济政策目标来讨论这种政策配合。具体地说，应当以是否有利于经济的稳定与持续增长来考察货币政策与财政政策配合的效应。

松的财政政策是支撑经济增长的。松的财政政策对国民生产总值的增长起着积极的作用。但这时是不是会挤出私人消费与私人投资呢？并不能一概而论。关键在于市场是否受限制，即市场能否随国民生产总值的增长而扩大。假定市场是一个不断扩大的市场，在经济增长过程中，松的财政政策同松的货币政策相配合，那么财政政策并不会挤出私人投资，也不会挤出私人消费。换言之，只有在松的财政政策同紧的货币政策相配合时，才有可能发生所谓“挤出效应”。货币学派的假设在这种情况下将有效。

然而，松的财政政策与松的货币政策配合使用的结果，必然是通货膨胀的加剧。这是“双松”政策所导致的格局。但这种格局被认为是可以避免的，主要是：一方面，使货币政策的放松比较适当；另一方面，通过经济增长和社会总供给增加，使通货膨胀有一定的限度。如果这种设想可以成立，那么需要探讨的问题将是：货币政策放松到何种程度，既可以避免由于银根放松而引起通货膨胀，又不至于使财政支出的增加挤出私人消费和私人投资。这方面的研究尚待深入。

无论是松的财政政策与紧的货币政策相配合，还是紧的财政政策与松的货币政策相配合，既涉及财政政策与货币政策效应强弱的比较问题，也涉及松的政策与紧的政策的效应强弱的比较问题。如果不能对这些政策效应强弱的比较有所了解，那么就很难对不同政策配合使用的实际效应做出判断，从而难以对不同政策的配合方案做出选择。

（二）市场完善程度对政策效应的影响

以上对凯恩斯学派与货币学派有关财政政策与货币政策配合问题的论述，对我们是有参考意义的。我们很难简单地做出判断，认为凯恩斯学派与货币学派之中哪一个正确，哪一个错误，因为这涉及经济增长与社会总供给增长的幅度问题。如果经济增长率过低，社会总供给增长太慢，由于财政支出会排挤私人支出，或者财政支出会同财政收入一起下降，所以松或紧的财政政策可能都起不了较大作用，从而也就谈不到财政政策与货币政策的配合。货币学派的分析这时也许是有道理的。否则，凯恩斯学派的分析似乎更有道理些。

但根据中国和一些发展中国家的经验来看，财政政策与货币政策的作用同市场的完善程度有关。具体地说，假定市场相当完善，那么无论是财政政策还是货币政策的效应，都可以比较充分地显示出来。相形之下，紧的财政政策在实行过程中所遇到的阻力要比紧的货币政策所遇到的阻力更大一些，从而其效应也就相应地受到一定的限制。

假定市场不够完善，比如说，资本市场、证券市场、外汇市场、产权交易市场等都不够完善，那么情况便有所不同。这时，货币政策在实行过程中所遇到的障碍可能大于财政政策，特别是紧的货币政策要比紧的财政政策所遇到的阻力更大一些，从而其效应也就相对地受到一定的限制。理由在于：货币政策的作用是通过资本市场、证券市场、外汇市场、产权交易市场等发挥的，不完善的市场使货币政策缺乏相应的传导机制或使货币政策的传导机制失灵，所以货币政策不易有效地发挥作用。

财政政策与货币政策不同。财政政策主要直接作用于商品市场。如果说市场不够完善，那么商品市场的不完善程度一般要小于其他市场，而资本市场、证券市场、外汇市场、产权交易市场的不完善程度一般要大于其他市场。目前中国的情形正是如此。因此，财政政策在目前的中国较易于发挥作用，其收效程度也比较高，尽管紧的财政政策仍会遇到不少阻力。

关于这一点，不妨以对经济增长的效应为例。由于财政政策对商品市场直接发生作用，并通过商品市场的伸缩消长而使国民生产总值发生变化，于是既有可能抑制经济增长率，又有可能刺激经济增长。即使商品市场也有不够完善之处，但财政政策的放松或抽紧，依然可以通过商品市场的变化而作用于国民生产总值，并最终反映于经济增长率的变化。货币政策则不然。只要资本市场、证券市场、外汇市场、产权交易市场等是不完善的，货币政策的作用所受限制较大，从而对经济增长率变化的影响也就不那么显著，或不那么直接。在中国，要促进经济增长，松的财政政策要比松的货币政策更为有效，而在加剧通货膨胀方面，松的财政政策所起的作用也要大一些。

松的政策与紧的政策的效应，在市场不完善条件下是不对称的。一般说来，如果确定了银根松紧的标准，那么松的政策的效应要大于紧的政策的效应，货币政策在市场不完善条件下的松或紧所产生的影响尤其如此。这是因为，假定资本市场、证券市场、外汇市场、产权交易市场等都不完善，假定缺乏完善的货币政策传导机制，虽然货币政策的效应要受到某种程度的限制，但银根松紧的效应仍是不一样的。银根放松后，即使市场还不完善，但投资者总有可能从不同的渠道获得信贷，经济便会相应地活跃起来；而在银根由松变紧之后，无论是利率上升了还是存款准备金率提高了，市场的不完善仍会使得一部分投资者并不直接感到利率上升或存款准备金率提高的压力，仍然会按照预定的投资计划进行活动。这是因为，市场越不完善，借贷中的信息约束越大，竞争中的不公平程度也越大，于是一部分居于优越地位的投资者仍能获得信贷，照常投资。也许他们以后会逐渐感受到这种压力，但总的说来，货币政策抽紧后的政策效应对投资者是滞后的。

（三）市场不完善条件下的“松紧搭配”

由此涉及在市场不完善条件下的宏观经济调节的“松紧搭配”问题。这种条件下的“松紧搭配”同市场完善条件下的“松紧搭配”是有区别的。区别大体上有两点。

第一，在市场完善条件下，由于财政政策的效应与货币政策的效应都可以显现出来，尽管紧的财政政策要比紧的货币政策所遇到的阻力更大一些，但这并不妨碍在必要时既可以用松的财政政策同紧的货币政策配合，也可以用紧的财政政策同松的货币政策配合，从而都可以收到一定成效。然而，在市场不完善条件下，情况便有所不同。由于资本市场、证券市场、外汇市场、产权交易市场等要比商品市场更加不完善，而财政政策是直接作用于商品市场的，货币政策则要通过资本市场、证券市场、外汇市场、产权交易市场等发挥作用，所以在选择财政政策与货币政策配合时，为了达到宏观经济调节的目标，财政政策使用的效果比较明显；至于货币政策，除非加大力度，否则其作用受限制较大，所以不宜对它的效应寄以不切实际的希望。这正是市场不完善条件下宏观经济调节的一个特点。

第二，市场完善条件下，当实行紧的财政政策或紧的货币政策时，银根会随之抽紧，经济增长率会下降，通货膨胀率会受到抑制；而在实行松的财政政策或松的货币政策时，银根会随之放松，经济增长率会上升，失业率也会相应地下降。但这种情况只可能出现于市场完善时，如果市场不完善，那么宏观经济调节的效应不仅不能及时显现出来，甚至其结果可能遭到扭曲，产生预料之外的结果。这是因为，在各个市场中，资本市场、证券市场、外汇市场、产权交易市场等的不完善程度较大，货币政策的传导机制更有欠缺。如果准备以抑制通货膨胀作为政策调节目标，那么在实行紧的财政政策与松的货币政策相配合时，由于紧的财政政策易于发挥作用，经济很快地冷却下来，通货膨胀可以得到抑制，但为了使经济不至于冷却过度，不至于妨碍经济增长，配合以松的货币政策是必要的。然而由于市场的不完善和货币政策传导机制的欠缺，松的货币政策在紧的财政政策实行过程中难以发挥作用，达不到使经济仍然保持活跃的目的。结果，市场不完善条件下的紧的财政政策的效应较强，松的货币政策的效应较弱，从而有可能使经济冷却过度或使经济陷于停滞状态。所谓“刹车容易启动难”正表现于此。

与此相似的是，如果准备以促进经济增长作为政策调节目标，那么在实行松的财政政策与紧的货币政策相配合时，由于松的财政政策易于发挥作用，经济受到财政支出扩张或税收减免的刺激而以较快的速度增长，但为了防止出现经济增长过程中的通货膨胀，配合以紧的货币政策是必要的，然而也正由于市场的不完善和货币政策传导机制的欠缺，紧的货币政策在松的财政政策实行过程中难以发挥作用，达不到避免经济增长率过高和通货膨胀过猛的目的。结果，市场不完善条件下的松的财政政策的效应较强，紧的货币政策的效应较弱，从而使得经济扩张过度，通货膨胀难以被抑制。

对市场不完善条件下财政政策与货币政策的配合使用所遇到的困难，同政策的“跛足”状态有关，即两种政策的效应一强一弱，使得调节过程中不易实现预定的目标。

这并不意味着在市场不完善条件下不可能配合使用财政政

策和货币政策，而是指在配合使用这些政策时应当更多地在政策强度上加以考虑。比如说，考虑到财政政策的效应强而货币政策的效应弱，于是就可以减轻财政政策的强度而加重货币政策的强度，以便这两种政策在实行过程中能较有效地发挥作用。

（四）一个重要结论：要注意“刹车容易启动难”

以上对财政政策和货币政策的配合使用问题做了一些探讨，这对于当前的中国经济有什么意义呢？正如前面所说，市场不完善使得货币政策所受到的限制更大，也使得财政政策与货币政策的配合使用更难。因此，就现阶段的中国经济而言，需要注意的是以下两点：

1. 松的财政政策与松的货币政策的配合使用，以及紧的财政政策与紧的货币政策的配合使用，对目前的中国经济都不适当，因为这样一来，要么会使通货膨胀遏制不住，要么会把整个经济搞得过死。可以考虑的只能是：财政政策与货币政策一紧一松。而根据市场不完善条件下财政政策与货币政策各自效应的特点，最好是实行稍紧的财政政策与松动的货币政策相配合。

2. 市场不完善条件下，中国经济的显著特点之一是“刹车容易启动难”。宏观调节的效应的不对称性也表现于此：宏观调节抽紧的时候，效应会迅速反映出来，经济会很快趋于紧缩；而当宏观调节放松一些的时候，调节不易达到预期的效果，经济只可能缓慢地复苏，甚至要滞后相当长的一段时间，经济才会重新活跃。理由是：要经济活跃，必须使企业与投资主体有对盈利前景看好的信心，必须使广大消费者有对预期收入上升的信心，这样才能使购买力旺盛，使市场繁荣。然而，信心的增强是一个累积的过程，并不是宏观调节一放松就能积累起人们对市场前景的信心的。加之，宏观调节的“跛足状态”（即财政政策作用大于货币政策作用的状态），使得调节遇到困难。假定在实行稍紧的财政政策的同时不使货币政策松动，经济启动的困难就更大了。

结论是很清楚的：现阶段，中国的财政政策可以稍紧一些，而货币政策则应该松动一些，否则不易摆脱“刹车以后启动不了”的窘境。

二、货币政策非常规手段应当慎用

（一）货币政策三个基本手段的作用全都依赖于市场完善程度

货币政策对资本市场、证券市场、外汇市场、产权交易市场等发生作用，并通过这些作用而影响国民生产总值的变化。如果以国民生产总值的变化作为最终目标的话，那么在这以前还有一系列中介目标。如果以通货膨胀率的变化和国民生产总值的变化作为双重最终目标，同样会有一系列中介目标存在。所以要研究货币政策对经济的作用，必须研究货币政策的传导机制，必须结合各种不同的货币政策手段的运用来考察货币政策对这些中介目标的影响，以及如何通过中介目标来影响最终目标。

利率是货币政策的中介目标之一。在市场完善条件下，中央银行运用再贴现政策来影响利率，当中央银行调整再贴现率时，将使得商业银行的借入资金成本发生变化，从而引起市场利率的调整，再使得投资者增加或减少对货币的需求。因此，货币供应量便是最重要的一个中介目标，它同利率水平这个中介目标一起，影响着社会对货币的需求、社会总需求以及国民生产总值的变化。如果货币政策的传导机制有效，那么通过中央银行的再贴现政策可以作用于中介目标的实现，并对最终目标发生影响。然而这又同整个经济环境有关。假定市场不完善，再贴现作为货币政策的手段不可能像在市场完善时那样影响投资者对货币的需求，也不可能对货币供应量这一中介目标发挥有效的作用。除非再贴现政策的实行伴随着行政干预，否则货币供应量的增加或减少可能不受再贴现率变动的影响。

可以对再贴现率的作用再做些分析。如果想通过再贴现率的调整来影响市场的利率水平，那就需要有商业银行的充分竞争，并且假定商业银行完全按照市场竞争与选择规则给予客户贷款，而客户之间也存在着彼此公平竞争的关系，否则再贴现率调整对市场利率水平的影响也是不明显的。

存款准备金率的调整是另一个货币政策手段。这一手段之所以能发挥作用，是因为它的调整与使用可以影响商业银行的派生存款数额，约束商业银行的放款行为，从而影响货币供应量。在这里，货币供应量作为中介目标，可以通过中央银行存款准备金率的调整而实现。但是，除非存款准备金率很高，否则，存款准备金率作为一种货币政策手段虽然能起作用，却达不到防止金融危机的目的。此外，要让存款准备金率起作用，还需要有两个前提。一是商业银行应当以最大利润的取得作为自身的目标，如果商业银行尚不具备这样的条件，存款准备金率的调整甚至存款准备金制度本身都不会产生多大的成效。这就同商业银行制度是否健全有关。二是中央银行的存款准备金率调整应当具有强制性而不应具有弹性，否则货币政策这一手段是难以达到影响货币供应量的目标的。由此看来，尽管存款准备金率调整并不是经常采取的一种货币政策手段，但它的传导机制是否有效仍然依赖于市场的完善程度。

至于中央银行的公开市场业务，它作为货币政策的又一手段，同样需要从经济环境上进行分析。相对于其他货币政策手段而言，公开市场业务所要求的市场条件更为严格。它不仅要求有完善的、发育健全的证券市场，而且要求有合理的市场利率和理性的投资者。公开市场业务的传导机制有欠缺，不仅可能使货币供应量这一中介目标的调节遇到困难，还可能使公开市场业务无法顺利开展，起不到货币政策手段的作用。

以上所说的再贴现率、存款准备金率和公开市场业务是货币政策的三个基本手段。它们的传导机制全都同市场完善与商业银行制度健全有关。市场条件不完善或商业银行制度不健全，必然使得这些政策传导机制有欠缺，甚至失效。

（二）非常规的信贷手段同样依赖于市场是否完善

接着，再看看这三种货币政策手段以外的两种非常规政策手段，一是信贷规模控制或信贷配额制，二是再贴现限额与再贷款限额。前者是商业银行在中央银行控制下所受到的贷款规模限制，后者被中央银行用来作为再贴现率调整的手段的补充。这两种手段一般都是在市场不完善或商业银行制度不健全的情况下被中央银行采用的。它们的传导机制各有特点。

信贷规模的大小是由中央银行根据对经济形势的判断而决定的。由于对经济形势判断的依据不一，观察问题的角度不同，以及对信贷规模效应的估计有差异，所以中央银行的信贷规模控制带有相当大程度的随意性。行政主管部门的意志在这里起着很大的作用。信贷规模受到控制，货币供应量便直接发生变化，它的效应的产生比较迅速。从这个意义上说，信贷规模控制这一手段的传导机制是有效的。但效应产生的迅速和传导机制的有效不等于效应一定有利于实现货币政策的最终目标。这主要因为，要促进经济的持续增长并使通货膨胀率保持在较低的水平，必须使资源配置不断优化。资源配置优化表明效率的增长。然而信贷规模控制的效应却是：尽管从短期来看货币供应量发生了政策决策部门所预期的变化，但只要从稍长的时间来看，这种带有行政主管部门意志的货币政策手段有损于资源的优化配置，结果不可避免地妨碍货币政策最终目标的实现。

中央银行的再贴现限额与再贷款限额作为货币政策的又一

非常规手段，一般也是在市场不完善或商业银行制度不健全条件下被采用的。这主要是考虑再贴现率的调整所起的作用有限，所以要从数量上再予以限制。假定采取了再贴现限额这种做法，中央银行就有可能通过限额的增减而影响商业银行的贷款能力，进而影响货币供应量。同样的道理，中央银行也可以通过再贷款限额的增减达到同一目标。这种做法被认为有助于弥补再贷款利率调整的效力的不足。然而，无论是中央银行的再贴现限额还是再贷款限额，都是由行政主管部门随机制定的，带有较浓的主观色彩，同实际的货币供求状况不一定相符，因此对货币政策最终目标的实现究竟是有利还是不利，还难以确定。而另一方面，这些手段也会对资源优化配置产生损害，从而从较长时间来看，将会妨碍货币政策最终目标的实现。

（三）要慎重使用信贷规模控制等非常规手段

从货币政策传导机制的研究中，可以得出这样的结论：如果市场是完善的并且商业银行制度是健全的，那么传导机制可以有效地起作用。如果市场不完善、商业银行制度不健全，那么常规的货币政策手段不可能使得货币政策的最终目标实现，而诸如信贷规模控制和再贴现限额、再贷款限额之类的非常规的货币政策手段，虽然其传导机制仍然可以有效，但从较长时间来看，却不利于资源优化配置，从而不利于货币政策最终目标的实现。

现在我们所要探讨的问题是，在经历过一段时间的经济紧缩之后，怎样才能使经济再度活跃起来？在上一节中已经指出，针对这种情况，实行稍紧的财政政策与松动的货币政策的配合，要优于松动的财政政策与稍紧的货币政策的配合，更优于财政政策与货币政策的“双紧”或“双松”。有关货币政策传导机制的分析，进一步证实了以上的结论是符合中国当前实际情况的。

我们承认，在市场不完善条件下，非常规的货币政策手段（包括信贷规模控制、再贴现限额、再贷款限额等）经常被使用，甚至存在着把非常规的货币政策手段视为常规的货币政策手段的趋势，似乎非如此不足以实现货币政策的最终目标。其实，这纯粹是一种误解。正如前面已谈过的，非常规的货币政策手段虽然能起一定作用，但不利于对资源的优化配置，特别是它们带有浓厚的行政主管部门意志的色彩，从而同经济运行中的货币供求状况不一定相适应。

在经历过一段时间的经济紧缩之后，要使得经济再度活跃，应在实行稍紧的财政政策的同时，使货币政策松动些，而且力度也应当加大。在这种情况下，信贷规模控制等非常规手段的使用要慎重。这主要是因为：

1. 从经济紧缩走向经济再度活跃，同人们对市场前景的信心的恢复与增强有着密切的关系，而信心的增强是一个累积的过程。假定采用非常规的货币政策手段，无论它们趋向于放松还是趋向于抽紧，都给人们一种不确定的感觉。既然行政主管部门能“放”，它们无疑也能“收”，“放”与“收”都无规律可循，都在很大程度上凭借非常规手段使用者的意志，那么人们的信心依然是不足的。在这种情况下，倒不如不使用或少使用非常规的货币政策手段，宁肯采取常规的货币政策手段，这对于信心的增强和累积反而有利些。虽然常规手段会因市场不完善而使其作用受到限制，但力度加大一些，仍可弥补。

2. 由于非常规的货币政策手段的使用往往给人们以错觉，给投资主体以误导，从而不利于资源的优化配置，因此，即使依靠放松了的货币政策来活跃经济，但资源配置难以优化，实际上起不到预期的实现货币政策最终目标的作用。在经济紧缩一段时间以后，要使得经济再度活跃起来，并使这种活跃持久一些，就必须注意资源配置的优化，以便切实地按照市场需要来组合生产要素，提高资源利用效率。就这一点而论，使用非常规的货币政策手段是不如常规的货币政策手段的。至于常规手段因市场不完善而受到的限制，就必须依靠加大力度来弥补。

3. 要松动货币政策并且松动的力度要大一点，应当以商业银行按贷款的可偿还性和贷款对象的资金使用效率发放贷款为前提，否则不良债务将增加，对经济的活跃也没有好处。那么，怎样才能防止松动之后不良债务的增加呢？是运用常规性货币政策手段更易于做到这一点，还是运用非常规的货币政策手段更易于做到这一点？显然，非常规的货币政策手段在使用中的随意性很大，行政主管机构干预的色彩很强，从而更不易防止不良债务的增加，更不易收到松动货币政策的预期效果。

三、关于货币政策效力的递减

（一）为什么货币政策的效力会递减

在研究货币政策在客观经济调节中的地位与作用时，涉及货币政策的效力递减问题。货币政策效力递减，是指货币政策在实行一段时间之后，它对经济增长与货币稳定这一最终目标的实现而言，所发生的积极影响会逐渐减弱，而其对经济的消极影响却会逐渐增大。

货币政策效力的递减可能是普遍性的，即不论是在市场完善和商业银行制度健全的条件下，还是在市场不完善和商业银行制度不健全的条件下，都会出现货币政策效力递减的情况。当然，在后一种条件下，货币政策效力的递减更加明显，也更加严重。货币政策效力递减的主要原因在于：受到货币政策的作用的对象，包括商业银行与其他金融机构，以及社会上的投资者，是理性的行为人，他们对于中央银行所采取的货币政策会做出理性的反应。即使市场是完善的，商业银行制度也是健全的，但只要商业银行与其他金融机构以及社会上的投资者所考虑的是本身利益的最大化，他们就会根据经济形势的变化与政策的变化，拟定自己的对策。这些对策可能使得某一项货币政策手段的效力减少，也可能迫使中央银行重新考虑政策的效应，对政策进行调整。这种情况在市场不完善和商业银行制度不健全条件下无疑会更突出。

货币政策效力递减还同货币政策传导机制本身的局限性有一定的关系。货币政策是通过中介目标而作用于最终目标的。然而经济总是处于不断的结构调整之中，这种结构调整将对货币需求量提出新的要求。也就是说，货币供应量与对货币的需求量之间的关系要随着不断的结构调整发生变化。任何一种货币政策手段，都把着重点放在货币供应量的变化方面，从而相应地忽略了结构调整对货币需求量提出的新要求。实际上，这意味着中央银行通过货币政策的实行，要让货币需求量来适应货币供应量，而不是让货币供应量去适应货币需求量。货币供应量的变化是货币政策的中介目标，对货币的需求量的变化则没有被视为货币政策的中介目标。或者可以说，中央银行的货币政策都直接作用于货币供应量，并通过货币供应量的变化间接地影响对货币的需求，因此，这些货币政策并没有直接作用于对货币需求量的传导机制。正由于货币政策传导机制有上述局限性，所以在货币政策实行过程中，经济中同货币需求有关的投资者必然设法通过不同渠道来满足自己的货币需求或影响对货币的需求量，而这是货币政策的制定者力所不及的。这样，货币政策的效力递减，即使在市场完善和商业银行制度健全的条件下，也是难以避免的。因为货币政策最终目标的实现从货币的角度来看，不仅依赖货币供应量的变动，而且依赖对货币需求量的变动，只有货币的供给与需求两方面协调一致，才能使货币政策对最终目标的实现发生有效的作用。

（二）市场不完善条件下货币政策效力的递减

至于在市场不完善和商业银行制度不健全的条件下，货币政策效力的递减，除了上述这些原因之外，还有另一些原因。后者也许比前者更为重要。

另一些原因是：

第一，在市场不完善和商业银行制度不健全的条件下，中央银行习惯于把信贷规模控制、再贴现限额、再贷款限额等作为货币政策手段。但这些货币政策手段的制定与执行带有很大的行政管理色彩，中央银行制定了这种规模与限额后，无法根据经济情况的变化而予以调整，结果，这些货币政策手段成为脱离实际的僵硬的政策手段，达不到预定的调节目标。不仅如此，在具体操作过程中，由于这些货币政策手段是依靠行政方式来推行的，往往使商业银行和其他金融机构对中央银行的做法采取公开的或不公开的抵制，从而使得政策的效力减弱。

第二，在市场不完善和商业银行制度不健全的条件下，中央银行对整个经济中的货币数量的控制肯定是有限的。市场越不完善，商业银行制度越不健全，投资者就越有可能从中央银行控制以外的领域取得货币资金。与此相似的是，在市场不完善和商业银行制度不健全的条件下，中央银行越是想通过货币政策手段来控制货币数量，投资者就越想摆脱中央银行的控制范围，设法到中央银行控制力所达不到的领域内去寻求货币资金，其结果必然是货币政策的效力下降。

第三，在市场不完善和商业银行制度不健全的条件下，中央银行的活动以及商业银行的活动都可能受到各级政府的行政干扰，包括要求给予更多的贷款，甚至要求向银行透支。这些来自行政方面的干扰必然使货币政策难以实现预定的目标，使货币政策的效力减弱。而要摆脱这些行政干扰，除了应当健全商业银行制度和完善市场以外，还需要使中央银行制度本身健全起来，其中包括使财政部与中央银行之间关系的正常化，以及地方政府同中央银行分支行之间关系的正常化，等等。

（三）从货币政策效力的递减看货币政策松动以及力度加大的必要性

现在让我们回到经济紧缩之后财政政策与货币政策配合使用这个问题上来。既然我们已经懂得了货币政策效力的递减是不可避免的，以及市场不完善条件下货币政策效力的递减更是必然的现象，那么我们完全有理由认为，要让紧缩之后的经济再度活跃起来，有必要采取稍紧的财政政策与松动的货币政策的配合，而货币政策松动的力度应当大一些。下面，从三个方面来进行论述。

1. 由于受到货币政策作用的对象——包括商业银行与其他金融机构，以及社会上的投资者——是理性的行为人，他们根据形势变化与政策变化而采取的对策会使货币政策的效力递减，因此，在放松了银根的条件下，如果不适当加大放松的力度，很可能使货币政策起不到应有的作用。有理性行为的投资者总是根据以往的经验与政府的做法采取相应的对策，特别是在经历过一段时间的经济紧缩之后，他们尤其不敢轻易地采取行动，总会打一点埋伏，留一手，以免再度使自己在投资中陷于不利状态。只有货币政策放松的力度加大一些，才能在一定程度上抵消或缓解货币政策效力的递减，使货币政策的预期目标得以实现。

2. 正如以上已经指出的，在经济紧缩之后走向经济活跃的过程中，人们对市场前景和投资前景的信心的恢复与增强十分重要，而信心的增强又是一个累积的过程。因此，在政府实行稍紧的财政政策与松动的货币政策相配合的办法来推进经济活跃时，为了防止松动的货币政策的效力递减，货币政策松动的力度应当加大一些，这样才有利于人们对市场前景和投资前景的信心的增强与信心的累积。信心的充足与不足，通常表现于“可买可不买的买”与“可买可不买的不买”的不同。尽管只是一字之差，但对市场活跃程度的影响却是不可低估的。假定货币政策仍然从紧，人们将倾向于“可买可不买的不买”，市场活跃无望。货币政策稍松动一些，但力度不够，这种倾向依然不会改变。只有货币政策松动的力度大一些，人们信心增加了，转而采取“可买可不买的买”的做法，经济的兴旺与市场的活跃才会出现。

3. 要知道，单凭对股市的看好是不足以使经济紧缩之后转入再度活跃的局面的。相反地，股市一枝独秀还可能是经济尚未活跃的反映，因为其他行业的投资前景不乐观，投资渠道又窄，于是大量资金从其他投资领域流进了股市。加之，在其他行业的投资前景尚未看好的情况下，股市的上扬未免显得基础不扎实。这样，我们就应当设法启动其他行业，至少是某些能支撑经济活跃的几个行业，而在政策配合使用方面，需要让货币政策松动的力度加大一些。这实际上强调了结构性货币政策的重要性，即并非不顾行业的结构、投资的结构而让货币政策的松动无序，而是有选择地加大货币政策松动的力度，使某些能支撑经济活跃的行业先复苏，先兴旺，带动相关行业一起发展。对这些行业的货币政策松动力度大一些，将促进有效供给的增长，而不至于导致通货膨胀的加剧。有效供给增长才是名副其实的经济增长。此外，还应当注意到，现阶段的经济增长中不是没有水分的。如果说经济中确实存在着泡沫的话，那么经济增长中的水分就是最大的泡沫。要设法消除这种泡沫，那就必须消除无效供给。趋向于松动的结构性货币政策，只有力度加大一些，才能做到这一点。

总之，经济紧缩以后，要使经济转入兴旺活跃状态，根据中国的实际情况，目前我们不但需要采取稍紧的财政政策与松动的货币政策相结合，而且货币政策松动的力度要加大一些，同时，我们应当谨慎使用非常规的货币政策手段，更多地使用常规的货币政策手段。这就是本文的中心思想。

（本文曾摘要发表于《亚太经济时报》1997年5月29日、6月5日、6月12日）

论效率的双重基础

一、在效率问题的研究中必须考虑人的因素

在市场经济条件下，效率是受市场调节的。利益的驱动就是市场调节起作用的表现。每一个资源投入主体为了取得利益，必须根据市场上生产要素的供求状况与价格水平来组合生产要素，提高效率。因此，在市场经济中，效率背后的机制实际上就是利益机制或市场机制，资源投入主体的利益最大化就是他所追求的目标，这样，利益驱动与目标吸引在效率问题上是统一的。

假定在市场调节之外还有政府调节，那么在效率的背后必定存在着政府调节的影响，目标的吸引主要是政府调节起作用的表现。政府有自己的目标，政府目标不是单一的，而是多元的。政府为了使自己的目标得以实现，就需要通过各种调节手段对资源投入主体发生影响，使他们在资源投入领域的选择上与资源投入方式的选择上做出符合政府目标的选择，从而影响效率的变动。

由于市场调节与政府调节是共同起作用的，所以高效率或低效率的产生实际上受到市场调节与政府调节的共同影响。但对这个问题的分析不应到此为止，我们还需要做深入一层的探讨。这是因为，在市场上进行活动的是各个交易人，一个交易人就是一个资源投入主体。对市场进行调节的是政府，政府自身也是资源投入主体。受到政府调节的是市场上的交易人，他们作为资源投入主体，既要考虑自己的利益，也要考虑政府采取的调节手段对自己利益的影响。于是就出现了另一个问题：资源投入主体是怎样考虑的呢？他们的行为受哪些因素影响呢？效率除了受到市场调节与政府调节以外，是不是还受其他力量的影响呢？

让我们先以一个企业为例。

一个企业内部的关系可以分为人与物之间的关系和人与人之间的关系。人与物之间的关系主要反映为生产资料使用者与生产资料之间的关系。企业的生产资料状况和平均每个劳动者所使用的生产资料数量的多少，基本上反映了这个企业的技术水平，技术水平的高低影响着效率的高低。从人与人之间的关系来看，问题要比人与物之间的关系复杂些。可以把企业内部的人与人之间的关系分为若干种关系，例如，企业领导层同一般职工之间的关系，企业领导层内部的合作共事关系，企业领导层与各级管理人员之间的关系，各级管理人员内部的合作共事关系，一般职工相互之间的关系，等等。这些人际关系中，有的协调，有的不那么协调，还有的完全不协调。有些人际关系在这种情况下比较协调，在另一种情况下却不协调。人际关系的协调程度影响着效率的高低，而且对效率的影响同技术水平对效率的影响是不一样的。如果技术水平低，企业通过增加投入，或增添新设备，修建新厂房，或进行职工培训，鼓励职工钻研技术，就可以大幅度提高技术水平，达到效率增长的要求。但如果企业内部人际关系不协调，增加投入能有多大成效？效率能大幅度提高吗？

再从企业从业人员（包括各级管理人员与工人）的角度来看，在一定的技术水平之下，人的因素被摆到了显著的位置，企业的效率取决于人的因素所发挥的作用。在人的因素中，职工的工作时间、每个人已达到的文化技术等级、每个人在自己的工作岗位上的责任明确程度都是已知的。但在人的因素中，还有一些未知数。例如，职工的努力程度就是未知的，因为每个人在工作中究竟使出了多大的劲，不易确定。又如，每个人都有一定的惰性，惰性的影响小，积极性、创造性发挥得充分；反之，惰性的影响大，职工的积极性、创造性的发挥就受到阻碍。职工自身能在多大程度上克服惰性，也是一个未知数。再如，如果职工个人的目标同企业目标是协调的，效率将会增长；反之，职工个人目标同企业目标不协调，效率将会下降。但职工个人目标同企业目标究竟在何种程度上协调或不协调，同样是未知的。这些未知因素的存在对企业效率的影响，是值得研究的课题，也是市场调节或政府调节都难以解决的难点。

由此可见，对效率的研究有必要在市场调节与政府调节以外展开。这并不意味着市场调节与政府调节对效率的增减不重要，这只是表明市场调节与政府调节在影响效率方面有局限性，特别是在分析效率的源泉方面有局限性。比如说，对企业内部人与人之间关系的研究，对与人的工作努力程度、人的惰性等有关的若干未知因素对效率的影响的研究，都需要深入到更深的层次。这就是说，道德力量在许多方面对人的行为发生作用，进而影响效率。什么是效率的真正源泉？效率的真正源泉在于人的作用的充分发挥、人的积极性与创造性的充分发挥，而要做到这一点，道德力量的作用不可忽视。在道德力量作用之下，人的作用充分发挥了，人的积极性与创造性充分发挥了，效率将会大大提高。

应当指出的是，上述分析是以既定技术水平作为前提的。技术水平的高低，从人与物之间的关系的角度来看，关系到效率的大小。比如有两个国家、两个地区或两个企业，如果一个国家、地区、企业的技术水平高出另一个国家、地区、企业很多，那么道德力量对效率发生作用后所产生的后果就难以进行比较。因此，只有把技术水平作为既定，道德力量对效率的作用才能准确地显示出来，这样的对比才有意义。

二、效率来自凝聚力：团体的凝聚力和社会的凝聚力

前面已经指出，在一定的技术水平的条件下，效率的真正源泉在于人的积极性、创造性的充分发挥，而要充分发挥人的积极性、创造性，必须有合理的经济运行机制，必须做到人际关系的协调。

凝聚力的大小是人际关系是否协调或协调到何种程度的体现。凝聚力基本上分为两类：一是团体的凝聚力；二是社会的凝聚力。团体的凝聚力以团体内部人际关系的协调为条件，社会的凝聚力则以社会中人际关系的协调为条件。凝聚力产生效率：团体的凝聚力产生团体的效率，社会的凝聚力产生社会的效率。

这里所说的团体，包括了企业、事业单位、社区、社团、村、家庭，等等。团体有大有小，但各有各的凝聚力。团体的组织有松有紧，紧密不等于有较大的凝聚力，松散也不等于缺少凝聚力。团体组织的松散或紧密，是从组织形式上说的，团体有没有凝聚力或凝聚力有多大，则同团体与成员之间协调与否、成员与成员之间协调与否有直接的关系。比如说，某个社团，有严密的组织，但成员彼此之间可能勾心斗角，难以形成一股力量，或者成员对社团的领导层离心离德，存在着强烈的离心倾向，那么不管社团的组织形式多么严密，照样没有凝聚力。反之，某个社团尽管组织形式上是比较松散的，但成员之间的关系协调，成员同社团的领导层的关系协调，成员们为社团的发展齐心协力，这样的社团不仅有凝聚力，而且凝聚力还可能是很强的。

企业是由企业工作人员组成的一个团体。企业的凝聚力是团体的凝聚力中的一种。企业文化建设有助于企业凝聚力的形成。一个企业，如果有较大的凝聚力，不仅能够促使企业效率不断提高，而且在企业遇到困难时，能够使企业克服困难，闯过难关。关于这一点，人们一般是不会产生疑问的。

需要深入探讨的问题是：社会的凝聚力如何形成？团体的凝

聚力同社会的凝聚力之间存在什么样的关系？怎样正确处理这两种凝聚力之间的关系，以便既有团体的凝聚力，又有社会的凝聚力？

社会的凝聚力是指社会成员们能够团结一致，各尽所能来实现共同的目标。最显著的例子就是一个国家、一个民族在反侵略战争时期或在严重自然灾害时期，其成员所表现出来的齐心协力、艰苦奋斗与自我牺牲的精神。社会的这种凝聚力带来社会的高效率，会出现许多奇迹。即使在正常的情况下，如果社会上人际关系协调，社会凝聚力强，那么也会出现社会协调的环境，同样有利于效率的增长。

至于团体凝聚力与社会凝聚力之间的关系，应当认为，二者之间可能存在着相互促进的关系，也可能存在着相互制约的关系，关键在于团体的性质与团体的目标是什么样的。社会上有各种各样的团体，性质互异，目标互异。假定某个团体是政治性的组织并具有分离主义政治倾向，它的目标是要求改变现状，从一个国家分离出去，那么，这样的团体内部越有凝聚力，对社会越不利，社会的凝聚力越会受到损害。当然，这是极端的例子，我们可以把这一类团体作为特例，略去不谈。在一般情况下，团体的目标同社会的目标是相容的，也是可以协调一致的，因此，团体的凝聚力与社会的凝聚力通常有着相互促进的作用。这里仍以企业为例。

在市场经济中，企业作为自主经营、自负盈亏的商品生产者，有自己的目标，而首要的目标就是争取实现最大利益。企业之间存在着竞争的关系。为了使自己在竞争中取胜，企业不断调整生产和经营方向，也不断改进管理，增加内部凝聚力。正当竞争、合法条件下的竞争，是处理企业之间关系的前提。在这一前提下，企业之间有着共同的利益，这就是：社会越稳定，经济越繁荣，企业越能受益。一个企业的兴旺并不是必定以另一个企业的衰败为条件的。在社会稳定与经济繁荣的大环境中，企业都有发展的机遇，并且都能实现这一愿望。从现实生活中可以看到，即使在这样的大环境中，也总有一些企业由于生产经营不善，或投资决策失误，或适应不了技术迅速变化的形势，发生生产收缩、企业倒闭或被其他企业兼并等情况，但这是正常的，这只不过是资源重新组合的反映。只要资源的重新组合能给国民经济带来效率的增长，为投资者创造新的机遇，那么某些企业收缩、倒闭或被兼并不会损害企业界的共同利益。

团体的凝聚力同社会的凝聚力是两种不同类型的凝聚力。团体的凝聚力能否同社会的凝聚力统一起来，或者说，团体凝聚力的加强能否促进社会凝聚力的加强，同作为促进团体凝聚力的重要因素的文化建设（如企业文化建设、社区文化建设、校园文化建设等）的内容与成效有密切关系。不妨仍以企业为例。在一个企业中，假定企业文化不仅强调企业自身的目标，而且同样强调社会的目标；不仅关注企业自身的利益和本企业职工的利益，而且也关注公共的利益；不仅致力于企业精神的培育，而且也致力于优良的社会风尚的培育，这样，企业文化建设的成就既表现于企业凝聚力的加强，也表现于社会凝聚力的加强，企业凝聚力与社会凝聚力是一致的。这正体现了成功的企业文化建设的社会功能与社会价值。反之，假定一个企业单纯着重企业自身利益与本企业职工利益的追求而忽略了企业文化建设的社会功能与社会价值，这样，尽管企业的凝聚力也有可能在某种程度上加强，但却无法使企业的凝聚力同社会的凝聚力协调一致，也无法使企业凝聚力的加强带来加强社会凝聚力的结果。在分析效率源泉问题时，我们不应当忽视这一点。

如果再做进一步的分析，那么可以了解到，国民财富的增加、社会的经济繁荣和文化教育事业的发展是联系在一起的。一个经济繁荣、文化教育事业发达的社会，将更有条件来进行文化建设，促进社会凝聚力与团体凝聚力共同加强。道德调节作用在促进社会凝聚力与团体凝聚力共同加强方面表现得尤为明显，道德调节的这种作用是市场调节或政府调节无法替代的。这是因为，只有运用道德力量，才能使团体的成员认识到团体目标的实现从根本上说是同社会目标一致的，个人的利益、团体的利益从根本上说是同公共利益一致的，于是团体的成员就会从内心认同社会目标，其结果将是既增强了团体的凝聚力，又增强了社会的凝聚力。团体的效率与社会的效率将在道德力量的影响下不断提高。

由此可以得出下述结论：以往在效率源泉问题的研究中，通常只着重经济因素与技术因素而忽略非经济因素与非技术因素，只注意利益的影响而不注意社会责任感与公共目标的作用，只强调物的价值实现而忽视人的价值实现。在这种传统的思想与方法的指引下，实际上研究不了效率变动的深层次问题，也揭示不了效率的真正源泉还在于人的作用以及人与人之间的关系，而不仅仅在于物的作用以及人与物之间的关系。团体凝聚力产生团体的效率，社会凝聚力产生社会的效率，在这种情况下，效率的产生与提高的原因不应当到市场机制中去寻找，也不应当到政府的调节行为中去寻找，而只能到道德力量及其对人的影响中去寻找。

三、超常规的效率是怎样产生的

效率具有物质基础，这是人们所公认的。一定的生产设备和原材料，一定的技术条件和具有一定技术水平的工作者，以及一定的社会基础设施（如交通运输设施、通讯设施、供水供热设施、能源供应设施等），构成一定的效率的物质基础。效率的物质基础的重要性已经得到了公认。不设法改善效率的物质基础，效率的提高会遇到障碍。

但是，效率是不是仅有一个基础，即物质基础呢？是不是只要具有效率的物质基础，效率就必定增长呢？从以上的论述中已经可以清楚地了解到，单有效率的物质基础是不足以充分说明效率增减的原因的。我们必须讨论效率的另一个基础，即道德基础。生产设备和原材料由人来使用，技术条件的发挥同人的素质有关，也同人的积极性、创造性有关。作为效率的物质基础的组成部分之一的具有一定技术水平的工作者，是活生生的人，而不是机器人。他们有思想，有主张，有感情，也有目标。对待生活，他们可能持这种或那种态度；对待工作，他们可能热情，也可能冷漠。加之，他们一个个都不是孤立的人，他们同其他人交往，构成各种各样的人际关系，而这些关系的协调程度是不一样的。这一切成为效率的另一个基础，可以称之为效率的道德基础。

效率的物质基础和道德基础是并存的。单单用物质基础或道德基础都解释不了效率的增长或下降。两家企业，假定物质技术条件完全相同，生产出来的产品也相同，并且都被消费者所需要，但为什么其中一家企业的效率高而另一家企业的效率低？效率的道德基础的比较分析将会提供答案。

因此，正确的说法应当是：效率具有双重基础，即物质基础与道德基础。

在任何时代，小到一个家庭、一家企业、一座村庄，大到整个社会、整个国家，都需要有一种精神上的凝聚力、一种以道德规范为准则的行为引导、一种伦理观念。这些同科学技术是可以并行不悖的，而且也互不干扰。在处理人际关系时，凡是科学技术无能为力之处，就需要有道德力量来调整。人际关系融洽了，个人的积极性、创造性发挥了，效率自然会增长。这表明效率确实有自己的道德基础。

效率有双重基础，已如上述。接着要讨论的是：效率的物质基础是变化的，因为经济发展了，技术进步了，工艺改进了，使用生产资料的工作者的知识也更新了，效率的物质基础肯定会发生变化，而且这种变化是不间断的；那么，效率的道德基础是不是也这样呢？难道会有一成不变的道德原则作为效率的道德基础吗？再如，既然效率具有物质基础与道德基础这样两个基础，物质基础是不断变化的，难道效率的道德基础就不会随之变化吗？如果说效率的道德基础是变化的，那么这种变化是主动的变化还是适应性的变化？所谓主动的变化，是指构成效率的道德基础的那些道德规范、行为守则、评价标准等自身发生了变化，从而导致了效率的道德基础的变化。所谓适应性的变化，是指适应于效率的物质基础的变化而引起的效率的道德基础的变化。当然，主动变化与适应性变化有时是很难分开的。效率的道德基础的变化可能既有主动变化，又有适应性变化，二者往往交织在一起。

接着，让我们考察这样一个问题：超常规的效率究竟来自何处？物质基础通常提供的是常规效率，道德基础则不仅保证常规效率的产生，而且还能提供超常规效率。

历史上移民社会的超常规效率，一直是学术界感兴趣的课题。在中国，中原战乱期间，流民纷纷南下，在广东、福建一带披荆斩棘，排水造田，改变了当地荒芜的面貌。在西欧，从12世纪起，移民们就开始在尼德兰北部从事垦荒，他们兴修水利，发展农牧业。这些移民所表现出来的高效率，是超常规的。工具简陋，人力单薄，环境艰苦，为什么会涌现超常规的效率呢？在移民迁移过程中，甚至在移民社会形成后的较长时期内，既没有市场调节，也没有政府调节，那么，是什么力量使他们产生如此大的热情，提供如此高的效率呢？这就不能不归因于道德力量的作用、凝聚力的作用、人的创造性的作用。也许可以下这样一个结论：从历史上看，这些移民都是在超常规的客观条件下以超常规的主观力量来完成拓荒任务的，甚至移民们的社会组织也是超常规的。这些可以被看成是人类历史上的一种奇迹。如果没有相应的道德基础，就不可能有超常规的移民社会组织，也不可能有超常规的个人主观力量，从而也就不可能有超常规的效率。

超常规的效率涌现向人们充分显示：效率增长是有潜力的。效率增长潜力的发挥，主要依靠效率的道德基础的存在，依靠道德力量的作用。除了前面提到的移民社会，还可以列举一些例证。例如，反侵略战争时期人们种种奋不顾身的行为，在抗御重大自然灾害袭击时人们做出的种种努力，甚至在为了团体（小至一个家庭、一个家族，大至一个宗教组织、一个民族或一个国家）的目标的实现或团体尊严、荣誉的维护方面，都可以看到道德力量、信念、信仰在激发人们的意志与能力中的作用，超常规的效率正是这样产生的。那么，效率的物质基础是不是也能为效率的超常规做出贡献呢？当然，效率的任何增长总是离不开物质条件的。例如，移民拓荒过程中，无论人的积极性多么高，总需要有一定的生产资料；抗御重大自然灾害时，也需要有一定的物质条件。假定没有道德力量、信念、信仰等在这些场合发生巨大的作用，依靠物质条件，人们仍然只能产生常规的效率，而不可能产生超常规的效率。不仅如此，还可以认为，假定缺少效率的道德基础，即使有效率的物质基础，完全有可能出现不充分的效率、低效率，甚至负效率。

在学术界曾经长期引起争论的所谓效率标准与道德标准之间的冲突问题，通过对超常规效率的分析，这个问题实际上已经得到了解决。所谓效率标准与道德标准之间的冲突，通常是指：对一种经济行为，究竟如何判断，有两个标准，一是效率标准，即以效率是增长还是下降作为标准，效率增长是善，效率下降是恶；二是道德标准，即以伦理上的是非作为标准，符合伦理原则的是善，违背伦理原则的是恶。这两种标准在许多场合是不一致的，因为效率的增长很可能不符合伦理原则，而符合伦理原则的却引起效率的下降。这是一个由来已久的老问题，它之所以难以解决，主要在于伦理上的是非究竟是从什么角度来判断的。

效率标准是经济学的标准，效率判断也是经济学中的判断，而道德标准和道德判断都不是经济学的研究对象或研究任务。但是，当问题涉及道德标准同效率标准之间的关系，以及涉及道德判断同效率判断是否一致时，这些问题便进入了经济学的讨论范围。我在《社会主义政治经济学》一书中，曾对这些问题做过如下的论述："经济行为的道德判断必须和实践检验统一起来，否则经济中的伦理原则也就会变得难以捉摸……我们可以用'劳动者的最大利益'作为经济行为的伦理标准。也就是说，凡是符合'劳动者的最大利益'的，就是'是'或'善'，不符合'劳动者的最大利益'的，就是'非'或'恶'。"[①]这是可以用来协调效率标准和道德标准的方法之一。如果采取这种方法，也许可以

① 厉以宁：《社会主义政治经济学》，商务印书馆1986年版，第438～439页。

作为某些经济行为评价的依据。

但不管怎么说，在另一些经济行为的评价中，效率标准和道德标准的冲突仍有可能出现。这也是至今使经济学研究者感到困惑的事情。然而，单就超常规效率的产生来看，我们不难发现，效率标准和道德标准实际上已经一致了。超常规效率的产生，本身就已经表明效率的大大提高，所以效率标准在这里是完全适用的。而超常规效率是怎样产生的呢？正如前面已分析的，这与道德因素的作用直接有关。没有道德因素的作用，在移民社会中，在反侵略战争期间，在重大自然灾害来临时，是不会产生超常规的效率的。因此，用道德标准来衡量，可以说明超常规效率的产生在符合效率标准的同时也符合道德标准。

四、效率增长潜力的发挥

在谈到效率的道德基础时，还有一个问题需要做进一步的探讨，这就是：是个人越有自主性，效率的增长潜力越大呢，还是个人的自主性越少，个人越是从属于某个团体、某个组织，甚至从属于整个社会，效率的增长潜力越大？

为什么会提出这个问题？这与效率的道德基础有关。在生产资料的技术性质与生产的客观条件为既定的前提下，在个人作为生产者、工作者的文化技术水平已知时，如果个人有较大的自主性，那也就会有较大的积极性和创造精神，从而效率增长的潜力较大。这就是说，经济中自主的生产者、工作者越多，经济就越具有活力，经济增长的能力就越强，效率增长的潜力就越容易发挥出来，所以，不能认为生产者、工作者的自主性越大对经济越不利。但从另一个角度来看，既然效率的源泉也在于人际关系的协调，在于人同团体或社会的适应，那么在个人从属于某个团体、某个组织，甚至从属于整个社会时，人际关系协调的可能性、人同团体或社会相适应的可能性也就越大，这岂不是表明效率增长的潜力越大吗？

其实，上述问题并不是不易弄清楚的。个人的自主性与个人对某个团体、组织甚至社会的从属，可以相容并存，不能做出必然非此即彼、必须二者择一的结论。效率的道德基础，既包括了人的积极性、创造性的发挥，也包括了人际关系的协调与适应。只强调前一方面而忽视后一方面，或者只强调后一方面而忽视前一方面，都是不对的。不能设想在个人从属于某个团体、组织甚至社会的同时，个人又缺乏自主性、积极性与创造性的情况下，效率会持续地而不是暂时地增长。也不能设想在个人虽有较大的自主性，但人际关系不协调、不适应的现象不断加剧的情况下，效率会持续增长。因此，合理的情况应当是：既有个人的自主性，又有人际关系的协调与适应，二者不可偏废。个人对某个团体、组织甚至社会的从属，与团体、组织、社会对个人的尊重，是并存的，这种并存保证了效率的不断增长。换言之，个人对团体、组织、社会的从属应当是发自内心的，而不是强加的、被迫的，而要人际关系保持协调，人与人之间应当在各自自重的基础上相互尊重。

现实中的情况正是如此。一个人生活在社会中，他必然是社会的成员。一个人在社会中总会参加一定的团体、组织。家庭是最小的团体，一个人总属于某个家庭。如果他是职工，他会在一家企业中工作，也许他还加入工会。如果他是农民，他所在的那个村，或许有村民自治组织。如果他是城市居民，他从属于他所在的那个社区、街道。如果他是私营企业主或个体工商户，那么他有自己的协会之类的组织。总之，他既是社会的成员，又是某个团体、组织中的一员，为此，他必须尽可能地处理好人际关系，以求得相互协调，彼此适应。但与此同时，作为一个人，他有自己的愿望、自己的要求、自己待人处世的原则，他必须有自主性，然后才有积极性与创造性。换言之，他是有活力的。一个人的自主性，是他处理好人际关系的前提，也是他同团体、组织、社会协调与适应的前提。假定他连一点自主性都没有，纯粹被当作一种工具供别人使唤、支配，他没有活力、没有生气，处理好人际关系又有什么意义？人际关系的协调、适应等又何从谈起？这不正说明个人的自主性同人际关系的协调相比，应处于首位吗？

进一步说，社会上有无数个个人，一个团体、组织中有若干个个人，如果这些个人都有自主性，都有活力，都能发挥积极性、创造性，也都能够按自己的目标进行活动并力求同社会的目标、团体的目标相协调、相适应，那么人际关系必定处理得更好，效率的增长会更快、幅度更大，这不正是社会或团体所希望实现的吗？

以上的分析告诉我们，效率的道德基础是客观存在的。但效率的增长既有可能是现实的，也有可能是潜在的，效率增长的潜力不一定能充分发挥出来。要发挥这种潜力，一要靠对人的自主性的尊重，以便人的积极性、创造性能得到发挥，二要靠人际关系的协调，靠人同团体、组织、社会的适应。

（原载《北京大学学报（哲学社会科学版）》1998年第6期）

管理、自律与道德激励

一、个人持久主动性、积极性的源泉

经济活动中，任何人都需要自律。自律通常被理解为个人的一种道德上的自我约束。这种理解未免有些狭窄。自律还有积极的、进取的一面，这就是：一个人不管从事哪一种工作，不管在什么样的岗位上，都应当有敬业精神、进取精神，在自己的工作岗位上努力工作，做出成绩来。精神上的活力是重要的，可以把道德的激励称做自律的另一面，它与道德的约束是相辅相成的。

关于自我的道德激励同敬业精神、进取精神之间的关系，不妨从经济生活中的动力谈起。在经济分析中，“动力来自个人物质利益”的假设是有局限性的。个人利益不以物质利益为限。人是“社会的人”，他的利益要比单纯的物质利益或经济利益广泛。“动力并非全部来自利益”的假设正是这样被提出来的。在任何一级收入水平上，个人的行为都会受到利益以外因素的影响，而在个人收入增长后，非利益的考虑往往更加突出。这就是说，在个人收入达到一定水平后，物质利益对个人主动性、积极性的激发会有所减退，个人会较多地从利益以外的角度来考虑问题，而他在经济活动中的主动性、积极性的一部分或较大部分也可能由此而来。

正因为个人的动力中有来自非利益的部分，所以在经济活动中一般不可能出现个人动力递减的现象。这里所说的动力递减，是指个人在从事经济活动时，随着经济活动的进行和收入的增长，他的主动性、积极性会逐渐减弱。在动力唯一地来自个人物质利益的条件下，动力的递减是可能出现的，因为收入不再像过去那样有那么大的刺激作用了。这里涉及收入的取得和为了取得这种收入而付出的努力之间的替代关系。对个人来说，当收入水平增长后，个人将考虑是否继续值得投入同过去一样多的努力去取得一定的收入，时间与精力也许对他更为重要些。个人收入激励作用的递减、物质利益动力的递减就是这样形成的。而当利益以外的考虑在个人经济活动中占据越来越大的位置时，即使个人的收入水平上升了，但个人的动力不一定下降。这时，他完全可能同以往一样地有主动性、积极性，甚至比以往更加主动、更加积极，因为经济方面的顾虑已经解除，他可以把主要的时间和精力投入非利益动机的事业之中。

如果我们从这个角度来考察，那么“动力来自个人物质利益”假说的局限性就很清楚了，我们可以由此进一步探讨社会经济活动中个人持久的主动性、积极性的源泉。

当然，个人持久的主动性、积极性不能只从个人的角度来考察，对客观条件的分析同样是必要的。一个人能否持久地有主动性、积极性，他自身的努力固然重要，但如果他在某个企业中工作，那么那家企业是否注意发挥职工的主动性、积极性也是十分重要的。如果那家企业漠视对职工主动性、积极性的调动和发挥，个人就很难迸发出持久的主动性、积极性。而要让企业注意调动和发挥职工的主动性、积极性，又同经济体制有关。比如说，市场机制取代了计划指令，公平竞争代替了对企业的差别对待，企业的自负盈亏代替了国家对企业的统收统支，这样，企业就必然重视调动职工的主动性、积极性。

假定经济体制与企业体制都符合市场经济的要求，那么人的主动性、积极性怎样才能产生并能够持久化呢？让我们转入道德激励问题的讨论，因为个人持久的主动性、积极性的源泉与此有关。

二、道德激励与利益动机的相容性

一个人自我的道德激励同一个人在工作时具有利益动机是不是可以相容？这个问题是值得探讨的。不能简单地认为一个人有了利益动机，道德的自我激励就消失了；也不能简单地认为，一个人在道德激励之下产生了持久的主动性、积极性，就不承认他还受到利益动机的某种程度的影响。一个人的主动性、积极性很可能部分地来自利益动机，部分地来自自我的道德激励；持久的主动性、积极性也可能如此，只是道德激励起的作用更大一些而已。再说，当个人以利益作为活动的动机时，也需要有敬业精神，在同其他人进行交易的过程中应当讲信用，这里也包含了道德的自我激励的内容。

对社会上大多数人来说，可能既以个人利益为目标，同时也有实现公共目标的愿望，因为他们认为个人利益的实现与公共目标的实现是不矛盾的。比如说，一个人兴办某个企业，他认为如果他成功了，企业越办越兴旺，不仅他的个人利益增长了，而且对社会也有好处，这不也有利于公共目标的实现么？又如，一个人在某个企业中做工，他想自己的这份工作虽然能给家庭带来收入、改善生活，但出色的工作将使得企业的效益增加，而企业效益增加对社会是有利的，这样个人利益动机与公共目标在他的身上也就统一起来了。虽然每个时代都有不考虑个人利益而只考虑公共目标的人，但毕竟只是少数人。

当个人利益与公共目标发生冲突，二者只能择一时，对每一个既考虑个人利益又考虑公共目标的人是一场考验。社会上大多数人是会把个人利益与公共目标结合在一起考虑的，个人利益与公共目标的兼顾使他们不需要作出二者只能择一的决策，因为实现了个人利益，对公共目标的实现也有利，而公共目标的实现中也包含了个人利益的实现，没有二者只能择一的必要。然而一旦个人利益的实现与公共目标的实现只能二者择一时，并不是所有的人都能作出正确的决策与选择的。道德力量的作用在这种场合将充分地显示出来。选择个人利益而放弃公共目标的人，在道德力量的面前退缩了，在历史上和现实生活中不乏这方面的例子。但仍然有不少人能选择公共目标而舍弃个人利益。这也是自律的结果：自律使他们既有道德的约束，又有道德的激励。道德的自我约束，使他们谨守道德规范的防线，不做违背公共利益与公共目标的事，在个人利益和公共目标只能二者择一时，不能为了个人利益而牺牲公共目标。道德的自我激励，使他们激发为公共利益与公共目标的实现而努力的热情，自愿地在个人利益和公共目标冲突时把公共目标的实现置于个人利益之上。在这里，道德的自我约束与道德的自我激励是同等重要的。

在社会经济活动中，道德的自我激励有时会被人们所误解，即认为凡是个人在经济活动中因存在利益动机而获利时，就会被看成是出于个人的利益考虑，道德的自我约束可能还存在，而道德的自我激励却不存在了，不起作用了。这种误解之所以出现并会被人们所接受，是因为他们把道德激励与利益动机说成是互不相容的。根据以上的分析，我们可以得出如下的论断：

在个人利益与公共目标之间不需要作出二者只能择一的决定时，对个人来说，个人利益的实现与公共目标的实现可以相容。道德的自我激励既有助于公共目标的实现，也有助于个人利益目标的实现。在这种情况下，道德激励与个人利益动机也是一致的。因为个人受到敬业精神和诚实信用原则的激励，为了实现利益目标，工作应当做得更好，提供的产品与劳务应当得到社会更多的欢迎。

在个人利益与公共目标之间存在着只能二者择一而且必须作出果断决策时，对个人来说，无论是选择公共目标而放弃个人利益还是选择个人利益而放弃公共目标，都能感受到个人利益与公共目标的冲突。假定他选择个人利益而放弃公共目标，那么道德激励没有起到作用，道德激励同他的利益动机是不协调的。假定他选择了公共目标而宁肯放弃个人利益，那就表明在这种情况下道德激励已经发生了作用，道德激励与个人利益动机可以相容，个人从而作出了应有的选择。一个人在不违背公共利益与公共目标的条件下争取实现个人利益，以及他在个人利益与公共目标有冲突时选择公共目标而放弃个人利益，都有可能受到道德激励的影响。这都表明了道德激励与个人利益动机不是不可以相容的。二者的相容表现为认定公共目标中包含了个人利益。

由此可见，道德激励与个人利益动机可以相容，但又并非必然相容，因为在个人利益与公共目标之间存在着只能二者择一，而个人选择个人利益而放弃公共目标时，道德激励与个人利益动机的不相容就暴露出来了。

三、自律是道德自我约束与道德自我激励的统一

以上的分析已经说明，道德的自我约束固然重要，道德的自我激励同样重要。社会经济生活中，假定只有个人的道德自我约束而没有道德自我激励，社会也许会失去生气，失去活力，失

去进取精神，人们可能谨小慎微，但求无过。假定只有个人的道德自我激励而没有道德自我约束，人们在行动中可能失去应有的警惕而放松自己行为的检点，也就是有可能守不住道德规范的防线。只有道德的自我约束与道德的自我激励并重，才能使社会既能充满生气与活力，又能兼顾公共目标与个人利益。一个严于自律的生产者、工作者，可以是一个具有奉献精神的人，也是一个具有进取心的人；可以是一个有敬业精神的人，也是一个收入不断增长的人。他的奉献精神、进取心、敬业精神，以及事业成功并取得不断增长的收入的事实，都同他的道德自我激励和自我约束有关。

一个人在非正常条件下不仅更加需要有道德的自我约束，而且也更加需要有道德的自我激励。历史上的情况暂且不谈，就以现实生活中的例子来说，人生活在社会中，要生存，要发展，要适应各种不同的生活环境和工作环境。他除了要能够在正常条件下生存和发展外，还要有在各种非正常条件下生存和发展的能力，否则这个人的生存能力是脆弱的、经不起挫折和打击的。还应该看到，人们通常所说的适应能力主要不是指适应正常条件的能力，而是指适应非正常条件的能力。判断一个人的能力大小和生命力是否旺盛，一个重要的标准就是看他能否在非正常条件下生存和发展，能否适应种种逆境。

然而，在处于相同的非正常条件下的若干人之中，为什么有些人消沉，有些人奋进？为什么有些人堕落，有些人却能自持不屈？道德的自我约束和自我激励同时发挥作用。一个人如果在非正常条件下能够自持、奋进，应当从精神方面去寻找产生适应非正常条件的能力的原因。这里尤其应当提到的是道德的自我激励的作用。在道德的自我激励之下，为了一种信念、一种理想、一种目标，他会正确对待困难，克服困难，把艰苦的环境作为对自己的磨炼。道德的自我激励会使他学会如何适应非正常条件，从而使自己得到发展。从这个意义上说，一个人越是处于非正常条件下，就越需要有道德的自我激励，道德力量的作用也更能显示出来。

任何一个人都难以避免惰性的产生及其对自己行为的牵制。如何克服惰性？一方面，这同良好的社会风尚的形成与影响有关，另一方面，又同个人不断的道德自我激励有关。在良好的社会风尚的影响下，当周围的人都能战胜惰性，不断创造与进取时，一个人即使存在着惰性，但摆脱惰性的可能性将增大。而在良好的社会风尚还未建立的情况下，道德的自我激励在这种情况下之所以显得更加重要，原因在于：不管周围的人是否战胜了惰性，是否创造或进取，只要自己在道德的激励下能奋发有为，那么不仅能克服惰性的牵制，还能影响周围的人，使他们有信心和毅力去战胜惰性。

总之，自律作为道德自我约束和道德自我激励的统一，理所当然地会引起社会的重视、管理部门的重视。当人们有道德的自我约束时，就会在社会经济活动中严格要求自己，不做任何违背道德规范的事，抵制一切损害公共利益与公共目标的行为。当人们有道德的自我激励时，就会有进取心、奉献精神、敬业精神，